教育部人文社会科学青年基金项目"儒家礼乐教化思想与当代德性教育内在机理研究"（15YJC710073）阶段性成果

终南文化书院

中华文化传承学术丛书

卫道之学

——明儒耿定向思想研究

张斯珉 著

Weidao Zhixue

Mingru Gengdingxiang Sixiang Yanjiu

中国社会科学出版社

图书在版编目（CIP）数据

卫道之学：明儒耿定向思想研究／张斯珉著 . —北京：中国社会
科学出版社，2017. 10
ISBN 978-7-5203-0721-5

Ⅰ.①卫… Ⅱ.①张… Ⅲ.①耿定向（约1524-1597）—
儒家—哲学思想—研究 Ⅳ.①B248.99

中国版本图书馆 CIP 数据核字（2017）第 168810 号

出 版 人	赵剑英
责任编辑	韩国茹
责任校对	陈 晨
责任印制	张雪娇

出 版	中国社会科学出版社
社 址	北京鼓楼西大街甲 158 号
邮 编	100720
网 址	http：//www.csspw.cn
发 行 部	010-84083685
门 市 部	010-84029450
经 销	新华书店及其他书店
印 刷	北京君升印刷有限公司
装 订	廊坊市广阳区广增装订厂
版 次	2017 年 10 月第 1 版
印 次	2017 年 10 月第 1 次印刷
开 本	710×1000 1/16
印 张	20
插 页	2
字 数	328 千字
定 价	88.00 元

序 言

乔清举

　　耿定向是明代中后期的重要思想家，也是阳明心学发展史上的重要一环。黄宗羲在《明儒学案》中将耿氏兄弟列入泰州学派，但事实上耿氏兄弟学无常师，与泰州学派并无明确的师承关系，只是在思想脉络上与王心斋"日用常行见道"之说有一致之处。耿定向学术甚少门户之见，既尊崇阳明，也颇为赞成朱子。而对于当时龙溪之学盛行的思想局面，他则敏锐地注意到其中的隐患，提出"卫道"之说，强调通过"礼制"这一客观的、外在化的道德原则规约人的现实行为。他特别突出道德实践在工夫论中的重要地位，以纠正龙溪的偏颇之处。借用黑格尔的话来讲，耿定向可以被视作心学发展的一个"反题"，代表了心学内部对于自身问题的反思以及在一定程度上弥合心学和理学对立的理论努力。

　　长期以来，学界对于耿定向的研究大都集中于对他和李贽的争论这一晚明思想公案的分析，在这种研究中，耿定向是以李贽的论敌的面貌出现的，其思想自身则没有得到应有的重视。耿李之争诚然是晚明思想史上的重要事件，但仅此远不足以呈现出耿定向思想的全貌；又，现有研究以李贽为中心，偏在把耿定向视作"假道学"的代表，对争论本身也没有达到客观全面的认识。

　　张斯珉《卫道之学——明儒耿定向思想研究》一书以"卫道意识"为线索，从心性论和工夫论两方面梳理了耿定向的思想，认为其心性论的核心命题是"真机不容已"，意在凸显道德情感的内在强制性；其工夫论的核心主张是"学有三关"，即认为治学需要经历"即心即道""即事即心"和"慎术"三个阶段。在此基础上，本书还介绍了在晚明"三教合流"的大背景下，耿定向站在儒家的立场上对于佛教思想的评价。进一步，作者还从哲学思想和历史观两个角度入手，重新梳理了李贽与耿定向论争的全过程，指出二人的争论乃是各自思想演进的必然结果，而二人对对方和学术的态度都是真挚的，因此将耿定向视作"假道学"的认识存在着不小的偏颇。本书推进了学界对于耿定向思想以及耿李之争的认识水平，具有一定的学术价值。

斯珉基本功扎实，对宋明理学研究有热情，治学态度严谨，假以时日，可成大器，我期待他在学术研究的道路上取得更大成绩。

目　录

绪　论

梁启超先生在《清代学术概论》中写道："今之恒言，曰'时代思潮'。此其语最妙于形容。凡文化发展之国，其国民于一时期中，因环境之变迁，与夫心理之感召，不期而思想之进路，同趋于一方向，于是相与呼应，汹涌如潮然。始焉其势甚微，几莫之觉；寖假而涨——涨——涨，而达于满度；过时焉则落，以渐至于衰熄。凡'思'非皆能成'潮'；能成'潮'者，则其'思'必有相当之价值，而又合适于其时代要求者。……其在我国，自秦以后，确能成为时代思潮者，则汉之经学，隋唐之佛学，宋及明之理学，清之考证学，四者而已。"① 在梁先生看来，一国之思想受到时代与环境的影响，在特定的时期会产生某种占有主导地位的学说，宋明理学便是其中之一。进一步，梁先生认为，思潮自身亦存在着流转变化的过程，大致可分为四个阶段：一、启蒙期，二、全盛期，三、蜕分期，四、衰落期。启蒙期的特点在于对旧思潮的反动，"故此期之重要人物，其精力皆用于破坏，而建设盖有所未惶"；全盛期是新思想的主要建设时期，"思想内容日以充实，研究方法亦日以精密"；蜕分期为思想分化、细化的时期，学者"只得取局部问题，为'窄而深'的研究"；最终，思想迎来了自身的衰落期，一方面"社会中希附末光者日众，陈陈相因，固已可厌"，另一方面，"支派分裂，排轧随之，益自暴露其缺点"②，因而此思想最终走向了死亡，同时也进入另一思潮的启蒙期。

梁先生此论精当地概括了思想发展的内在逻辑，为我们提供了分析明代思想发展过程的工具。黄宗羲曾云："尝谓有明文章事功，皆不及前代，

---

① 梁启超：《清代学术概论》，朱维铮导读，上海古籍出版社 1998 年版，第 1 页。
② 同上书，第 2—3 页。

独于理学，前代之所不及也。牛毛茧丝，无不辨析，真能发先儒之所未发。"①在梨洲眼中，理学（这里指广义的理学）可谓是明代的"名片"，它不仅是当时思想界的最强音，而且还对明代社会产生了深远的影响。众所周知，明代理学的核心是心学，甚至可以说，明代思想发展的主线即是心学自身的展开以及心学与狭义的理学相互争论的过程。在笔者看来，这一过程同样可分为四个阶段：启蒙期乃是指王阳明和湛若水之前的心学，它表现为对于程朱学的反动，其代表人物是陈献章。全盛期很显然是指阳明和甘泉的心学，此二人乃是明代心学的建设者，将心学推向了极盛。蜕分期乃是王湛二人的弟子特别是亲炙弟子活跃的时期。以王门为例，王畿、钱德洪、王艮、邹守益、欧阳德、聂豹等人都选取了乃师思想的一个面向作为本人的学术宗旨，并以此来品评同门，这正体现了王门的分化与细化。伴随着嘉靖以来日趋高涨的讲学之风，王门内部的论战呈愈演愈烈之势，这在深化阳明思想的同时也造成了王门的分裂。此外，在这一时期，王门与湛门之间，乃至心学与理学之间的分歧也越发明显。衰落期是心学的异化与解体期，心学特别是王学左派的发展，最终走向了自身的反面。"狂禅"的泛滥，说明心学末流已经背离了儒学的本旨，进而导致了传统价值体系遭到瓦解，社会秩序濒临崩溃。可以说，心学的衰落表现为晚明时期思想与社会的双重解体，并最终随着明朝的灭亡而走向了终点。

以上笔者按照梁先生思想发展四阶段的划分，简要勾勒了明代心学的发展脉络。若从时间上划分为四个阶段，笔者认为，启蒙期是王湛两人思想成熟之前，应截至孝宗弘治年间。全盛期自弘治十八年乙丑（1505 年）始，贯穿于武宗一朝，一直延续至嘉靖七年戊子（1528 年），即阳明逝世之时。②蜕分期则贯穿于嘉靖年间，此时也是明代讲会的勃兴之际，大的讲会如青原

---

① 黄宗羲：《明儒学案·发凡》，中华书局 2008 年标点本，第 14 页。

② 根据《阳明年谱》记载，弘治十八年"先生在京师。是年先生门人始进。……然师友之道久废，咸目以为立异好名，惟甘泉湛先生若水时为翰林庶吉士，一见定交，共以倡明圣学为事"（《王阳明全集》卷 33《年谱一》，上海古籍出版社 1992 年标点本，第 1226 页）。可见，这一年对阳明而言意义非凡：首先，他开始开门授徒；其次，这一年他结识了湛若水，得到了一生中最为重要的论学之友。当然，此时的阳明还未经历龙场之悟，也没有确立"知行合一"之旨。然而，这一年孝宗病逝，第二年（1506 年）即是武宗正德元年，时年阳明因触犯刘瑾而下诏狱、廷杖并谪守龙场，龙场之悟则发生在正德三年（1508 年）。换言之，弘治十八年的阳明，距离自己在学术上最大的突破只有三年，因而这一年至少可以视作王学全盛期的开端。而从"天泉证道"中我们即可发现，阳明的弟子在阳明生前已经产生了明显的学术分歧，阳明殁后，这种分歧日趋明显，王学亦开始细化。因而，笔者将阳明逝世之时视作心学全盛期的终结。

会、水西会都产生于此时。① 以王门为例，借助于讲会和书信这两种媒介，阳明弟子就"无善无恶"及如何致良知等问题展开了往复的辩论，从而使得王门的分化变得十分明显。至于蜕分期的终点，笔者认为难以严格界定，但与张居正于万历七年（1579 年）下令毁天下书院有着密切的关系。此时，王学流弊开始显现，讲学者又被张居正视作推行新政的阻碍而遭到打压，多重作用下王学乃至整个心学的衰落已不可逆转。衰落期则应自万历三十二年（1604 年）顾宪成建东林书院起，它标志着东林党人作为明末一股重要的政治力量开始登上历史舞台。有感于王学流弊丛生，东林学者治学多主融会程朱陆王，强调做实地工夫。这一思潮一直延续到清初，梁启超先生将清代思潮概括为"对于宋明理学之一大反动，而以'复古'为其职志者也"②，并指出顾炎武"经学即理学"的观点乃是清代思潮的先声。笔者则认为，这同样是心学走向终结的信号。

需要说明的是，四个阶段并非泾渭分明，而是存在若干过渡期。相比于各个阶段的代表人物，过渡期中的人物往往具有承上启下的作用，更加值得我们研究。在笔者看来，活跃于嘉靖、万历年间的耿定向便是一个存在于过渡期的人物。此时，心学正由蜕分期向衰落期转变，王学末流的问题已经逐渐显现，耿定向对此心知肚明。他的学说以"卫道"为宗旨，就是为了纠正心学流弊，挽救虚无放诞的社会风气。揭示耿定向卫道之学的具体内容和学术价值，有助于我们理清明代后期王学的发展脉络，进而找寻王学乃至心学衰落的真正原因，这也是本书的写作目的。

一　耿定向思想研究的意义

耿定向，字在伦，号楚侗，人称天台先生，湖北黄安人。生于明世宗嘉靖三年（1524 年），嘉靖三十五年（1556 年）举进士，擢监察御史，巡按甘肃，嘉靖四十一年（1562 年）督南直隶学政，后历任大理寺右寺丞、横州判官、右副都御史、刑部侍郎、南京右都御史、户部尚书等职，致仕后居家讲学，卒于明神宗万历二十四年（1596 年），享年 73 岁，赐

---

① 关于嘉靖年间讲会的发展，请参看陈时龙《明代中晚期讲学运动（1522—1626）》一书，复旦大学出版社 2007 年版。

② 梁启超：《清代学术概论》，上海古籍出版社 1998 年版，第 3 页。

太子少保，谥恭俭，《明史》卷221《列传第一百九》有传。

在前文中，笔者基于梁启超先生对于思想发展的四个阶段的划分，认为耿定向乃是阳明心学由蜕分期向衰落期转变过程中的重要人物。我们之所以作出这样的判断，是考虑到以下两点：一是耿定向生活的年代，二是他与其他学者的交往情况。对于前者笔者认为，耿定向活跃于嘉靖中晚期至万历中前期，这也恰好是心学由盛转衰的时代。他曾参加过嘉靖年间南京的讲会，也亲历了张居正毁书院的过程，并为江陵的行为作了辩护。①可以说，他本人的学术活动与整个学术环境的转变是同步的。至于后者，我们发现，耿定向的交往十分广泛。具体而言，首先，当耿定向的思想逐步成熟之时，阳明的亲炙弟子已经相继离世，然而他们的影响并未消散，天台与某些蜕分期的代表人物还能保持着或直接或间接的交往。②具体而言，直接交往以王畿（1498—1583，字汝中，号龙溪，浙江山阴人）为代表，间接交往则主要指他对邹守益（1491—1562，字谦之，号东廓，江西安福人）的了解。耿定向与王畿有数次会面，且有书信来往，因而可以说二人有着直接交往③；相反，耿定向与邹守益并无书信往来，亦无缘

---

① 关于耿定向与张居正的关系，后文将有专门的分析。

② 邹守益卒于嘉靖四十一年（1562年），欧阳德与黄绾卒于嘉靖三十三年（1554年），王艮卒于嘉靖二十年（1541年），聂豹与季本卒于嘉靖四十二年（1563年），罗洪先卒于嘉靖四十三年（1564年），钱德洪卒于万历二年（1574年），王畿卒于万历十一年（1583年）。耿定向则是于嘉靖三十五年（1556年）才中进士，而其与胡直、耿定理"汉浒订宗"确立自己的学术宗旨则更是发生在嘉靖四十年（1561年）。可见，当天台的思想相对成熟之际，阳明的一传弟子多数或已经去世，或已经临近生命的终点，似乎只有王畿依旧活跃在各地讲会上，这从一个侧面告诉我们，在阳明的一传弟子之中，耿定向能够面见的只有龙溪。

③ 根据现有材料，耿定向与王畿至少有两次会面。第一次乃是在嘉靖四十三年（1564年），王畿《东游问答》的记载是："不肖辱学院楚侗子之知，神交十年，每问讯相期，未由睹面。甲子暮春，予赴水西之会，道出阳羡。时楚侗子校文宜兴，晨启堂吏人报，蘧然离座曰：'异哉！'亟遣有司谕意，出访，握手相视，欢若平生。……乃相待为张公、玉女之游，舟中信宿证悟，颇尽请益之怀。"（《王畿集》附录二《东游会语》，凤凰出版社2007年标点本，第716页）王畿明言这是他首度面见耿定向。耿定向自编的年谱《观生纪》的记载如下："四十三年甲子我生四十一岁。正月巡淞江还，驻立兴，校常州、镇江二属，便校溧阳毕。时王龙溪至，因偕游张公洞，连榻晤语。"（耿定向：《观生纪》，《宋明理学家年谱续编》，北京图书馆出版社2006年影印本第5册，第304页）这也是耿定向的年谱中首次出现与王畿会面的记录。第二次是在嘉靖四十四年（1565年），两人会于南京。此次并非两人的单独会面，而是他们共同参加南京的讲会，在讲会上二人有争论（关于争论的具体内容请见第四章）。然而关于这次会面的记述只存于《王畿集》中，《观生纪》却只字未提。（参见《王畿集》卷4《留都会语》，凤凰出版社2007年标点本，第89页）另外，《王畿集》中有题为《答楚侗耿子问》的一段语录，但未说明时间，甚至未说明这究竟是两人会面时的讨论还是书信讨论，《观生纪》中亦未言明。至于两人的书信往来，根据现有材料可知，王畿写给耿定向的信有三封，耿定向的回信有两封，载于《王畿集》及《耿天台先生文集》之中。

面见东廓。除了阅读邹守益的著作外，天台主要是通过与其季子邹善以及邹善长子邹德涵的交往，间接地了解邹守益的学术。① 其次，与耿定向同时代的学者多是王门后学，如罗汝芳（1515—1588，字惟德，号近溪，江西南城人）、胡直（1517—1585，字正甫，号庐山，江西泰和人）及邹善②。严格地说，这些学者应属于蜕分期末尾的人物，他们的理论贡献在深化王学的同时也意味着王学即将充拓殆尽。换言之，阳明心学的细化与分化已接近终点。③ 最后，耿定向与李贽的争论乃是晚明思想史上的一段公案，而李贽则被视作鼓噪狂禅的代表，以及将学者引向恣意妄为的罪魁祸首，遭到了不少明末学者特别是东林学者的严厉批判。众所周知，耿定向同样批判过李贽，这就意味着，以李贽为中介，天台与明末学者在思想上有着暗合之处。通过耿定向的学术交流活动我们可以发现，他的确生活在心学的理论创造趋向终结而问题逐渐显现之际，也就是心学由蜕分期向衰落期过渡之际。

就耿定向本人而言，他是嘉靖、万历年间的著名学者，为官清廉，颇有政声，且资性平和。其学与阳明弟子王心斋所创之泰州之学相近，又具有鲜明的时代特点。天台已经察觉到了心学由盛转衰的趋向，因此，他以"卫道"为己任，力图恢复心学的本来面目，扭转虚无放诞、灭弃礼教的世风。从这个意义上看，天台可称得上心学发展史上具有转折意义的人物。另外，天台在督学南京时着力简拔人才，从学者甚众，其中焦竑（1541—1620，字弱侯，号澹园，南京旗手卫人）、刘元卿（1544—1609，字调甫，号旋宇，江西安福人）、管志道（1536—1608，字登之，号东溟，江苏太仓人）都在晚明思想史上占有一席之地。耿定

---

　　① 耿定向回忆道："颖泉公（邹善）既成进士，官比部，以伯子（邹德涵）从。余慕颖泉公家学，于同年中心独向往，时时偕罗惟德（罗汝芳）、胡正甫（胡直）辈相与切劘。而颖泉公准古易子谊，令伯子受学于予，盖伯子时已脉脉嗜学矣。"（耿定向：《明河南按察司金事邹伯子墓志铭》，《耿天台先生文集》卷12，《四库全书存目丛书》集部第131册，齐鲁书社1997年影印本，第309页）按，此中提到的易子而教的说法出自《孟子·离娄上》，"古者易子而教之，父子之间不责善"。耿定向与邹善同年举进士，邹善又要求长子邹德涵拜耿定向为师，可见天台与颖泉的关系是极为亲密的。可以想见，这为前者了解邹守益的思想提供了便利条件。

　　② 胡直曾师事欧阳德与罗洪先，是阳明的二传弟子。罗汝芳转向心学是在拜颜钧为师之后，颜钧曾师事王艮，因而近溪当为阳明的三传。

　　③ 以罗汝芳为例，吴震教授将其界定为"泰州学的终结"，认为他是在严格意义上的泰州学者（有别于黄宗羲在《明儒学案》中对于泰州一系的划分）中具有理论创造的最后一人。此论可谓有见地。（参见吴震《泰州学派研究》，中国人民大学出版社2009年版）

向与李贽的争论则作为晚明思想史的一段公案为人们所熟知。总之，耿定向是明代中晚期思想史上相当重要的人物，值得深入研究，其意义主要体现在以下两方面。

1. 耿定向卫道之学在晚明思想史上的地位

"卫道"是耿定向哲学的最终旨归，也是其思想最为鲜明的特点。所谓"卫道"，顾名思义乃是捍卫儒家的道统，批判违背儒家正统思想的学说。面对王门后学"跻阳明而为禅"而"非名教之所能羁络"的现实，天台毅然举起"卫道"的大旗，一方面继承阳明和心斋的思想，另一方面着力纠正心学的种种流弊。

耿定向论学宗旨是"不容已"，它强调人的内心中存在着不可遏止的道德情感，这种道德情感表现于外即是合乎礼仪的行为。他的"慎术"说特别指出孔子之学在方法论上的重要性，要求学者"志伊尹之所志，学孔子之所学"，其真正目的则是要求学者重视对于道德条目及礼仪制度的学习，以此作为区别"良知"与"情识"的依据。有鉴于此，天台对于朱子推崇备至。在心学鼎盛的嘉、万时期，天台此论确实有别于他人。事实上，朱子吸引天台的是其"道问学"的实功，这意味着天台已经产生了以阳明学为主体来涵摄朱子思想的要求。基于此，耿定向与当时王学之盟主——王畿展开了论战，指出龙溪的"四无说"及"破除毁誉"的要求很容易被人所误解，从而导致"高者耽虚泥无，卑者放荡无耻"的后果。应当说，这些都是很深刻的洞见。

嘉靖四十一年（1561年），耿定向始以监察御史之职督南直隶学政。对于以"卫道"为己任的天台而言，在南京这样一个人文荟萃之地主掌教育大权，可谓得偿所愿。在此，他简拔了一大批优秀的学子，同时其"卫道"的学术主张也深刻地影响了他们，使得这些学者治学偏向于平实和广博，其中的代表是焦竑、刘元卿与管志道。焦竑乃是明代重要的考据学家，其治考据学的目的是"博文以约礼"，即通过广博的学习与考证来明心见性。刘元卿坚守其师的卫道之学。管志道则一方面提倡"三教合一"，一方面又坚持维护道统。焦、刘、管三人的思想都深受乃师的影响，是其卫道学说的进一步展开。

综上所述，耿定向在晚明乃至明代思想界都占有重要地位，他的"卫道"之学代表了阳明心学对于自身流弊的自觉反省，是心学发展史上具有转折意义的一环。东林学者高攀龙（1562—1626，字存之，号景逸）

便十分推崇天台的思想①，日本著名学者沟口雄三先生更是将耿定向视作"明末知识界的代表人物"②。因此，研究耿定向的思想对于我们了解晚明思想的演变历程，理清心学自身的发展逻辑都有着重要的意义。

2. 李耿之争带来的误解

耿定向与李贽的争论持续了 12 年，它成为人们了解耿定向的一个窗口。20 世纪以来，李贽被学界视作反封建的旗手和个性解放的象征，得到了充分的研究。相反，耿定向的思想则少有人问津，这就使得"人们往往是透过卓吾来窥看天台，对其思想本身似乎并无关注的必要"③。不可否认，李耿之争确实是耿定向思想中的重要一环，然而，以此作为理解天台的唯一向度不仅很难展现天台思想的全貌，而且会造成严重的误读。

首先，论战本身即决定了耿定向只能在某几个方面有针对性地展开自己的思想，不可能反映其学说的全貌。笔者认为，李耿之争主要包括哲学思想之争与历史观之争，前者主要由三个方面构成，即如何理解孔子之学的真正价值，如何认识"不容已"的真正内涵，以及如何看待人性的本质；后者则集中体现在两人对于冯道的不同看法上。这些只涉及耿定向思想的部分内容，并未包含诸如"不容已"说、"慎术"说以及天台对于佛教的评论等重要领域，因而是片面的。

其次，更为重要的是，学界对于李耿之争的主流理解是将其视作封建地主阶级的代表与反封建的斗士、虚伪的道学家与反道学的思想先驱之间的争论。如容肇祖先生认为李贽"在十六世纪末是我国反封建的启蒙思想的先驱，这样，他和主张维护封建道德的道学家耿定向，自然是相对立的"④。侯外庐先生也指出："李贽特别憎恶假道学如耿定向之流的言行不相顾。……李贽的言论（按，指《答耿司寇》一文）直截了当地扯下了道学家的假面具，沉重地打击了封建统治者所御用的道学家的权威。"⑤显然，这些言论带有明显的时代特征和显著的倾向性，并不能反映李耿之

①　管志道：《答高大行景逸丈书》，《问辩牍》卷 4 贞集，《四库全书存目丛书》子部第 88 册，齐鲁书社 1997 年影印本，第 32 页。

②　[日] 沟口雄三：《中国前近代思想的屈折与展开》，龚颖译，生活·读书·新知三联书店 2011 年版，第 114 页。

③　吴震：《阳明后学研究》，上海人民出版社 2003 年版，第 367 页。

④　容肇祖：《李贽年谱》，生活·读书·新知三联书店 1957 年版，第 60 页。

⑤　侯外庐主编：《中国思想通史》第 4 卷，人民出版社 2011 年版，第 446 页。

争的本来面目。事实上，李贽与耿定向的关系相当复杂，李贽本人的思想也兼具儒释道三家，并非一个简单的"反封建""反道学"就能概括。加之我们受传统的意识形态的影响，往往认为"反道学"的李贽是进步的，耿定向则是落后与反动的象征，这使得天台经常被剥夺话语权。笔者发现，不少著者在论及李耿之争时，对于《焚书》《续焚书》中的文献往往能信手拈来，而对于《耿天台先生文集》中的相关论述则知之甚少。换言之，天台似乎成为"沉默的他者"，只是为了衬托卓吾批判的价值。显而易见，这样的理解是片面的。

当我们以此为基础去分析李耿之争时，很容易会陷入困境。例如，既然两人的思想可谓南辕北辙，为何最后二人会实现和解？对此，多数学者或者避之不谈，或者只是承认这一事实，而难以说明和解的可能性。又如，卓吾曾有《读若无寄母书》，而天台读了此文之后，对卓吾大加赞赏，直接称赞卓吾之学已"归宗本心"，这不仅说明此时两人已经和解，而且更意味着至少在天台看来，两人的思想已经实现了高度契合。显然，传统的理解范式对此很难给出令人信服的解释。

总而言之，研究耿定向的思想必然要涉及李耿之争，但是，我们却不能仅通过李耿之争来了解天台的思想。并且，对于李耿之争的研究必须要突破既有的理论框架，直面问题本身，基于二人的文本进行客观而全面的分析。

以上两点共同构成了笔者的研究意义，同时也是笔者着力要解决的问题，即全面梳理耿定向的哲学思想，澄清其"卫道"之学在王学发展史上的意义，以及立足于原始文献，全面而客观地呈现李耿之争的面貌。笔者认为，这一研究不仅有助于我们把握耿定向这个明代后期心学的重要人物，而且能够推进学界对于李贽思想的认识。

二 研究综述

吴震先生曾指出："与此（引者按：关于李贽的研究）成为鲜明对照的是，关于天台思想的研究则是一片萧条。"① 此论实乃的评。学界现有的对于耿定向思想的研究不仅数量有限，而且大都不成体系。迄今为止，

———————
① 吴震：《阳明后学研究》，上海人民出版社 2003 年版，第 368 页。

笔者尚未发现耿定向思想的研究专著或博士学位论文，现有的研究成果主要表现为综论性著作中的具体章节以及针对某些问题的单篇论文。下面，笔者将对此分别加以说明。

首先需要考察的，是黄宗羲在《明儒学案》中对于耿定向的论述。[①]梨洲将天台归为泰州后学，认为天台之学因平实切己，"不见本体"而未免坠入世情之中。对于李耿之争，梨洲指出，天台为了纠正陷入狂禅的卓吾，强调为学须脚踏实地，但因为天台思想中总带有佛教的影子，又"于佛学半信半不信"，因而最终无法使李贽折服。此外，黄宗羲还指出了李耿矛盾的一大根源，即耿定向在"何心隐之死"一事中的不作为态度，并据此认为天台并未践行自己的"真机不容已"之说。关于耿定向的思想主旨，黄宗羲认为是"学有三关"说，并特别对"慎术"作了分析，但他将慎术视作"用之于此则此，用之于彼则彼"的形下之心。

国内当代学者中首先论及天台的是中国社会科学院历史研究所的杨天石先生，其《泰州学派》一书的第五章为"耿定向对于李贽思想的反扑"。[②]在此，杨先生对于耿定向思想给予了较为全面的分析。首先，他肯定"卫道"是耿定向思想的根本性质，认为："耿定向特别注意区分'理'和'欲'。"[③]进一步，他认为这使得天台重视"礼"作为外在规范的价值，并认为天台的"礼"实质上是精神本原。其次，他注意到天台思想深受泰州之学的影响，指出耿定向的道是"平常的、普通的，毫无玄妙之处"，并认为这体现了天台与心斋在思想上的一贯性。第三，在工夫论方面，他发现了天台对于程朱"主敬"说的重视。第四，对于李耿之争，杨先生认为主要涉及三个方面："对孔、孟和孔、孟之道的态度"，"对若干封建道德的态度"以及"对人性的看法"。这些论断都不乏可取之处。然而，受到时代的局限，杨先生仍是以"反道学""反封建"的视角来看待耿定向及李耿之争，这使得他的结论带有浓重的意识形态色彩，难以展现历史的本来面目。

张学智教授于2000年出版的《明代哲学史》一书的第十八章为"耿

---

① 黄宗羲：《明儒学案》卷35《恭简耿天台先生定向》，中华书局1985年标点本，第814—825页。

② 杨天石：《泰州学派》，中华书局1980年版，第155—170页。

③ 同上书，第155页。

定向的'不容已'之学"。① 在本章中，作者从"真机不容已""泰州平实之旨""学有三关"以及"儒佛同一、儒为佛用"四个方面介绍了耿定向的思想，并论及李耿之争。第一，作者认为，"真机不容已"既是天台的思想主旨，又体现了他对泰州之学的继承与发展，并将此解释为"一种冲创于心中的道德情感"。第二，作者指出，泰州学派自心斋之后分为三派，其代表分别是罗汝芳、王栋和耿定向。前两人的学术观点正相反，而天台之学不尚玄远，粗浅中有精微，可视作二人的中道。基于这一观点，作者一方面分析了天台对于王门后学的批判；另一方面还揭示了天台对于宋儒过于严苛的修养方法的不满之处，可谓相当全面。第三，作者强调，"学有三关"说涵盖了天台的全部思想，"即心即道是他的本体论，即事即心是他的工夫论，慎术是他的知行论"②。三者结合为一个有机的整体，使得天台之学显现出"中庸的，不激不偏的圆熟形态"。第四，作者认为，天台论佛目的是以儒学涵摄佛学，十分精当。第五，作者认为，李耿之争主要集中于"个性或说出世态度上"，思想上的分歧则相当有限。总而言之，张学智教授的研究全面而准确，但限于篇幅，很多问题未能展开，且其对于李耿之争的分析未免过于简单，似乎忽视了李耿之争的丰富内涵。

龚杰先生的《王艮评传》第十章是"泰州学派后学"，其中第三节为"耿定向与泰州学派"。③ 龚杰先生对于天台有一总体评价，即认为他与罗汝芳、杨起元一样，是泰州学派的后学，同时又是泰州后学中走入官场的代表。但与近溪和复所这两位泰州学的忠实信徒不同，天台"则具有思想上的两重性"④。龚杰先生既看到了天台与泰州学的一致性，又注意到了前者对于后者的突破，这一认识是十分准确的。具体而言，作者认为，天台赞成心斋"百姓日用即道"的思想，这是二者的共同点。前者对于后者的超越则主要集中于"人欲"的问题：天台只承认合理的欲望，而判断合理与否的标准是"礼"，即只有"合礼"的行为才是"合理"的。进一步，作者认为，天台之所以重"礼"，是因为守礼即是行仁的表现。龚杰先生的这些论断反映了他对天台思想理解较为准确，然而此书毕竟是

---

① 张学智：《明代哲学史》，北京大学出版社 2000 年版，第 268—282 页。
② 同上书，第 275 页。
③ 龚杰：《王艮评传》，南京大学出版社 2001 年版，第 265—272 页。
④ 同上书，第 265 页。

关于王艮的研究专著，因而作者在论及耿定向时，所关注的乃是天台与心斋的异同，天台自身的思想并非是本书讨论的重点。

吴震教授于 2003 年出版了《阳明后学研究》一书，该书第八章为"耿天台论"。① 在本章中，吴震教授分别从"生平学履""卫道意识""耿天台与王龙溪""耿天台与罗近溪""不容已""异端批判"及"与李卓吾的和解"七个方面分析了天台的思想。首先，著者强调，卫道是天台思想的特征，并指出这是李耿之争产生的根源。其次，对于天台与"二溪"的关系，著者指出："天台喜欢近溪而不喜欢龙溪，他对龙溪时有批评，对近溪却始终抱有好感。"② 这一见识十分精当。笔者甚至认为，天台最强有力的论敌应当是龙溪而非卓吾。在著者看来，天台反感龙溪的根本原因乃是龙溪的"四无说"，天台视其为对阳明四句教的反叛，同时还是世风日下的根源。相反，对于近溪，天台可谓"回护有加"。第三，著者将"不容已"解释为"非主观意志所能与力者"，并强调这是道德行为的自律。他同时还指出，这同样构成了李耿争论的一个焦点。最后，对于异端批判的问题，著者首先澄清一点，即在天台眼中，真正的异端并非卓吾，而是"里中三异人"，即何心隐、邓鹤以及方与时。其次，著者注意到了李耿的和解，并指出卓吾的《读若无寄母书》起了重要作用。进一步，著者认为，李耿之争不能简单地视作儒教与反儒教的斗争。相比于张学智教授，吴震先生的分析侧重于天台与同时代学者的关系，试图通过比较发现天台的特点。

吴震教授于 2009 年出版了《泰州学派研究》一书。该书的绪论名为"泰州学派的重新厘定"，作者在此指出，黄宗羲对于泰州学案的认定缺乏清晰的标准，其"泰州学案"中的不少人物与泰州学派的学者既无师承，又无思想上的一致性，因此应该被剔除出"泰州学案"。在吴震教授看来，耿定向正是其中的代表。③ 其原因有以下几点：一、天台仅仅是倾慕心斋的学问，而与泰州学派没有直接的师承关系，具体地说，天台并未拜心斋之子东厓为师。作者通过比较天台与东厓两人的年谱，发现两人只有两次会面，并且，天台对于东厓的思想有褒有贬。因此，作者认为，说

---

① 吴震：《阳明后学研究》，上海人民出版社 2003 年版，第 367—420 页。
② 同上书，第 375 页。
③ 吴震：《泰州学派研究》，中国人民大学出版社 2009 年版，第 16—30 页。

天台的思想得力于东厓甚多是很可疑的。二、作者还考证了耿定向与颜钧和何心隐的关系，特别指出颜钧被捕与何心隐被杀都与耿定向无关。综上，作者认为，天台只能算作受到泰州学派影响的阳明后学，而不能被视作泰州学者。

吴震先生的考证具有很高的学术价值，它不仅澄清了天台的学派归属，而且扭转了天台的形象。这对于我们重新理解天台与卓吾的争论，重新评价天台思想的价值都有着重要的意义。

中国社会科学院历史研究所的陈时龙先生致力于明代思想史的研究，其博士学位论文《明代中晚期讲学运动（1522—1626）》中第四章为"反思：耿定向及其门人的讲学活动"。① 作者立足于讲学这一明代学术史中的重要现象，分析了耿定向及其门人刘元卿、管志道在张居正尽毁天下书院背景下的讲学活动及他们各自的思想。对于耿定向，作者用"世界心重"概括其学术的特点，认为天台"很好地将他的哲学思想与救世原则统一起来"②，而其讲学的目的则在于维持社会秩序。在作者眼中，天台讲学并未表现出"平民化"的特点，应与泰州学派的讲学活动相区别。关于耿定向的思想特点，作者指出，一方面其思想中确有泰州学的因素，另一方面他对于部分泰州后学的行为表示强烈的不满。两者相结合，表现为天台强烈的卫道意识。受此影响，天台十分反感江左王学对于程朱的诋毁，而阳明的一传弟子中，耿定向最为服膺的是邹守益。由此，作者将其思想最终归结于"慎术"。

嗣后，陈先生又在《明史研究论丛》（第七辑）中发表了约两万字的《耿定向思想研究》。③ 在此文中，陈先生从"耿定向在晚明思想史中的地位""耿定向为学之次第""耿定向为学之立场""真机不容已"以及"耿定向的道德意识"五个方面梳理了天台的学术。第一，作者视天台为明代王学的一大宗师，并承认学界对于天台的研究相当有限。第二，作者将天台思想的发展历程概括为"有——无——若无若虚"，并认为这一历程恰好对应了天台的"学有三关"说。第三，作者肯定了天台属于王门后学，并判断除了阳明之外，其学还受到孟子、伊川、朱子、象山、近溪

① 陈时龙：《明代中晚期讲学运动（1522—1626）》，复旦大学出版社2007年版，第150—159页。

② 同上书，第150页。

③ 陈时龙：《耿定向思想研究》，载《明史研究论丛》（第七辑），紫禁城出版社2007年版。

以及其仲弟耿定理（1534—1588，字子庸，号楚倥）的影响。另外，作者还指出："对于佛教，耿定向是抱着宽容的态度。"① 第四，作者与其他论者相类似，也将"真机不容已"视作天台思想的主旨，并认为其内涵包括四个方面：1. 孔门宗旨，归于求仁；2. 仁根源于虚体；3. 自不容已处见仁根；4. 不容已体现在行事上即不得已而为之。第五，作者认为，天台强烈的卫道意识表现在其对于孔子之学的强调。可以说，这一论述准确地反映了天台自身的特点。

陈时龙先生的研究，在材料的拣选，学脉的梳理等方面达到了较高的水平，也得出了不少颇有价值的论断。然而笔者认为，他的研究专长在于史料的搜集与整理，对史料的分析上则稍有欠缺，尤其缺乏对于耿定向与李贽以及同时代学者的思想的比较，因而有些结论值得商榷。例如，陈先生将李耿之争更多地视作两人性格上的差异，此论似乎较为偏颇，难以反映李耿之争的真实情况。事实上，两人的思想存在着不小的差异。

海外学者中，对于耿定向的研究以日本学者为主，其代表是冈田武彦与沟口雄三，另外《明代名人传》（*Dictionary of Ming Biography*）中也有所涉及。冈田武彦先生所著的《王阳明与明末儒学》一书中的第四章为"现成派系统"，其中的第四节为"耿天台"。② 著者从五个方面分析了天台思想。第一，著者将天台的为学宗旨归纳为"初心之生机"，并认为天台在说明自己的宗旨时特别强调"万物一体之仁"。但是，著者强调，天台的万物一体之仁与以龙溪为代表的江左王学不同，十分强调反省克治之功。第二，著者注意到天台非常重视"礼"，他对于"日用常行即道"的理解与心斋、近溪不同，侧重于"笃伦尽分"的道德实践。第三，著者指出，天台对于阳明的"四句教"非常重视，认为其是一个完整的"本体—工夫"体系，因此，"他反对只把首句的本体当作最上乘，而蔑视第二句以下的工夫的做法"③。另外，著者认为，阳明的无善无恶不等于佛家的类似主张，后者的本质是弃伦灭理。第四，著者认为天台之学不够精微透彻，从思想深度上不如近溪。第五，著者分析了天台对于异端的批判，认为他有别于陈清澜。著者认为，天台眼中的异端主要是指佛教，他

① 陈时龙：《耿定向思想研究》，载《明史研究论丛》（第七辑），紫禁城出版社2007年版。
② ［日］冈田武彦：《王阳明与明末儒学》，吴光、钱明、屠承先译，上海古籍出版社2000年版，第193—203页。
③ 同上书，第198页。

试图超越佛学而又将其涵摄于儒学之中。

总体而言，冈田先生对于天台的论述不乏高见，特别是他注重天台与龙溪的比较，指出天台立足于"四句教"对于龙溪"四无说"的批判，这一点在其他学者的论述中并不多见，笔者所知只有吴震先生涉及这一方面。然而，笔者认为，冈田先生的研究方法似乎是以"六经注我"为主，围绕材料的分析较为有限。另外，著者的某些观点也值得商榷。例如，他认为天台之学不如近溪精细，此即有以近溪为标准来衡量天台的嫌疑，似乎难以体现天台自身的价值。

沟口雄三先生的《中国前近代思想的屈折与展开》一书的上篇着重分析了李贽的思想，其中涉及不少关于李耿之争的论述。[1] 在笔者看来，这是当今学界对于李耿之争所做的最为深刻的分析，因为作者能够直面论战的实质，力图澄清两人的思想差异，而不是停留在对于论战发生的背景及论战对于两人性格的影响等外在的问题上。要解决这样的问题，作者就必须同时注重李耿二人的原始文献，因为"仅以李卓吾方面的史料出发看耿定向是很危险的"[2]。以此为基础，作者分析了李耿二人围绕"不容已"的内涵而展开的争论。

对此，沟口先生有一句精辟的概括，"二人都处在不能后退的地步"[3]。换言之，从各自的立场出发，李贽与耿定向都已经到了自己理论所容许的极限，二人都不可能再进一步去接受对方的观点。这一看法相当深刻。作者认为，李贽的"不容已"乃是"绝假纯真的真心"，其中不包含对于人的本质的任何规定，毋宁说，人的本质就是"空"；耿定向的"不容已"则是笃伦尽分的道德意识。卓吾若承认天台所言不虚，则将放弃"童心"而成为自己向来所不齿的"假人"；相反，天台若认同了卓吾的观点，则将完全与自己的卫道意识相背离。因此，两人的确都已无妥协之余地。

沟口雄三先生的分析为我们确立了研究李耿之争的正确方法，由此出发，我们会发现，李耿二人的分歧绝非只是性格与处世原则的不同，而是深层次的理论分野。然而，沟口先生的分析只集中于"不容已"之争一

---

① ［日］沟口雄三：《中国前近代思想的屈折与展开》，龚颖译，生活·读书·新知三联书店 2011 年版，第 133—164 页。

② 同上书，第 115 页。

③ 同上。

点，未能将其全面地推展开来，以还原李耿之争的全貌。

由哥伦比亚大学出版社于 1976 年出版的《明代名人传》（*Dictionary of Ming Biography*）中也包含了对于耿定向的分析。作者首先介绍了天台的生平学履，着重叙述了耿定向与张居正之间的关系。① 其次，作者指出，天台主张良知现成，即事即心，并认为这是天台受到禅宗影响的结果。②

以上是研究专著中对于耿定向的介绍。除此之外，对于天台的研究还见于一些硕士学位论文与单篇论文之中，现对其观点加以简要介绍。

何建明的《论耿定向对阳明心学的"拯救"》认为，首先，和李贽相比，耿定向的"不容已"说扼杀了晚明正在萌发的自我意识。其次，天台强调"知体"的作用，作为良知说的补充。另外，天台还格外强调良知中应包含"智"与"信"的内容。最后，作者认为，与其说天台是对阳明的"拯救"，不如说"只是以不同的方式来改铸和推展王学，最终为王学乃至整个宋明道学的解体，准备了必要的理论基础"③。赖玉芹的《耿定向讲学的影响》认为，在张居正禁止讲学且王门的一传弟子相继谢世之时，耿定向及其弟子的讲学活动产生了较大的影响。正是通过讲学，天台的思想影响了一大批同时代的学者。而天台带有反思和纠偏性质的讲学活动更成为东林派的先声。④

李耿之争是学界关注的一个焦点。罗福惠的《两舍则两从，两守则两病——耿定向与李贽"论道相左"新解》认为，人们通常将李贽视作"进步思想家"，而将耿定向归为"伪道学"，这一论断是以李贽作为评判两人思想的标准，很难说是准确的。受到"斗争哲学"的影响，李耿之争的性质与严重程度都被夸大了，应予以纠正。事实上，两人都深受传统儒学的影响。对于两人争论的原因，作者认为，"矛盾根源则在两者的思想差异"⑤，这一认识十分准确。另外，作者还指出，李贽将耿定向视作假道学并不恰当，李耿二人不是敌人，而是有分歧的朋友。

---

① L. Carrington Goodrich, Chaoying Feng ed., *Dictionary of Ming Biography*, Columbia University Press, 1976, p. 719.

② Ibid..

③ 何建明：《论耿定向对阳明心学的"拯救"》，《中州学刊》1992 年第 1 期。

④ 赖玉芹：《耿定向讲学的影响》，《光明日报》2009 年 5 月 26 日第 12 版。

⑤ 罗福惠：《两舍则两从，两守则两病——耿定向与李贽"论道相左"新解》，《江汉论坛》2002 年第 10 期。

这一观点较为准确地反映了二者的关系，相较于以往的论断是一个巨大的进步。

徐苏民的《李贽、耿氏兄弟和公安三袁》一文将李耿之争概括为三点，即"师友之道与官场执尊""如何看待对待纲常名教"及"何为'自得良知真趣'"。作者认为，天台"坚执一元文化心态，看不到传统也有可变的方面，确有偏于保守之弊"①。李银安的《和而不同：李贽、耿定向思想交锋与生活交往方式及其历史启示》着力于考察两人交往的过程，将其分为三个阶段：1. 学术上相慕、生活上相近；2. 政治上相悖、人际关系交恶；3. 人际关系的和解。② 周素丽的《李贽与耿定向学术人格的对比——耿李论战的原因分析》则旨在澄清两人学术人格的不同，以此来说明为何两人的观点看起来针锋相对。作者将两人的学术人格之区别细化为三个方面：1. 为学宗旨：扶世卫道与追求自适；2. 对学问的态度：慎术辟异与从其所好；3. 处世态度：温和妥协与直率无忌。进一步，作者认为这些性格并非绝对对立，在大部分士人身上都能并存，但李耿两人却各执一端，遂争论不止。③

另外需要注意的是，不少研究李贽的论文都涉及李耿之争。例如，左东岭先生《耿、李之争与李贽晚年的人格心态巨变》一文认为，李耿之争使得卓吾的友人大都离他而去，生活漂泊，寄人篱下，从而导致了李贽心态的巨大转变，由早年的与世无争转为晚年的狂放激进。邬国平的《〈复焦弱侯〉异文与李贽、焦竑、耿定向的关系》则通过分析万历十七年李贽的《复焦弱侯》一文被删减的情况指出，李贽希望去京城投奔焦竑的目的是为了躲避耿定向。遭到拒绝后，卓吾改为通过刻印《焚书》的方式主动挑战天台，从而造成了李耿之争的激化。而其《李贽〈答耿司寇〉是一封"集束型"书信》则分析了《答耿司寇》这封《焚书》中篇幅最长的书信，认为其是由不同时期写就的内容组合而成的。许建平的《狂怪和与世无争——论李贽的双重文化人格》一文认为，狂怪的性情在李贽人格中占有重要地位始于万历十四年，而非李耿之争产

---

① 徐苏民：《李贽、耿氏兄弟和公安三袁》，《江汉论坛》2009 年第 7 期。

② 李银安：《和而不同：李贽、耿定向思想交锋与生活交往方式及其历史启示》，《湖北行政学院学报》2012 年第 3 期。

③ 周素丽：《李贽与耿定向学术人格的对比——耿李论战的原因分析》，《中国哲学史》2012 年第 3 期。

生的万历十二年。①

　　以上成果给耿定向思想及李耿之争这一课题今后的研究奠定了基础。当然，在此基础上，学者仍然有着较大的开拓空间：（1）受到篇幅的限制，现有的研究往往侧重于论者所感兴趣的某一或某几方面，未能呈现出耿定向思想的全貌，因而不免给人以"只见树木，不见森林"之感。（2）以往对于耿定向思想的研究缺少一条清晰的线索。笔者认为，天台的主要思想都可以视作其"卫道"意识的展开。对于卫道意识，之前的学者已多有论及，但大部分的论述似乎都将其视作天台思想中的一个普通部分，与其他内容多呈并列关系，忽视了天台思想的其他部分，如"真机不容已""学有三关"以及李耿之争，都是受卫道意识所支配的。这就使得关于天台思想的研究显得较为零散，不能成为一个一以贯之的整体。（3）对于李耿之争的研究虽然不少，但仍有片面之嫌。总体而言，现有之研究仍多集中于争论发生的背景以及两人性格特点等外在问题上，少见对于两人思想的比较，至于李耿两人在历史观上的差异则更是无人问津。

　　以上就是耿定向思想研究中存在的一些不足之处，而笔者则试图在前人研究成果的基础上做一些综合性的工作，以尽可能寻找出耿定向思想的逻辑线索，进而呈现出天台思想以及李耿之争的全貌。

---

　　①　许建平：《狂怪和与世无争——论李贽的双重文化人格》，《文学评论》2005 年第 6 期。

第一章　耿定向的生平及学思历程

耿定向于七十岁时自作年谱《观生纪》回顾一生，在《观生纪序》中，天台说道：

> 惟我生而鲁，长而骀宕。几壮，始妄意古人之学，而茫无所入，只赖仲启，始解反身以观。而习深质驳，所谓童观耳，窥观耳。嗣跋名场，数仆数起，进退未至失道者，非我之能观天也。逮兹迟暮，载观国光，只思尚友海内仁贤，资切观摩，期此生无咎尔。而发种种然，而齿纍纍然，生有涯而志难平。嗟！何及也。顾我自观，厥有生以来，天故贫我、困我，始稍稍伸我，而又病我。已乃达我，间又抑我、忧戚我，无非所以成我也。父母劬瘁，育我慈我，而故严以督我。内而诸弟胥稚鲁者，方忧其植立之难，而顾能启我；外之朋友，诸振我、翼我、劘切我。愚妻狷子，未尝萌纤毫世俗念谪我、累我，皆天所以赞我也。由是以观天之生我意若笃至矣，一息尚存，安忍弃天悖天，不求无忝所生哉！①

根据耿定向自己的描述，他的一生大致可划分为两个阶段：及第之前的求学阶段和及第后的宦海生涯。天台家境贫寒，这使得他在及第之前曾备尝人间疾苦，而又成为其笃志向学的动力之一。值得注意的是，天台强调"只赖仲启，始解反身以观"，这说明在天台的心目中，在他及第之前，真正对他有所启发，使得他反求于内从而走上心学道路的唯有二弟耿定理一人。

---

① 耿定向：《观生纪》，《宋明理学家年谱续编》第5册，北京图书馆出版社2006年影印本，第279—280页。

虽然天台认为自己的仕宦生涯"数仆数起"，然而事实上，他的仕途相当顺利，这与其谨慎的性格及他与历任首辅的良好关系密切相关。嘉靖年间，讲学之风盛行于世，耿定向也深受影响。公务之余，他经常与耿定理、胡直、罗汝芳、邹善及史桂芳等人相聚讲学，并在督学南京之时建崇正书院，简拔了大批的学者。与此同时，仕宦生涯与讲学经历也使得耿定向有机会接触到当时诸多著名学者，加之他一直与仲弟耿定理讨论学术，这使得他的思想受到各方面的影响而不断变化，历经三次转变，最终臻于成熟。

第一节　耿定向的生平履历

耿定向一生波澜不惊，早岁虽出身寒门而备尝辛苦，然早有必为圣人之志，又能笃志向学，最终于三十三岁金榜题名。及第之后，得益于平和务实的性格，谨慎小心的处世原则，天台不仅能够在嘉靖、隆庆及万历年间纷繁复杂的政治斗争中保全自身，而且在自己的职权范围内还能有所作为：无论是弹劾吏部尚书吴鹏，还是在督学南京时着力简拔后学，抑或是在福建巡抚任上协助张居正（1525—1582，字叔大，号太岳，湖广江陵人）积极推行改革，他做得都相当出色。天台一共经历了六位首辅，他与这些性格不一的宰相均能较为融洽地相处，其中值得一提的是他与张居正的关系：一方面，天台支持江陵的改革；另一方面他对于后者的某些行为也加以批评。然而，在江陵遭到神宗清算之际，天台又为他进行辩护。

一　家世与早岁经历

后人在为前人编纂年谱时，往往会介绍其家世背景。由于《观生纪》是耿定向自编的年谱，因此他并未言及自己的家世。幸运的是，天台高弟焦竑在他为乃师撰写的《行状》中补充了这部分内容：

> 先生姓耿氏，讳定向，字在伦，楚黄州麻城县人。先世于春秋为国姓，至汉大显，封侯将相者不下数十辈，后世子孙散处江汝间。元

季兵乱，有均用公者负奇气，率里中豪据险自保，寻受朝命为镇抚。镇抚公生国宝，高皇帝起淮甸，国宝公携次子必安仗剑从之。必安公以功授济阳卫千户，而长子必顺奉母周自光山迁麻城之太平里家焉。传五世为鸣甫公大振，生静庵公金，娶于秦，而举先生及仲子定理、叔子今南京都察院右副都御史定力、季定裕。鸣甫公湜身教家，内行甚备，而静庵公栖迹衡门，举一切浮艳之好无以入其襟际，忠诚秉醇，意泊如也。静庵公以先生满御史考，封如其官，母秦为孺人。后与鸣甫公皆赠通议大夫、刑部左侍郎，而王母李暨母秦皆淑人。①

耿定向祖上在明朝初年还是一官宦人家，然而从其七世祖耿必顺迁居麻城以来，耿家这一支脉一直籍籍无名。耿定向的祖父与父亲皆是儒生，自修甚严，但都未能获取功名，因而其家世并不显赫。天台的父亲耿金乃是隐士，对待功名利禄甚为淡泊。耿定向在结识王畿之后，曾将耿金之言行记录下来交给龙溪，请他代为作传。龙溪看完耿金的《事略》之后，称赞其"发祥有自，隐行如此，令人倾慕"②。总体而言，麻城耿家有着业习儒学的传统，祖父皆内修甚严，但因为家中始终无人及第而甚为贫寒。这样的家庭环境对天台日后的治学经历与为官生涯都产生了较为深远的影响。

嘉靖三年（1524 年）十月初十，耿定向生于严冲祖宅。据焦竑记载，天台早岁即有必为圣人之志：

　　先生生有至性，甫二岁，即依鸣甫公侧，蚤夜不离。鸣甫公性方严，遇诸子姓不少假，独钟爱先生。先生一日绕膝下，以官级问，递至公卿矣，曰："更有上者否？"鸣甫公曰："独有圣人耳。"先生应声曰："儿异日当为圣人。"鸣甫公奇其志，已心仪其为大人器矣。③

----

① 焦竑：《资德大夫正治上卿总督仓场户部尚书赠太子少保谥恭简天台耿先生行状》，《澹园集》卷 33，中华书局 1999 年标点本，第 524 页。

② 《答耿楚侗》，《王畿集》卷 10，凤凰出版社 2007 年标点本，第 242 页。按：笔者在《王畿集》中并未找到龙溪所作的耿金小传。

③ 焦竑：《资德大夫正治上卿总督仓场户部尚书赠太子少保谥恭简天台耿先生行状》，《澹园集》卷 33，中华书局 1999 年标点本，第 524—525 页。

阳明年少时豪迈不羁，曾经在听闻塾师将读书登第视为天下第一等事时立即表示反对，"登第恐未为第一等事，或读书学圣贤耳"①。耿定向幼年亦有为圣贤之志向，而其日后治学则坚持儒家正统，倡导卫道之学；为官则敢于任事，秉公执法，这一切可以说都与其早年即确立为圣之志密切相关。

　　耿定向早年的另一特点是事亲至孝，焦竑说他"孝友忠直，出自天性"②。对于祖父于子孙中独钟爱自己一事，楚侗晚年回忆道："其年（嘉靖四年）王父为癫人黄姓者刺伤，血流不止，几毙，家人惶惧甚。余依依榻前，不忍离，时攒眉作呵护状。自是王父于诸孙中独钟爱之。"③ 可见，真正让祖父耿大振喜爱的还是天台由衷而发的纯孝之心。嘉靖九年（1530 年），天台的祖母去世，天台"哭之甚哀。既葬，蚤暮率昆从瓣香，展拜其墓。自是日绕王父膝下，夜卧枕边，未尝一日违离"④。嘉靖十七年（1538 年），"冬，闻王父讣，奔归。沿途七十里哭声不绝，柴瘠甚甚"⑤。天台与祖父母的感情可见一斑。有若在《论语》中云："其为人也孝悌，而好犯上者，鲜矣；不好犯上而好作乱者，未之有也。君子务本，本立而道生。孝悌也者，其为仁之本欤。"刘宝楠注云："《中庸》言达道五：君臣，父子，夫妇，昆弟，朋友。而父子、昆弟尤为根本之所在。若人能孝悌，则于君臣、夫妇、朋友之伦，处之必得宜，而可名之为道，故'本立而道生'。""孝悌所以为为仁之本者，《孝经》云：'夫孝，德之本也，教之所由生也。'德兼仁、义、礼、智。此不言德，言仁者，仁统四德，故为人尤亟也。"⑥ 孝悌乃为仁之根本，入孝出悌则"五伦"中另外三伦皆可推而至之，最终自然能成圣成贤。如前所述，耿定向可谓"生有至性"，孝友天成，这意味着"必为圣人"之志对他而言并非是空中楼阁，而是切实可行的：尽孝悌之道并扩而广之即是成就圣人之德的有效途径。

---

① 《年谱一》，《王阳明全集》卷 33，上海古籍出版社 1992 年标点本，第 1221 页。

② 焦竑：《资德大夫正治上卿总督仓场户部尚书赠太子少保谥恭简天台耿先生行状》，《澹园集》卷 33，中华书局 1999 年标点本，第 532 页。

③ 耿定向：《观生纪》，《宋明理学家年谱续编》第 5 册，北京图书馆出版社 2006 年影印本，第 281 页。

④ 同上书，第 282 页。

⑤ 同上。

⑥ 刘宝楠：《论语正义》卷 1，中华书局 1990 年标点本，第 7—8 页。

　　然而，年少时的体弱多病，加之贫寒的家境，使得耿定向在及第之前曾备尝艰辛。天台出生不久便染上重病，痛苦不堪，同时也深深地感到父母养育自己的不易，"五年丙戌我三岁。恒言子生三年，然后免于父母之怀。乃我生即多病，善啼三年间，父母鞠育之恩，十倍常情。已尝腹痛，医诊为有蛕，投药下之。中夜吐泻交作，蛕乘之上下出无算。先淑人忍卧积秽中，虫群钻肤，惴惴濒死，终不敢启衾拂拭，惧风袭益我病也。其鞠育艰辛类此"①。此段话形象地描述了耿定向的父母为了照顾体弱多病的天台而劳苦异常之状。随着时间的推移，天台则进一步看到了世家大族与奸猾之徒对父兄的欺压，从而愈加笃志为学，期望以读书登第来改变个人与家族命运。

　　嘉靖二十一年（1542年），天台随父亲与伯父"输胥"的经历使他第一次直接体会到世道之艰辛。《观生纪》载：

　　　　时家输胥易役，从先大夫、仲世父冒雪往应。行至姻陈宅，拟止宿。余视主人无留意，趣诸父行就。途中雪益缤纷，既至河浒，诸父搴裳碎水以涉。傍睨诸父肤赭如血，我衷切然若刲也。既至邑，诸父为市滑窘辱甚甚。念年几冠矣，不能博一衿佩为门户服劳役，困衡益棘。②

父亲及伯父冒雪徒涉冰河的极度艰辛，姻亲的冷漠以及市井奸猾之徒的刁难，这一切都深深地刺痛了年近弱冠的耿定向，他为自己已然成人却未获功名、未能光耀门楣而深感自责。嘉靖二十三年（1544年），耿定向目睹了穷苦百姓向豪门大族借贷的悲惨遭遇，"伯氏从昆只为强贷前余五金，遂至倾矣。余目击势族举债之酷虐如此"③。然而，给青年时期的耿定向留下最为深刻的印象的一场灾难还是家乡麻城于嘉靖三十三年（1554年）至三十四年（1555年）发生的饥荒，"其年（嘉靖三十四年）春，里中饥甚，比户突无烟，野有殍，且疾大作。伯氏一支诸从昆

――――――――――――

　　① 耿定向：《观生纪》，《宋明理学家年谱续编》第5册，北京图书馆出版社2006年影印本，第282页。
　　② 同上书，第286页。
　　③ 同上书，第288页。

暨其妇子相继灭"①。此时天台已经中举，然而面对"野有饿殍"的惨状仍然束手无策，"忆维时余怦怦忡忡，此身若寄空雾中"②。

家族的贫困，世态的炎凉，豪门大族的欺侮以及天灾不断、尸横遍野的惨状，所有这一切都化作了耿定向笃志向学的动力。天台七岁时，父亲耿金取《大学》"知止而后有定"之意，为其取名"定向"，所望甚深，十岁始就学。耿定向学无常师，据《观生纪》的记载，天台曾师事闵燧、傅式、汪澜、鄢楷、谢寅和及叔父耿宗进、堂兄耿少韩等人。这些大都是天台家乡的学者，与王艮并没有直接的师承。因此笔者认为，黄宗羲将耿定向划入泰州学派，更多的是着眼于其学术进路与王艮的泰州一系有类似之处，换言之，划分的标准是思想脉络而非学派归属。

耿定向聪明而勤奋，短时间内学业即大有长进。据焦竑记载，天台十二岁（嘉靖十四年，1535 年）即"通《书》大义，间有述造，为一时名流所赏异"③。同年，天台结识了其少年时的挚友彭台（彭公甫），二人相互砥砺学问。十七岁（嘉靖十九年，1540 年）参加童子试，"赴旧邑童子试。时合邑就试者以千计，而余录居俊等。仲世父携赴郡试，亦取俊等"④。科考的初战告捷不免使天台有些飘飘然，加之学业日益为名流赏识，遂"渐挑达任放，好谑辞"，幸得父母的训导与益友的规劝，才不至流于放荡。二十岁（嘉靖二十二年，1543 年）补庠弟子员，在艰难困苦中砥砺苦学，"并日而食，忍饥攻业，凡文史目辄成诵，盖困衡极则发慧也"⑤。拮据的生活并没有消磨掉天台的意志，反而成为他刻苦攻读的动力。

然而，苦攻学业的耿定向在科场上却并不顺利，嘉靖二十五年（1546 年）与嘉靖二十八年（1549 年）两次秋闱均下第。据《观生纪》记载，耿定向第一次乡试下第是因为考前其父母冒雨前来看望，天台不忍母亲在秋雨中伫立等待，遂"场中潦草成篇，停午即出"。或许早料到自

① 耿定向：《观生纪》，《宋明理学家年谱续编》第 5 册，北京图书馆出版社 2006 年影印本，第 293 页。

② 同上书，第 293、294 页。

③ 焦竑：《资德大夫正治上卿总督仓场户部尚书赠太子少保谥恭简天台耿先生行状》，《澹园集》卷 33，中华书局 1999 年标点本，第 525 页。

④ 耿定向：《观生纪》，《宋明理学家年谱续编》第 5 册，北京图书馆出版社 2006 年影印本，第 285 页。

⑤ 同上书，第 287 页。

己不可能通过乡试，天台对首次失利并未挂怀，放榜时"熙熙如常，无几微愠色"。第二次下第则是由于时年耿定向受到了地方官员的礼遇，甚为自负，"以取科第犹缀之"①。然而，天台回家后却"入视两亲粝食藜羹，出睹诸从鹑衣菜色"，使其"衷荼若刺"②。他意识到自己已年近而立，必须通过科举考试获得功名以光耀门楣，减轻父母的负担。自此，矢志科场的天台的科举之路变得顺畅起来，顺利通过了嘉靖三十一（1552年）的湖广乡试，成为举人。在经历了一次会试失败后，天台终于于嘉靖三十五年（1556年）通过会试，并在随后的殿试中名列三榜，赐同进士出身，授吏部行人司行人，开始了自己的仕宦生涯。

在耿定向的求学生涯中，值得注意的是他与彭公甫在嘉靖二十九年（1550年）发生的一场争论。《观生纪》云：

> 公甫尝读程朱语录有省。余时困衡极，亦奋自树，亦与商切志圣贤，而孤陋寡闻，不知所入。公甫宾宾然趋绳蹈矩，谓"程朱主敬，功当如是"。余曰："自尧舜肇统，道惟明伦尽伦。所学圣也，恶用此拘拘捡押为。"著《五伦图说》以明其旨。盖余自庆多天伦之幸，亦以放任习，不能即格也。公甫不能易吾说，而余嗣亦渐入公甫归勉，自检饬云。③

诚如耿定向所言，他自幼深受祖父及父母的爱护，极为重视亲情，将此视作成德之途。因此，对于彭台所推崇的程朱主敬修持之法，天台起初认为有拘束人之本性，妨碍学者笃伦尽分的嫌疑，并未采纳。这意味着此时的天台认为内心的孝友之情与外在的修养是对立的。然而时隔不久，天台便意识到自发的入孝出悌之情须转变为自觉的明伦尽伦之行，而这离不开恰当的方法，即趋绳蹈矩的修持过程。耿定向早年的这次思想转变似乎昭示了其学的两个特点：一是对于程朱之学的肯定，二是对于为学之方即"术"的重视。前者成为其卫道之学的有力佐证，后者则最终演变为"慎术"思想。

---

① 耿定向：《观生纪》，《宋明理学家年谱续编》第5册，北京图书馆出版社2006年影印本，第290页。
② 同上。
③ 同上书，第290—291页。

二　宦海生涯

耿定向的仕宦生涯大致可分为四个阶段：从初入官场任吏部行人司行人到以云南道监察御史之职巡按甘肃为第一阶段，以监察御史职督学南京为第二阶段，以都察院右佥都御史巡抚福建为第三阶段，任都察院左副都御史到致仕为第四阶段。总体而言，天台的仕宦生涯颇为顺利，中间仅遭遇过一次贬黜，即隆庆四年（1570 年）被贬为广西横州判官。

《明史》认为，"耿定向初立朝有时望"①，这是由于天台在嘉靖三十九年（1560 年）弹劾时任首辅严嵩的亲信吏部尚书吴鹏，为时论所称赞。在《劾吏部尚书吴鹏疏》中，耿定向弹劾了吴鹏的六项罪责，包括收受贿赂、识人不明、纵容其子吴绍科场舞弊等②，并且"语侵分宜甚"。得罪了首辅，天台的处境自然不妙，"要人侧目，日夕遣逻卒在门，伺余动静"；"时知交经予邸巷者，策马过之"。③ 然而天台始终安之若素，不为所动，终于转危为安，并以云南道监察御史之职巡按甘肃。在出巡西北的过程中，耿定向力戒下官贿赂，对于御史中丞戴晋庵制止手下向自己赠送貂裘的举动十分赞赏，与之相交甚欢。总之，耿定向在甘肃时，辞受取与一合于道，受到甘肃官员的好评。

嘉靖四十一年（1562 年），三十九岁的耿定向开始了督学南京的生涯。在此之前，他与仲弟耿定理、胡直在汉水之滨相聚，订立学术宗旨，史称"汉浒订宗"，这标志着天台思想的成熟。能够执掌人文荟萃的南直隶地区的教育大权，这对天台而言不啻为天赐良机。由此，他迎来了自己学术生涯的高潮，其在南直隶的讲学活动产生了巨大的影响，正如焦竑所言："自吾师天台先生倡道东南，海内人士云附景从。"④ 而在《行状》

---

① 《明史》卷 221《列传一百九》，中华书局 1974 年标点本，第 5817 页。

② 耿定向：《劾吏部尚书吴鹏疏》，《耿天台先生文集》卷 2，《四库全书存目丛书》集部第 131 册，齐鲁书社 1997 年影印本，第 26—30 页。

③ 耿定向：《观生纪》，《宋明理学家年谱续编》第 5 册，北京图书馆出版社 2006 年影印本，第 299 页。

④ 焦竑：《奉直大夫协正庶尹尚宝司少卿雪松潘君墓志铭》，《澹园集》卷 30，中华书局 1999 年标点本，第 457 页。

中，焦竑更是称赞道：

> 冬，抵任。留都钜公名儒往往税驾其间，英多特达之士、缀学者
> 修者盖不乏人，顾涣焉而未有统。先生至，毅然以斯文为任，举简书
> 所云"崇正学、迪正道"者，稟为功令，直揲仁体以示人。案吏则
> 先风化而抑掊击，校士则奖名检而黜浮华，桑阴未移，而下自化。自
> 属吏诸生日为汲引，随机立教，不强所未至。由其内者，先生为之推
> 离还源，相与踊跃，如寐得觉；由其外者，先生为之易辟就衷，相与
> 浣濯，如病或差。致尊中衢过者斟酌之，多少不同，而各得其宜，以
> 故从游之徒，或弹冠登朝，为世羽仪；或重席谈经，为士杓的，绳嘱
> 蔓引，于今不绝，作人之盛，近世未有也。①

耿定向执掌南都学政之后，一切举措皆以"崇正学、迪正道"为根
本，讲求实学，以此来整饬虚浮放诞、空谈心性的士风。他将讲学和考校
结合起来，简拔了大批人才，焦竑便是其中之一。在校士讲学之余，耿定
向还会晤了诸如王畿、王襞等当世的著名学者，并编撰著作。嘉靖四十二
年（1563 年），王艮（1483—1541，字汝止，号心斋，泰州安丰场人）之
子王襞（1511—1587，字宗顺，号东厓）前来拜访耿定向。天台因公务
在身，不便会晤，遂请徐矿与东厓相会，讨论"克己复礼"的问题。东
厓将"克己"解为"能己"，并"强调以天地万物依己，不以己依天地万
物"。徐矿将其转述于耿定向，后者赞叹东厓能"承服父学"。②嘉靖四十
三年（1564 年），天台与龙溪会面，讨论佛道虚无之旨与儒学的关系、致
良知之法、静坐的意义以及罗洪先冬夏二游记中思想差异等问题。在此期
间，耿定向还完成了《硕辅宝鉴》和《教学商求》两部著作。嘉靖四十
五年（1566 年），耿定向在清凉山建成崇正书院，延请焦竑主持教务，并
遴选十四郡的青年才俊于此讲习圣学，这标志着天台在南直隶士林的影响
力达到了顶峰。

---

① 焦竑：《资德大夫正治上卿总督仓场户部尚书赠太子少保谥恭简天台耿先生行状》，《澹
园集》卷 33，中华书局 1999 年标点本，第 527 页。
② 耿定向：《观生纪》，《宋明理学家年谱续编》第 5 册，北京图书馆出版社 2006 年影印
本，第 303—304 页。按：有关耿定向与王襞交往的过程，可参考吴震的《泰州学派研究》，中国
人民大学出版社 2009 年版，第 21—24 页。

　　焦竑在《行状》中回顾了耿定向自嘉靖四十一年（1562 年）至隆庆元年（1567 年）这六年间督学南京的情景，盛赞天台"踞师儒之任，六年于兹，摩荡鼓舞，陈言邪说，披剥解散，新意芽甲，性灵挺出。士苏醒起立，叹未曾有，皆转相号召，雷动从之，虽縻他师者，亦借名耿氏，海内士习，几为之一变"①。

　　隆庆元年（1567 年），耿定向升任大理寺右寺丞，由于和时任首辅高拱不睦，耿定向遭到了仕宦生涯的唯一一次贬斥，然而不久即升任浙江衢州推官。万历三年（1575 年），耿定向升任都察院右佥都御使，随后由于母亲去世，天台开缺回家，直至万历六年（1578 年）以原职起复，巡抚福建。由此，他迎来了自己官宦生涯的第三个阶段。

　　天台执掌福建后所面临的第一个问题是如何在不加重民间负担的前提下增加财政收入。由于福建地处海滨，常年受到倭寇和海盗的侵扰，因而需要整顿军备，其中最大困难是缺乏军饷。对此，之前的两任福建巡抚采取了截然相反的措施：先任的刘尧诲力主榷商税、核积逋，而后任庞尚鹏则将上述举措全部废除。这就使耿定向面临两难局面，"从刘则民拂，从庞则饷诎"②。耿定向解决这一问题的具体措施现已不可考证，只知有赖于当地官员的规划与调剂，天台得以较为顺利地解决了这一难题，"于兵民稍得无斁"③。

　　万历七年（1579 年），张居正正式下令丈量田亩，耿定向积极响应。他克服了福建丘陵众多，耕地零碎而不便丈量的困难，制作"广舆图式"，以府为单位进行丈田。同时，天台还积极推行"一条鞭法"，将多种赋役合而为一，减轻了百姓的负担，并推行保甲制度，订立乡约。天台巡抚福建之际，当地曾爆发严重的饥荒。他全力赈灾，并通过合理的筹划，使闽省大量百姓免于饥饿。随后，耿定向将他在闽省的行政经验加以总结，著成《牧事末议》一书，以备后人参考。

　　万历八年（1580 年），耿定向的父亲去世，他再次回乡丁忧，并于万历十二年（1584 年）升任南京都察院左副都御使，这是其官宦生涯的尾

　　① 焦竑：《资德大夫正治上卿总督仓场户部尚书赠太子少保谥恭简天台耿先生行状》，《澹园集》卷 33，中华书局 1999 年标点本，第 528 页。
　　② 同上书，第 529 页。
　　③ 耿定向：《观生纪》，《宋明理学家年谱续编》第 5 册，北京图书馆出版社 2006 年影印本，第 314 页。

声。在这期间，耿定向与东林党人发生了一场纠葛。南京都察院御史王藩臣弹劾巡抚周继，让耿定向相当不满。他的《乞骸疏三》名义上是恳请万历准许其回乡养病，实际上则是抨击某些御史随意弹劾巡抚的行为。在天台看来，人才难得，而"念近日人材之难，莫难于巡抚"①。自己作为言官之长，不能为皇帝爱惜贤才，坐看其遭到御史的无端指责与攻击，是严重的失职行为，不应尸位素餐，忝列于朝堂之上，因而他恳请皇上将自己罢免。显然，天台是在发泄自己的不满，而使他恼火万分的乃是三个御史，即王藩臣、方万山和王麟趾，他们分别弹劾了周继、陈有年和徐元大三位正直而有才干的抚臣。特别是王藩臣，他作为南京都察院御史，不仅上疏弹劾颇有政声的巡抚周继，而且疏上月余都没有按例报知其顶头上司耿定向，可以说完全视天台于无物。对此，天台一方面自请去职，另一方面要求严厉整饬言官，"仍严申饬台臣，遵循宪典，凡有纠劾，须协公论，毋妄搏击"②。疏上，王藩臣被罚俸两个月。耿定向此举遭到了坚持捍卫言官之言论权利的薛敷教（后为东林干将）及顾宪成之弟顾允成的反对，特别是后者，曾作《客问》一文，翻出了天台不救海瑞、洪垣和李材的旧事以讽刺天台。吴震教授认为："从表面上看，王藩臣上疏事件的性质属于上司与下级的行政监督权的问题，实际上问题的核心是，都御使与十三道御史，也就是御史的言论自由与都御史的监察职能的关系问题，然而在这问题的背后，反映出以内阁为中心的中央集权与各部科道的言论监督这一关系到整个官僚体制的政治问题。……天台站在内阁的一边，主张加强对科道及其言官的监督管理，这实际上又是自张居正以来刷新吏治的一个重要内容。"③ 此论可谓的评。笔者进一步认为，作为一个曾经担任过巡抚，主掌过一省具体政务的官员，耿定向在内阁与言官的斗争中站到内阁一边是可以理解的。言官不参与具体政务，更不可能了解其中的复杂与艰辛，动辄以大义名分来抨击时政，这自然会招致行政官员的不满，耿定向也不例外。另外，耿定向与张居正保持着良好的关系，也支持江陵的改革，这也在一定程度上影响了他与御史的关系。

---

① 耿定向：《乞骸疏三》，《耿天台先生文集》卷2，《四库全书存目丛书》集部第131册，齐鲁书社1997年影印本，第53页。

② 同上书，第54页。

③ 吴震：《阳明后学研究》，上海人民出版社2003年版，第371页。

三 耿定向与历任首辅的关系

在考察耿定向的生平时，有一点须特别注意，这就是他与当朝首辅的关系。众所周知，明代虽然在洪武年间就取消了宰相，然而随着内阁权力的不断膨胀，到了明朝中期以后，内阁首辅即成为事实上的宰相，事权极大，他们在很大程度上决定着官员的升迁。耿定向之所以能平步青云，一个重要的原因即他和历任首辅的关系都较为融洽，《明史》说他"历徐阶、张居正、申时行、王锡爵四辅，皆能无龃龉"①。事实上，耿定向在其仕宦生涯中共与六任首辅一起共事，除了上述四人之外还包括严嵩和高拱。讨论耿定向与诸位首辅的关系，有助于我们了解天台的官宦生涯、个人性格、政治理念甚至学术思想。在上述六人当中，耿定向与张居正的关系最为特殊，须专门加以分析，因此我们首先就天台与其余五人的关系作一简要阐述。

对于严嵩（1480—1567，字惟中，号勉庵，江西分宜人），耿定向虽然与其有过冲突，但最终还是能够冰释前嫌。如前文所述，天台为官之初曾弹劾了严嵩的亲信吴鹏，然而这并没有对两人的关系造成严重的影响。天台还曾经殷殷规劝过严嵩，希望其能制止地方官员的贿赂之风，着力简拔人才，而严嵩也并未表示不满。嘉靖四十年（1561 年），耿定向奉命巡按甘肃，决心破除地方官员贿赂首辅的成例，"余有惕仲子布风之言，念天下风俗靡靡矣。今御天子命省一方，当亟挽而振之者。初至部，即以贿交要津，闻何风也。乃第为奏记，说以古义，而侑以帛二，杞果一囊，将意焉"②。面对耿定向的劝诫，严嵩并未恼怒，相反在得到天台的书信后"叹赏不止，报书致感谢意甚殷也"③。受到鼓励的耿定向进一步建议严嵩作为首辅，应着力为国选材：

> 余又说之曰："相公秉国，当为天下求士。"因荐二人，其一即江陵（引者按：即张居正），曰"此他日可以托国者"，其一为罗惟

① 《列传一百九》，《明史》卷 221，中华书局 1974 年标点本，第 5817 页。
② 耿定向：《观生纪》，《宋明理学家年谱续编》第 5 册，北京图书馆出版社 2006 年影印本，第 301 页。
③ 同上。

德（引者按：即罗汝芳），曰"此阁下里中人，有厚德，异日不相负者"。寻分宜败时，诸蝇附者咸解体，惟德独怜，而朝夕存省之。分宜嗟叹曰："吾识公晚矣。忆耿公曾谓我，耿公圣人乎。"①

　　耿定向与张居正有桑梓之宜，罗汝芳则不仅是天台的同年，更是天台一生的论学挚友，天台对于当下本体的了解即来自近溪。近溪去世时，天台更是痛不欲生。耿定向将自己的两位挚友推荐给严嵩，其目的是不同的：举荐张居正是为国举材，他清楚地认识到，江陵是良相之材，只有他才有能力解决明朝数十年来的积弊；而将罗汝芳介绍给严嵩则是希望首辅能得一真诚的朋友。天台深知近溪为人忠厚诚恳，绝非趋炎附势之辈，严嵩若与其相交可得一患难知己，这对于位高权重而终日群小环绕的首辅大人来说尤为难得，而后来近溪在严嵩败事之后的不离不弃也印证了"患难见真情"这句话。可以说，耿定向此举是公私兼顾，不仅体现了他的识人之明，而且说明他与严嵩的交往并非虚与委蛇，而是倾心之交，的确是设身处地地为作为首辅的严嵩着想。

　　徐阶（1503—1583，字子生，号少湖，晚号存斋，松江华亭人）不仅是嘉靖、隆庆年间的首辅，更是阳明学的干将，是嘉靖年间讲学活动的重要倡导者与参与者。② 徐阶为官干练条达，坚持原则而又不失灵活，《明史》称赞他"以恭勤结主知，量器深沉，虽任智数，要为不失其正"③。在学术上，徐阶曾师事阳明的弟子聂豹与欧阳德，故他一向以阳明后学自居，对阳明推崇备至。他在为官之余积极讲学，而其在京城主持的灵济宫大会，更是轰动一时。

　　对于徐阶，耿定向一向十分敬重，视华亭为自己的老师。天台的性格亦是平易近人，为官谨慎而干练，这些都与华亭相似。而在学术上，二人都属于阳明后学，又都是明代重要的讲学者。为政理念与学术思想上的诸多一致，使得耿定向与徐阶相处得十分融洽。在政治上，耿定向认为徐阶最大的功绩在于为朝廷简拔了大量人才，"窃尝念先生于时之难，难在树

　　① 耿定向：《观生纪》，《宋明理学家年谱续编》第 5 册，北京图书馆出版社 2006 年影印本，第 301 页。

　　② 对于徐阶讲学活动的分析，请参看陈时龙《明代中晚期讲学运动（1522—1626）》，复旦大学出版社 2007 年版，第 103—113 页。

　　③ 《列传一百一》，《明史》卷 213，中华书局 1974 年标点本，第 5653 页。

人。兹程其功之大而远者，要领亦在树人"①。徐阶曾大力提拔张居正，史载："阶代嵩首辅，倾心委居正。世宗崩，阶草遗诏，引与共谋。"② 对此，耿定向在隆庆元年（1567 年）写给徐阶的信中称赞道："某尝念门下士无虑千数，乃阁下独属意江陵张君，重相托付，诚为天下得人矣。同志中有识者，佥谓此阁下相业中第一筹也。"③ 耿定向将张居正视作不出世的宰相，因而在他看来，徐阶提拔张居正是维持国家的长治久安之举。天台还认为，徐阶能获得很高的政治成就的原因即在于其学醇正，因学正而术正，"天启先生自龀岁即笃志斯学，深造力践，直以孔氏为准的，故其师世觉人，粹然一轨于正"④；"猝临而触之不动，几至而应之靡挠，要皆原本于学，匪以才智胜也"⑤。总而言之，耿定向对于徐阶的学识和行政才能都十分钦佩，并且认为其高超的行政才能不是来自权谋之术，而是根源于对孔孟之学的遵信，对阳明良知学的推崇。

如果说耿定向对于徐阶是推崇备至，那么他对后者的继任者高拱（1513—1578，字肃卿，号中玄，河南新郑人）则可谓厌恶至极。天台曾云"彼公悍戾，妒贤误国"⑥，这倒是对高拱较为中肯的评价。《明史》虽然承认"拱练习政体，负经济才，所建白皆可行"⑦，然而亦认为他"才略自许，负气凌人"⑧。他的性格本就与天台不合，加之高拱是北方的官吏，耿定向则生于湖北，而明代的南北方官员长期存在着矛盾，这又为两人的关系蒙上了一层阴影。两人的直接冲突发生于嘉靖三十九年（1560 年），高拱欲升任国子监祭酒，为耿定向所止，"时高新郑在穆庙藩邸为讲官，投揭分宜，求出司成。余谓'藩邸讲读官例不出府，司成职司风教，例应庭推，未可以干请也。'拟疏弹之。事泄，高浼江陵为游说

①　耿定向：《奉贺元辅存斋先生八十寿序》，《耿天台先生文集》卷 11，《四库全书存目丛书》集部第 131 册，齐鲁书社 1997 年影印本，第 293 页。

②　《列传一百一》，《明史》卷 213，中华书局 1974 年标点本，第 5644 页。

③　耿定向：《启徐存斋相公》之 1，《耿天台先生文集》卷 4，《四库全书存目丛书》集部第 131 册，齐鲁书社 1997 年影印本，第 101 页。

④　耿定向：《奉贺元辅存斋先生八十寿序》，《耿天台先生文集》卷 11，《四库全书存目丛书》集部第 131 册，齐鲁书社 1997 年影印本，第 293 页。

⑤　同上。

⑥　耿定向：《启徐存斋相公》之 1，《耿天台先生文集》卷 4，《四库全书存目丛书》集部第 131 册，齐鲁书社 1997 年影印本，第 102 页。

⑦　《列传一百一》，《明史》卷 213，中华书局 1974 年标点本，第 5640 页。

⑧　同上书，第 5653 页。

中止"①。高拱欲执掌国子监而不成，遂记恨耿定向，在自己秉政之后于隆庆四年（1570年）将天台贬为横州判官。②

耿定向与张居正之后的两任首辅——申时行（1535—1614，字汝默，号瑶泉）与王锡爵（1534—1614，字元驭，号荆石）的关系都较为和睦，他建议两人要谨慎面对江陵之后的政治局面。一方面，张居正的改革确有成效，因此耿定向告诫申时行，不应全盘废除江陵的改革措施，亦不当将权术简单地视作邪恶，"顾所谓权术者，视人用之如何。犹之利剑长矛，君子用之以御寇，小人用之以为寇者也"③。另一方面，耿定向认为，内阁与下属间本就有矛盾，而到了王锡爵执政时呈愈演愈烈之势，即"近日士绅，九列以上，似是一班议论一班意见；九列以下庶僚，又是一班议论一班意见"④。这样的情况就需要有人以高超的政治智慧加以调护和化解，而作为首辅的王锡爵责无旁贷。

最后，我们重点分析一下耿定向与张居正的关系。张居正可谓是与耿定向关系最为密切的首辅，两人既是同乡，又是同道。江陵在推行一条鞭法、清丈土地时，天台正在巡抚福建，后者是前者政策的坚定执行者。然而，两人同样存在着分歧。有学者认为，耿定向与张居正的关系是"由亲密到疏远"⑤，这似乎与焦竑的描述是一致的，"自今上（引者按，神宗）临御，江陵励精求治，提衡宇内，宴然如一，后浸为苛急，不类初政，先生以桑梓之谊，又雅为所推重，屡进苦言。江陵卒瑱其规不以受，而先生自此疏矣"⑥。然而笔者认为，上述观点仍未能揭示两人关系的实质。事实上，耿定向与张居正的共同之处是务实际而黜虚文，以富国强兵为目标，因此两人都将对方视作知己。然而，天台发现江陵在性格上亦有偏狭一面，不能冷静地面对质疑和反对之声，而这很可能为他造成不必要

---

① 耿定向：《观生纪》，《宋明理学家年谱续编》第5册，北京图书馆出版社2006年影印本，第299页。

② 同上书，第310页。

③ 耿定向：《与申相公》，《耿天台先生文集》卷6，《四库全书存目丛书》集部第131册，齐鲁书社1997年影印本，第154页。

④ 耿定向：《与王相公》之1，《耿天台先生文集》卷6，《四库全书存目丛书》集部第131册，齐鲁书社1997年影印本，第152页。

⑤ 迟胜昌：《耿定向与泰州学派》，硕士学位论文，台湾师范大学，1990年，第13页。

⑥ 焦竑：《资德大夫正治上卿总督仓场户部尚书赠太子少保谥恭简天台耿先生行状》，《澹园集》卷33，中华书局1999年标点本，第529页。

的麻烦，故屡屡加以规劝。

万历五年（1577年），张居正的父亲去世，进而发生了震惊朝野的"江陵夺情"事件。在此事上，耿定向坚决支持张居正，甚至将江陵比作伊尹，并用儒家的经权之说为江陵辩护：

> 某尝思伊尹毅然以先觉觉后自任，初不解所觉者何事，近始省会挞市之耻、纳沟之痛，此是伊尹觉处。……夫时有常变，道有经权，顺变达中，莫深于《易》。《易》以知进而不知退为圣人，亦时位所乘，道当然也，古惟伊尹以之。兹阁下所遭，与伊尹异时而同任者，安可拘牵于格式，而胶纽于故常哉？乃兹诸议纷纷，是此学不明故耳。①

在耿定向看来，大明此时内忧外患十分严重，迫切需要有人站出来力挽狂澜。而张居正既有能力又有魄力，尤为难得的是他有以天下为己任的担当精神，立志整饬朝纲，是首辅的不二人选。这种担当精神正是江陵与伊尹的相同之处，因而天台强调，将江陵比作伊尹并非谄媚，而是真心实意的赞美。对于张居正夺情一事，耿定向认为，儒家有经权之说，在肯定原则的同时也承认在特殊情况下权变的必要性。眼下时局艰危，正需要张居正这位良相破除一切阻力，推进改革，岂能因循常例，听信流言，半途而废。相反，批判张居正不按制守孝的人都是未通儒家的经权之辩，所学未深。可见，无论是为政还是讲学，耿定向都力戒虚文而讲求实效，这种性格正是张居正改革所需要的。

虽然耿定向亦热衷于讲学，但是他并不认同多数讲学者专务空谈、不切实际的做派以及肆意攻击张居正改革的行为。在万历七年（1579年）写给友人刘应峰的信中，耿定向对于张居正结怨于讲学者的缘由作了客观而详尽的说明，并给予了委婉的批评：

> 昔年相君遭丧，二三士绅倡议，相君以此少□，而谗者因乘间谮言，倡此议者尽是讲学之党。相君稍稍蓄疑，而谗者益拘之。以此相

---

①　耿定向：《戊寅答张江陵》之1，《耿天台先生文集》卷6，《四库全书存目丛书》集部第131册，齐鲁书社1997年影印本，第151页。

君意谓吾方欲振饬纪纲，而讲学者见以为申、韩之操切；吾方欲致主安富，而讲学者见以为管、商富强；吾方忘家以殉社稷，而讲学者又见以为贪位遗亲。是今之讲学，皆迂伪取名，即昔之横议乱天下者也。①

相君注措作用，不敢置喙。惟是于此辈提掖稍重，致令士心为帖，是所忧也。且相君所疾者虚伪，而俗子承讹，玉石俱焚矣。此非人心世道关切事耶？非相知，绝口未敢道此。②

耿定向认为，曾经倾慕王学的张居正之所以在秉政后逐渐与讲学者分道扬镳，最终于万历七年（1579 年）请旨尽毁天下书院，不遗余力地打击讲学，其直接原因即在于后者不断干扰前者的施政过程。具体而言，张居正采取的措施如清丈土地、考成法、一条鞭法等都严重损害了缙绅的利益，遭到了后者的强烈反对，其中以讲学者的反应最为激烈。嘉靖、万历年间讲学者或是悠游林下，或是热衷于作为言官来品评时政，很少有人担任过督抚大员，主持过一省的具体政务。③ 换言之，他们大部分属于在野的政治力量，缺乏实际的行政经验，因而经常盲目地将义与利相对立，不知治国需要王霸杂用。因此在他们眼中，张居正的改革是效法申韩管商，只顾追求富强，乃是霸道而非王道，必须加以严厉的批判。相应地，张居正也发现反对之声主要来自讲学之人，对其印象越来越坏，两者逐渐丧失了转圜余地。最终江陵忍无可忍，以强力手段打击讲学者，使得天下哗然。在这一过程中，耿定向理解并支持张居正的行为，他认为，张居正真正需要的是能够支持并推进改革的左膀右臂，而讲学者显然无法满足江陵的要求，"而相公之求于天下士者惟一道，惟欲得不二心体国之人而已"④。进

① 耿定向：《与刘养旦》之 2，《耿天台先生文集》卷 4，《四库全书存目丛书》集部第 131 册，齐鲁书社 1997 年影印本，第 116 页。
② 同上书，第 117 页。
③ 例如，张元汴曾给王畿写信，说明天真书院被毁一事，其中说道："翁向处山林，久与世隔，不知市朝之态，朝夕万状，无怪乎。"（张元汴：《复王龙溪翁》，《张元汴集》卷 5，上海古籍出版社 2015 年标点本，第 125 页）这一看法相当客观，龙溪及第之后只两年便辞官归乡，他对于朝堂上的政治生态的认知相当有限。笔者进一步认为，这恐怕不是龙溪一人的问题，而且道出了不少讲学者的问题。
④ 耿定向：《戊寅答张江陵》之 2，《耿天台先生文集》卷 6，《四库全书存目丛书》集部第 131 册，齐鲁书社 1997 年影印本，第 152 页。

一步，天台同样反感士人不负责任地妄议时政以博取直谏之名的行为，"夫今士人自束发占毕以来，便惟知直言敢谏为贤，而其耻其痛，不切君民，则世所谓贤者，非毒而何？"① 故此，耿定向表面上慑于舆论的压力，不轻易评价张居正的举措，实际上他赞成后者的行为。

耿定向对于张居正的评判与张居正的自我感受相当一致，这反映在江陵写给天台的信中。江陵曾给天台写过九封信，其中大部分都写于天台巡抚福建之时。值得注意的是，在《答福建巡抚耿楚侗论王霸之辩》一文中，江陵不仅赞赏天台积极推行变法的各项措施，而且以王霸之辩为核心，向后者倾诉了自己秉政以来的心路历程：

> 忆昔仆初入政府，欲举行一二事，吴旺湖与人言曰："吾辈谓张公柄用，当行帝王之道，今观其议论，不过富国强兵而已，殊使人失望。"仆闻而笑曰："旺湖过誉我矣，吾安能使国富兵强哉？"孔子论政，开口便说"足食足兵"。舜命十二牧曰"食哉"。惟时周公立政，其克诘尔戎兵，何尝不欲国之富且强哉。后世学术不明，高谈无实，剽窃仁义，谓之王道。才涉富强，便云霸术。不知王霸之辩，义利之间，在心不在迹。奚必仁义之为王，富强之为霸？仆自秉政以来，除密勿敷陈，培养冲德外，其播之命令者，实不外此二事，今已七八年矣。而闾里愁难之声，尚犹未息仓卒。意外之辩，尚或难支焉，在其为富且强哉。公今不以仆为卑陋而留心于此，诚生民之福也。须一一核实考成，乃可有效。若徒腾之文告而已，实意且化为虚文矣，何如？……苟利社稷，殁生以之，仆比来唯守此二言。虽以此蒙诟致怨，而于国家实为少裨。愿公自信，而无畏于浮言也。②

在张居正看来，先秦儒家并没有将义与利相对立，舜、周公、孔子这三位圣人都肯定并追求富国强兵的理想。奇怪的是，当世儒者却将义与利视作绝对对立的两极：仁义为王道，富强为霸术；前者绝对合理，后者则绝对错误。事实上，"足食足兵"是维持政权稳定的前提，也是一个国家的基

① 耿定向：《戊寅答张江陵》之1，《耿天台先生文集》卷6，《四库全书存目丛书》集部第131册，齐鲁书社1997年影印本，第151页。

② 张居正：《答福建巡抚耿楚侗论王霸之辩》，《张太岳文集》卷33，上海古籍出版社1984年影印本，第383页。

本要求。这样一个基本要求却被当世儒者视作霸术而加以排斥，这使得江陵感到愕然。受到这种非此即彼式的义利观的影响，当世儒者越发不通时务，空谈仁义而不能经邦济世，使得朝政日益衰败，国库空虚，边防废弛：这便是张居正在万历初年所需要面对的政治现实。在这种情况下，他根本不敢奢望国富兵强，只是希望自己通过采取丈量土地，实行考成法、一条鞭法以及任用戚继光练兵等一系列举措，能缓解大明王朝面临的困境，对国家有所裨益。为了达到这一目的，江陵已经抱定"虽千万人吾往矣"的决心，甘心承受一切不白之冤。可以想见，张居正在写这封信时，内心是相当凄苦与孤寂的。而他既然敢于向耿定向诉说这一切，就意味着他将天台视作同道，对后者充分信任，相信天台能够理解自己的苦衷。

然而，耿定向在肯定张居正兴利除弊之举的同时，也委婉地指出了江陵在性格上的缺陷，即"仆故疑公太冷"；"细玩公来教，果又似太冷也"。[①] 在耿定向看来，张居正在面对讲学者时刻薄而冷淡的态度进一步恶化了自己的生存环境，"公抑浮薄，远虚伪，盖以不二心体国之诚求承学，乃浅识者遂谩谓相公不喜学道人。相公故遂于学者，某窃其绪余，亦足自淑矣。乃令相公蒙此名于天下，而天下遂以学诟病"[②]。天台敏锐地注意到，江陵本意在于务实而黜虚，并不是专门针对讲学者，况且他对于儒学也有着很高的造诣，然而某些与江陵有隙的人却诟病他厌恶讲学，并使之成为士绅的共识，从而使他背负了不应承担的骂名。讲学者的诟病固然是错误的，但江陵冷淡的性格亦加深了人们对他的误解。换言之，张居正为变法而一往无前的精神固然值得敬佩，然而若非他高崖冷峻的性格促使他对讲学者采取不妥协的态度，他所面临的环境本不至于那么糟糕。有鉴于此，耿定向一方面坚持讲学，另一方面试图调和讲学者与张居正之间的关系，正如张元汴（1538—1588，字子荩，号阳和，浙江绍兴人）所说："门下安然在位，循其所得为而兴造后生，培植善类，隐然为吾党标帜，则所以内调师相（引者按：指张居正），外联士心者，亦不言而明

---

① 耿定向：《寄张太岳》之 2，《耿天台先生文集》卷 6，《四库全书存目丛书》集部第 131 册，齐鲁书社 1997 年影印本，第 149 页。

② 耿定向：《戊寅答张江陵》之 2，《耿天台先生文集》卷 6，《四库全书存目丛书》集部第 131 册，齐鲁书社 1997 年影印本，第 152 页。

也。"①

总体而言，耿定向与多数首辅的关系较为和睦，这得益于天台谨慎而平和的性格。特别是在面对张居正时，耿定向一方面积极推行前者的改革举措；另一方面却不顾前者的反对而坚持讲学。但天台的讲学也吸取了前人的教训，反对空谈心性，强调实学。

第二节　耿定向的思想源流

耿定向学无常师，这导致他的思想受到了多方面的影响：首先，耿定向与王艮在思想主旨上是一致的，这也是黄宗羲将天台划入"泰州学案"的原因；其次，在学术上对于天台影响最大的是其仲弟耿定理，楚侗曾多次启发天台，并促成天台最终转向"不容已"之学；第三，耿定向的同道学友罗汝芳对他的思想亦有着很大影响。

一　王艮的泰州之学

清人程嗣章在《明儒讲学考》中认为，黄安耿氏兄弟"虽无专师，然其为王门之学，与泰州一派相近"②。此论当属的评。耿定向与王艮并无直接的师传关系，黄宗羲之所以将其划入泰州一系，是因为天台之学从思想主旨上与泰州学派相一致。耿定向本人也承认这一点，并明言自己曾私淑于王艮，"余徒白下李士龙、杨道南、焦弱侯、吴伯恒俱与莫逆，余亦因之私淑先生云"③。天台及第之时，心斋早已过世，因而天台无缘面见心斋，他通过与心斋之子王襞的交往了解了心斋之学，并给予极高的评价，"八月初旬，始还白下，要心斋先生嗣子相与再浹旬余，叩乃翁所指

---

① 张元忭：《寄耿楚侗》，《张元忭集》卷 4，上海古籍出版社 2015 年点校本，第 115 页。

② 程嗣章：《明儒讲学考》，《四库全书存目丛书》子部第 29 册，齐鲁书社 1997 年影印本，第 616 页。

③ 耿定向：《王心斋先生传》，《耿天台先生文集》卷 14，《四库全书存目丛书》集部第 131 册，齐鲁书社 1997 年影印本，第 350 页。

授，多得印可，益信此些子圣人复起，诚不易也"①。

耿定向曾著有《王心斋先生传》一文，记述了王艮的生平学履，并简单介绍了王艮门下的两位布衣儒者——樵夫朱恕与陶匠韩贞。进一步，天台认为，心斋思想中最具有价值的部分是他的"淮南格物说"和日用常行之旨。首先，对于淮南格物说，天台认为：

> 先生韦布士，乃其传浸广且远，何哉？盖学惟本诸身，可征诸庶民者，乃可法天下，传后世。先生为学，其发志初根本于诚孝，以悟性为宗，以孝悌为实，以九二见龙为家舍，得孔氏家法矣。综其旨归，以格物知本为要，以迁善改过、反躬责己为勉仁。廓披圣途，至易至简，固超然妙悟，不滞形器。而亦确然修正，不坠玄虚，褒然孔氏正脉。②

> 先生尝谓立身以为天下国家之本，则位育有不袭时位者。其所以语立身甚详，而所以自立者盖甚严。③

耿定向指出，王艮之学之所以能产生较为广泛的影响，关键在于"立身以为天下国家之本"，在于"本诸身"，即强调"身"的意义，这一理解十分到位。心斋的"淮南格物"将"格"解为"格式"，即框定之义，而框定的标准是"吾身"，对象则是万物，"'格'，挈度也，度于本末之间，而知'本乱而末治者否矣'，此'格物'也"④。在心斋看来，"修身"是《大学》"八条目"的核心，"修身，立本也；立本，安身也"。进一步，对修身的强调使得心斋对"礼"特别重视，要求自己的言行举止都合乎礼法，因为他将此看作"正矩"的途径。天台认为，心斋之学以修身为本，发于诚孝之心而落实于迁善改过之举，这些理解都是正确的。此论是针对王学末流所表现出的认情欲为良知，灭弃礼教，忽视道德

---

① 耿定向：《复王龙池》，《耿天台先生文集》卷6，《四库全书存目丛书》集部第131册，齐鲁书社1997年影印本，第159—160页。

② 耿定向：《王心斋先生传》，《耿天台先生文集》卷14，《四库全书存目丛书》集部第131册，齐鲁书社1997年影印本，第352页。

③ 同上。

④ 《语录》，《明儒王心斋先生遗集》卷1，《王心斋全集》，江苏教育出版社2001年标点本，第34页。

践履的问题，强调修身及遵守道德规范的重要性。

其次，在耿定向看来："先生之德至矣，世迹一二末学之狂诞而病先生学，是惩噎而废食也。先生之学，故民生日用之食也。"① 他明确肯定心斋"日用常行即道"的观念，并认为王学末流对于心斋的批判是因噎废食之举。此举针对的则是王学末流的另一种弊端，即耽虚溺无、偏好寂灭之境的错误观点。"日用常行即道"旨在说明"道不远人"，天道即存于百姓的日用常行之中，而圣凡之别即在于觉与不觉。天台推崇"日用常行即道"，意在破除王门后学中存在的神秘主义倾向，使心学回归平实。

耿定向不仅推崇王艮之学，而且还继承了后者的主要思想。天台"学有三关"说中的两个环节与心斋有关：其一，他认为："凡道不可与愚夫愚妇知能，不可以对造化、通民物者，皆邪说乱道也。"② 这显然是继承自心斋"百姓日用即道"的思想，最终演变为"即事即心"之说。其二，他的"慎术"说同样强调礼的重要性，将行为合礼作为判断良知的标准，拒斥认情欲为良知的思想，这与"淮南格物"说以身为矩从而推崇"修身"的观点有着相似之处。可见，王艮的泰州之学乃是耿定向思想的重要来源，它构成了天台思想的主线。

二　仲弟耿定理的启发

耿定向的仲弟耿定理对天台思想的形成与发展产生了最为重要的影响，楚倥曾多次启发楚侗，帮助其完成了自身思想的几次重大转变。万历十五年（1587 年），六十四岁的耿定向著成《耿子庸言》一书，此时耿定理已去世三年了，睹物思人，天台在《庸言序》中动情地写道：

　　且曰《耿子庸言》者，又因志感也。盖余编中所述，中多闻吾仲氏子庸者。即非闻诸子庸，启于子庸，证诸子庸者也。余往之证于子庸也，未尝以言，目逆而取证于衡宇间耳。嗟嗟！天启吾子庸以启余。余顾不能自成，以成吾子庸，岂不重负天也欤哉！悲夫，子庸兹

————————————

① 耿定向：《王心斋先生传》，《耿天台先生文集》卷 14，《四库全书存目丛书》集部第 131 册，齐鲁书社 1997 年影印本，第 352 页。

② 耿定向：《复乔户部》，《耿定向先生文集》卷 5，《四库全书存目丛书》集部第 131 册，齐鲁书社 1997 年影印本，第 123 页。

逝，殆天丧余矣，余又何言？盖子庸没，而余悲印证之无从也。①

耿定向毫不讳言书中的不少言论就是耿定理本人的思想，其余的内容也多与楚侗有关，离不开后者的启发。因此，楚侗离世让天台感到万分悲痛，甚至有"天丧予"之感。确切地说，耿定向的学术曾经历过三次转变，而这三次转变都是由耿定理促成的，本章的第三节将对此加以详细说明，在此不再赘述。

三 罗汝芳当下论的启示

在同时代学者中，与耿定向关系最为密切的乃是罗汝芳、胡直与史桂芳（生卒年不详，字景实，号惺堂，江西鄱阳人）三人。天台曾云："平生得三益友，于大方犹得良药：以庐山胡丈为正气散，近溪罗丈为越鞠丸，史丈为排毒散。"② 在他看来，胡直、罗汝芳和史桂芳三人对他帮助良多。而在这三人中，罗汝芳的当下论使耿定向深受启发，它成为天台思想的另一个重要来源。

耿定向十分服膺胡直与史桂芳的人品与操守。他曾对胡直明言，"弟日用持循纤悉，惟兄矩矱是遵，不敢悖弃也"③，完全将庐山视作自己的楷模，并声称自己一言一行都以庐山为标准。同样，天台认为："惺堂史先生直心洁履，劲气孤操，盖今之古人。"④ 然而，在思想上胡史二人对于耿定向的启发则比较有限。从现有的文献中，我们没有发现天台与惺堂论学的记述。庐山确实是天台的学友，但是在学问上天台与庐山之间的分歧多于共识。庐山以"尽性至命为宗旨，存神过化为工夫"，天台却认为此论过于烦琐，直言"道为宗旨，学为工夫"，二人就此辩论不休，因此

① 耿定向：《庸言序》，《耿天台先生文集》卷11，《四库全书存目丛书》集部第131册，齐鲁书社1997年影印本，第280页。

② 耿定向：《与蔡见麓》之2，《耿天台先生文集》卷4，《四库全书存目丛书》集部第131册，齐鲁书社1997年影印本，第109页。

③ 耿定向：《与胡庐山》之6，《耿天台先生文集》卷3，《四库全书存目丛书》集部第131册，齐鲁书社1997年影印本，第66页。

④ 耿定向：《大儒治行赠史惺堂序》，《耿天台先生文集》卷11，《四库全书存目丛书》集部第131册，齐鲁书社1997年影印本，第282页。

很难说庐山对于天台的思想有所助益。

罗汝芳则与以上二人不同，他对于当下本体的推崇使得天台深受影响，进一步，天台本人也成为当下本体的拥趸。在《近溪子集序》中，天台回忆道：

> 盖余自嘉靖戊午（引者按，嘉靖三十七年即 1558 年）获交罗子，于时罗子谈道，直指当下，令人反身默识，不效世儒者占占然训解文义。譬则韩、白用兵，直捣中坚，搴旗斩将，不为野战者。①

可以肯定的是，耿定向与罗汝芳相交于嘉靖三十七年（1558 年），维时近溪便大谈当下本体。时年天台才三十五岁，刚刚及第不久，他的思想还远称不上成熟。更为重要的是，基于现有的材料我们可以发现，天台此前从未听闻"当下本体"之说，更谈不上对此发表见解。因此我们有理由相信，嘉靖三十七年（1558 年）天台结识近溪之时，通过近溪的介绍，天台才第一次接触到"当下本体"。而后来天台不仅承认了当下本体（他一般将其表述为"良知现成"），还将此作为自己思想的一个重要命题。由此，近溪对天台的影响可见一斑。

不仅如此，罗汝芳对于当下论的推崇还引起了耿定向的警觉，从反面促使后者提出"慎术"的思想。近溪不仅承认当下本体，而且还肯定当下工夫，而这有可能导致"认情欲为良知"的问题，天台对此不能不产生忧虑。嘉靖四十四年（1565 年）天台参加了龙溪在南京的讲会，并向龙溪坦言了自己的担忧，"楚侗子曰：'罗近溪常谓当下承当便是了，细细勘来，觉他还有疏脱时在。'"② 为了解决这一问题，万历十五年（1587 年），六十四岁的耿定向在写给邹德溥的《慎术解》中明确提出了"慎术"的方法。这意味着罗汝芳的当下论给予耿定向的启发是双向：当下本体为天台所接受；当下工夫则遭到了他的拒斥，而这一过程同时也促成了其"慎术"说的形成。

---

① 耿定向：《近溪子集序》之 1，《耿天台先生文集》卷 11，《四库全书存目丛书》集部第 131 册，齐鲁书社 1997 年影印本，第 283 页。

② 《留都会语》，《王畿集》卷 4，凤凰出版社 2007 年标点本，第 90 页。

第三节　耿定向的学思历程

耿定向的思想曾出现过三次转变，分别发生于嘉靖三十六年（1557年）、嘉靖四十年（1561年）及嘉靖四十一年（1562年）。嘉靖三十六年（1557年），前一年刚及第的耿定向得空回乡，与刚刚治学有得的定理相与论学。定理告诫定向，为学不可求之虚寂，当求之当下：

> 余闻乙卯岁罗文恭曾习静于道明山中，因访其门徒，讯之曰："罗先生在此作何功课？"曰："闻诸先生云'学须静中得一番光景，方有入路'，白沙所谓'养出端倪'是也。"余以质仲，仲艴然曰："此痴子乱道语，有何光景？兄第默识于时光景可也。"余因反观有契，自是学以存为主，著《盲井》并四箴。[1]

《明儒学案》亦载："天台曰'人言念庵静坐，曾见光景，遂有所得。'曰'只理会当下光景耳。'"[2] 罗文恭即王门归寂派的代表人物罗洪先（1504—1564，字达夫，号念庵，江西吉水人），嘉靖三十四年乙卯（1555年）时念庵已经年逾五十岁，且早已是江右王门的旗手之一，无论是年纪还是学识都远在耿定理之上。然而，时年只有二十四岁的楚侗居然敢于斥责念庵的归寂之学乃是"痴子乱道"之语，并要求乃兄体察当下光景即可，不必去静中养出端倪。姑且不论子庸此论是否正确，单是这份理论勇气便让天台刮目相看。况且，王门归寂派认为良知本寂，感应乃是寂体的作用，因而强调在寂中求心体的主张确实存在着人为割裂寂感，背离"体用一源"这一中国哲学基本原则的问题。因此，楚侗的批判并非没有道理。而楚侗建议天台默识当下光景，促使天台治学以"存养"为主要方法，以"常知"为宗旨。值得注意的是，天台在"汉浒定宗"时

---

[1]　耿定向：《观生纪》，《宋明理学家年谱续编》第5册，北京图书馆出版社2006年影印本，第296页。

[2]　黄宗羲：《明儒学案》卷35《泰州学案之四·处士耿楚侗先生定理》，中华书局1985年标点本，第828页。

即是以"常知"为宗,这说明其早年思想的形成深受楚侗的影响。

然而,这一年耿定理对于天台的启发还不止于此。楚侗虽然批判念庵之学,然而他同样肯定追求若虚若无之本体的重要性,他所否定的只是念庵采取的方法。因此,他不仅要求天台默识当下光景,还希望乃兄能超越这一状态,自有入无,达到对于本体的把握:

> 嘉靖丁巳(引者按,嘉靖三十六年即1557年),仲子有闻矣,余犹未识也。一日,友问仲子曰:"子学从何入?"仲子曰:"吾学从无极太极入,不落阴阳五行。"余闻而艴然怒,诃之曰:"小子诵习孔、孟书,不反身体会,乃剿此玄谈,可诃也。"仲子素严事余,乃抗对曰:"吾亦重诃世人读孔、孟书,第借以梯荣肥,更无一及身体会者。"余又诃曰:"畴不体会哉?吾侪事亲从兄,与世酬物,乃实体会处也。"仲子曰:"固也。学有原本。"余曰:"何云有本?"仲子曰:"肇道统者佥称尧、舜相传宗旨,只是一中。子思子,孔子之神孙也,特为之注曰:'喜怒哀乐未发之谓中。'今读孔氏书者,孰从未发前觑一目哉?"余聆已,俛而思,徐驳之曰:"《中庸》首章虽有如此微言,顾篇中所云,庸言庸行,达道达德,九经三重,孰非实理?奈何独举此妙论哉?"仲子曰:"固也。不观篇中结语也?"余乃有味其言也。①

《中庸》之结语为"上天之载,无声无臭",这被耿定理视作为学之根本。而他所谓"吾学从无极太极入,不落阴阳五行",也是强调为学须由有入无,把握到若虚若无的本体,即喜怒哀乐未发之中。在定理看来,入孝出悌、事亲从兄乃是体道成德之阶梯,并非道体本身。因此,学者既不能跳过或拒斥切实的道德实践,又不可在此止步不前。而天台此时仍以"常知"为宗,仅仅关注庸言庸行,还未透本体,因而屡屡呵斥楚侗。虽然最终"有味其言",然而并未形成论学宗旨的转变。

嘉靖三十七年(1558年),耿氏兄弟与胡直、罗汝芳及邹善相与讲学。维时耿定理的才华和悟性让这三位王学健将都赞叹不已,近溪特别告诫天台,"阿仲天启,非吾侪可方,子毋挟长与贵而易之。子学笃信常知

---

① 耿定向:《绎中庸》,《耿天台先生文集》卷10,《四库全书存目丛书》集部第131册,齐鲁书社1997年影印本,第249页。

是矣，须知到'渊渊其渊，浩浩其天'而后可归矣，虚心与阿弟细商可行"①。显然，近溪真正担心的并不是天台挟长易幼，而是告诫天台，为学不可止于"常知"，需要自有入无，达乎本体，这离不开耿定理的启发。近溪此论可谓洞见。由此可知，此时的天台还未接受虚无本体，仍然以"常知"作为自己的学术宗旨。

继而，耿定向在嘉靖三十八年（1559 年）冬与诸南明讨论时进一步说明了自己以"常知"为宗的学术宗旨，"余曰：'先正有言：知是本体，常知是工夫云'"；"知体神通变化，潜天而天，潜地而地。所谓常知云者，常明常觉，不致昏迷放逸云耳，非故把捉，胶滞于胸膺间也"。②诸南明向耿定向讲述窃贼用计欺骗了自己的僮仆而逃脱一事，并问道，"此与伤胸扪足者，其知体之灵机妙应，将无同耶？"对此，耿定向的回答是：

> 余曰："然。知体之神通变化，是人人之所同也。顾用之有善有不善，辨于志矣。偷儿志壹于窃财，其知体之神通变化，见之偷生。汉帝志壹于决胜，其知体之神通变化，见之应敌。圣人之志壹于明明德于天下，故其知体之神通变化，见于范围曲成、裁成辅相。盖知体之神通变化恒随于其欲。而人之欲也千绪万端，归于志之所在。欲有所归则精，精则一，一则神。吾人稽古人之所欲，而识大学之道之所在，始可与言良知之学矣。"③

很显然，耿定向此时所理解的知体并非是良知，而只是随感应物、灵明变化之心，其中并不包含天赋的道德属性。正因如此，天台才会将窃贼的知体与圣人的知体等而视之，而认为两者行为存在区别的根源是二者志向的差异；也正是如此，他才会提醒诸南明，学者只有当"稽古人之所欲"，即端正志向后才能言"良知之学"。众所周知，辨志一向被心学视作入德之门，耿定向幼年也曾经立下"必为圣人"之志，因而他强调辨志的重要性是无可厚非的。然而，天台在此将知体和良知相区分，并认为知体的特点仅是"神通变

---

① 耿定向：《观生纪》，《宋明理学家年谱续编》第 5 册，北京图书馆出版社 2006 年影印本，第 297 页。

② 耿定向：《双塔晤言》，《耿天台先生文集》卷 8，《四库全书存目丛书》集部第 131 册，齐鲁书社 1997 年影印本，第 206 页。

③ 同上。

化"，其中不包含道德性的主张却与阳明对良知的理解相去甚远。

虽然阳明也说"良知即是易，其为道也屡迁，变动不居，周流六虚，上下无常，刚柔相易，不可为典要，惟变所适"①；"仪、秦亦是窥见得良知妙用处"②。这些描述重在强调良知的神妙变化，而并未凸显良知的道德性，似乎与耿定向对于知体的描述并无二致。然而正如张学智教授所言，"王阳明晚年对良知的解释很阔大，心或说精神作用的全部蕴含都纳入'良知'之中"③，以上几段对于良知的描述正是阳明晚年对于良知的阔大的解释。换言之，这些都是阳明对于良知的延伸理解，不能将其视作良知的本义。在最为基础的意义上，阳明始终坚持良知的道德性，强调"良知只是个是非之心"④。在阳明看来，这是良知作为本体的前提，耿定向则并未意识到这一点。这说明，此时天台的思想与正宗的王学之间还有着相当大的距离，需要进一步发展。

耿定向思想的第二次转变则是发生于嘉靖四十年（1561年）的"汉浒订宗"。关于这次论辩的经过，天台在晚年回忆道：

> 嘉靖辛酉（引者按，嘉靖四十年即1561年）秋，余偕仲子晤胡正甫于汉江之浒，相与订学宗旨。余时笃信文成良知之宗，以常知为学无异矣。正甫则曰："吾学以无念为宗。"仲子曰："吾学以不容已为宗。"正甫首肯数四。余懻然失已，盖讶仲子忽立此新论也。胸中蓄疑十余年，密参显证，远稽近质，后始怳然有省，窃服正甫之知言，嗟叹仲子之天启也。⑤

"汉浒订宗"是耿定向思想发展过程中的重要环节，他在此首次接触到了"不容已"这一概念。天台认为"不容已"乃是"尧舜周孔仁脉"，这说明他意识到不容已与道德本性密切相关。准确地讲，天台并没有简单地采取"拿来主义"，他的论学宗旨是"真机不容已"。之前的"知体"

---

① 《传习录（下）》，《王阳明全集》卷3，上海古籍出版社1992年标点本，第125页。

② 同上书，第114页。

③ 张学智：《明代哲学史》，北京大学出版社2000年版，第278页。

④ 《传习录（下）》，《王阳明全集》卷3，上海古籍出版社1992年标点本，第110页。

⑤ 耿定向：《汉浒订宗纪》，《耿天台先生文集》卷8，《四库全书存目丛书》集部第131册，齐鲁书社1997年影印本，第206—207页。

在价值层面是中立的，"真机不容已"则明确表明了不容自已的乃是本心，而本心包含着天根、天则，因此是纯善无恶的。显而易见，这种理解更合乎阳明学的本义。

此外，"汉浒订宗"前，耿定向一方面认为"知是本体，常知是工夫"；另一方面又强调自己以"常知"为宗，这就说明此时天台之学还集中于工夫之上，未能通达本体。"汉浒订宗"之后，天台以"真机不容已"为宗旨，而"真机"可视作心体的别称，故而天台之学至此完成了由用向体的转变。

《汉浒订宗纪》中谈到不容已"从无声无臭发根"，"从庸言庸行证果"，贯穿于有无虚实。然而，耿定向在"汉浒订宗"时尚未能有此番见解，这一认识有赖于嘉靖四十一年（1562 年）与仲弟耿定理的另一次讨论，这次讨论可视作耿定向思想的第三次转变①：

①　陈时龙先生根据《绎中庸》一文的描述，认为耿定向思想有过两次转变，分别发生于嘉靖三十六年丁巳（1557 年）与嘉靖四十年辛酉（1561 年），"这段话表明，在其弟耿定理的影响下，耿定向的思想在嘉靖丁巳、辛酉间有过两次较大的转变或者说飞跃。嘉靖丁巳（1557 年）以讨论《中庸》，而悟得'喜怒哀乐未发之中'，遂入于无的境界。嘉靖辛酉（1561 年），因耿定理之言，又悟得'有无不二'的道理，从此进入若无若虚之境界"（陈时龙：《耿定向思想研究》，载《明史研究论丛》（第七辑），紫禁城出版社 2007 年版，第 181 页）。然而笔者认为，陈时龙先生此论与现有史料并不一致，值得商榷。首先，陈时龙先生完全没有提及"汉浒订宗"，而事实上，"汉浒订宗"中耿定向才接触到"不容已"，才真正进入无的境界。这应该是天台思想的一次重要转变，但却被陈先生所忽略。

其次，陈先生认为，嘉靖三十六年（1557 年）耿定向就完成了"自有入无"的转变，这似乎与事实不符。按照本书的分析，当年定理告诫定向，不应效仿罗洪先静坐归寂之学，定向因此以"常知"为宗，偏重于工夫。虽然定理与定向谈及《中庸》的"喜怒哀乐之未发"的问题，但听完定理的见解后，定向仅表示"有味其言"，这并不能直接视作定向已经接受了定理的观点，悟得"喜怒哀乐未发之中"而进入虚无之体。相反，嘉靖三十七年（1558 年）在与罗汝芳、胡直及邹善论学时，以及嘉靖三十九年（1560 年）与诸南明论学时，耿定向所坚持的都是以"常知"为宗。而罗汝芳告诫定向"须知到'渊渊其渊，浩浩其天'而后可归矣"，更是说明了至少在近溪眼中，天台此时还未能悟透本体。

第三，陈先生认为，《绎中庸》中耿定向与定理的第三次对话发生在嘉靖辛酉（1561 年）的观点既与句意不符，又与年谱的记载不一致。原文中耿定向用了"越"字，"越"是越过、经过之意，故而"越辛酉"应指辛酉年之后的年份，即嘉靖四十一年（1562 年）。另外，耿定向专门提到"余于役西夏便归"，即是指他完成了巡按甘肃的使命后顺便回乡。而根据《观生纪》的记载，耿定向在嘉靖四十年（1561 年）九月才入关，十月才抵达巩昌（耿定向：《观生纪》，《宋明理学家年谱续编》第 5 册，北京图书馆出版社 2006 年影印本，第 300 页）。更值得注意的是以下这段记述："四十一年壬戌我生三十九岁。正月巡按兰州；渡河以西，历庄浪，巡凉州；历山丹，至甘州，循西宁、湟中，还驻巩昌。"（耿定向：《观生纪》，《宋明理学家年谱续编》第 5 册，北京图书馆出版社 2006 年标点本，第 301 页）这说明，耿定向在嘉靖四十年（1561 年）年末到嘉靖四十一年（1562 年）年初都在甘肃任职，而《观生纪》又载："其年（引者按，嘉靖四十一年即 1562 年）闰三月，改督南直隶学政。"（耿定向：《观生纪》，《宋明理学家年谱续编》第 5 册，北京图书馆出版社 2006 年标点本，第 302 页）显而易见，耿定向"于役西夏便归"，与仲子对楬慎独楼之事只能发生在嘉靖四十一年即 1562 年，陈时龙先生认为此事发生于嘉靖四十年（1561 年）的观点可以说与事实不符。

越辛酉，余于役西夏便归，对榻慎独楼，以近闻质仲子。仲子曰："然孔氏之无声无臭，亦自有形有象。孔氏之有形有象，原自无声无臭。"余为豁然，自是于有无内外精粗微显，无二见矣。[①]

此次论学，耿定理向乃兄说明了"无声无臭"与"有形有象"，即本体与外物原为一体，体用一源，显微无间。耿定向由此悟得"有无不二"，最终达到了"若无若虚"的境界。

总而言之，耿定向思想的发展过程可以概括为"有——无——若无若虚"，而每一次转变都与耿定理的启发密不可分。可见，耿定理在耿定向思想的发展过程中起着决定性的作用。

---

① 耿定向：《绎中庸》，《耿天台先生文集》卷 10，《四库全书存目丛书》集部第 131 册，齐鲁书社 1997 年影印本，第 249—250 页。

第二章　卫道意识

——耿定向思想的理论起点与逻辑线索

强烈的"卫道"意识是耿定向思想的突出特点。对此，天台的弟子管志道曾回忆道："师生平多苦心，竞竞卫道，可贯天日。"[①] 与天台同时期的著名学者王世贞也指出："楚老有实见实力，又勇于卫道，确然迥澜之柱也。"[②] 焦竑在《天台行状》的末尾同样将乃师治学的目的归于捍卫正统儒学，纠正王学之异变：

> 盖国朝理学开于白沙，大明于文成。文成之后一再传，而遂失之。承学后进，窃其管窥筐举，寄径而穴焉，以致发碱抷樊，受衍于荒淫之陂，而失其大宗。先生重忧之，为防甚力。海内游道餐风之侣，悉咨觐而求是正。[③]

在序言中我们已经提到，"卫道"意味着耿定向之学旨在捍卫儒家道统，批判异端思想。这可以视作阳明学在出现异化之后的自我纠偏，或者基于梁启超先生的观点，它所体现的正是阳明心学为避免滑向衰落期的自我救赎，从中反映的乃是心学的内在逻辑。

---

① 管志道：《问候先生道体书·乙未》，《惕若斋集》卷1，日本内阁库藏本，第43页。
② 转引自吴震《阳明后学研究》，上海人民出版社2003年版，第373页。
③ 焦竑：《资德大夫正治上卿总督仓场户部尚书赠太子少保谥恭简天台耿先生行状》，《澹园集》卷33，中华书局1999年点校本，第532页。

第一节　背景:王学弊端的逐渐显现

阳明生前，心学分化的趋向就已开始显现，而阳明殁后，这一趋势变得日益明显。嘉靖年间，这种分化更多地表现为对于阳明思想某一环节的深化，由此演化出王门的各个派别。然而，与此同时阳明学也开始走向异化，逐渐流于虚无放诞、灭弃礼教之境，与狂禅相类似。隆庆、万历年间，此种倾向愈演愈烈。受此影响，不少士人"遂非名教所能羁络"。换言之，在明代中晚期，王学的异化不仅在理论上，而且在实践层面都对儒家道统构成了严重的挑战。对此，耿定向忧心忡忡，他有针对性地高举"卫道"大旗，试图扭转这一局面:这便构成了天台之学产生的时代背景。①

在《复乔户部》中，耿定向对于学界所存在的种种弊端做了概括:

> 大端向来孔孟学问，脉络不明，是以学人浅者挨傍格式，少知砥立名行，即以为学问极致;而高者又乃剽袭禅宗玄旨，哓哓争鸣，以为圣学。无怪夫谈说在一处，行事在一处，本体工夫在一处，天下国家民物又在一处，世道寥寥，更无依靠，谓之清谈虚见，诚是也。②

在耿定向眼中，现实社会的种种问题归根结底都是由学术不明造成的。天台受到阳明和心斋的影响，特重体用一源、知行合一，强调必须将道德认知与道德践履相结合，在日用常行中体证本体，并强调这正是孔孟之学的

---

① 吴震先生在《阳明后学研究》的"耿天台论"中同样言及耿定向的"卫道"意识，然而吴先生却将"卫道"意识仅局限于耿定向与李贽的论战，认为:"天台与卓吾在如何对待'道学'传统这一问题上，已有根本分歧，两者之间，终于发生争执，也就在所难免了。"(吴震:《阳明后学研究》，上海人民出版社2003年版，第374页)此论不免有些狭隘，似乎仍未能跳出从"李耿之争"看待耿定向的旧模式。毫无疑问，李贽的主张肯定与耿定向的"卫道"意识相抵牾，然而天台的卫道之学并非仅针对卓吾，他所针对的是王学发生异化这一社会现实，我们最多只能说李贽是这一现象的代表。

② 耿定向:《复乔户部》，《耿天台先生文集》卷5，《四库全书存目丛书》集部第131册，齐鲁书社1997年影印本，第123页。

真谛。然而，反观当时学界之状况时耿定向却发现，不少学者已经背弃了
"知行合一"这一基本原则。在他看来，表面上泥于"挨傍格式"的"浅
者"与热衷于"剽袭玄旨"的"高者"可谓南辕北辙，但二者的实质是
一样的，都是务虚而不务实。这样的学问注定不能经世致用，学者沉湎于
此，自然也无法做到修齐治平，只能流于"清谈虚见"。此举意味着这些
士人放弃了儒者的社会责任，一心追求所谓的悟道，这与儒家的基本精神
背道而驰，也昭示着王学异化所产生的弊端肇始于思想界，最终却蔓延到
了社会领域。

这一现象让耿定向深为忧虑，他借助于对《孟子》"诐辞知其所蔽，
淫辞知其所陷，邪辞知其所离，遁辞知其所穷"的解释，分析了当时学
界所存在的种种问题：

> 天下万古人心皎如日月，惟有蔽斯迷，惟着见斯蔽。彼蔽于闻见
> 者，其词诐。诐字从"言"从"皮"，盖谓肤浅之词也。学者未实着
> 己近里，反身灵识者，其词自是无根，故名曰"诐"。然诐之蔽也，
> 由于闻见或意见者，其蔽浅，犹可言也。若蔽于虚无之见，则蔽深而
> 陷，其词淫矣。即近之蔑弃礼教，以恣睢暴戾为率性；刂毁廉隅，以
> 从欲狥利为忘名。斯则陷于所见，认贼作子，纳诸罟获陷阱而不知
> 矣，故曰"陷"。陷之极也，则沉溺益深，执迷边见，作祟入魔，昔
> 人所谓不图人物而画鬼魅，故其词邪。即近以孝悌忠信为剩语，以笃
> 伦尽分为情缘者，非也？盖见陷于虚无之一偏，而物则岐，形性判
> 矣。故名之曰"离"。夫吾人之学因物察则，尽性践行。是以道无
> 穷，学亦无穷。彼既离矣，则遗世逃伦，栖其心于寂灭灭己之地，以
> 为妙境。只一见便了，视生人性分之常皆为障累，而天下事无所不
> 已，故曰知其所穷。由是生心害政，发政害事。其究竟自应如是，证
> 之近世二三学者，大可睹矣。①

在《复乔户部》中，耿定向认为，学术不正之人可分为两类，即"浅者"
与"高者"，此处天台则借助解释《孟子》来分别说明这两类弊端。根据

① 耿定向：《绎孟子·养气章》，《耿天台先生文集》卷10，《四库全书存目丛书》集部第
131册，齐鲁书社1997年影印本，第263页。

焦循在《孟子正义》中的引证，大部分学者均将"诐"解为"佞谄也""险诐之言"，[①] 而天台则将其解为"肤浅之词"。在天台眼中，"浅者"蔽于"闻见之知"而生"诐辞"，故仅限于"挨傍格式"，所蔽不深，且未执于一己之见，容易得到纠正。相反，"淫辞""邪辞"及"遁辞"都出自"高者"。"高者"笃信自己已然见道，达乎虚无之体，因而执着于自己的观念，不易改变。然而事实上，"高者"只是偏重于虚无之体，却将体用视作对立的两端，背弃了阳明心学知行合一的基本原则，更不理解本体本不可见，须从日用常行之事中体认本体的道理。因此，他们不仅没有形成对于本体的准确认识，而且其行为最终也流于遗世逃伦、蔑视礼教、肆意妄为，对于社会风气造成了严重的危害。在耿定向眼中，"浅者"与"高者"的言行都偏离了儒家的正统，是王学异化的表现，但二者的问题又有所不同，需要区别对待。

耿定向指出，"浅者"的问题在于学术与真实生命相分离：

> 今世上许大高明才俊，没来由雕肝镂肺，啜人糟粕，做些闲泛诗文；遮头盖面，跟人脚步，干些门面上事务。又或改头换尾，捕风捉影，著述些理学家的话头，说他的此等可垂不朽，乃实落事也。而自己一生嘴脸，不知是何样子；一生安身立命，不知在何处着落，是何虚玄也。[②]

"浅者"的种种行为无非是拾人牙慧：无论是"做些闲泛诗文""干些门面上事务"，抑或是"著述些理学家的话头"，其问题都在于与学者自身的真实生命毫不相干，即"为娴文词之学，而自心自性未能一识，徒为饰辕虚车，无珠华楔而已"[③]；"自托于穷理为训诂学者，即言多近理，忆尝屡中，而自心自性未能灵识，为注脚而已，非孔孟之学脉也"[④]。换言之，浅者是见用而不见体，囿于所学而只会做表面文章，忽视了对道

① 《孟子·公孙丑上》，焦循：《孟子正义》卷 6，中华书局 1987 年点校本，第 209 页。
② 耿定向：《与刘鲁桥》，《耿天台先生文集》卷 5，《四库全书存目丛书》集部第 131 册，齐鲁书社 1997 年影印本，第 128 页。
③ 耿定向：《学彖》，《耿天台先生文集》卷 9，《四库全书存目丛书》集部第 131 册，齐鲁书社 1997 年影印本，第 233 页。
④ 同上。

体的追求，更没有将学问贯穿于身心性命之中。这就使得他们无法认清自己的本性，不知何处可以安身立命，其学自然玄虚而不实。然而从另一个角度看，王学在嘉靖、隆庆年间正处于蜕分期，其特点是向深化、细化的方向发展，对心、性、良知、已发未发、本体工夫等范畴进行极为细致的探讨，确实可谓"牛毛茧丝，无不辨析"。浅者之学则粗浅而不精深，与当时学界的主流趋势并不一致，因此它多数时候只是不利于"浅者"自身，而对于社会风气的影响则较为有限。

与"浅者"不同，"高者"则执着于虚无之见，归宗于佛而弁髦孔孟：

> 今高明贤俊自负为心性学者，吾尤惑焉。盖归宗于芦渡东来之教，沉酣于楞、坛非圣之书，以觅之了不可得者为宗，侈为思及此方极玄微要妙，见至此方彻无上妙谛，言思路断，生死可超。至谓法门广大，无碍无遮，而纵欲任情，以为解脱。又谓彼法神通，有机有权，狼俭阴贼，以为妙用。盖不惟败化伤风，亦且伤人螫物，蔑不至矣。……近高明贤俊，与谈禅宗佛谛，解颐而首肯者众也。若与语孔孟易简旨，其不如魏文之听古乐而倦者几希矣。①

高明之人亦究心于心性之学，但其理论背景乃是佛家学说，其最终旨归则是觅见"了不可得"的虚无之体。然而，在耿定向看来，高明之人的真正问题在于将佛学与儒学相对立，单方面地肯定前者反对后者，追求寂灭灭己之境，以至拒斥礼仪制度，纵欲任情。另外，"高者"之学注重对于心性问题的探讨，这与嘉靖、隆庆年间王学的发展脉络相契合，而它对于礼仪制度的拒斥、对于欲望的肯定又迎合了晚明时期的社会心理，因此它能对社会风气产生极大的影响。正如耿定向所说，高明之人，与之谈禅则纷纷解颐首肯，而与之言及孔孟之学，则如《乐记》中魏文侯所言，"吾端冕而听古乐，则唯恐卧"②，提不起半点兴趣。

进一步，耿定向认为，造成这一现象的原因是多数学者希慕新奇之论，视孔孟之言为老生常谈：

---

① 耿定向：《学彖》，《耿天台先生文集》卷9，《四库全书存目丛书》集部第131册，齐鲁书社1997年影印本，第234页。

② 《礼记·乐记》，孙希旦：《礼记集解》卷38，中华书局1989年点校本，第1013页。

大抵真非易辨，似是而非者未易辨，俗学世儒不省心性为何物矣。乃吾孔子言心性，彼氏亦言心性，所谓弥近理而大乱真矣。彼高明贤俊喜新好奇，往往于吾孔氏之言耳熟稔矣，未知反身默识，以是视为常谈，而不乐闻也。此其几微之辨，耽溺虚见，不知学之故也。试言之，顾高明贤俊即诸本心自性，一审谛焉。闻彼氏常云周遍法界，此与吾孔氏所云天下归仁旨，将无似乎？顾学之为克复，而约此礼于视听言动之间者，吾不知之矣。其曰万法归一，此与吾孔氏一贯旨，将无似乎？顾学之为忠恕，而证之于修齐治平者，吾弗知之矣。其曰本来无物，与吾孔子未发之中，将无似乎？顾学之为戒谨恐惧而致中和，以达于天地万物之位育者，吾弗知之矣。其曰性无分别，与吾孔氏所谓善与人同旨，将无似乎？顾学之所以舍己从人而取人为善，乐人为善者，吾弗知之矣。①

心性是当时学界的热点问题，儒学和佛学都多有言及。然而两者的言说方式有所不同：佛学直言虚无之体，故多新奇精微之论，颇能动人；儒学虽亦言及本体，但在多数情况下，儒者是即用而言体，更为强调入孝出悌的道德实践，这使得孔孟之言显得切近而平实。加之学者自小便诵读孔孟之书，对此早已耳熟能详，因而往往将其视作老生常谈，不感兴趣。但在耿定向眼中，佛学对于心性本体的诸多精妙言说在儒学中都能找到类似的表述："周遍法界"与"天下归仁"意义相似，"万法归一"与"一贯之旨"颇为一致，"本来无物"类似于"未发之中"，而"性无分别"与"善与人同"之旨的差别亦是微乎其微。相反，儒学认为只有视听言动一遵礼制，时刻戒慎恐惧才能达致天下归仁之境，体证未发之中。在耿定向看来，这些观点是佛学中所欠缺的，而这也正是儒学超越佛学之处。

需要指出的是，耿定向认为佛学缺少修养论的观点并不正确，但事实上天台所针对的并非佛学，而是学佛不精，只顾"剽袭禅宗玄旨"的高者之学。也就是说，天台所关注的核心问题一向是王学的异化，他对于佛学的批判从属于对于"高者"的批判。但不可否认的是，天台此举似乎将两者混为一谈。

---

① 耿定向：《学彖》，《耿天台先生文集》卷9，《四库全书存目丛书》集部第131册，齐鲁书社1997年影印本，第234页。

进一步，耿定向认为，王学的异化不仅偏离了儒学正统，恶化了社会风气，还影响到朝堂的正常秩序：

> 窃怪近日弹章欲去一人，不极其丑诋不已。是以房帷媟亵之语，市井谣谑之言，俱为采摭，形之奏牍。盖惟必其胜而后快于心也。……夫王政以善养人，彼已列在衣冠矣，而复使其极丑殊秽播之人人，何忍？且使细民愚夫闻之，未必不荡其羞恶之良，而稔其顽钝之恶业。况君父之前，岂应亵渎如此？且令轻天下士矣。[①]

让耿定向甚为不满的是，王学异化的危害被带入朝堂之上，导致官员丧失行为底线，弹劾他人时言辞毫无顾忌。在天台看来，士大夫作为社会的中坚力量，一言一行对于全体社会成员，特别是底层民众有着莫大的影响，理应成为全体民众的行为表率，而事实上，朝堂上流行的政治斗争模式所凸显的却是为达到目的不择手段的行事原则。可以想见，若底层民众人人都效仿这样的行为，任情纵欲，必将使得社会风气进一步恶化。另外，这也败坏了士林的整体形象。

王学的异化发生于思想界，然而它所造成的不良影响却蔓延到社会的各个领域，直至朝堂之上，这一切使得耿定向忧心忡忡。他意识到，问题的根源仍是学术不正，要扭转不良的社会风气，首先需要明确肯定孔孟之学的价值，捍卫儒家道统。

第二节　耿定向对儒家道统的新理解

在万历九年（1581 年）写给刘应峰的信中，耿定向提到了罗汝芳对于自己看法，"又时规弟世界心重，性命心未切"[②]；而在早年写给张居正

---

① 耿定向：《与北台谏》，《耿天台先生文集》卷 5，《四库全书存目丛书》集部第 131 册，齐鲁书社 1997 年影印本，第 140 页。

② 耿定向：《与刘养旦》之 3，《耿天台先生文集》卷 4，《四库全书存目丛书》集部第 131 册，齐鲁书社 1997 年影印本，第 118 页。

的信中，他同样认为自己"为世界鄙心太热"①。可见，"世界心重"既是耿定向的自我评价，也是友人眼中天台的特质之一。在近溪眼中，天台的"世界心重"意味着他所关注的焦点在于世道人心，对纯粹的哲学问题（如心性关系）则兴趣不大。天台对此却不以为然，"世界如此宽大，实是为世界担心者无几"②。在他看来，儒者既以修齐治平为己任，那么就不能"躲进小楼成一统"，而必须走出书斋，面对宽大的"世界"。况且，天台认为自己并非不关注"性命心"，而是将对于"性命心"的探究融入对世界的关注之中，在切己的道德实践中完成对心性的体证与理解。

如前文所述，在耿定向眼中，"世界"当下所面临的主要问题即王学的异化，自己既然世界心甚重，就必须寻找出纠正这一弊端的有效途径，即捍卫儒家道统。

一　儒家道统观念的历史沿革

"道统"一词由朱子首创，而提出道统观念的乃是中唐大儒韩愈。"道统"一词可以拆分为"道"与"统"，是指儒家之道的历史传承。儒家之道即以仁义礼智为代表的儒学核心价值，而在韩愈看来，这一核心价值在历史上有一明确的传承过程，即"尧以是传之舜，舜以是传之禹，禹以是传之汤，汤以是传之文武周公，文武周公传之孔子，孔子传之孟轲。轲之死，不得其传焉"③。韩愈认为，儒家有明确传承关系的道统止于孟子，孟子之后儒学不得其传，遂衰败下去，而自己的使命即在于重新接续儒学的历史传承，以此来抗衡佛教的"法统"。

有学者认为："自从韩愈提出道统说以来，历代解说道统都未能超出韩愈道统说的框架，即从'道'与'统'两个方面来理解道统。"④ 此言甚为准确。在南宋时期，朱子与象山在应由谁来接续在孟子之后失传的儒家道统这一问题上产生了分歧。朱子遵循小程的观点，认为应当由二程来

---

① 耿定向：《寄张太岳》之2，《耿天台先生文集》卷6，《四库全书存目丛书》集部第131册，齐鲁书社1997年影印本，第149页。

② 耿定向：《与刘养旦》之3，《耿天台先生文集》卷4，《四库全书存目丛书》集部第131册，齐鲁书社1997年影印本，第118页。

③ 韩愈：《原道》，《韩昌黎文集校注》第1卷，上海古籍出版社2014年标点本，第20页。

④ 彭永捷：《论儒家道统及宋代理学的道统之争》，《文史哲》2001年第3期。

接续道统，并将自身归入这一道统序列之中。象山则认为，自己才是孟子之后传承儒学的第一人。

虽然理学家在理解道统时仍沿用韩愈的框架，但他们却很少将韩愈视作儒家道统的一员，程颐也不例外。在他眼中，孟子之学的直系传人只能是乃兄程颢。明道殁后，伊川即明确提出这一主张，并强调这不是自己的一己之见，而是士林的一致看法，"既而门人朋友为文以叙其事迹、述其道学者甚众。其所以推尊称美之意，人各用其所知，盖不同也；而以孟子之后，传圣人之道者，一人而已，是则同"①。他本人则作《明道先生墓表》，充分肯定家兄在儒家道统中的地位：

> 周公没，圣人之道不行；孟轲死，圣人之学不传。道不行，百世无善治；学不传，千载无真儒。无善治，士犹得以明夫善治之道，以淑诸人，以传诸后；无真儒，天下贸贸焉莫知所之，人欲肆而天理灭矣。先生生千四百年之后，得不传之学于遗经，志将以斯道觉斯民。②

韩愈在描述了儒家道统之后曾指出："由周公而上，上而为君，故其事行；由周公而下，下而为臣，故其说长。"③ 这表明韩愈也意识到儒家道统在周公这里发生了重要转变：周公以上乃是儒家的"政统"，"故其事行"；周公以下，孔子所奠定的则是儒家的"学统"，"故其说长"。但韩愈仅仅是客观地记述了这一现象，在他眼中，这两者并无高下之分。伊川则不然：一方面他承认韩愈的观点，同样认为周公之后，儒家的政统走向终结，而孟子之后，儒家的思想也失去了传承；另一方面，他却认为两者相比，学统更为根本，因为它确立了人之为人的本质，维系着整个社会的价值底线和基本操守。伊川认为，无真儒之后，社会真正陷入了"人欲肆而天理灭"的状况。因此，程颐肯定程颢的功绩在于"得不传之学于遗经"，即在一千四百年之后重新接续了儒家的学统，使得圣人之道能

---

① 程颐：《明道先生门人朋友叙述序》，《河南程氏文集》卷11，《二程集》，中华书局2004年标点本，第639页。

② 程颐：《明道先生墓表》，《河南程氏文集》卷11，《二程集》，中华书局2004年标点本，第640页。

③ 韩愈：《原道》，《韩昌黎文集校注》第1卷，上海古籍出版社2014年标点本，第20页。

以理学的形式流传于世。作为理学家，小程更为关注的是儒家学术传统而非政治传统，这一点为宋明时期的其他儒者所继承。

程颐仅说明了乃兄在道统中的地位，并未言及自身，朱子则明确将二程都定为孟子的嫡传，"天运循环，无往不复；宋德隆盛，治教修明。于是河南程氏两夫子出，而有以接乎孟氏之传"①。同样，朱子将二程定位为道统的传人，其根据亦是二人能够领悟儒学的精神实质，并能将其发扬光大。也就是说，朱子同样是以学统的视角来看待二程的地位。这一点集中反映在《中庸章句序》之中：一方面，朱子开篇即明言"《中庸》何为而作也，子思子忧道学之失其传而作也"②，明确肯定《中庸》所表达的乃是子思所理解的道学之核心价值；另一方面，朱子又认为："然而尚幸此书之不泯，故程夫子兄弟者出，得有所考，以续夫千载不传之绪，得有所据，以斥夫二家似是之非，盖子思之功于是为大，而微程夫子，则亦莫能因其语而得其心也。"③ 朱子指出，二程使得子思的《中庸》在湮没了上千年之后得以重见天日，并使其成为儒家对抗佛老的有力武器。更重要的是，正是从二程开始，理学家们注意到了《中庸》中诸如"已发未发"，"自明诚"与"自诚明"，"尊德性"与"道问学"等概念，并以此来建构自己的理学体系，从而将《中庸》中所包含的道学核心价值呈现了出来。可以说，二程是子思在千年之后的知己，而这足以确立他们在儒学发展史上的地位。

在此基础上，朱子直接点明了他的道统观：

　　此道更前后圣贤，其说始备。自尧舜以下，若不生个孔子，后人去何处讨分晓？孔子后若无个孟子，也未有分晓。孟子后数千载，乃始得程先生兄弟发明此理。今看来汉唐以下诸儒说道理，便直是说梦！只有个韩文公依稀说得略似耳。④

　　然自孔子以后，得孔子之心者，惟曾子、子思、孟子而已。后来非无能言之士，如扬子云《法言》模仿《论语》，王仲淹《中说》亦模仿《论语》，言愈似而去道愈远。直至程子方略明得四五十年，

---

①　朱熹：《大学章句序》，《四书章句集注》，中华书局1983年标点本，第2页。
②　朱熹：《中庸章句序》，《四书章句集注》，中华书局1983年标点本，第14页。
③　同上书，第15页。
④　黎靖德编：《朱子语类》卷93，中华书局1986年标点本，第2350页。

为得圣人之心。①

　　概括起来，朱子所理解的儒家道统乃是尧舜禹汤文武周公——孔
子——曾子——子思——孟子——二程。可见，不仅汉唐诸儒根本入不了
朱子的法眼，甚至同为"北宋五子"的周敦颐、张载和邵雍三人，朱子
也没有明确承认他们在儒家道统中具有一席之地。朱子对于道统的审慎态
度可见一斑。

　　对于朱子的道统说，陆九渊是不赞成的，他反对将二程特别是伊川纳
入道统。象山向来不喜伊川，《行状》载："伊川近世大儒，言垂于后，
至今学者尊敬讲习之不替。先生独谓简曰：'卯角时，闻人诵伊川语，自
觉若伤我者。亦尝谓人曰：伊川之言，奚为与孔子孟子之言不类。'"②
《年谱》亦载："复斋尝于窗下读程《易》，至'艮其背'四句，反复诵
读不已。先生偶过其前，复斋问'汝看程正叔此段如何？'先生曰：'终
是不直截明白。艮其背，不获其身，无我；行其庭，不见其人，无物。'
复斋大喜。"③ 可见，陆九渊自幼就反感程颐之学，这自然会影响到伊川
在象山的道统中的地位：

　　　　至于近时伊洛诸贤，研道益深，讲道益详，志向之专，践行之
　　笃，乃汉唐所无有，其所植立成就，可谓盛矣！然江汉以濯之，秋阳
　　以暴之，未见其如曾子之能信其皓皓；肫肫其仁，渊渊其渊，未见其
　　如子思之能达其浩浩；正人心，息邪说，距诐行，放淫辞，未见其如
　　孟子之长于知言，而有以承三圣也。④

　　陆九渊承认程颐志向坚定，学思精深，汉唐学者无出其右者。然而，他
还是对伊川之学有所不满，认为他与曾子、子思和孟子仍有差距，不能继承
三圣之学，这说明象山并不承认伊川在道统中能占有一席之地。值得注意的
是，《年谱》载："子南尝问：'先生之学亦有所受乎？'曰：'因读《孟子》

　　① 黎靖德编：《朱子语类》卷93，中华书局1986年标点本，第2356页。
　　② 杨简：《象山先生行状》，《陆九渊集》卷33，中华书局1980年标点本，第388页。
　　③ 《年谱》，《陆九渊集》卷36，中华书局1980年标点本，第483页。
　　④ 陆九渊：《与侄孙濬》，《陆九渊集》卷1，中华书局1980年标点本，第12页。

而自得于心也.'"① 这意味着，象山当仁不让地认为自己才是孟子之学的真正
传人。他赞成韩愈的道统说，并认为应当由自己来继承这一道统，"韩退之
言：'轲死不得其传.'固不敢诬后世无贤者，然直是至伊洛诸公，得千载不
传之学。但草创未为光明，到今日若不大段光明，更干当甚事?"② 象山认为，
既然二程之学不甚光明，那么光大"千载不传之学"的重任自然要落到自己
身上。象山通过这种方式将自己纳入了儒家道统。

通过回顾韩愈以来的儒家道统说我们能够发现，随着理学的发展，儒
家更为关注道统中"学统"的成分，对于"政统"则不感兴趣。换言之，
理学家衡量某位学者能否成为道统中的一员的标志是看其是否能够传承
"千载不传之学"，即能否继承孟子之后逐渐衰落的儒家道德哲学和心性
哲学的宗旨，并产生新的创见。耿定向同样继承了这一原则，形成了自己
对于道统颇具新意的看法。

二 耿定向的新道统观

在《示应试生》中，耿定向集中阐释了他所理解的儒家道统③：

---

① 《年谱》，《陆九渊集》卷 36，中华书局 1980 年标点本，第 498 页。
② 《语录下》，《陆九渊集》卷 35，中华书局 1980 年标点本，第 436 页。
③ 何建明先生的《论耿定向对阳明心学的"拯救"》一文用了将近一半的篇幅探讨耿定向
的"新道统"之论，其观点值得我们关注。首先，何先生认为："耿定向之所以要强调意志力对
'知体'的决定性作用，当然有其特殊的目的，这一点比较明显地反映在他所精心营构的新道统
之中。"（何建明：《论耿定向对阳明心学的"拯救"》，《中州学刊》1992 年第 1 期）他所谓的
"意志力对'知体'的决定性作用"出自《双塔晤言》，而他认为耿定向"精心营构的新道统"
则出自《示应试生》。从题目上看，《示应试生》应写于耿定向任南京督学期间。因而，基于本
书之前的分析，前者产生于"汉浒订宗"之前，而后者则产生于"汉浒订宗"以后。"汉浒订
宗"使得耿定向的思想发生了重要的变化，在此之后，天台的思想才走向成熟。因此，何先生此
论是将耿定向不同阶段的存在着重要差异的思想混为一谈，并不准确。
其次，何先生认为，耿定向"认为'良知，智也，欲人识其真心耳'，从而把'良知'仅仅
看作是'四端'之一的'智'，这就大大地削弱了阳明'良知'说的伦理学与本体论内涵，而具
有较明显的认知化和非本体化倾向"（何建明：《论耿定向对阳明心学的"拯救"》，《中州学刊》
1992 年第 1 期）。笔者则认为，这一论断与耿定向的本意相去甚远。正如笔者在后文中将要指出
的，"欲人识其真心"一句便明白无误地告诉他人，天台所理解的"智"并非对于外在知识的探
求，而是反观内省，寻找内在的是非之则。况且，天台认为，阳明学的作用在于惩宋学之蔽，而
宋学的流弊正是务外而遗内。因此，若认为他将阳明的良知学改造得面目全非，使其丧失了伦理
意义而带有明显的知识论倾向，那么，天台将无法说明何者才能将良知学与异化之后的宋学区别
开来，前者又如何纠正后者的弊端。换言之，如此一来，天台将陷入自相矛盾之境。（转下页注）

余尝臆自古贤圣提掇宗旨，标示承学，似亦大造化循环，有莫知然而然者。惟昔三代以降，学术分裂，异端喧豗。高者骛入虚无，卑者溺于繁缛，乃夫子出而单提为仁之宗。夫仁者人也，欲人反求而得其所以为人者，学无余蕴矣。逮至战国，功利之习薰煽寰宇，权谋术数以智舛驰，益未知所以求仁矣。孟子出而又提一义。要之义即仁，特自仁之毅然裁制者言也。下逮晋、魏、六朝，时惩东汉以名节受祸，或清虚任放，或靡丽蔑质，德益下衰矣。宋儒出而提掇主敬之旨。主敬，礼也，即所以集义而存仁也。后承传者又失其宗，日束于格式形迹，析文辨句于训诂之余，而真机梏矣。乃文成出而提掇良知之旨。良知智也，欲人识其真心耳。人识其真心，则即此为仁、为义、为礼矣。夫由仁而义而礼而智，圣贤提掇宗旨，若时循环，各举其重然。然实是体之，举一则该其全，此本天命造化使然。立教者亦未知其所以然而然也。①

耿定向的道统论所关注的只是儒家学术思想的演进过程，这一过程表现为儒学对于特定历史时期内的"异端"思想的纠正。也就是说，由程颐所开创的以"学统"角度理解"道统"的模式在耿定向这里得到了前所未有的发展。

在天台眼中，儒学思想既有一以贯之之理，又在不同时期有所侧重，其目的在于纠正思想界在某个特定时期内的主要问题。换言之，耿定向是在"纠偏"的视角下看待儒家道统，这显然带有鲜明的"耿氏色彩"。被

（接上页注）这从一个侧面说明了将天台的"智"理解为外在的认知活动并不准确。

第三，何先生认为："耿定向强调遵信良知，其实只不过是让人死守'良知'。"（何建明：《论耿定向对阳明心学的"拯救"》，《中州学刊》1992年第1期）这也似乎偏离了天台对于"信"的理解。天台的"信"乃是真心实意遵信良知之义，所针对的是将良知当成口耳之学，只谈论良知而不将其落到实处的问题。至于何先生所认为的天台思想"实质上是强调以主体的实践理性来抑制主体自我意识的萌发和感性自我的骚动，从而来调控主体认知理性的合目的性"（何建明：《论耿定向对阳明心学的"拯救"》，《中州学刊》1992年第1期），则同样存在着偏颇之处。事实上，在耿定向那里，主体的实践理性与感性自我之间并非截然对立的，二者的关系与其说是前者"抑制"后者，不如说是前者"引导"后者。耿定向绝没有完全排斥感性欲望，而是认为对于感性欲望的追求需要在手段上有所节制，不可肆意妄为。笔者认为，这一源自孟子的观点时至今日也很难说是错误的，更不能因此而将天台视作封建卫道士。在李耿之争中，天台对此作了充分的说明。本书第六章将对此加以详尽的分析，此处不再赘述。

① 耿定向：《示应试生》，《耿天台先生文集》卷5，《四库全书存目丛书》集部第131册，齐鲁书社1997年影印本，第131—132页。

天台归入道统的学者都具备两个特点，一是能准确地发现他所生活的那个时代的弊端，并找出其在思想层面的根源；二是能够对于理论问题作出系统性的解答，在儒学理论上有所创造。

基于这一认识，耿定向认为，首先，既然儒家思想的核心价值是由孔子确立的，那么我们不妨就将儒家道统的起点设在孔子身上。因此对于尧舜禹汤文武周公，天台在其道统说中仅仅是一笔带过，甚至连他们的姓名都未曾提及。这显然不能归结为天台的疏忽，而是由于前者都是儒家政统的代表，与学统的关系并不密切。

其次，与宋儒一样，耿定向也将中唐儒学复兴的代表人物韩愈、柳宗元和刘禹锡排除出道统。然而基于《示应试生》中的分析我们不难发现，天台不将他们纳入道统的原因是由于他们没能发现儒学衰败的根源，更没能提出针对性的措施，这一点则有别于宋儒。例如，韩愈辟佛仍然沿用传统的"华夷之辨"的思路，这在佛学已经获得了极大发展的唐代实难奏效。甚至可以说，韩昌黎对于佛教的批判在理论深度上尚不及南北朝时期范缜所著的《神灭论》。事实上，儒学不敌佛学的一个重要原因即前者的理论在完备性与精细程度上与后者存在着较大差距，而明确意识到儒学的这一缺陷，并立足于儒学的传统经典吸收佛学的精华，进行自觉的理论建构的学者正是"北宋五子"。由此可见，耿定向的道统说更为关注儒学思想的逻辑发展，因而在他眼中，在儒学史上能占有一席之地的学者必须要有新的理论创见。

第三，耿氏的道统论用"仁义礼智"四德来概括道统在不同时期的侧重点。在"仁义礼智"四德之中，仁是基础，是儒学的核心价值，后三者则从属于仁，并以实现"仁"为依归，即如孟子所云："仁之实，事亲是也；义之实，从兄是也；智之实，知斯二者弗去是也；礼之实，节文斯二者是也。"[①] 相应地，在描述儒家道统时，天台也是用"仁义礼智"四德分别对应孔子、孟子、宋儒和阳明，从而昭示了他们在儒学史上不同的地位。

在耿定向眼中，孔子的仁具有奠基性的意义，它规定了人之为人的本质，囊括了儒学的全部内涵。孟子的集义、宋儒的主敬和阳明的良知都是特定时代下的"求仁之方"。"义者宜也"，孟子的"义"强调人的行为

① 《孟子·离娄上》，焦循：《孟子正义》卷15，中华书局1987年标点本，第532页。

须有底线，以此来反对战国时期流行于世的不择手段的功利之学和权谋之术。礼与仁则是外与内，表与里的关系。正如孟子所云"气壹则动志，志壹则动气"①，外在的礼与内在的仁同样存在着相互影响、相互作用的关系，学者按照礼仪制度规范自身的行为是把握内心之仁的有效途径，宋儒的"主敬"说所体现的正是这一思路。面对唐末及五代以来道德沦丧、秩序混乱的社会现实，宋儒，特别是小程子提出"涵养须用敬"的观点，突出道德修养的重要性。其目的恰如天台所说，是"集义而存仁"②，由外而动内，通过礼仪教育来涵养内心之仁。有鉴于此，天台感慨道："夫子察言观色之训深乎哉！夫仁者爱人，有礼者敬人。根于心，斯发于言，证于色矣。"③

当然，作为阳明后学，耿定向最关注的还是阳明在道统中的位置。他认为，"良知，智也"。这里的"智"显然不是知识或认知之意，而是反观内省，从中自觉到天赋之理的存在，即"欲人识其真心"。这与阳明将良知界定为"天理之昭灵明觉处"可谓一脉相承。在阳明心学中，良知的本义是"是非之心"，"孟子云'是非之心，知也'，'是非之心，人皆有之'，即所谓良知也"④；"是非之心，不待虑而知，不待学而能，是故谓之良知。是乃天命之性，吾心之本体，自然灵昭明觉者也"⑤。这意味着通过反观内省所发现的心之本体表现为一种道德判断能力，这一点为耿定向所接受，他正是以此来说明良知与仁、义、礼的关系：

> 惟人能知则生而仁，不则麻痹为不仁，即名良知为仁可也。致此良知则为集义，否则为义袭，即名良知为义可也。视听言动循此良知

---

① 《孟子·公孙丑上》，焦循：《孟子正义》卷6，中华书局1987年标点本，第197页。

② 《孟子正义》认为"集"也作"杂"，二者都是"合"的意思，"集义"则意味着浩然之气乃是与义一道，由内而生（焦循：《孟子正义》卷6，中华书局1987年标点本，第202页）。而在这里，天台认为小程的"主敬"说目的在于"集义而存仁"，意味着主敬的修养方式伴随着对于"义"的涵养，而在这一过程中，学者同样完成了对于仁的体认。

③ 耿定向：《达解》，《耿天台先生文集》卷7，《四库全书存目丛书》集部第131册，齐鲁书社1997年影印本，第202页。

④ 王阳明：《与陆原静》之2，《王阳明全集》卷5，上海古籍出版社1992年标点本，第189页。

⑤ 王阳明：《大学问》，《王阳明全集》卷26，上海古籍出版社1992年标点本，第971页。

为礼，否则为非礼，即名此良知为礼亦可也。①

在《示应试生》中，耿定向特别指出："人识其真心，则即此为仁、为义、为礼矣。"也就是说，"真心"乃是人们一切行为的内在标准，获得了这一标准就意味着具备了为仁、为义、为礼的前提。而在上段引文中，天台进一步解释了在王学语境下，"真心"的同义词"良知"与仁、义、礼三者的具体关系。对于"仁"，天台认为，一方面孟子将良知解为"爱亲敬长之心"，这也是阳明良知说的内涵之一；另一方面，"仁者爱人"，儒家所提倡的是差等之爱，始于爱亲敬长。因此，良知即是仁之端，扩充良知便是为仁之方。对于"义"，天台则认为，良知作为判断是非的标准是与生俱来的，内在于人的，致良知则事事遵从良知，即将良知实现于外。孟子的"集义"说则一方面强调"义"的内生性，并进而指责"告子未尝知义，以其外之也"②；另一方面，正如朱子所解，孟子也将"集义"理解为"积善"，即"欲事事皆合于义"③。可见，两者的含义是一致的，因而将良知称作"义"也并无不妥。对于礼，天台认为，既然良知即仁，而礼仪制度是仁的客观化形式，那么"致良知于事事物物"的过程必然表现为视听言动皆合乎礼制。换言之，良知与礼之间亦存在着同构关系。总之，天台强调，良知说既能将道统的各个环节包含其中，又能赋予道统以新的内涵，因而毫无疑问，它应当在道统中占有一席之地。

完成了对于道统的历史性梳理之后，耿定向提出，儒家道统在历经了"仁义礼智"之后，下一个环节应当是"信"：

> 乃今致知之旨，学者又多以意识见解承之，以此崇虚耽无，论说亦玄亦窠，而实德亦病矣。实是学者须黜见省议，神明默成，以身体之，以行与事证之，此所谓信，今日所当为宗者也。盖信之于四德，尤土之于五行，惟信则实有诸己，而仁、义、礼、智皆本诸身而诚，

---

①　耿定向：《遇聂赘言》，《耿天台先生文集》卷8，《四库全书存目丛书》集部第131册，齐鲁书社1997年影印本，第225页。

②　《孟子·公孙丑上》，焦循：《孟子正义》卷6，中华书局1987年标点本，第202页。对此，焦循注曰："孟子曰，仁义皆由内出，而告子尝以为内义外，故言其未尝知义也。"

③　朱熹：《四书章句集注》，中华书局1983年标点本，第232页。

征诸民而安，达诸事而理矣，不则悉虚也。造化至此，自合递传此宗。①

　　当时学界的弊端在于仅仅注重"良知"，而绝口不提"致良知"。多数学者都只是热衷于谈说良知心性之学，而忽视将良知形成的道德判断贯注于事事物物之中，进行道德践履的必要性。在天台看来，这种口耳之学是对于阳明心学的背叛，也是学界亟待解决的问题。有鉴于此，他提出"信"的概念作为明代中晚期儒学的宗旨。所谓信，就是实实在在地遵信良知，在"致良知"的道德实践中完成对于良知的体察，故天台特别强调"以身体之，以行与事证之"的意义。而他将信比作土，则是强调只有真切笃实的态度才能承载"仁义礼智"四德，并最终促成四德的展开与完成。

　　阳明曾指出："然知得善，却不依这个良知便做去，知得不善，却不依这个良知便不去做，则这个良知便遮蔽了，是不能致知也。"② 站在耿定向的角度我们会发现，阳明此论可谓洞见：他在生前就已经预感到良知学发展过程中的最大隐患即是脱离道德实践，沦为新的口耳之学。天台对于"信"的推崇正好从一个侧面印证了阳明的判断，而"信"的内涵则与阳明的"致良知"如出一辙。

　　进一步，耿定向说明了何为真正地遵信良知：

　　　　顾予所谓信云者，非有玄微，吾党见今遍真发念，不甘心庸俗下流，实充其不为不欲之本心。如他日通籍入仕，遍真能体国爱民，不愧夫若挞若沟、若饥若溺之懿矩，即是矣。若谓外此更有学可讲，外此更有所谓仁义礼智，非吾所知也。③

　　在耿定向眼中，致良知是个渐进过程，因而他要求学者从自身的社会角色出发，从身边的切近具体之事做起，时时刻刻谨记致良知于事事物物。具体而言，及第之前，学者应当学有根本，行有规范，远离庸俗下流之事；入仕之后，则应当忠于职守，关心民瘼，勇于任事，以报效国家，

---

　　① 耿定向：《示应试生》，《耿天台先生文集》卷5，《四库全书存目丛书》集部第131册，齐鲁书社1997年影印本，第132页。
　　② 《传习录（下）》，《王阳明全集》卷3，上海古籍出版社1992年标点本，第119页。
　　③ 耿定向：《示应试生》，《耿天台先生文集》卷5，《四库全书存目丛书》集部第131册，齐鲁书社1997年影印本，第132页。

安抚百姓。阳明曾指出："我辈致知，只是各随分限所及。今日良知见在如此，只随今日所知扩充到底；明日良知又有开悟，便从明日所知扩充到底：如此方是精一工夫。"① 亦是强调致良知需要循序渐进，不可操之过急。可见，耿定向以"信"为宗旨的缘由以及遵信良知的举措都源自《传习录》，这进一步反映了天台之学与阳明学的承继关系。

从表面上看，耿定向以仁义礼智解释儒家道统，其目的在于说明孔子、孟子、宋儒以及阳明四者的理论意义，并揭示出儒学下一步的发展方向乃是批评王学末流。但值得注意的是，天台当仁不让地认为，这项工作理应由自己来完成，套用冯友兰先生的话说，天台是"接着"阳明学继续讲。他此举的根本目的在于证明自己乃是儒家道统的合法继承人，以确立自己学说的正统性，从而获取批判异端的权利。

第三节 耿定向对儒家正统学者的推崇

通过前文的分析我们可知，在耿定向眼中，正统儒学包括先秦、宋代及明朝中后期这三个发展阶段。在此基础上，天台分别考察了这三个时期的代表人物，力图揭示他们各自的思想在儒学史上的意义，以进一步确证他的道统说。

一 对孟子的推崇

首先，耿定向对于孔孟都十分推崇，相对而言，他对于孟子似乎着墨更多。对于孔孟，天台有一总体评价：

> 昔陆象山谓文王未可轻赞，余窃谓孔子尤未可轻赞。常谓吾侪于孔子，犹戴天履地，生育于其间，日用而不知矣。史迁世家论赞孔子，特其毛肤耳。即及门之士，未有深知之者，乃仪封人以门外人反若测之，岂旁观者顾亲哉？窃谓论赞孔子者，惟子思、孟子，独观其

---

① 《传习录（下）》，《王阳明全集》卷 3，上海古籍出版社 1992 年标点本，第 96 页。

深。顾《中庸》与《孟子》七篇，吾侪耳口习熟，以为常谈。须精思神识于世儒闻见知解之外，而后孔子之道所以为大者，庶几其可识也已。至如孟子，先儒从诸子中掇提出来以绍孔子。昌黎云"孟轲死，不得其传"，亦具只眼矣，不知所传者何也。苏长公撰《六一集序》中发明孟子功齐于禹处，世儒见无及此者，顾特言其救世之功耳。至其推尊孔子，俾孔子之道光显于万世者，其微旨血脉，非所及也。①

　　《陆九渊集》载："朱济道力赞文王。谓曰：'文王不可轻赞，须是识得文王，方可称赞。'济道云：'文王圣人，诚非某所能识。'曰：'识得朱济道，便是文王。'"② 在陆九渊看来，圣人的本质即天理的人格化形象，道统的载体，文王也不例外。作为圣人，文王能自觉到"心与理一"，即"此心此理，实不容有二"③，因此其言行举止、出处语默皆合乎天理，无过与不及之处。然而，多数学者恰恰忽视了圣人的这一根本特征，而只关注文王的种种"遗迹"。在象山眼中，这正是"不识文王"的表现，故而他反对"轻赞"文王。象山进一步指出，由于"此心此理，万世一揆也"④，圣凡之本心并无差别，因此学者只需发明自己的本心，便能真正地理解圣人。

　　耿定向继承了象山对于圣人本质的理解，从道统的角度分析了孔子思想的价值。在天台眼中，作为儒家思想的奠基人，孔子的真正价值在于建立并传承了儒家道统，开显天理：夫子以仁为宗，并特意点出"仁者人也"，强调仁道乃是人之为人的本质，这一思想确立了儒学的发展方向，也奠定了中国人的精神信念与基本价值。天台认为，这才是孔子对于华夏族群的真正贡献。遗憾的是，多数学者对于仁学的意义不甚了了，他们对孔子的推崇仍停留在仕止久速之迹上。这其中司马迁对于孔子的称赞就让天台相当不满。《史记·孔子世家》云："天下君王至于贤人众矣，当时则荣，没则已焉。孔子布衣，传十余世，学者宗之。自天子王侯，中国言

---

① 耿定向：《与同志》之1，《耿天台先生文集》卷6，《四库全书存目丛书》集部第131册，齐鲁书社1997年影印本，第165—166页。
② 陆九渊：《语录上》，《陆九渊集》卷34，中华书局1980年标点本，第406页。
③ 陆九渊：《与曾宅之》，《陆九渊集》卷1，中华书局1980年标点本，第5页。
④ 陆九渊：《语录上》，《陆九渊集》卷34，中华书局1980年标点本，第405页。

六艺者折中于夫子，可谓至圣矣！"① 显然，太史公仍着眼于孔子之学在后世所产生的深远影响，并未提及"仁"这一孔子思想的核心内容，遑论分析它的真正价值。换言之，太史公仍然将孔子仅仅视为"传艺者"而非"传道者"，在天台看来，此举降低了孔子之学的意义，有损于夫子的光辉形象。

在耿定向眼中，孔子之后真正理解夫子者必须首推孟子，孟子真可谓"先儒从诸子中掇提出来以绍孔子者"，这集中体现在他对杨、墨、商、韩等人的批判之中。孟子尝云："昔者禹抑洪水而天下平，周公兼夷狄驱猛兽而百姓宁，孔子成《春秋》而乱臣贼子惧。《诗》云：'戎狄是膺，荆舒是惩，则莫我敢承。'无父无君，是周公所膺也。我亦欲正人心，息邪说，距诐行，放淫辞，以承三圣；岂好辩哉？予不得已也。"② 对此，苏轼在《六一居士集叙》中作了一段让耿定向称赞不已的分析：

> 孟子曰："禹抑洪水，孔子作《春秋》，而予距杨墨。"盖以是配禹也。文章之得丧，何与于天，而禹之功与天地并，孔子、孟子以空言配之，不已夸乎。自《春秋》作而乱臣贼子惧，孟子之言行而杨墨之道废，天下以为是固然而不知其功。孟子既没，有申、商、韩非之学，违道而趋利，残民以厚生，其说至陋也，而士以是罔其上。上之人侥幸一切之功，靡然从之。而世无大人先生如孔子孟子者，推其本末，权其祸福之轻重，以救其惑，故其学遂行。秦以是丧天下，陵夷至于胜、广、刘、项之祸，死者十八九，天下萧然。洪水之患，盖不至此。方秦之未得志也，使复有一孟子，则申、韩为空言，作于其心，害于其事，作于其事，害于其政者，必不至若是烈也。使杨墨得志于天下，其祸岂减于申、韩哉！由此言之，虽以孟子配禹可也。③

在此，苏轼突出了孟子批判异端思想的社会意义与政治意义，以此作为孟子能比肩大禹的依据。东坡先生认为，孔子作《春秋》警告乱臣贼子，孟子辟杨墨捍卫正统学术，这两者都不应仅仅被看成单纯的学术事件，而

① 《孔子世家》，《史记》卷47，中华书局1982年标点本，第1947页。
② 《孟子·滕文公下》，焦循：《孟子正义》卷13，中华书局1987年标点本，第459—461页。
③ 苏轼：《六一居士集叙》，《苏轼文集》卷10，中华书局1986年标点本，第315页。

是有着深刻的社会和政治意义。但是，当时的大多数人都没有自觉到这一点。孟子殁后，危害性比杨朱墨翟更胜一筹的法家之学甚嚣尘上，其影响从学术界延伸到政治领域，成为不少诸侯国，特别是秦国的统治思想和官方哲学。由于法家重利而轻义，鼓励君主为了巩固自身的权力，开疆拓土而不择手段，因而它适用于群雄并起的大争之世，却不利于国家的长治久安，"其说至陋也"。秦国依靠法家虽然取得了巨大的成功，却终究不免"身死国灭"的结局。更为令人遗憾的是，秦末农民战争以及随后的楚汉之争使天下一片萧条，"白骨暴于野，千里无鸡鸣"，对于人民生活及社会政治经济造成的创伤甚至超过了江河之泛滥。因此，苏轼认为，这从反面凸显了孟子之学的价值：假使嬴氏一族有幸得到孟子的襄助，用后者的性善论与仁政思想来弥补申韩之学的不足，那么秦国将有可能摆脱"二世而亡"的厄运。

显然，苏轼对于孟子的理解基于以下两点认识：第一，孟子之学乃是正统思想，而无论杨墨之学还是申韩之术均是异端，前者应当大力批判后者；第二，一种思想的发展会对社会产生深远影响，无论正统还是异端概莫能外：这与耿定向的观点不谋而合。换言之，它恰恰阐明了天台提出卫道之学和新道统论的目的。但是天台同样指出，苏轼的观点还未触及根本：他只看到了孟子批判异端的意义，即"顾特言其救世之功耳"，而忽视了孟子之学的理论根源，即孔子的仁学。因而，对于孟子"推尊孔子"的"微旨学脉"，苏轼却未能发明。耿定向认为，自己的任务即是澄清孔孟的学术传承。

在《不动心解》中，耿定向将孟子的"我四十不动心"和"乃所愿，则学孔子"一并加以考察，指出"愿学孔子"才是孟子"不动心"的根源：

> 或问："孟子曰不动心有道，何道也？"曰："道即路也。孟子所不动心者，原所由之路径与世人殊也。使孟子所学，原在事功一路，欲建伯王之业，则须据卿相之位，乃能操得致之权也。顾一心系于卿相之位，则得失毁誉交战于前，虽欲强勉不动，不亦难乎？孟子生平志愿，惟学孔子一路。既学孔子，则不藉名位，不倚功能，仕故可，止亦可，久故可，速亦可。譬之行者日缓步于康庄，东西南北，惟其所适，即有飓风巨浪，倾樯摧楫，心何由动哉？"友曰："知言养气，

非不动心之道软？"曰："言之所由知，气之所由养，揆厥从来，大由此愿心耳。……故持学孔子之志者，气乃得所养；而游孔子之门者，诐淫邪遁，自难为言也。学者未发此大愿，而察察然求言之知，兢兢然为气之养者，吾弗之知矣。……吁！欲识孔子者，须先识仁。"①

　　孟子肯定"不动心有道"，对此，程颐的理解是"心有主，则能不动矣"②。所谓"主"乃是"有定向"之义，即是说孟子心有主宰，有操守，有底线。因此，所谓"不动心"是"心不妄动"，不受外界的影响，而并非把捉心而强行使其不动：这正是孟子之不动心与告子之不动心的区别。朱子曾云："告子不动心，是硬把定"；"告子是不认义理而不动心，告子惟恐动着他心"③。阳明亦云："孟子不动心，告子不动心，所异在毫厘之间，告子只在不动心上着功，孟子便直从心原不动处分晓。心之本体原是不动的，只为所行有不合义，便动了。"④ 毛奇龄在解释告子"不得于言，勿求于心"时亦云："告子惟恐求心即动心，故自言'勿求于心'。心焉能不动？才说不动，便是道家之'嗒然若丧'，佛氏之'离心意识参'，儒者无是也。孟子平日，亦以存心求放心为主，未尝言不动。存心是工夫，不动心是效验。"⑤ 也就是说，告子之不动心恰是强行把捉心，禁绝心的活动；而在孟子看来，此举纯属徒劳，真正的"不动心"乃是心与道合而不妄动之状态。正因如此，当公孙丑问孟子，"夫子加齐卿相，得行道焉，虽由此霸王不异矣，如此则动心否乎"时，孟子坚定地回答："否，我四十不动心。"⑥ 同样，在比较了北宫黝和孟施舍二人的"养勇"之方后孟子认为："夫二子之勇，未知其孰贤，然而孟施舍守约也。"⑦ 孟子做出这些判断的依据都是"心有主"。

　　然而，以上这些分析似乎都未提及孟子"不动心有道"的具体内容

　　① 耿定向：《不动心解》，《耿天台先生文集》卷7，《四库全书存目丛书》集部第131册，齐鲁书社1997年影印本，第203页。
　　② 朱熹：《四书章句集注》，中华书局1983年标点本，第229页。
　　③ 黎靖德编：《朱子语类》卷52，中华书局1986年标点本，第1233页。
　　④ 《传习录（下）》，《王阳明全集》卷3，上海古籍出版社1992年标点本，第107页。
　　⑤ 《孟子·公孙丑上》，焦循：《孟子正义》卷6，中华书局1987年标点本，第194—195页。
　　⑥ 同上书，第187页。
　　⑦ 同上书，第192页。

是什么。在耿定向看来，这里的"道"是以孔子之学为标的，更准确地说，是"识仁"而"存仁"。天台同时认为，这也是孟子"乃所愿，则学孔子"一语的真实意涵。正因孟子能够"识仁"，故而他不必刻意模仿孔子仕止久速之陈迹，便自然能"发而皆中节"。至于知言养气之术，天台认为，此乃孟子专心以孔门之仁为学的必然结果。孟子尝言："夫志，气之帅也。气，体之充也。夫志至焉，气次焉，故曰持其志，无暴其气。"①天台则强调，心志乃是气之统帅，因而端正心志是养浩然之气的前提；孟子学宗孔子，以仁为主，这使得他的心志得以端正。同样，"学孔子之所学"还使得孟子获得了判断是非的标准，可以辨别诐淫邪遁之词。因此天台特为强调，孟子之所以善于知言养气，是因为他为学一遵于孔子。

耿定向视孟子为儒家卫道辟异的先驱，并认为其根源在于孟子能继承和发扬孔子的仁学。这就使得他完成了对于儒家道统先秦部分的说明，随即他便转而分析宋儒在道统中的地位。这次，他将讨论的重点放在了二程和朱子身上。

二　尊崇程朱

明朝初年，程朱理学一统天下，"原夫明初诸儒，皆朱子门人之支流余裔，师承有自，矩矱秩然"②。然而，随着阳明心学一统天下，程朱之学逐渐式微，遵信伊洛考亭之学的学者越来越少。《明史·儒林传》载："宗守仁者曰姚江之学，别立宗旨，显与朱子背驰，门徒遍天下，流传逾百年，其教大行，其弊滋甚。嘉、隆而后，笃信程、朱，不迁异说者，无复几人矣。"③作为活跃于嘉靖、万历年间的学者，耿定向可谓是这一转变的亲历者。而以卫道为己任的天台，对这一倾向十分不满：

> 盖自阳明致良知之说一出，近世但是谈学者，都知驳刺朱子即物穷理之说之为支矣。今考其青天白日之履，泰山乔岳之气，继往开来之心，如此豪杰，顾曾见几人哉？仆重为此惧矣。夫朱子即物穷理，

①《孟子·公孙丑上》，焦循：《孟子正义》卷6，中华书局1987年标点本，第196—197页。
②《列传第一百七十》，《明史》卷282，中华书局1974年标点本，第7222页。
③ 同上。

其说虽若支离，然此老所穷者如此，其率而循之者便亦如此。今人只张口谈某人之学是、某人之学非，而曾不一自反之于身心。此岂独叛于阳明先生致知之旨？亦大异于晦老之旨矣。仆今反之于心，实自知愧负于晦老处多多，而不敢讼言驳异其学者，正是尊信阳明先生教旨，而思以自致其知也。①

自阳明学风靡于世之后，立足王学批判朱学似乎成为学界的"时尚"，人人都热衷于此。然而在耿定向看来，绝大多数学者其实根本不具备批判朱子之学的资格：首先，朱子品行之高尚，志向之坚定，学问之深邃，绝非常人所能及。朱子一生生活窘迫，时常需要友人接济，然"非其道义，则一介不取"②。面对韩侂胄当国，自己的学说被定为"伪学"的状况，朱子依然安之若素，"日与诸生讲学不休，或劝其谢遣生徒者，笑而不答"③。至于朱子的治学态度，黄百家的评论可谓精当，"禀颖敏之资，用辛苦之力。……而又孜孜不肯一刻放松"④。在耿定向看来，无论是人品还是治学态度，朱子都是当时绝大多数的学者，特别是王学末流所望尘莫及的。孔子尚且有"以能问于不能，以多问于寡"，"三人行，必有我师焉"之训，当世儒者又怎能随意臧否朱子这位"昭代儒宗"呢？其次，格物之学即便有支离之弊，然而朱子对此却是真心遵从，并将其切实地落实于实践之中。相反，王学末流却只务口耳之学：开口论学时不离"良知天理"，并以此肆意地臧否他人，但自身却从未将其贯穿于修行践履的过程之中，反躬内省，体证良知。这显然既背离了致良知的宗旨，也与朱子之学相去甚远。第三，遵信朱子学不仅不违背"致良知"之旨，而且正是"致吾心之良知"的表现。阳明晚年曾编订《朱子晚年定论》一书。这本书是否合理而准确暂且不论，但是很明显，阳明此举正是为了证明自己的良知学与朱子之学存在着一致之处，即"予既自幸其说不谬

① 耿定向：《与赵汝泉》之3，《耿天台先生文集》卷6，《四库全书存目丛书》集部第131册，齐鲁书社1997年影印本，第162—163页。
② 黄宗羲、黄百家、全祖望：《宋元学案》卷48《晦翁学案（上）·文公朱晦庵先生熹》，中华书局1986年标点本，第1503页。
③ 同上书，第1504页。
④ 同上书，第1505页。

于朱子，又喜朱子之先得我心之同"①。耿定向认为，既然阳明本人都力求在思想上与朱子保持一致，那么王门后学遵信朱子之说就更应当是阳明学的题中应有之义。

更何况，在耿定向看来，程朱理学绝非王门末流所认为的一无是处，相反，程朱学者的人品修养与治学态度都值得王学学者认真效仿：

> 孔孟相传血脉，归于求仁。千载之下，惟周、程独臻此理。两程之门，英杰瑰玮，如云如林。顾实识仁，能领宗脉者，止三人：杨龟山、谢上蔡、尹和靖，而杨更为最。当时程子云"吾道已南"，非虚语也。即今考谢、尹之门，未见数数。龟山以后，罗、李相承，以至晦庵，益大光显。历元至我国朝，施及夷貊，咸知尊信。其羽翼皇序，参赞化育，世盖由之而不知者众矣。人恒言濂洛关闽，由此言之，闽学之光显，视它更甚盛也。窃详闽学所以光显若斯者，当时统承诸儒，如杨、如罗、如李，安贫茹苦，励节坚贞，不似世儒败阙；世务国体，通达精练，不似世儒迂疏。又朴实笃修，不事表暴，中有隤然如田夫野老者。积之厚，故其发之远；蕴之久，故其衍之大也。②

耿定向在此梳理了理学自二程到朱子的学脉，以及它对于明代社会的影响，并分析了程朱学在后世能产生巨大影响的原因。首先，天台对于理学学脉的梳理并无太多的新意，在程门高弟中，他同样属意于杨时一系，原因无他，自然是由于朱子的缘故。黄百家此语可谓道破了天台的心声："顾诸子各有所传，而独龟山之后，三传而有朱子，使得此道大光，衣被天下，则大程'道南'目送之语，不可谓非前谶也。"③ 其次，天台特别强调程朱理学作为明代的国家哲学在维护社会秩序和政治秩序中所发挥的重大作用，由此来凸显程朱学的价值。在他看来，除了泰州学派之外，阳明学主要是通过讲学的方式在士大夫阶层中传播，而朱子学由于得到官方

---

①　王阳明：《朱子晚年定论序》，《王阳明全集》卷3，上海古籍出版社1992年标点本，第128页。

②　耿定向：《与管延平》，《耿天台先生文集》卷5，《四库全书存目丛书》集部第131册，齐鲁书社1997年影印本，第146页。

③　黄宗羲、黄百家、全祖望：《宋元学案》卷25《龟山学案·文靖杨龟山先生时》，中华书局1986年标点本，第947页。

的认可与推崇，并已经过数百年的传播，因而它能深入民众生活的方方面面，成为百姓的日常行为准则，故"由之而不知之者众矣"。第三，天台认为，程朱理学在日后能光显于世是与杨时一系的努力密不可分的，杨时、罗从彦和李侗三人立志向学、安贫乐道而又通达政务，故而能厚积而薄发。天台此论可谓有识：杨中立对于徽宗、钦宗年间的朝政多有抨击，又能提出自己的主张。对于罗从彦，《宋元学案》则云："先生严毅清苦，在杨门为独得其传。龟山初以饥渴害心令其思索，先生从此悟入，故于世之嗜好泊如也。"① 李侗更是四十年"箪瓢屡空，怡然有以自适也"②。总而言之，杨门诸子艰苦清厉，一心求道问学，这使得闽学有了深厚的积淀，最终通过朱子而大显于世。在耿定向眼中，杨门学者的这些品格正足以惩王学末流之弊，故应当大力提倡之。

耿定向推崇程朱理学，一方面是因为他发现王学末流对待程朱学的态度已经偏离了阳明的本旨，另一方面他认为程朱一系学者学识和人品均值得当世学者认真学习和借鉴，其目的仍在于确立程朱之学在道统中的地位，以惩王学末流之弊。不过，以程朱学来批判后者仍让人有隔膜之感，故而他认为，批判王学异端的最佳选择还是阳明后学的正统派。这次，他选中了江右王学的代表人物——邹守益。

三　敬服东廓

在阳明的一传弟子中，邹守益被公认为学术最为纯粹，最能继承阳明本旨的学者。阳明生前便对邹守益称赞不已，"一友问曰：'先生何念谦之深也？'先生曰：'曾子所谓以能问于不能，以多问于寡，有若无，实若虚，犯而不校，若谦之者，良近之矣！'"③ 刘宗周则认为："东廓以独知为良知，以戒惧慎独为致良知之功。此是师门本旨，而学焉者失之，浸流入猖狂一路。惟东廓斤斤以身体之，便将此意作落实工夫，卓然守圣矩，无少叛援。诸所论著，皆不落他人训诂良知窠臼，先生之教，率赖此

① 黄宗羲、黄百家、全祖望：《宋元学案》卷39《豫章学案·文质罗豫章先生从彦》，中华书局1986年标点本，第1270页。
② 黄宗羲、黄百家、全祖望：《宋元学案》卷39《豫章学案·文靖李延平先生侗》，中华书局1986年标点本，第1278页。
③ 《传习录（下）》，《王阳明全集》卷3，上海古籍出版社1992年标点本，第117页。

不敝，可谓有功于师门矣。"① 黄宗羲亦指出："夫子之后，源远而流分，阳明之没，不失其传者，不得不以先生为宗子也。"② 在《复黄致斋使君》一文中，邹守益集中表达了他对于良知的理解：

> 夫良知一也。有指体而言者，寂然不动是也；有指用而言者，感而遂通天下之故是也。指其寂然处，谓之未发之中，谓之所存者神，谓之廓然而大公；指其感通处，谓之已发之和，谓之所过者化，谓之物来顺应。体用非二物也。学者果能戒慎恐惧，实用其力，不使自私用智之障得以害之，则常寂常感，常神常化，常大公，常顺应，若明镜莹然，万象毕照，未应不是先，已应不是后矣。主静寡欲，皆致良知之别名也。说致良知，即不消言主静；言主静，即不消说寡欲；说寡欲，即不消言戒慎恐惧。盖其名言虽异，血脉则同，不相假借，不相衬贴，而工夫具足。③

邹守益对于良知的理解坚持"体用一源"的原则，指出良知兼体用之义，既寂然不动又感而遂通。相应地，致良知的方法即时刻戒慎恐惧，以保证良知时刻处于精明状态，不被私欲所障蔽。邹守益之学既没有走入聂豹的归寂之路，割裂体与用、寂与感的联系；亦没有走向王畿的先天之学，专注本体而忽略工夫；同样他也避免了钱德洪过于关注后天之诚意工夫而遗缺本体之弊。张学智教授认为："邹守益论良知本体，论戒惧慎独工夫，论心本体之寂感体用如一，论下学上达，论性情关系，皆本阳明一贯宗旨。……得阳明一贯之旨、平实工夫者，以邹守益为最。"④ 应当说，这一评价是客观而精当的。

耿定向与邹守益一家渊源颇深：天台与东廓之子邹善同年举进士，时常相与论学；邹善又遵循孟子"易子而教"的教诲，令长子邹德涵（字汝海，号聚所）从学于天台；另外，天台与邹善次子邹德溥（字汝光，号四山）的关系亦十分密切，并将论述其核心思想——"慎术"的文字

---

① 黄宗羲：《明儒学案·师说》，中华书局 2008 年标点本，第 8 页。
② 黄宗羲：《明儒学案》卷 16《江右王门学案一·文庄邹东廓先生守益》，中华书局 2008 年标点本，第 332 页。
③ 邹守益：《复黄致斋使君》，《邹守益集》卷 10，凤凰出版社 2007 年标点本，第 497 页。
④ 张学智：《明代哲学史》，北京大学出版社 2000 年标点本，第 164 页。

《慎术解》赠予邹汝光；邹善的侄子邹德泳则邀请耿定向为乃祖的年谱作序。耿、邹两家的密切交往使得耿定向有了更多的机会接触东廓之学，而随着了解的深入，原本就对东廓之学颇有好感的天台对其评价也水涨船高，"乃若先生（引者按：指阳明）及门诸贤有得者不少，顾实承宗传，秉正印者，余惟归心东廓先生一人而已。……恒诵诸语，以为确然孔孟之嫡脉，圣人复起，不能易者"①。

万历二十年（1592 年），耿定向完成了《儒宗传》一书。在《东廓邹先生传》中，耿定向认为，邹守益不仅学术醇正，谨遵阳明良知之旨，而且"竞竞卫道"，极力纠正王门末流之弊，于师门多有贡献。天台认为：

> 综其一生，凡形之误，见之答问，家庭孺稚之训饬，屏帷闺闼之谕诫，一惟师旨是发，不少违异。系岂不能增一新谛，特标一异帜哉？盖天实启之，妙契神解，的见夫师所授旨，是孔氏为仁正脉，肇之虞庭者。本诸身心，推之家国，达之天下，俟之百世，不容易矣。且玩其绪言，因证诸日履，迹其显行，究厥隐衷，盖以身发师传，非若世学，徒以言诠知解承接着。②

邹守益曾云："敬也者，良知之精明而不杂以私欲也，故出门使民，造次颠沛，参前倚衡，无往非戒惧之流行，方是须臾不离。"③ 他强调以敬为致良知之法，时时主敬，保持良知的精明纯粹。耿定向对此大加赞赏，认为东廓此论乃是"一惟师旨所发，不少违异"。天台还特别指出，东廓这样做并非因为他资质有限，不能提出新的见解，而是他确实把握到了良知学的内涵，并承认它的确是孔孟之正脉。换言之，东廓是发自内心地遵从阳明之教诲。耿定向进一步指出，由于东廓之学以主敬为宗，强调时刻致良知，因而他特重落实：无论入仕为官，还是落职为民，东廓都一直以良知为则，直道而行，这与世儒之口耳之学绝不相类。天台认为，由

---

① 耿定向：《广德州祠碑》，《耿天台先生文集》卷 12，《四库全书存目丛书》集部第 131 册，齐鲁书社 1997 年影印本，第 316 页。
② 耿定向：《东廓邹先生传》，《邹守益集》卷 27，凤凰出版社 2007 年标点本，第 1391 页。
③ 黄宗羲：《明儒学案》卷 16《江右王门学案一·文庄邹东廓先生守益》，中华书局 2008 年标点本，第 336 页。

此我们才能理解东廓的种种事行：立朝之日，卷入"大礼议"之争，触怒嘉靖，"非以为名也，致其独知，不欲负所学以负吾君也"①；居于林下之时，多方赞化，以利桑梓，"非以为德也，致其独知，若瘝躬纳沟，不容自已也"②。

　　然而，相比于前者，耿定向更为感兴趣的却是邹守益对于王门各派的批判。众所周知，邹守益是王门讲学活动的积极倡导者，他辞官后二十年一直在周游讲学。在耿定向看来，邹守益讲学的目的即纠正王门后学对于良知说的种种歪曲：

　　　　又晚近承学，有以纵任为性体自然者，先生肫肫焉申戒谨恐惧旨，明自强不息为真性。盖惧后之流于荡，而约之于独知也。有以寂静方为知体之良者，先生肫肫焉示天运川流之几，明寂感动静无二界。盖惧后之倚于内，而一之于独知也。又有以学从无极悟入，方透向上一机者，先生肫肫焉揭庸言庸行，明下学上达无二途辙。盖惧后之离而流于邪，而实之必物格知乃致也。③

表面上看，此段分为三个部分，针对对良知的三种误解。而事实上，这里只针对两方面的问题：第一点与第三点所针对的乃是以王畿为代表的王学左派；第二点则针对的是以聂豹（1487—1563，字文蔚，号双江）、罗洪先（1504—1564，字达夫，号念庵）为代表的王门归寂派。

　　对于龙溪专言良知的先天流行之说，邹守益一方面表示肯定，认为龙溪此论确实是见道之说，"旨哉其言之也"④；另一方面却表示了自己的担忧，"然须实见本心，乃知此味。若以闲图度虚凑泊认作本心，则去道甚远"⑤。很明显，东廓所担心的正是后学达不到龙溪对于本体的理解，这时若还要纯任自然而忽视戒惧工夫，则难免有物欲之杂。东廓进一步认为，要解决这一问题离不开他的独知之学。耿定向对此大为赞赏，

---

①　耿定向：《东廓邹先生传》，《邹守益集》卷 27，凤凰出版社 2007 年标点本，第 1391页。

②　同上。

③　同上书，第 1392 页。

④　邹守益：《简王龙溪》，《邹守益集》卷 12，凤凰出版社 2007 年标点本，第 618 页。

⑤　同上。

并指出东廓此论正是为了避免后学"流于荡"即陷入放荡无节，认情欲为良知的严重后果，而这在天台所处的时代已成为王学末流的主要弊病。基于此，天台由衷地佩服东廓的洞见。事实上，通过后文的分析我们会发现，天台对于龙溪的批判在思想理路上与东廓一脉相承。

面对聂豹的归寂之学，邹守益则指出："故致良知工夫，须合得本体做，不得工夫，不合本体；合不得本体，不是工夫。……若倚于感则为逐外，倚于寂则为专内，虽高下殊科，其病于本性均也。"① 这里，他突出了体用不二的观点，认为本体与工夫不可分离，专注于工夫而忽视本体是逐外（此论是针对钱德洪的），而专注于本体忽视工夫则是专内。两者形式上差异很大，然而从本质上看，都背弃了阳明的一贯之旨。耿定向对此亦表示赞同，并进一步指出，东廓的解决办法依然是"慎独"，对于良知的"戒慎恐惧"贯穿于本末体用之间，这就避免了专于内而遗外之弊。

事实上，邹守益对于王门一传弟子的批判并不仅限于此两者，至少还包括对于钱德洪后天诚意之学和季本"龙惕"之论的纠正，然而，耿定向在此却仅针对左派与归寂派。笔者认为，这与天台本人的思想密切相关：一方面，对于志在卫道的耿定向而言，龙溪是其最为重要的思想对手（笔者在第四章对此将有进一步的分析）：一者，王学末流的不少人都将自己的思想根源追溯到龙溪，这使得耿定向认为龙溪应当为王学的种种弊端负责；再者，龙溪高寿而又热衷于讲学，有着极大的影响力，因此必须加以严厉批判。另一方面，天台又深受泰州之学的影响，强调体用一源，主张在日用常行中见道，这又恰好与双江之学相冲突，使得双江成为天台另一个抨击的对象。

耿定向对于邹守益的遵从更是与其纠偏的学术要求密切相关。而通过对于孟子、程朱和邹守益思想的梳理，天台已经完成了其道统的建构过程，展现了正统儒家所应具备的思想内容。下一步，他转入了对于异端思想的批判。这次，他批判的矛头直指"里中三异人"。

① 邹守益：《再答双江》，《邹守益集》卷11，凤凰出版社2007年标点本，第542页。

第四节　异端批判:里中三异人

所谓"里中三异人",乃是指何心隐、邓豁渠和方与时三人,耿定向特为此三人作了《里中三异传》。在篇首,天台点出了写作此文的目的:"异奚传?审异所以致同也。梁也孔慕而侠行,吾哀其志;方也玄修而诞逐,吾惜其姿;邓也释崇而言秽,吾悯其陷而离也。是皆可鉴矣,故传之。……藉令三子幸取裁于尼父,宁至是乎?"① 很明显,天台为异人作传主要是为了警醒世人,使之远离异端而归宗正统。而值得注意的是,天台对于三人的态度并不相同:对于何心隐,他更多的是同情与怜悯,而对于邓、方二人,天台的基本态度则是不满与抨击。

何心隐(1517—1579),原名梁汝元,字柱乾,号夫山,江西吉安人,是泰州学派的重要人物,从学于颜钧,因与张居正有隙而被杀。对于何心隐,耿定向的基本判断是"其意学孔,其行类侠。不理于世,毙于楚狱"②;"余故与程、罗两君交善,时相往返,因晤之(引者按:指何心隐),聆其言,貌若癫狂,然间出语有中吾衷者"③。耿定向肯定何心隐的儒者身份,甚至认为其言语时常对自己有所启发,但又认为心隐的行为类似于游侠,并指出这种思想与行为的不对称性是造成心隐被杀的重要原因。《里中三异传》载:

> 殒命捐生汝何营,模孔陈迹失孔真。孔门宗旨曰求仁,蹈仁而死未前闻。仁与不仁几微分,吾昔与子曾极论。子既去余,余又移汝《转心文》。汝心匪石何弗悛?尘埃识相汝何明?明珠照乘不照身。倾万金之产了不惜,犯三公之怒以为欣。庸言庸行,孔训靡遵。舍南

---

① 耿定向:《里中三异传》,《耿天台先生文集》卷16,《四库全书存目丛书》集部第131册,齐鲁书社1997年影印本,第403页。

② 耿定向:《招梁子词》,《耿天台先生文集》卷12,《四库全书存目丛书》集部第131册,齐鲁书社1997年影印本,第320页。

③ 耿定向:《里中三异传》,《耿天台先生文集》卷16,《四库全书存目丛书》集部第131册,齐鲁书社1997年影印本,第404页。

容，效儰衡。党斯之党又频频，众恶归汝复何云？①

儒家有"道二，仁与不仁而已"的观点，耿定向不仅对此表示认可，而且还指出，仁道的外化有其特定的方式，何心隐正是对此不甚了了，才最终造成了他"蹈仁而死"的悲剧。具体说来，孔子强调"庸言之行，庸行之谨，有所不足，不敢不勉，有余不敢尽"②，要求儒者须有"战战兢兢，如临深渊，如履薄冰"的处世态度，时时戒慎恐惧，从日常生活的件件小事中体证仁道：何心隐的行为恰恰与这一要求相背离。在耿定向看来，何心隐的所作所为乃是"侠行"而非"儒行"，违背了孔子的中庸之旨，希高慕大，追求新奇。隆庆六年（1572 年）心隐与耿定理的对话即是明证：

> 隆庆壬申，程学博氏挈之来，我仲子诘之曰："子毁家忘躯，意欲如何？"曰："姚江始阐良知，指眼开矣，而未有身也。泰州阐立本旨，知尊身矣，而未有家也。兹欲聚友以成孔氏家云。"仲子曰："成家欲如何？"狂云云。仲曰："嘻，道二：仁与不仁而已。孔氏求仁，子不仁。以若所为，求若所欲，岂直缘木求鱼哉？后灾且不免矣。"③

所谓"聚友以成孔氏家"指的是何心隐在家乡所建立的以乡村改造为目的的族会组织——"聚合会"，以对本族子弟进行统一的教育与抚养。在何心隐眼中，实实在在地贯彻阳明与心斋之学就不应当执着于一身一家；耿定理则认为，家是儒家道德秩序生长的基点，儒家的差等之爱正是由家庭逐步扩展到社会和国家的。虽然何心隐意在聚合宗族，教化子弟而使其趋向善道，但是由于其行为破坏了儒家传统的家族伦理，因而心隐此举不仅不会为外人所理解，而且只会被目为异端而遭到迫害。由此耿定向认为，学术的醇正至为重要，倾慕孔孟之道的学者行事立身必须依照儒

---

① 耿定向：《里中三异传》，《耿天台先生文集》卷 16，《四库全书存目丛书》集部第 131册，齐鲁书社 1997 年影印本，第 405 页。

② 《中庸》第十二章，《四书章句集注》，中华书局 1982 年标点本，第 23 页。

③ 耿定向：《里中三异传》，《耿天台先生文集》卷 16，《四库全书存目丛书》集部第 131册，齐鲁书社 1997 年影印本，第 404—405 页。

家的要求，"志学孔者，几微之差，且至于此，况志异学者乎？余惧学者不辨之早，至自杀，且杀天下，故为之传"①。

孔子曾赞赏曾点之志，这意味着夫子对于狂者有赞许之意。阳明亦有"老夫今夜狂歌发，化作钧天满太清"，"铿然舍瑟春风里，点也虽狂得我情"② 的诗句，同样称许曾点气象，而泰州之学更是狂者辈出。这意味着在儒学特别是在心学的传统中，狂者在一定程度上是得到肯定的，这似乎构成了何心隐之言行的合理性依据。然而我们需要注意，朱子在解释"必也狂狷"这一句时指出，"故不若得此狂狷之人，犹可因其志节，而激励裁抑之以进于道，非与其终于此而已也"③；阳明在向弟子解释中秋诗作时亦说道："今幸见此意，正好精诣力造，以求至于道，无以一见自足而终止于狂也。"④ 显然，无论是朱子还是阳明，都强调狂者之境绝非儒者修养的终点，相反，儒者恰应该由此精进力造，由狂者而至于中行之境。在耿定向看来，对于何心隐而言正确的选择亦应当是时时戒惧以进道，遗憾的是，心隐却在狂者之路上越走越远，最终走向了道统的对立面而被杀。因此，天台对心隐是充满惋惜之情的。

与此截然相反的是，耿定向对于"里中三异人"中的另外两位的态度则相当严厉，特别是对邓豁渠尤甚。邓豁渠（约1489—1578），名鹤，号太湖，内江人，从学于泰州学派的赵贞吉（1508—1577，字孟静，号大洲），著有《南询录》一书。⑤ 耿定向的家乡有乡贤名吴少虞者，录邓豁渠之书并称赞之。天台闻之，罕见地大发雷霆：

> 彼邓老以残忍秽丑之行，为是诐淫邪遁之语，兄犹录而玩之，此则窃疑兄糊涂耳。

① 耿定向：《里中三异传》，《耿天台先生文集》卷16，《四库全书存目丛书》集部第131册，齐鲁书社1997年影印本，第405页。
② 王阳明：《月夜二首》，《王阳明全集》卷12，上海古籍出版社1992年标点本，第787页。
③ 朱熹：《论语集注》卷7，《四书章句集注》，中华书局1983年标点本，第147页。
④ 《年谱三》，《王阳明全集》卷35，上海古籍出版社1992年标点本，第1291页。
⑤ 关于邓豁渠的生平及思想，可参见日本学者荒木见悟先生所著的《明末清初的思想与佛教》一书（上海古籍出版社2010年版）中的《邓豁渠的出现及其背景》一文（第124—141页），以及岛田虔次先生《中国思想史研究》一书（上海古籍出版社2009年版）中的《异人邓豁渠传略》一文（第150—162页），此处不再赘述。

余往丑其人，不欲视其言。兹于兄录本偶一撮之，撮其大旨曰"见性"，其见性之要曰"了情"。念其本教然也。即其行考之，渠父老不养，死不奔丧，有祖丧不葬，有女逾笄不嫁，秃首而游四方。往在我里也，其子间关万里来省而不之恤，其余情念，诚斩然厌矣。

彼亦自求诸心而不得也，乃又为之说曰"色欲之情，是造化工巧，生生不已之机"云云。……彼乃又曰："遇境不容不动，既动不容不为。"又曰："恶声者瞒昧不肯言，爱生者强执不敢为，皆不见性"云云。嗟嗟！是何言欤！是何言欤！如其言，将混而无别，纵而无耻，穷人欲，灭天理，致令五常尽泯，四维不张，率天下人类而胥入于夷狄禽兽矣。彼盖子欲饬盖其丑，不知淫邪而遁至此也。①

可见，在耿定向眼中，邓豁渠的言行比何心隐恶劣得多：一方面，就行为而言，不养父、不葬祖、不嫁女、不恤子，这一切都已经突破了儒家伦理的底线。在耿定向眼中，邓豁渠此举与"孔慕侠行"的何心隐完全不同：后者的主观意愿在于聚合宗族、教化子弟，本身无可厚非，只是行为不够妥当，流于"狂者"而不知自反；前者则放荡不羁，灭弃礼教，是名教之敌，现有社会秩序的破坏者，因而只能被视为"无忌惮"的小人。另一方面，邓豁渠的观念则可概括为"纵欲任情"，荒木见悟先生指出："他所希冀的重点是如何出造化之外，享受绝对的自由。"② 很显然，这种绝对的自由必然伴随着对于戒律、仪节等一切外在而有形的规范的拒斥，邓豁渠对于自己学说的解释正好反映了这一点，"渠之学，谓之火里生莲，只主见性，不拘戒律"③。

这种"不拘戒律"的做派很容易滑入对情欲的无条件肯定，从而得出"色欲之情，是造化工巧"的结论，而这是耿定向无法容忍的。天台并非拒斥欲望，而是认为欲望必须"发乎情而止乎礼"，"夫古先圣人，

---

① 耿定向：《与吴少虞》之2，《耿天台先生文集》卷4，《四库全书存目丛书》集部第131册，齐鲁书社1997年影印本，第95页。

② ［日］荒木见悟：《明末清初的思想与佛教》，廖肇亨译，上海古籍出版社2010年版，第136页。

③ 邓豁渠：《南询录》，转引自［日］荒木见悟《明末清初的思想与佛教》，廖肇亨译，上海古籍出版社2010年版，第136页。

亦既知此，故经之以夫妇之伦，正之以婚姻之礼，谨之以同异之辨，严夫内外之防，若是其详且周者，乃所以尽人之性而正人之情也"①。圣人制礼作乐是为了让人能够有节制、有限度地释放情欲，而这正是人之为人的根本之一。由此观之，邓豁渠对待情欲的态度真是"率天下人类而为夷狄禽兽也"②。在后文中我们将看到，这正是耿定向"慎术"说的重要组成部分。

李贽曾对于耿定向严厉抨击邓豁渠表示不满，认为邓豁渠的言行并不会使得众人"群起而效仿之"而造成恶劣的社会影响，天台不必惊恐万状，大动干戈。"夫渠成长于内江矣。今观内江之人，更有一人效渠之为者乎？……而谓一邓和尚能变易天下之人乎？……盖千古绝无之事，千万勿烦杞忧也！"③ 耿定向则认为，至少从吴少虞对于邓豁渠的推崇来看，后者对当时的士人仍有一定影响。然而，天台批判邓豁渠的目的并不仅限于此，他更希望通过批判后者来促使学者找出这一异端思想产生的原因，从而使得自己避免犯类似的错误，"顾其捐身忘亲，陷溺若此，所入者何因，所为者何事，所成者何果？至所以迷蔽若此者，其几微之差，必有所在矣"④。

相比于邓豁渠，耿定向对于方与时的抨击则稍逊一筹。方与时，原名一麟，号湛一，楚之黄陂人，亦可谓天台之同乡。据天台介绍，方与时"英标雅质"，又好游于方外，士林皆见而奇之。尝与罗洪先交游，与念庵入山习静，未果。天台与方湛一亦有交往，且告诫后者为学应以"与友明披赤剖心"为主，不当以"明先天为宗"。⑤ 让耿定向不齿的是方与时的言行不一：一方面，他欲归宗圣学，以"明先天之学"为宗；另一方面，他又满足于士大夫对他的推崇，常有不轨之行，如沉湎于炼丹。更有甚者，方湛一甚至卷入了朝堂的政治斗争之中，构陷耿定向勾结徐阶，危害当朝首辅高拱，"因于新郑所构予，谮予潜乘小艇走云间，从臾徐文

---

① 耿定向：《与吴少虞》之2，《耿天台先生文集》卷4，《四库全书存目丛书》集部第131册，齐鲁书社1997年影印本，第95页。

② 耿定向：《里中三异传》，《耿天台先生文集》卷16，《四库全书存目丛书》集部第131册，齐鲁书社1997年影印本，第407页。

③ 李贽：《复邓石阳》，《焚书》卷1，中华书局2009年标点本，第13页。

④ 耿定向：《里中三异传》，《耿天台先生文集》卷16，《四库全书存目丛书》集部第131册，齐鲁书社1997年影印本，第407页。

⑤ 同上书，第408页。

贞谋复起也。新郑恐，遂矫旨特察诸台谏，窜予横州"①。在天台看来，方湛一此举显然有违君子之道，最后落得潦倒而死的下场便不足为奇。

耿定向借方与时之事意在说明学者行事立身须有持守，不可为外界的称讥毁赞所左右：

> 顾诸名公始则奖与太过，以滋溢其名根；而后复摧抑已甚，铤之走险，以致堕坠如此。……以是识世之赞毁得丧，其祸福倚伏，不可知也。顾余抚兹宇下，小子以彼其资，智慧方启，而使之向往无路，未知所裁。《语》曰："范围而不过，曲成而不遗。"余因有重愿矣。②

天台认为，方与时的遭遇与外人对他的态度是有关系的，这种先捧杀再棒杀的做法的确容易让其迷失自我。然而，外人的态度始终是外因，归根结底，学者面对外界的赞毁得丧，须保持一颗平常之心，淡然处之，这样才不至于迷失自我。在这位曾经的南直隶督学眼中，合理的评判对于初出茅庐的年轻人的成长尤为重要，这有助于他们正确地认识自我，秉正道，迪正学：这是为人师者义不容辞的责任。

耿定向对于"三异人"的批判是其卫道意识的反映，其中并没有过多的思想分析。笔者认为，这是由于此三人还称不上天台的理论对手，对他们的批判也更多地出自严君子小人之别的立场。

"卫道"意识对耿定向有着十分重要的意义，它构成了天台思想的起点及逻辑线索。其思想的各个环节都是围绕"卫道"这一根本目的展开的，这首先反映在其心性论的中心——"真机不容已"之中。

---

① 耿定向：《里中三异传》，《耿天台先生文集》卷16，《四库全书存目丛书》集部第131册，齐鲁书社1997年影印本，第409页。
② 同上。

第三章 耿定向的哲学思想（上）：真机不容已

　　大体而言，耿定向的哲学思想包括心性论与工夫论两大部分，前者的核心命题是"真机不容已"，后者则可概括为"学有三关"。在"真机不容已"中，"真机"所指涉的是心性本体，它包括三方面的含义：性、仁和良知；"不容已"则凸显了心体的必然性与能动性。另外，耿定向还强调，"真机不容已"与"万物一体"密切相关，后者是前者的源泉与归宿。

　　对于"不容已"的强调构成了耿定向心性论的特色，然而这一观念并非是由天台首先提出的。正如彭国翔教授所言："对于中国哲学、思想以及中国经典诠释学的漫长历史而言，发展与演变更多的是通过赋予传统观念以新的内涵而非在其之外另立新说来实现的。"① "不容已"说亦不例外。虽然耿定向仅明确承认其"不容已"说来自仲弟耿定理的启发，但事实上，在此之前这一观念已经经历了一个长期的演变过程：从《诗经》的"维天之命，於穆不已"，到《礼记》与《周易》中的"天道恒久不已"，再到孟子的"人皆有不忍人之心"和"一夫不获若己推而内之沟中"观念，随后再衍化为朱子的"所以然而不容已"者，最后发展为阳明基于"万物一体"之境的"不容已"说。可以说，这一过程中的每一环节都直接或间接地影响了天台"不容已"说的内涵。因此，在分析天台的思想之前，我们有必要梳理一下"不容已"观念的发展历程。

---

　　① 彭国翔：《良知学的展开——王龙溪与中晚明的阳明学》，生活·读书·新知三联书店2005 年版，第 29 页。

第一节　"不容已"的思想源流

"不容已"的"已"字原与"巳"字不分，段玉裁在《说文解字注》中云："'辰巳'之'巳'既久用，为已然、已止之'已'，故即以'已然'之'已'释之。"① 《广韵》则云："已，止也，此也，甚也，讫也，又音似。"② 可见，"已"字最为根本的含义乃是"止"即终止之义，那么"不已"或"不容已"则是"不可停止"之义，这构成了"不容已"的语义来源。

从概念史的角度看，根据笔者掌握的材料，在中国的古代经典中首先提出"不已"观念的是《诗经》。《诗经·周颂·维天之命》云："维天之命，於穆不已。於乎不显，文王之德之纯。假以溢我，我其收之。骏惠我文王，曾孙笃之。"③ 这首诗意在歌颂文王德配天地，广大而纯粹。子思在《中庸》中解释道："《诗》云'维天之命，於穆不已，'盖曰天之所以为天也。'於乎不显，文王之德之纯'，盖曰文王之所以为文也，纯亦不已。"④ "纯亦不已"意味着文王之纯粹至德与天道一样广大而悠远，也意味着天道由此而与人道相贯通。程颐云："天道不已，文王纯于天道亦不已。纯则无二无杂，不已则无间断先后。"⑤ 朱子则云："天命，即天道也。不已，言无穷也。纯，不杂也。""言天道无穷，而文王之德纯一不杂，与天无间，以赞文王之德之盛也。"⑥ 程朱都在极言文王之德足以配天，在这一语境下，二人对"不已"的诠释意在彰显文王之德在时间与空间两个向度上的无限性和永恒性，以说明文王的仁德足以周遍万物。

---

① 许慎著，段玉裁注：《说文解字注》，上海古籍出版社1988年影印本，第745页。
② 陈彭年编：《宋本广韵》，江苏教育出版社2005年标点本，第72页。
③ 《诗经·周颂·维天之命》，《诗三家义集注》卷24，中华书局1987年标点本，第1002页。
④ 朱熹：《中庸章句》，《四书章句集注》，中华书局1983年标点本，第35页。
⑤ 朱熹：《诗集传》卷19，《朱子全书》第1册，上海古籍出版社2002年标点本，第723页。
⑥ 同上。

可见，《维天之命》中的"不已"包含两层含义：其一，是形容天道本体的无限性和永恒性，这表现在其生养万物的过程之中。在这里，天道本体生生不息的特点得到充分展现。其二，是凸显文王道德之广大纯粹，能参赞天地之化育，以仁德抚育百姓。在该诗作者眼中，既然天地生养万物的过程是永恒的，那么文王德化万民的过程亦无止歇，即"文王之施德教之无倦已，美其与天同功也"①。前者从存有论的角度描绘了天道本体运行流转的根本特征，后者则立足于境界论，彰显了圣人"天人合一"的至高境界。

《维天之命》中的"不已"的第一层含义，即天道本体的无限性与永恒性之义，后来成为儒家哲学的核心意涵，在《礼记》与《周易》中都有所体现。《礼记·哀公问》载："公曰：'敢问君子何贵乎天道也？'孔子对曰：'贵其不已。如日月东西相从而不已也，是天道也。不闭其久，是天道也。无为而物成，是天道也。已成而明，是天道也。'"②孔子将"不已"视作天道本体的根本特性，并认为这是君子效法天道的原因。在夫子看来，天道之运行经久不息，类似于日月相续，其中透露着天道本体刚健恒久的特点，这是值得学者效仿的。正如孙希旦所言："天道如此，君子贵之，而其法天也，纯亦不已，笃恭而天下平焉。"③《恒卦》的象辞亦云，"天地之道，恒久而不已也"④，亦将恒久不已视作天道本体的核心特征。总之，儒家哲学将"恒久不已"视作天道本体运行变化的根本特性，并由天而及人，认为君子亦当效法天道，时刻以进德修业为己任，促进自身人格的完善。

在"不容已"的发展演变过程中，孟子是一个不得不提及的人物，他曾在《滕文公下》中明确提及"不得已"：面对公都子的"夫子好辩"之问，孟子曾曰："我岂好辩哉，予不得已也。"⑤另外，孟子在《告子上》中同样提出"于不可已而已者，无所不已"⑥。朱子将"已"训为"止"，因而将"不可已"解为"不得不为者"。⑦

① 王先谦：《诗三家义集注》卷24，中华书局1987年标点本，第1002页。
② 《礼记·哀公问》，孙希旦：《礼记集解》卷48，中华书局1989年标点本，第1265页。
③ 同上。
④ 《恒卦·象辞》，朱熹：《周易本义》卷2，中华书局2009年标点本，第131页。
⑤ 《孟子·滕文公下》，焦循：《孟子正义》卷13，中华书局1987年标点本，第446页。
⑥ 《孟子·告子上》，焦循：《孟子正义》卷27，中华书局1987年标点本，第947页。
⑦ 朱熹：《孟子集注》卷13，《四书章句集注》，中华书局1987年标点本，第363页。

然而笔者认为，孟子对于"不容已"的真正影响体现在他的"人皆有不忍人之心"和"一夫不获若己推而内之沟中"的观念之中。

"人皆有不忍人之心"作为孟子性善论的核心命题历来为学者所熟知，笔者所关注的则是他对于"不忍人之心"的经典论证："所以谓人皆有不忍人之心，今人乍见孺子将入于井，皆有怵惕恻隐之心，非所以内交于孺子之父母也，非所以要誉于乡党朋友也，非恶其声而然也。"① 赵岐认为："乍，暂也。……凡人暂见小小孺子将入井，贤愚皆有惊骇之情，情发于中，非为人也，非恶有不仁之声名，故怵惕也。"② 朱子云："乍，犹忽也。怵惕，惊动貌。恻，伤之切也。隐，痛之深也。"③ 焦循亦训"乍"为"暂"，即突然之义，并将"怵惕"解为"惊骇""恐惧"。④ 由此观之，孟子对"人皆有不忍人之心"的解说事实上构成了"不容已"之说的心性论内涵。在孟子看来，任何人在看见幼儿坠入井中的情景时，都会始而惊骇，继而怜悯。这一过程不包含任何功利性的算计与考量，与外在的境遇和条件毫无关系。并且，它发生在"乍见"之后很短的时间里，是一种直觉性反应，更准确地说，是一种道德冲动。这种道德冲动是不得不然，不如此则不妥帖的内心体验。程门高弟谢良佐则认为此乃是"真心"的表现，"人须是识其真心。方乍见孺子入井之时，其心怵惕，乃真心也。非思而得，非勉而中，天理之自然也。内交、要誉、恶其声而然，即人欲之私矣"⑤。谢显道所谓的"真心"，即是心学中的"本心"，它是天理之昭灵明觉处。他又指出，"真心"的特点是"非思而得，非勉而中，天理之自然"，强调真心能够不由自主地流露在外，这里所表达的正是"不容已"的真实意涵。

除了"人皆有不忍人之心"之外，孟子的"一夫不获若己推而内之沟中"之观念同样构成了"不容已"之说的内涵。当万章问孟子"人有言'伊尹以割烹要汤'，有诸"时，孟子的回答是：

> 否，不然。伊尹耕于有莘之野，而乐尧舜之道焉。非其义也，非

---

① 《孟子·公孙丑上》，焦循：《孟子正义》卷7，中华书局1987年标点本，第233页。

② 赵岐注，孙奭疏：《孟子注疏》卷3下，北京大学出版社1999年标点本，第93—94页。

③ 朱熹：《孟子集注》卷3，《四书章句集注》，中华书局1983年标点本，第237页。

④ 《孟子·公孙丑上》，焦循：《孟子正义》卷7，中华书局1987年标点本，第233页。

⑤ 朱熹：《孟子集注》卷3，《四书章句集注》，中华书局1983年标点本，第237页。

其道也，禄之以天下，弗顾也。系马千驷，弗视也。非其义也，非其道也，一介不以与人，一介不以取诸人。汤使人以币聘之，嚣嚣然曰："我何以汤之聘为哉？我岂若处畎亩之中，由是以乐尧舜之道哉？"汤三使往聘，既而幡然改曰："与我处畎亩之中，由是以乐尧舜之道，吾岂若使是君为尧舜之君哉？吾岂若使是民为尧舜之民哉？天之生此民也，使先知觉后知，使先觉觉后觉也。予，天民之先觉者也；予将以斯道觉斯民也。非予觉之，而谁也？"思天下之民匹夫匹妇有不被尧舜之泽者，若己推而内之沟中。其自任以天下之重如此，故就汤而说之以伐夏救民。①

很明显，在孟子眼中，伊尹对于儒者理想人格的理解经历了一个明显的转变：起初他只是一个追求独善其身的人，喜好尧舜之道，并以仁义严格要求自己，坚持"非以道义，一介不取"。此时的伊尹并未考虑将尧舜之道施之天下，因此面对汤的邀请他颇为不屑。然而，汤三顾茅庐之后伊尹认识到，儒者的职责不仅限于独善其身，更需要兼济天下。具体说来，儒者有责任以尧舜之道抚育并教化百姓，使百姓莫不知爱亲敬长。伊尹进而将自己视作先觉者，认为自己有义务"觉后觉"。对此，程颐评价道："既为先觉之民，岂可不觉其未觉者。"②"岂可不觉其未觉者"意味着作为先觉者的伊尹，其内心中产生了不得不如此的必然要求，推动他去启发后觉之人。进一步，"一夫不获若己推而内之沟中"的观念表明伊尹已经体证到了万物一体之境，认识到普天之下的匹夫匹妇并不是外在于我的"他者"，而是"我"的一分子，与"我"疾痛相关。这正如张载所云："故天地之塞，吾其体；天地之帅，吾其性。民吾同胞，物吾与焉。"③ 因此，对伊尹而言他们其中任何一个人不遵信尧舜之道，不被尧舜之泽便都是自己的责任，自己必须将他们带入善道。可见，孟子在这里亦是在说明"不容已"的境界论意义。与《维天之命》不同的是，孟子此论并非是由存有论转出境界论，而是直接明言"万物一体"的圣贤之境，并特重以尧舜之道泽被万民的努力，以此作为"不容已"的内涵。值得注意的是，

---

① 《孟子·万章上》，焦循：《孟子正义》卷19，中华书局1987年标点本，第653—655页。
② 朱熹：《孟子集注》卷9，《四书章句集注》，中华书局1983年标点本，第310页。
③ 张载：《正蒙·乾称之十七》，《张载集》，中华书局1978年标点本，第62页。

孟子并未将他对于"不容已"的两方面解说结合起来，而完成这一整合的乃是阳明及王门后学。

在理学家中，首先言及"不已"的是张载，他在《正蒙》中曾云："天所以长久不已之道，乃所谓诚。仁人孝子所以事天诚身，不过不已于仁孝而已。"[1] 张载此论旨在解释《中庸》的"诚者天之道也，诚之者人之道也"一句，认为天道之诚即是长久不已地生养万物，这类似于"维天之命，於穆不已"之论。然而，张横渠对"不已"没有给出进一步的分析。在理学家中，详尽解析"不容已"这一概念的当首推朱子，他在《大学或问》中曾云：

> 若其用力之方，则或考之事为之著，或察之念虑之微，或求之文字之中，或索之讲论之际，使于身心性情之德，人伦日用之常，以至天地鬼神之变，草木鸟兽之宜，自其一物之中，莫不有以见其所当然而不容已，与其所以然而不可易者。[2]

在《朱子语类》中，面对弟子们的疑问，朱子对"所当然而不容已"做了详细的解释：

> 问："《或问》云：'天地鬼神之变，鸟兽草木之宜。莫不有以见其所当然而不容已。'所谓'不容已'，是如何？"曰："春生了便秋杀，他住不得。阴极了，阳便生。如人在背后，只管来相趱，如何住得！"
>
> 或问："理之不容已者如何？"曰："理之所当为者，自不容已。孟子最发明此处。如曰：'孩提之童，无不知爱其亲；及其长也，无不知敬其兄。'自是有住不得处。"
>
> 今人未尝看见"当然而不容已"者，只是就上较量一个好恶尔。如真见得这底是我合当为，则自有所不可已者矣。如为臣而必忠，非是谩说如此，盖为臣不可以不忠；为子而必孝，亦非是谩说如此，盖

---

[1]　张载：《正蒙·诚明之六》，《张载集》，中华书局1978年标点本，第20页。
[2]　朱熹：《大学或问》，《朱子全书》第6册，上海古籍出版社2002年标点本，第529—530页。

为子不可以不孝也。①

朱子的"不容已"乃是"理之不容已",具体说来,是万物遵循"理"之规定生长变化以及人遵循自身本性立身行事的过程。因此,"理之不容已"与理气的动静关系密切相关。众所周知,在朱子哲学中,"理"是最为根本的概念,朱子曾云:"太极只是天地万物之理。在天地言,则天地中有太极;在万物言,则万物中各有太极。""有此理,便有此天地;若无此理,便亦无天地,无人无物,都无该载了!"② 理作为本体,存在于天地万物之中,乃是万物的本质。

对于理气之不容已,我们应当从两个层面去理解:其一,从理的层面看,理自身不动,但它能够推动物质性的"气"运动发展,并且通过气的运动来体现自身。这方面最明显的例子即是朱子的"人骑马"之说:

问:"动静者,所乘之机。"曰:"理搭于气而行。"

问:"动静者,所乘之机。"曰:"太极理也,动静气也。气行则理亦行,二者常相依而未尝相离也。太极犹人,动静犹马;马所以载人,人所以乘马。马之一出一入,人亦与之一出一入。盖一动一静,而太极之妙未尝不在焉。此所谓'所乘之机',无极、二五所以'妙和而凝'也。"③

不可否认,朱子以"人骑马"来说明太极与阴阳、理与气的动静关系确有不准确之处:太极、理是存在于阴阳、气之中的,二者之间是内在性的关系;而人坐在马上,二者的关系是外在性的。然而,"人骑马"的比喻较好地呈现出朱子的本意,即说明理、太极的运动有赖于气之运动。朱子认为,从逻辑层面上讲,形上之理先于形下之气,但在实然层面二者不可分离,"理未尝离乎气,然理形而上者,气形而下者,自形而上下言,岂无先后"④。既然两者未曾相离,那么气在运动之时,理便随之运动。朱子将其表述为"理搭于气而行",可谓形象而准确。理气运动关系

① 黎靖德编:《朱子语类》卷 18,中华书局 1986 年标点本,第 413—414 页。

② 黎靖德编:《朱子语类》卷 1,中华书局 1986 年标点本,第 1 页。

③ 黎靖德编:《朱子语类》卷 94,中华书局 1986 年标点本,第 2376 页。

④ 黎靖德编:《朱子语类》卷 1,中华书局 1986 年标点本,第 3 页。

体现了形上之理的一种势用，即必然要表现在形下之气当中。《语类》
载：

> 问："'太极动而生阳'，是有这动之理，便能动而生阳否？"曰：
> "有这动之理，便能动而生阳；有这静之理，便能静而生阴。既动，
> 则理又在动之中；既静，则理又在静之中。"曰："动静是气也，有
> 此理为气之主，气便能如此否？"曰："是也。既有理，便有气；既
> 有气，则理又在乎气之中。"①

在朱子看来，阳动阴静之理乃是气之阴阳动静变化的依据。并且从逻辑上
讲，一旦理出现，气之相应的变化便随之产生。可见，在理的主宰作用之
下，气不得不发生某种形式的运动变化。这构成了朱子"不容已"之说
在理气关系中的第一层含义。

其二，从气的层面来看，其运动变化需要理的控制，以保证这一过程
具有准确的方向，不至于出现混乱。对此，朱子同样有一经典的表述：

> 道夫言："向者先生教思量天地有心无心。近思之，窃谓天地无
> 心，仁便是天地之心。若使其有心，必有思虑，有营为。天地何尝有
> 思虑来！然其所以'四时行，百物生'者，盖以其合当如此便如此，
> 不待思维，此所以为天地之道。"曰："如此，则《易》所谓'复其
> 见天地之心'，'正大而天地之情可见'，又如何？如公所说，只说得
> 他无心处尔。若果无心，则须牛生出马，桃树上发李花，他又却自
> 定。程子曰：'以主宰谓之帝，以性情谓之乾。'他这名义自定，心
> 便是他个主宰处，所以谓天地以生物为心。中间钦夫以为某不合如此
> 说。某谓天地别无勾当，只是以生物为心。一元之气，运转流通，略
> 无停间，只是生出许多万物而已。"……问："普万物，莫是以心周
> 遍而无私否？"曰："天地以此心普及万物，人得之遂为人之心，物
> 得之遂为物之心，草木禽兽接着遂为草木禽兽之心，只是一个天地之
> 心焉。今须要知得他有心处，又要见得他无心处，只恁说不得。"②

---

① 黎靖德编：《朱子语类》卷94，中华书局1986年标点本，第2374页。
② 黎靖德编：《朱子语类》卷1，中华书局1986年标点本，第4—5页。

朱子在这里区分了天地之有心与无心。杨道夫把心理解为思维之器官，因而认为天地无心。朱子则认为杨道夫只看到了其中一个层面，即天地生养万物的过程是无计度的、自然而然的，不包含其他任何目的；而忽视了另外一点，即对于万物而言，其生长变化的过程内在地具有某种规定性，这保证了万物的演化具有必要的秩序，不至于发生混乱，这便是"天地之有心"，同样也是万物之心。正如朱子所言，如果事物的变化发展真的缺乏一定之规的话，那么就将会出现"牛生出马""桃树上发李花"这样的现象。事实上这样的现象并未发生，恰恰证明了任何事物中都存在着某种规定性，它决定了该事物生成变化的方向。朱子指出，天地之心落到人身上即为人之心，落到万物身上即为万物之心。显然，从万物的角度来说，"心"就是本质、规定性，是由理赋予的，它决定了事事物物只能沿着各自特定的方向生化发展。这构成了朱子"不容已"之说在理气关系上的第二层含义。

通过以上分析，我们应当能够理解朱子"所当然而不容已者"的内涵，即万物各自之理对于万物生成变化过程的具体规定。从理的角度说，它必须实现于形下事物之中，推动事物的变化，并通过事物来表现自身；从物的角度说，理赋予了其变化的方向，使其生化发展带有必然性和方向性。正如乔清举教授所指出的："在朱子哲学中，太极具有本体性力量。此种力量从太极本身来说，是它一定实现于现实世界之中的必然性；而自形下世界而言，则为形下世界必如此不已之表现，即朱子所谓'不容已'者。"① 正是这个理，推动着春生秋杀的交替变化，也注定了阴阳互相消长的循环往复。

朱子的"不容已"始于对理气动静关系的说明，但他的分析并未止于此，而是转入了对于人之行为"不容已"的解说。在朱子哲学中，"所以然而不可易者"乃是万物的本质，而这个本质是通过"所当然而不容已者"表现于外的，对人而言同样如此。在宋明儒学的视野中，所谓"人之本质"是指人的道德本性。值得注意的是，朱子关于人之行为的"不容已"可进一步细分为基于道德本能的不容已和基于道德自觉的不容已。前者是指"爱亲敬长"之行，后者则是指"为人臣当尽忠，为人子当尽孝"。一方面，与其他事物一样，人的本质同样不会满足于单纯的内

----

① 乔清举：《论朱子的理气动静问题》，《哲学动态》2012 年第 7 期。

在性，必然要实现于外，这表现为道德冲动，它赋予人的行为以方向性，促使其产生道德行为，故孩提之童皆知爱亲敬长。然而，这种道德行为基于道德本能，是不牢靠的。另一方面，与万物不同的是，人具有主体性和自由选择的权利，因而道德本性并不与现实行为时刻一致，这为恶的产生提供了空间。但是在朱子看来，归根结底，经过一系列修养工夫，人能够自觉到德性的意义，意识到合乎德性的行为是人理所应当去做的。因此朱子明言："如真见得这底是我合当为，则自有所不可已者矣。"在他看来，达成了道德自觉则自然会"为臣必当尽忠，为子必当尽孝"，这些都是不容自已的。当然，这些都是我们基于《语类》中的材料所做的合理推论，至少在分析"不容已"时，朱子并没有严格区分这两个层次，更没有指出道德修养实际上就是由第一层次发展为第二层次的过程。

如果说朱子偏向于从理气关系上说明不容已的话，那么阳明则继承了孟子的思路，立足于"致良知"说与"万物一体"之境来分析不容已。这一思想集中地体现在《传习录（中）》的《答聂文蔚》第一书之中，钱德洪曾云："其（引者按：指阳明）一体同物之心，谆谆终身，至于毙而后已：此孔孟已来圣贤苦心，虽门人弟子未足以慰其情也。是情也，莫详于《答聂文蔚》第一书。"① 在该文中，阳明首先阐明了"万物一体之仁"的宗旨：

> 夫人者，天地之心。天地万物，本吾一体者也，生民之困苦荼毒，孰非疾痛之切于吾身者乎？不知吾身之疾痛，无是非之心者也。是非之心，不虑而知，不学而能，所谓良知也。良知之在人心，无间于圣愚，天下古今之所同也。世之君子惟务致其良知，则自能公是非，同好恶，视人犹己，视国犹家，而以天地万物为一体，求天下无治，不可得矣。②

在本段中，阳明论述了"万物一体之仁"与"致良知"的同构关系。在他看来，首先，整个宇宙乃是一个一气流通的整体，人与万物都存在于这个整体之中，从根本上讲，人与万物是紧密相关的。其次，阳明特别强调

---

① 《传习录（中）》，《王阳明全集》卷2，上海古籍出版社1992年标点本，第40页。

② 同上书，第81页。

"人乃天地之心",而能够作为心的便是人的一点灵明,换言之,即是良知。任何人当其良知未被遮蔽之时,都能体会到"我的灵明,便是天地鬼神的主宰"①,同样也都能认识到人与万物"便是一气流通的,如何与他间隔得"②,因而自然能够"浑然与万物同体"。基于此,对于一个保持着自身灵明的人而言,不存在与自己了无关系的他者,他人的疾苦同样也就是自身的苦难。在阳明眼中,尧舜就是这种"视人犹己,视国犹家"之境界的代表,三代也得益于此而治道大行。

然而,阳明随即指出:"后世良知之学不明,天下之人用其私智以相比轧,是以人各有心,而偏琐僻陋之见,狡伪阴邪之术,至于不可胜说。"③ 随着良知被遮蔽,人心表现为阴险狡诈的"机心",社会风气也就无可挽回地衰落了。更为严重的是,任何希望改变这种局面的人都无一例外地遭到了世人的误解。在下文中,阳明向聂豹坦言了世人对其良知之学的各种指责,并借孔子之例说明自己这样做的目的。同时,在这里他提出了自己的"不容已"说:

> 呜呼!今之人虽谓仆为病狂丧心之人,亦无不可矣。天下之人皆吾之心也,天下人犹有病狂者矣,吾安得而非病狂乎?犹有丧心者矣,吾安得而非丧心乎?昔者孔子之在当时,有议其为谄者,有讥其为佞者,有毁其未贤,诋其为不知礼,而侮之以为东家丘者,有嫉而沮之者,有恶而欲杀之者;晨门、荷蒉之徒,皆当时之贤士,且曰:"是知其不可而为之欤!鄙哉硁硁乎,莫己知也,斯已而已矣。"虽子路在升堂之列,尚不能无疑于其所见,不悦于其所欲往,而且以之为迂,则当时之不信夫子者,岂特十之二三而已乎?然而夫子汲汲遑遑,若求亡子于道路,而不暇于煖席者,宁以祈人之知我信我而已哉?盖其天地万物一体之仁,疾痛迫切,虽欲已之而自有所不容已,故其言曰:"吾非斯人之徒与而谁与!欲洁其身而乱大伦,果哉,末之难矣!"呜呼!此非诚以天地万物为一体者,孰能以知夫子之心乎?若其遁世无闷,乐天知命者,则故无人而不自得,道并行而不相

---

① 《传习录(下)》,《王阳明全集》卷3,上海古籍出版社1992年标点本,第124页。
② 同上。
③ 王阳明:《答聂文蔚》之1,《传习录(中)》,《王阳明全集》卷2,上海古籍出版社1992年标点本,第80页。

悖也。仆之不肖，何敢以夫子之道为己任？顾其心亦已稍知疾痛之在身，是以彷徨四顾，将求其有助于我者，相与讲去其病耳。今诚得豪杰同志之士扶持匡翼，共明良知之学于天下，使天下之人皆知自致其良知，以相安相养，去其自私自利之蔽，一洗谗妒胜忿之习，以济于大同，则仆之狂病，固将脱然以愈，而终免于丧心之患矣，岂不快哉！①

孔子曾云，"射有似乎君子，失诸正鹄，反求诸其身"②，阳明对此可谓"以身体之，以行与事证之"。面对世人将其学目为丧心病狂的指责，阳明一方面认为这是由于众人良知不明而丧心病狂的表现，另一方面却强调众人与"我"疾痛相关，他人之丧心病狂即是自己之丧心病狂。阳明认为这种情况不仅发生在自己身上，孔子同样也曾遇到过类似的情形。在礼崩乐坏的春秋年间，孔子的仁学亦不为人所接受，但孔子丝毫不以为意，仍然汲汲求道，尽力传播自己的思想。在阳明看来，夫子此举绝不是乞求他人了解与信任，而是基于万物一体之仁，并受到内在良知的推动，因此视他人之陷溺犹如自己之陷溺，并矢志不渝地帮助众人摆脱这一状态，这便是阳明所理解的"不容已"。很显然，它与孟子"一夫不获若己推而内之沟中"的思想一脉相承，体现了心学对于"不容已"说的理解逻辑。对此，牟宗三先生曾分析道："然良知之照临不只是空头地一觉，而且即在其照临的一觉中隐然自决一应当如何之方向，此即所谓良知之天理。而且又不只是决定一方向，它本身的真诚恻怛就具有一种不容已地要实现其方向（天理）于意念乃至意念之所在（物）以诚之于正之之力量。"③ 这种要将良知或心之本体中所包含的天理实现于意念及事物中的力量，正是从孟子到阳明的儒家心学一系之"不容已"的核心意涵，而这一切的目的都是要达成"万物一体"之境。故此，阳明迫切地希望能得到"豪杰同志"的相助，共明良知之学于天下，使天下人皆能自致良知，自去习心私欲，以趋于大同。这便是阳明的终生理想。因此，岛田虔次先生在评价阳明的良知时指出："'虽欲已之，而自有所不容已'的，

---

① 王阳明：《答聂文蔚》之1，《传习录（中）》，《王阳明全集》卷2，上海古籍出版社1992年标点本，第81页。

② 朱熹：《中庸章句》，《四书章句集注》，中华书局1983年标点本，第24页。

③ 牟宗三：《从陆象山到刘蕺山》，上海古籍出版社2001年版，第168页。

这就是良知。良知几乎可以说是一种冲动的东西。与其说良知就是对于人们高高地所赋予的课题，不如说它是人在自己深处被赋予的东西。"①

综上所述，在耿定向之前，"不容已"之说主要包括两条发展路向：一者是从存有论的角度，通过说明理气关系的不容已转入分析人之行为的不容已；另一者则是从境界论的角度，立足于本心或良知的观点，将不容已描述为本心外化的推动力和达成"万物一体"之境的有效途径。前者以《礼记》《周易》和朱子为代表，后者则以孟子和阳明为代表。阳明之后，"不容已"之说越发流行，岛田虔次先生认为："'生生''生生不容已''不容已'等语言是阳明之后明代思想界中最具有时代特点的、最表现当时思想界根本情绪的语言。"② 耿定向更是如此，他不仅谈论不容已之学，而且将其作为自己思想的核心。并且，天台对于上述思想，除了朱子的理气层面的不容已说之外，其余都加以借鉴。

第二节　耿定向对"真机"的界定

吴震教授认为："'不容已'三字原本不是思想命题，无非是一种描写性的语言，可以用来描述天命，也可以用来形容心体存在的那种绝对性，其中似乎并没有什么深奥的思想涵义。"③ 在笔者看来，吴震教授的本意在于陈述这样一个事实，即单纯的"不容已"三字并不能构成哲学命题，它仅表达了一种"不得不如此"的必然性，至多加上与此相伴生的推动力。而从我们之前对于朱子和阳明"不容已"的分析来看，此论当是准确的。换言之，对于朱子和阳明"不容已"的分析只有在二人的理气论和良知说的框架下才能彰显出其哲学意涵。另外，很显然朱子和阳明都没有明确提出"理之不容已"或"良知不容已"的命题。毋宁说，在朱王二人的思想中，"不容已"是"理"或"良知"的题中应有之义。因而我们可以理解，为何"不容已"并不是二人思想的核心成分。

---

① ［日］岛田虔次：《王阳明与王龙溪——主观唯心论的高潮》，载辛冠洁、衷尔钜、马振铎、徐元和编《日本学者论中国哲学史》，中华书局1985年版，第393页。

② 同上。

③ 吴震：《阳明后学研究》，上海人民出版社2003年版，第389页。

笔者认为，耿定向对于"不容已"的贡献可能正在于此，即他明确地提出了"真机不容已"或"本心不容已"的观念，这样就使得"不容已"获得了价值上的独特性，使它即便不是本体的唯一特点，至少也是其最为重要的特征。按照耿定向的理解，"真机"或"本心"最为根本的特点就是"不容已"，或者说，"真机"是"不容已"的。显然，相比于朱王二人，天台的"真机不容已"已经可以构成一个哲学命题了，而他也确实是这样做的。因此，我们对于"真机不容已"的考察也将由"真机"出发。

耿定向曾在《夜坐订学载赋赠》中写道："大道浩无朕，何处觅真机？本心不容已，天根自秉彝。本心不容昧，天则哪能违？"[①] 这说明在他的思想中，真机与"大道""本心""天根""天则"等概念都有着密切的联系。事实上，"真机"一词囊括了天台对于本体的所有理解，而其中最具有代表性的，也是天台经常言及的下列三个方面：性、仁以及良知。

一　性

自阳明提出"致良知"说之后，"良知"一词便成为王门后学的"究竟话头"，王门弟子对于本体的思考都被涵摄入"良知"之中。与此相对应，"性"这一概念便很少被人提及。其实，这一现象在阳明自身的思想中便已有所反映，虽然阳明曾有"性是心之体，天是性之原，尽心即是尽性"[②] 的说法，然而综观阳明的文献，"性"出现的次数并不是很多。对此，陈来先生的判断是："阳明哲学中，性也不是体系中一个必要的概念，表示至善的内在性范畴是'心之本体''良知'或'心'。"[③] 牟宗三先生则认为产生这一现象的原因在于"象山与阳明既只是一心之朗现，一心之伸展，一心之遍润，故对于客观地自'於穆不已'之体言道体性体者无甚兴趣，对于自客观面根据'於穆不已'之体而有本体宇宙论的

---

① 耿定向：《夜坐订学载赋赠》，《耿天台先生文集》卷1，《四库全书存目丛书》集部第131册，齐鲁书社1997年影印本，第19页。

② 《传习录（上）》，《王阳明全集》卷1，上海古籍出版社1992年标点本，第5页。

③ 陈来：《有无之境——王阳明哲学的精神》，北京大学出版社2006年版，第76页。

展示者尤无多大兴趣"①。在牟先生看来，陆王一系可谓是真正意义上的"心学"，一个"本心"便将本体和工夫都包含其中，完全没有"性"与"天道"的位置。劳思光先生亦强调，陆王心学所代表的宋明儒学之第三阶段"则以'心'与'知'为主要观念，所肯定者乃最高之'主体性'"②，表达了与牟先生相似的观点。③ 这一趋向在阳明的门人中变得越发明显，无论是王畿的先天正心之学，还是邹守益的戒惧之学，抑或是聂豹、罗洪先的归寂之学，他们所关注的都是如何时刻保持良知的精明卓绝，性并不是这些学者的关注重点。

有别于王学的传统，耿定向却较为重视"性"这一概念，认为："性者人之所以生，犹鱼之于水矣。"④ 值得注意的是，天台论性的思路也有别于大多数王门学者，他的起点并非是心性合一的"本心"，而是性与天道的关系。在《寄示里中友》中，天台认为：

> 《中庸》一篇，是天启子思谱出他家立教之原。教原于道，道原于性，性原于天，正是惧人裂视他家之教，故为推穷到天明，如此乃谓教，是三层说话失言矣。⑤

朱子在解《中庸》首章时曾云："盖人之所以为人，道之所以为道，圣人之所以为教，原其所自，无一不本于天而备于我。学者知之，则其于学知所用力而自不能已矣。"⑥ 很明显，天台此论与朱子颇为类似，二者均强调性、道、教三者都根源于天道本体，后者是前者得以成立的保证。这意味着天与人在终极层面上是一致的，这决定了学者的治学目标：以学为途径，从主体层面证成这种统一，即达到"天人合一"之境。在朱子

---

① 牟宗三：《心体与性体（一）》，《牟宗三先生全集⑤》，台北联经出版事业有限公司 2003 年版，第 51 页。

② 劳思光：《新编中国哲学史》3 卷上，广西师范大学出版社 2005 年版，第 39 页。

③ 学界对于牟、劳二先生的理学分系说一直多有争论，此兹不论。然而笔者认为，学界的质疑主要集中在分系背后的价值判断即所谓"正统"和"歧出"的观点是否合理，据此并不能否定二位先生对于陆王一系思想特质所作判断的合理性。

④ 耿定向：《病间疡言》，《耿天台先生文集》卷 8，《四库全书存目丛书》集部第 131 册，齐鲁书社 1997 年影印本，第 219 页。

⑤ 耿定向：《寄示里中友》之 2，《耿天台先生文集》卷 6，《四库全书存目丛书》集部第 131 册，齐鲁书社 1997 年影印本，第 172 页。

⑥ 朱熹：《中庸章句》，《四书章句集注》，中华书局 1983 年标点本，第 17 页。

眼中，实有见地的学者便会"学知所用力而自不能已"；天台则认为，学至于此，才能通达儒学的万物一体之境而不割裂天人。

陆九渊曾有"此理乃宇宙之所固有，岂可言无"①，"此理在宇宙间，固不以人之明不明、行不行而加损"②的说法，这意味着象山虽有"心即理"之说，但在一定程度还是承认了"理"的独立地位。而从"心外无理"到"致良知"，阳明的思想一直集中于心性的结合体即"本心"之中，对于客观性的理以及心中之性则很少提及。从这个意义上讲，牟宗三先生认为阳明心学纯是"一心之朗现"当不为过。通过解释《中庸》，天台重新肯定了天道本体以及性体的独立地位，表现出了与王学传统相区别的思想理路。

在解释孟子的"口之于味"章时，耿定向则借助于"不容已"说明确了天道与人性的异同：

> 性命元非二件，即《中庸》解甚明。《中庸》首章曰："天命之谓性。"明解性即命也。后章引《诗》云："维天之命，於穆不已。"此四字形容天命又更分明矣。盖自性之根蒂而言，原无声无臭者曰命；自命之流行而言，原自不已者曰性。即性字义从"心"从"生"可知矣。口之于味，目之于色，耳之于声等，是人之生机。使口不知味，目不辨色，耳不听声，便是死人，安得不谓之性？然直穷到根蒂上，此等俱从无生。若一纵其性而不知节，可成世界否？是以达人于此寻向上根源立命处，既见得亲切，色声臭味自不能染着。即异教家所谓摄情归性，初亦此意也。当时告子辈一种学术，只认得声色臭味都是生生之性，而未肯更透一步，是不谓命也。故孟子云，然仁义礼智天道，更何声臭可言？故谓之曰命。然既着落到父子君臣身上来，便已降在衷了，故忠孝之念自不容已。君子于此竭力致身，务尽其心，合下见得性如此也。③

在"口之于味"章中，孟子区分了自然之性与道德本性，认为前者

---

①　陆九渊：《与朱元晦》之2，《陆九渊集》卷2，中华书局1980年标点本，第28页。

②　同上书，第26页。

③　耿定向：《绎孟子·口之于味》，《耿天台先生文集》卷10，《四库全书存目丛书》集部第131册，齐鲁书社1997年影印本，第266—267页。

是天然生成的，与后天的努力无关，学者不当致力于此；后者虽亦得之于天，然上天赋予人的只是成德的可能性，而将这种可能性转变为现实的道德行为则需要学者孜孜不倦地努力。正如朱子所言，孟子作出这一区分的原因乃是："然世之人，以前五者为性，虽有不得，而必欲求之；以后五者为命，一有不至，则不复致力，故孟子各就其重处言之，以伸此而抑彼也。"① 应当说，孟子这一分疏对于纠正重口腹之欲而轻仁义之行的弊端是有意义的，但这不免会造成"析性命为二"，以致将自然之性与道德本性相对立的问题。耿定向正是看到了这一点，所以首先强调"性命元非二件"，随后他以《中庸》解《孟子》，借用《中庸》首章"命—性—道—教"的关系以及《维天之命》篇来打通命与性的联络。

耿定向认为，"天命之谓性"意味着人性来源于天道之不容已，因此从现实的人性出发寻找其形上根据时我们可以说"性即命也"；相反，从天道本体出发探寻其现实形态时我们亦可以说"命即性也"。从这个意义上讲，性命的确不可二分。但承认性命的一致性却不能抹杀两者的区别：天命具有至上性，虚无而不可究诘；人性则是人之为人的根据，确切而包含准则。天台进一步指出，以上所讨论的都是道德本性，除此之外，人性中还包含自然属性。二者都是人之为人所必需的，但前者更为根本。在天台看来，自然属性缺乏节制，虽是人之生存所必需，但不可谓人的本质属性。道德本性则不然，它是至善的，表现为孝悌忠信之类的道德原则。天台认为，从天道本体到人性经过了一次自无入有的转折，这使得两者在具备统一性的同时亦存在着差异。

在写给挚友周思久（生卒年不详，字子征，号柳塘）的信中，耿定向则立足于心、性、天道三者，阐述了学者的工夫路径及所臻之境界：

> 余廿年前曾解"尽心"章云："学者须从心体尽头处了彻，便知性之真体原是无思无为；知性之真体无思无为，便知上天之载原是无声无臭，浑然一贯矣。"所谓心体尽头处者，盖昔人所谓思虑未起，鬼神不知、不睹不闻处也。②

---

① 朱熹：《孟子集注》卷 14，《四书章句集注》，中华书局 1983 年标点本，第 370 页。
② 耿定向：《与周柳塘》之 11，《耿天台先生文集》卷 3，《四库全书存目丛书》集部第131 册，齐鲁书社 1997 年影印本，第 83 页。

在此，耿定向将"心体尽头处"解为"思虑未起"之时，是要求学者从酬酢万变的经验活动中超越出来，进入对虚无之体的体证。在天台看来，性体无思无为，天道无声无臭，二者的本质都是虚无，因此学者亦须自有入无，才能体道。此时天台将孟子"尽心"理解为超越日用云为的内心活动，其目的是达到对于心中之理即性的把握，可见，天台此处关注的重点是性而非心，性被其视作沟通天人的中介。

　　然而一方面，从理论上讲，性作为人之为人的本质是潜存于内心之中的，需要借助具有经验性的心才能表现于外；另一方面，从思想渊源上讲，作为阳明后学的耿定向也不可能对本心及心性关系视而不见。因此，在澄清了性与天道的关系后，耿定向便转而由心说性。同样是在上述写给周思久的信中，天台在回忆了二十年前对于"尽心"的解释后笔锋一转，写道：

　　　　近来自省于人伦日用，多少不尽分处，乃语学者云："吾人能于子臣弟友，不轻放过，务实尽其心者，是其性真之不容自已也。性真之不容自已，原是天命之於穆不已，非情缘也。故实能尽心而知性知天，一齐了彻矣。"①

而在《病间窹言》中，天台同样指出：

　　　　惟性根于心，而原于天者也，虽是无声无臭，原自莫见莫显，本诸身而视听言动，征诸人而子臣弟友，历诸事而家国天下。故必尽其心而后可为知性尽心云者。必其参赞造化，俛仰古今，体验于言行，贯彻于民物，推之天下而准而化，达之万世而法而则，而后谓之尽。何也？吾心之体原本于天，本自弥六合，贯千古，合内外，浑物我，如是其大且全也。心如是，性亦如是，维天命之不已者原如是。②

　　耿定向在这两段材料中表达的观点与前述之内容有所不同：一方面，

① 耿定向：《与周柳塘》之11，《耿天台先生文集》卷3，《四库全书存目丛书》集部第131册，齐鲁书社1997年影印本，第83页。

② 耿定向：《病间窹言》，《耿天台先生文集》卷8，《四库全书存目丛书》集部第131册，齐鲁书社1997年影印本，第218页。

他依然强调性体来源于天命之"於穆不已"者，注重性与天道的联系，认为性体本于天道；另一方面，他更强调性与心的统一，认为形上之体会时时显发于形下之用之中。从视听言动，到子臣弟友，直至家国天下，无一不是性体之显现。因此，学者须在心上用功，在日常的言行举止中切己体察，方能尽心而知性。这里的"尽心"便不是"穷心至思虑未起，鬼神不知之处"的意思，而是遍润其心，在事事物物中体察心性本体之义。可见，天台这一思路又复归于王学之传统。

有学者指出，《与周柳塘》之 11 这封信表明耿定向的思想发生了转变，即从"自有入无"转为"由无达有"。[①] 笔者则认为，认为其思想发生了转变并不恰当。同样是在该文中，天台在记述了自己前后两段思想后总结道："由前之解，摄有归无，犹老氏所谓观其徼，非离也；由后之解，由无达有，犹老氏所谓观其妙，非即也。语意虽若有深浅，实自体贴，无二见也。"[②] "无二见"意味着天台并未肯定后者而否定前者，而是认为两者是统一的整体。在写给周思久的另一封信中，天台还曾认为："夫由无达有，由有归无，此都是造化化造，自然之理。"[③] 可以说，天台之前只注重无的方面，后来则兼顾而贯通有无。这一变化同样体现在他对性的论说中，表现为既注重性与天道的关联，又强调性由心而朗现，彻上彻下，两者在其思想中同样重要，这可以视作天台对于性的最终理解。

二 仁

"仁"是"真机"的另一重要内涵，如前所述，耿定向道统说的一个突出特点就是用"仁义礼智信"来概括儒家的发展过程，而"仁"作为孔子思想的核心，其重要性不言而喻。加之耿定向基于卫道的要求，特别突出孔孟之学，这使得作为孔子思想核心范畴的"仁"，其重要性得到进一步提升。另外，"仁者人也"，仁既然是人的本质，这意味着它也构成了"性"的内涵。所有这一切都促使耿定向注重"仁"的价值，"窃惟孔

① 陈时龙：《耿定向思想研究》，载《明史研究论丛》（第七辑），紫禁城出版社 2007 年版。

② 耿定向：《与周柳塘》之 11，《耿天台先生文集》卷 3，《四库全书存目丛书》，集部第 131 册，齐鲁书社 1997 年影印本，第 78—79 页。

③ 耿定向：《与周柳塘》之 17，《耿天台先生文集》卷 3，《四库全书存目丛书》集部第 131 册，齐鲁书社 1997 年影印本，第 86 页。

孟之教，俱在六籍，其指归于求仁"①。

耿定向曾著有《活人忠告》一文，借医理论治学，旨在抨击学者对于佛学的推崇。天台认为："维世谈学者多崇佛，蔑视吾孔。不知曰孔与佛，皆其名也。"② 学者不辨学术之根本，而徒在佛与儒的名称上辨别异同，故胥不知学。那么，何为学术之根本呢？天台写道：

> 惟吾孔氏之学，其脉曰仁。仁也者，吾人之生理也。探之无朕，达之无垠，犹脉之于人也，形无可见，而人之所以病不病，病之所以瘳弗瘳，实谂于此。故曰切脉可以体仁。③

天台认为，儒学的根本即"仁"，它构成了儒学的内在理路。他将仁定为"吾人之生理"，则是在强调仁乃人之为人的根本，实际上就是将"仁"等同于"性"。而"切脉可以体仁"之说正是在强调仁的本质义，认为仁与经络脉搏一样，潜藏于内心之中而起着决定性的作用。在解释孟子"有放心而不知求"一语时，天台认为，要想真正地理解"求放心"说，必须回溯到孔子的仁学：

> 孔子学旨曰求仁，其告颜子之为仁也，求之视听言动之间，不驰骛于玄远也。由是约之以礼，而克己复礼，所以聚而畜也。盖至中心安仁，视天下为一人，而天下归仁，是则其归宿之处也。孟子之求放心，其渊源所自，盖本于此。④

孟子云："仁，人心也；义，人路也。舍其路而弗由，放其心而不知求，哀哉！……学问之道无他，求其放心而已矣。"⑤ 值得注意的是，"仁，人心也"意味着此处的"人心"绝非与"道心"相对的"人心"

---

① 耿定向：《与山东吴督学》，《耿天台先生文集》卷5，《四库全书存目丛书》集部第131册，齐鲁书社1997年影印本，第137页。

② 耿定向：《活人忠告》，《耿天台先生文集》卷8，《四库全书存目丛书》集部第131册，齐鲁书社1997年影印本，第211页。

③ 同上书，第212页。

④ 耿定向：《求放心论》，《耿天台先生文集》卷7，《四库全书存目丛书》集部第131册，齐鲁书社1997年影印本，第180—181页。

⑤ 《孟子·告子上》，焦循：《孟子正义》，中华书局1987年标点本，第786页。

即经验心，相反，它就是"道心"或者心学中的"本心"，仁则是它的内容。在天台看来，"求放心"即是"求仁"，而"盖至中心安仁，视天下为一人，而天下归仁"则点出了"仁者与万物同体"之义，以此说明求仁所应达到的境界。

相较于对仁的论说，耿定向更为关注如何体证仁道。孔子曾多次回答弟子问仁，言辞各不相同，而天台最为属意的乃是夫子回答颜子问仁。在上文所引述的《求放心论》中，天台特别强调，夫子以非礼勿视听言动为"克己复礼"之条目，切近而不玄远，笃实而不空虚，内有所主，工夫有实在的下落处，因而是体仁的有效途径。

值得注意的是，耿定向以"求仁"来解释"格物"，并认为若能以求仁为标的，则之前学者对于"格物"的种种解释都可互相贯通而无矛盾。这一解释可以视为天台对"淮南格物说"的发展：

> 余按《大学》经文中，格物原自有明解，曰："物有本末。"又曰："壹是皆以修身为本。"格物之物，故即物有本末之物。格物云者，知此身之为天下本耳，何者？大人通天下为一身也。吾人只苦不识得自家这个真身，懵懵而生，即令百岁，枉死耳。圣人苦心破口说个格物，格物即求仁之别名也。盖仁者人也，识仁便是识得此身面目，即温公解格物曰："格去物欲。"朱子解格物曰："即物穷理。"文成曰："格其不正，以归于正。"皆有受用，皆有着落，其义皆可通也。否则，即格物两字亦赘语也。[1]

在第一章中我们曾经提到，以"修身"解格物并非耿定向的首创，王艮的"淮南格物说"已经将"物有本末"与"壹是皆以修身为本"相联系，从而得出"格物"乃是以身正物的"淮南格物说"，"吾身是个'矩'，天下国家是个'方'，则知方之不正，由矩之不正也，是以只去正矩，却不在方上求"[2]。心斋一方面认为"修身，立本也，立本，安身

---

① 耿定向：《答唐元卿》之2，《耿天台先生文集》卷5，《四库全书存目丛书》集部第131册，齐鲁书社1997年影印本，第135—136页。

② 《语录》，《明儒王心斋先生遗集》卷1，《王心斋全集》，江苏教育出版社2001年标点本，第34页。

也"，"不知身不能保，又何以保天下国家哉"①，强调修身、安身具有至为根本的意义，这里的身显然是指生命之身。另一方面，为了说明如何修身，心斋又引入了"心"的概念，"治天下有本，身之谓也，本必端。端本，诚其心而已矣。诚心，复其不善之动而已矣"②。以"诚心"训"修身"，"心诚"而"身端"，这似乎又意味着"心"是"身"的内在依据，比"身"更为根本。可以说，心斋在解释"修身"时引入的"心"这一概念使得其学似乎又陷入了以"正心"训"修身"的传统结构中，从而降低了其"淮南格物说"的理论意义。

耿定向则将"格物"解为"求仁"，并以"格物"为中介，将"求仁"和"修身"结合起来。对天台而言，既然仁是人之本质，修身则是识取自身的本来面目，那么就意味着本质和本来面目是可以通约的，而求仁与修身也能贯通无碍。相应地，既然求仁须达乎万物一体之境，那么修身同样需要达到"通天下为一身"的"大人之境"。这又使得"修身"与"万物一体"之间建立了联系。当然，天台不能否认，求仁必须依赖于"心"的活动，然而他的表述使得"心"被置于求仁之下，从而既回避了身心对置的结构，又为修身赋予了内涵，还明确了求仁的目的，可谓一举多得。同时，天台以"求仁"训"修身"，还达到了借助"淮南格物说"深化仁的含义的效果，进一步突出了仁的地位。

而在求仁的具体措施上，耿定向认为，与志同道合者相与讲学乃是学者把握"仁道"的有效途径。在解释"依于仁"时，天台认为："何谓依仁？仁者人也。《易》曰：'休复之吉，以下仁也。'周子曰：'至尊者道，至贵者德。欲道德有诸身，非师友不可。'是师友者，吾人所依以为命者。仁而曰依，视所谓亲益笃切矣。"③ 而在说明"君子以文会友，以友辅仁"④ 时，天台则云：

今独夫夜行空谷中，即素负豪勇，未免惴惴心动。藉令五尺之童

① 《语录》，《明儒王心斋先生遗集》卷1，《王心斋全集》，江苏教育出版社2001年标点本，第34页。

② 王艮：《复初说》，《明儒王心斋先生遗集》卷1，《王心斋全集》，江苏教育出版社2001年标点本，第28页。

③ 耿定向：《绎论语·志道章》，《耿天台先生文集》卷10，《四库全书存目丛书》集部第131册，齐鲁书社1997年影印本，第255页。

④ 《论语·颜渊篇第十二》，刘宝楠：《论语正义》卷15，中华书局1990年标点本，第513页。

从而后，则气倏振而中宁。历一煨于寒灰，不崇朝灭矣，传以束薪，则烛天燎原不可御也。学者观此，而辅仁之旨可默识耶！①

天台指出，学者若仅仅满足自己一人钻研而不亲近师友，则难以抵御种种诱惑，不免半途而废，譬如夜间行路，再勇敢的人也难免生出胆怯之心。因此，在求仁之路上，与志同道合的学友相与讲学是十分重要且有效的途径。天台将师友视作学者在求道中"依以为命"的必需品，以此来解释"依于仁"。在他看来，在亲近师友的过程中，学者能互相启发，这使得其对于仁道的认识越发笃实。这一观点体现了鲜明的时代特点。嘉靖万历年间，虽然遭到张居正的打压，但讲学之风仍然盛行，书院更是遍及大江南北。而耿定向本人又是重要的讲学者，因而他选择讲学作为体证仁道的手段便不难理解了。

综观耿定向对于"性"与"仁"的论说，我们会发现其受到了明道的深刻影响。明道很少言及本心或良知，他说得最多的就是"仁"和"性"。在《识仁篇》中明道云"学者须先识仁，仁者浑然与物同体"②，而在《遗书》中他对"观鸡雏"这条仅有三字的语录作注，认为"此可观仁"，并提出"切脉可以体仁"③ 的说法，这些都是"万物一体之仁"的注脚。在《定性书》中，明道又提出"性无内外"的观点，从而"道体、性体、诚体、敬体、神体、仁体，乃是心体，一切皆一"而能成"圆教之模型"。④ 明道对于"仁"与"性"的种种论说都被耿定向所继承，因而天台对于本体的论说不局限于本心与良知。这使得他的思想显现出与王门后学不一样的形态，这一点值得我们注意。

三 本心与良知

虽然对"性"和"仁"的论述占了耿定向本体论的很大一部分，但

---

① 耿定向：《绎论语·以友辅仁》，《耿天台先生文集》卷 10，《四库全书存目丛书》集部第 131 册，齐鲁书社 1997 年影印本，第 259 页。

② 《河南程氏遗书》卷 2 上，《二程集》，中华书局 2004 年标点本，第 17 页。

③ 《河南程氏遗书》卷 3，《二程集》，中华书局 2004 年标点本，第 59 页。

④ 牟宗三：《心体与性体（一）》，《牟宗三先生全集⑤》，台北联经出版事业有限公司 2003 年版，第 47 页。

这并不意味着天台不重视本心或良知。事实上，两者也并不矛盾，无论是"尽性"还是"求仁"都离不开心的作用。天台同样意识到这一点，所以他注重将心性合为一体而加以论述："夫人之所以为人者，此心也，性也。惟此心此性，帝降自衷，人所受命于天者也。"[1] 天台对心的理解侧重于"觉"，当然，这样的觉并不是单纯的知觉，而是"本心之觉"，是自觉到"性"和"仁体"并将其贯彻于行为的过程。在《与吴少虞》中，天台写道：

> 夫天地之大德曰生，生生之理，发育于万物，而参赞之能，寄托于吾人。此天地之性所以人为贵，故曰"人者，天地之心"。吾人欲为天地立心，便思人之所以为人者，实欲求所以为人，便思吾所以为心者，兹反而求之心。何心哉？视听言动，其发窍也；喜怒哀乐，其应感也；君臣、父子、昆弟、夫妇、朋友，其实地也。是皆天地生生之德之所显见，而所以生生者，故自无所生也。[2]

而在《辛卯夏书壁》中，耿定向又从反面论证了本心之知觉义：

> 人有善，忽不乐闻，且执己见逆忆之，谩谓其不真。己有过，懒不自省，且逞己辨文饰之，曲谓其无他。是心何心哉？如而人者，吾恐其难与为仁矣。[3]

两段文字，一正一反，展现了耿定向对于"本心"的理解。万物生长发育各有其理，而万物之理皆得之于天，即朱子所云："天下无无性之物。盖有此物，则有此性；无此物，则无此性。"[4] 然而道对万物而言都是"日用而不知"，惟人心之虚灵而能知道之在我，进而能自觉体道、尽道，参赞天地之化育。可见，之所以"天地之性人为贵"，是因为人乃天

---

① 耿定向：《学彖》，《耿天台先生文集》卷9，《四库全书存目丛书》集部第131册，齐鲁书社1997年影印本，第231页。

② 耿定向：《与吴少虞》之4，《耿天台先生文集》卷4，《四库全书存目丛书》集部第131册，齐鲁书社1997年影印本，第97页。

③ 耿定向：《辛卯夏书壁》之2，《耿天台先生文集》卷19，《四库全书存目丛书》集部第131册，齐鲁书社1997年影印本，第469页。

④ 黎靖德编：《朱子语类》卷4，中华书局1986年标点本，第56页。

道之明觉处，这表现为本心或道心，而治学的关键即在于查识此心。由于本心可以自觉到内在之理，因此学者的任务就是将其贯彻于外，贯彻于事事物物当中，避免私欲和智识对于本心的障蔽。基于此天台认为，不能实心实意地改过迁善，而屡屡欲文过饰非之人，是不可能行仁道的。明道在《定性书》中曾云："人之情各有所蔽，故不能适道，大率在于自私而用智。"[1] 阳明亦云："君子之学以明其心。其心本无昧也，而欲为之蔽，习为之害。"[2] 天台此论正可以与明道、阳明的观点相互印证。

进一步，耿定向通过诠释"温故而知新"，说明仁义礼智这些道德原则皆存于心中，学问之道在于反求其心：

> 孔子曰："温故而知新，可以为师矣。"此万世师道之律令也。夫所谓故，即孟子所云"天下之言行则故而已"之故也。恻隐、羞恶、辞让、是非，非外铄我也，我固有之也，故曰"故"。温云者，反之本心，而寻绎温养之谓也。学者诚寻识其端而温养之，则良知之在我者，若火燃泉达，日新月盛而不可胜用矣，斯谓知新。夫一反之固有之性而求之，则心有余师，故曰可以为师，子思尊德性之旨亦如是。於乎！孔子之所以师天下万世者，能自得师耳，非第侈其洽闻广识以师人也。[3]

对于"温故而知新"，朱子的解释是："言学能时习旧闻，而每有新得，则所学在我，而其应不穷，故可以为人师。"[4] 朱子特别强调，该章的关键在于"知新"，"不温故固是间断了。若果无所得，虽温故亦不足以为人师，所以温故又要知新。惟温故而不知新，故不足以为人师也。这语意在知新上"[5]。他甚至还将该章直接解释为"温故书而知新义"[6]。显

---

① 程颢：《答横渠张子厚先生书》，《河南程氏文集》卷2，《二程集》，中华书局 2004 年标点本，第460—461页。

② 王阳明：《别黄宗贤归天台序》，《王阳明全集》卷7，上海古籍出版社1992年标点本，第233页。

③ 耿定向：《绎论语·温故知新》，《耿天台先生文集》卷10，《四库全书存目丛书》集部第131册，齐鲁书社1997年影印本，第251页。

④ 朱熹：《论语集注》卷1，《四书章句集注》，中华书局1983年标点本，第57页。

⑤ 黎靖德编：《朱子语类》卷24，中华书局1986年标点本，第575页。

⑥ 同上。

然，朱子这里所体现的正是其在"格物补传"中所提出的解释框架，即通过即物穷理而达到"吾心之全体大用无不明"的状态。然而，这一解释框架的问题也很明显："故"是旧书，主要指以客观形态存在的道德知识；"新"是新义，是主体对于道德本体的理解，两者无法完全对应。更准确地说，对于客观知识的温习并不能保证提升主体对本体的理解层次，两者没有必然的关系，因此朱子才要反复强调，该章之宗旨在于知新，不能知新的温故是没有意义的。

与朱子相反，耿定向对于"温故而知新"的解释侧重于"返本"。在他这里，"温故而知新"是"返本开新"或"求放心"的同义语。天台将"故"解释为"我固有之者"即"本有之物"，而训"温"为"寻绎温养"之义，则"温故而知新"即是返回本心，发明本心之善，保养并扩充仁义礼智四端，使德性不断地成长、完善，而至于不可胜用之境。天台用孟子的"四端说"和"求放心"论来解释"温故而知新"，强调仁义礼智四德均存在于本心之中，因此能否成德不在于"洽闻广识"，而在于"温养此心"。相比于朱子，天台的工夫纯是内向的，即便读书穷理也是"温养此心"的一个环节。换言之，天台是以实践理性为主，涵摄理论理性，这对于道德哲学来说是恰当的，因为它消除了两种理性的对立，达成了一贯之学。

同样，耿定向认为，当时学者虽然都嚣嚣然谈论良知之学，但真正能明白良知之旨者却屈指可数：

> 想鉴于学阳明之学者，因疑阳明，未以阳明求阳明也。即求诸阳明，徒以语言知解求阳明，而未尝一自反证之本心以求阳明也。夫阳明所揭良知，即六经中所揭曰"中"曰"极"曰"仁"之别名，即尔我日用之真心也。程子曰："人须识其真心。人而不识真心，可为人乎？"①

天台明确指出，对于阳明的错误理解就是以"语言知解求阳明"而非"反之本心求阳明"，这等于以朱子学的方式来讲求阳明学，不仅走上了

---

① 耿定向：《与南中诸弟》，《耿天台先生文集》卷5，《四库全书存目丛书》集部第131册，齐鲁书社1997年影印本，第145页。

求之于外的老路，而且还背离了阳明学的自身特点。

耿定向对于本心的论说体现了心学一直秉承的道德主观主义的传统，即"把道德原则看成人心固有的条理，认为这个条理是事物的道德秩序的根源"①。这种道德主观主义源自孟子的"四端"和"求放心"，中经象山的"苟此心之存，则此理自明，当恻隐时自恻隐，当羞恶，当辞逊，是非在前，自能辨之"②，一直到阳明"理也者，心之条理；是理也，发之于亲则为孝，发之于君则为忠，发之于朋友则为信，千变万化不可穷竭，而莫非发之于吾之一心"③。道德主观主义将道德原则收摄于本心之中，而本心中只有天赋之理即至善，这个至善之体在不同的环境下表现为相应的道德原则。道德原则乃是本心之变现。只要此心不被遮蔽，遇事即可"发而皆中节"，因此工夫旨在祛除遮蔽而复还本体。天台对于"温故而知新"的解释以及将视听言动、喜怒哀乐等均视作"天地生生之德之所显见"的观点都说明他亦采取道德主观主义的思想进路，而这与他的工夫论——"学有三关"说中的"即心即道"和"即事即心"说都有着密切的联系。

总而言之，耿定向的"真机"中包含着性、仁和本心三层内涵，三者相结合，使得天台对于本体的理解彻上彻下，相较于其他王门后学更为全面。然而，对于以"不容已"为宗的天台而言，要全面了解他对于本体的解说就必须将"真机"置于"不容已"的框架下加以动态的考察。

第三节　真机不容已：耿定向的不容已之说

"真机不容已"意味着"不容已"是"真机"的根本属性，它赋予"真机"两大特征：一是必然性，二是能动性。从字面上讲，"不容已"乃是不得不然，必然如此之意，以此来形容真机，说明本体亦具备某种必然性；同时，这种必然性又促使本体以特定的方式呈现于现象之中，这又

---

① 陈来：《有无之境——王阳明哲学的精神》，北京大学出版社 2006 年版，第 30 页。

② 《语录上》，《陆九渊集》卷 34，中华书局 1980 年标点本，第 396 页。

③ 王阳明：《书诸阳伯卷》，《王阳明全集》卷 8，上海古籍出版社 1992 年标点本，第 277页。

表现了本体的能动性。耿定向的"真机不容已"正是围绕这两者展开的。

在本章的第一节中我们已经梳理了"不容已"的历史沿革，并提到耿定向的"真机不容已"说几乎吸收了除朱子基于理气关系的"不容已"之外历史上所有"不容已"的内涵。这使得耿定向的"真机不容已"表现为两个基本环节：一是继承《维天之命》以及《礼记》《周易》的观念，由天道之生生不已下落到人，以说明人心之不容已的来源；二是继承孟子和阳明的思想，侧重说明本心之不容已。前者以天道本体作为真机不容已的依据，后者则着重阐释真机不容已的理论内涵。

一　由"天道之不容已"到"真机不容已"

在上一节中我们已经指出，与王门的传统理路不同，耿定向很重视"性"这个概念，通过"天命之谓性"打通了性与天道之间的联系。事实上，这一思路的完成有赖于"不容已"说。"维天之命，於穆不已"，天道本体创生万物的运动永不停息，人亦是这一运动的结果。在这一过程中，天道本体转化为人自身的纯粹至善的本性，而天命之於穆不已同样构成了"真机不容已"的根源。

在《汉淯订宗纪》中，耿定向在回顾了"汉淯订宗"的过程之后，进一步阐释了"不容已"贯通天人的特点：

> 比年来益笃信此为尧、舜、周、孔仁脉，虽圣人复起，不能易矣。何者？盖仲子之所揭不容已者，从无声无臭发根，高之不涉玄虚；从庸言庸行证果，卑之不落情念。禹、稷之犹饥犹溺，伊尹之若挞若沟，它若视亲骸而泚颡，遇呼蹴之食而不屑，见入井之孺子而怵惕，原不知何来，委不知何止，天命之性如此也。故曰："维天之命，於穆不已。"天不变，则道亦不变，顾人契之有深有不深，充之有至有不至耳。①

"从无声无臭发根"是指"天道之不容已"，"从庸言庸行证果"则

---

① 耿定向：《汉淯订宗纪》，《耿天台先生文集》卷8，《四库全书存目丛书》集部第131册，齐鲁书社1997年影印本，第207页。

侧重于"真机不容已",耿定向此论意在凸显"不容已"彻上彻下之特征。更准确地说,前者是后者得以成立的前提。在天台看来,天道具生生之德而生养万物,永不停息。生生之德意味着天道本体在存有论层面具有实在性,这使其区别于佛教所主张的万物均由因缘际会而生,否定世界的实在性的观点。"不容已"说上溯至此,故能"高之不涉玄虚"。同样,天道本体的实在性还保证了得之于天的人性之实在性,即"天命之性,粹然至善"①,这又使得儒家的人性论与佛学的"性空"严格区别开来。至善之人性的一个特点即生生不已,它通过心性结合而成,虚灵明觉又发而中节的本心表现为种种道德情感,即"真机不容已"。虽然道德情感与情欲一样,都表现在日用常行之中,但前者却包含着准确的道德判断和价值取向,故能"卑之不落情念"。另外,作为"真机不容已"者,道德情感还是至善之人性的自然流露,是人不由自主产生的,并非有意而为之,故而"原不知何来,委不知何止"。可见,人性之种种特征都得之于天,"天不变,道亦不变",天道本体是人性的根本保证。前者之生生不已,保证了后者的纯粹至善和自不容已。

在上一段材料中,耿定向特别强调不容已说"高之不涉玄虚",这是强调天道本体在存有论层面的实在性,它并不意味着天台否认本体在境界论层面具有无执无碍的特点。相反,天台十分强调天道本体"虚无"的特点,"然即此不容已之仁根,原自虚无中来"②,仁义礼智等道德原则,追根溯源都来自虚无之体,虚无亦是圣人一生所追求的至高境界。然而天台认为,虚无的天道本体不可捉摸,能让学者实实在在致力的唯有真机或不容已之仁根。在天台看来,所谓"虚字为圣人一生之事业",乃是要求学者虚心求教,不可执着于一己的偏见,即"学惟舍己从人,乐取诸人,便是与人善处"。

在解释《论语》的"出则事公卿"章中,耿定向对"虚无"与"庸常"的关系做了一番说明:

夫道母于无而聚于虚,二氏以虚无为宗,何尝不是?顾见虚无,

① 王阳明:《大学问》,《王阳明全集》卷26,上海古籍出版社1992年标点本,第969页。
② 耿定向:《与焦弱侯》之8,《耿天台先生文集》卷3,《四库全书存目丛书》集部第131册,齐鲁书社1997年影印本,第76页。

便不虚无。盖着了一见，便忠信薄而骄泰生，将无而为有，虚而为盈矣。比见学人自负得二氏宗者，往往坠此痼病。若吾夫子之虚无，才是真虚无也。何以明其然？兹不必参会诸微言，即庸常浅言中可绎斯已。①

这里，耿定向解释了为何"谈虚无者，最不虚无"。在他看来，虚无是指性体在境界论层面无执无碍的状态，它不可究诘，更不可执着，因为究诘与执着恰是滞碍的表现。在存有论层面，性体是至善，它以知是知非的良知或真机的形式显现于日用常行之中，并促使人产生相应的道德情感，此乃"真机不容已"。据此便可体证天道，这正是孔子之虚无，即自有以体无的治学途径。因此，在打通了天道与人性的关联后，天台便由"天道之不容已"转向对"真机不容已"的论述。

二　"真机不容已"的具体内涵

在"真机不容已"中，"真机"如前所述，可以视作耿定向对心性本体的统称，兼具纯粹性与能动性，"不容已"则是这种能动性的表现，即具有冲创作用的不可遏制的道德情感。张学智教授称其为"一种不得不然，不如此则不安帖的浑然的意识、情感"②。

对耿定向而言，其"真机不容已"的一个重要的思想来源即孟子的"颡有泚"之说："墨氏贵薄葬，孟子第原其颡有泚处省之，至其所以不安处，其颡所以有泚处，非不欲使知，不可加知也。"③ 因此在讨论"真机不容已"时，我们有必要分析一下"颡有泚"的出处及它与天台"不容已"说的内在关联。

在"颡有泚"中，"颡"指的是头，而"泚"乃是出汗的意思。"颡有泚"见于《孟子·滕文公上》的"墨者夷之章"，该章记述了墨家学者夷之与孟子讨论厚丧与薄葬之事，进而引出对"爱有差等"与"爱无差

① 耿定向：《绎论语·出则事公卿》，《耿天台先生文集》卷10，《四库全书存目丛书》集部第131册，齐鲁书社1997年影印本，第257页。
② 张学智：《明代哲学史》，北京大学出版社2000年版，第269页。
③ 耿定向：《与焦弱侯》之8，《耿天台先生文集》卷3，《四库全书存目丛书》集部第131册，齐鲁书社1997年影印本，第76页。

等"的思考。作为墨家的夷之本应薄丧，然而他却"葬其亲厚"，并认为
"爱无差等，施由亲始"。对此孟子提出：

> 夫夷子，信以为人之亲其兄之子为若亲其邻之赤子乎？彼有取尔
> 也。赤子匍匐将入井，非赤子之罪也。且天之生物也，使之一本，而
> 夷子二本故也。盖上世尝有不葬亲者。其亲死，则举而委之于壑。他
> 日过之，狐狸食之，蝇蚋姑嘬之。其颡有泚，睨而不视。夫泚也，非
> 为人泚，中心达于面目。盖归反蔂梩而掩之。掩之诚是也，则孝子仁
> 人之掩其亲，亦必有道矣。①

学者在分析该章时，所关注的主要是儒墨之别，特别是孟子称自己为
"一本"而视夷之为"二本"的观点。例如，孙奭云："且天之生万物也，
皆使其由一本而出矣。今夷子以他人之亲与己之亲同，是为有二本也，又
安知先王制礼而称人之情以为厚葬，施于父子者不以同于兄弟，行于同宗
者不以行于邻族也。"② 朱子则认为"'爱无差等'，便是二本"③，并对此
做了细致的解释："人之有爱，本由亲立；推而及物，自有等级。今夷子
先以为'爱无差等'，而施之则由亲始，此夷子所以二本矣。"④ 焦循在总
结该章的主旨时亦认为，"圣人缘情，制礼奉终；墨子元同，质而违中；
以直正枉，怃然改容：盖其理也"⑤，所关注的亦是儒墨之别。相反，对
于"颡有泚"，学者不仅罕有论述，而且仅有的论述也是为了凸显"一
本"与"二本"的区别。譬如，朱子在解释"其颡有泚，睨而不视。夫
泚也，非为人泚，中心达于面目"时认为："所谓一本者，于此见之，尤
为亲切。盖惟至亲故如此，在他人，则虽有不忍之心，而其哀痛迫切，不
至若此之甚矣。"⑥ 很明显，这是将"颡有泚"视作"爱有差等"的
表现。

与上述观点不同，耿定向则注重挖掘"颡有泚"自身的含义，以此

---

① 《孟子·滕文公上》，焦循：《孟子正义》卷11，中华书局1987年标点本，第404—405
页。
② 赵岐注，孙奭疏：《孟子注疏》卷5下，北京大学出版社1999年标点本，第157页。
③ 黎靖德编：《朱子语类》卷55，中华书局1986年标点本，第1314页。
④ 同上书，第1313页。
⑤ 焦循：《孟子正义》卷12，中华书局1987年标点本，第408页。
⑥ 朱熹：《孟子集注》卷5，《四书章句集注》，中华书局1983年标点本，第263页。

作为"不容已"的经典依据。在笔者看来，天台此举合乎孟子的本意。值得注意的是，在描述了颡有泚的现象后，孟子指出"夫泚也，非为人泚，中心达于面目"。也就是说，当一个人见到自己父母的尸首被"狐狸食之，蝇蚋姑嘬之"时，其内心中自然而然地会产生羞恶之心，进而表现为头上出汗且不忍直视的行为。孟子始终强调，这一切都是自发的，而不是表演给外人看以图额外的好处。在论证"恻隐之心"时孟子认为，人的恻隐之心中并不包含"纳交""要誉"及"恶声"等外在的功利性追求，纯是本心善性的流露。很显然，"颡有泚"之说与此如出一辙，都是强调道德冲动是源自于内而非发之于外。然而，道德冲动的作用不止于此，它还能促使人产生相应的道德行为，即"盖归反蘽梩而掩之"，以恢复内心的平和。可见，"颡有泚"之说既包含必然性（"颡有泚"的产生是自然而然的，并完全受内心支配），又具备能动性（内心之善须表现于外，并作为道德情感推动道德行为），与"真机不容已"在内涵上高度契合。因此，天台将其视作"真机不容已"的经典依据。

在此基础上，耿定向对"真机不容已"从多个角度加以论述。正如我们之前所讨论的，天台将孔子之"仁"视为"真"的重要意涵：

> 吾儒之教，以仁为宗，正以其得不容已之真机也。[1]
>
> 己欲立矣，即立人焉。己欲达矣，即达人焉。无间歇，无等待，仁体之不容已也。……子曰："中心安仁，天下一人而已。"盖言安仁者视天下犹一人也。兹能超然于人己形骸之外，而于一原者默识焉。其机自不能已矣。[2]

孔子对"仁"有两个经典表述：一为"仁者人也"，二为"仁者爱人"。如前所述，前者说明仁是儒家的核心价值，儒者将其视作天道本体在人身上的具体表现，以此作为人的本质，进而在存有论层面肯定仁的意义；后者则凸显了"仁"的一个重要特点，即"推"——由自身而推之人人，并最终达乎天下，即所谓"己欲立而立人，己欲达而达人"。推的

---

① 耿定向：《与周柳塘》之18，《耿天台先生文集》卷3，《四库全书存目丛书》集部第131册，齐鲁书社1997年影印本，第88页。

② 耿定向：《绎论语·立达》，《耿天台先生文集》卷10，《四库全书存目丛书》集部第131册，齐鲁书社1997年影印本，第254页。

过程体现了"仁"的能动性和方向性,这两种性质是"仁"的内在而自发的要求,是不得不然的。耿定向将"仁"的两层内涵整合到"真机不容已"当中,又将其表述为"不容已之仁根"。事实上,两者内涵是一致的,后者意在彰显"真机"与"仁"的同构关系,从而借助于"真机不容已"的理论框架,用"不容已"解释仁,凸显"仁"不局限于个体之中,而要推之于外,达乎天下的特点。在天台眼中,"不容已之仁根"乃是儒学的精髓,是儒家得以"参赞天地化育"的依据,"若吾孔孟之教,惟以此不容已之仁根为宗耳。试观自古圣帝明王、哲宰硕辅,所以开物成务,经世宰物,俾尔见我见在受享于覆载间者,种种作用,孰非此不容已之仁根为之?"①

耿定向对于"真机不容已"的表述除了"不容已之仁根"之外,还有"本心不容已","彼其根心之不容自已者,岂诚如异教所云'情缘'哉?天也,'维天之命,於穆不已。'古人继天之不已者以为心,虽欲已之,不容自已矣"②。这里,天台由天及人,认为天道本体"於穆不已"的生生之德落实到人即为本心,其中兼具至上性与能动性,同样是"不容自已"的。进一步,在诠释孔子"古之学者为己,今之学者为人"时,天台从"万物一体"的角度对"本心不容已"做了进一步说明:

> 古人之学,惟求得夫本心而已。夫天地万物,通为一体,而天下之物,无以尚之,吾人之本心固然也。古之学者惟求夫此,是故不视不顾,斤斤然致严于一介,非以为廉也,是其不欲之本心不容自浼也。若挞若沟,汲汲然关切于一夫之不获,非以为仁也,是其不忍之本心不容自已也。由其不忍也而益有所不欲,由其不欲也而益有所不忍,学如是,仕亦如是。何也?盖本心之达于民物也,若日之必暄,随地皆燠;若水之必润,随地皆涉。彼其至性不可御如此也。③

---

① 耿定向:《与焦弱侯》之8,《耿天台先生文集》卷3,《四库全书存目丛书》集部第131册,齐鲁书社1997年影印本,第76页。

② 耿定向:《与李卓吾》之1,《耿天台先生文集》卷4,《四库全书存目丛书》集部第131册,齐鲁书社1997年影印本,第112页。

③ 耿定向:《为己说》,《耿天台先生文集》卷7,《四库全书存目丛书》集部第131册,齐鲁书社1997年影印本,第194页。

在前文中我们看到，耿定向将"学"定位为"学为人也"，并进一步明确为"求仁"，而在这里，他又认为"古之学者为己"的实质是"求夫本心"。在天台看来，本心能够自觉到万物一体之仁，并以得之于天的道德原则作为自身的依据。另外，本心所包含的经验性与能动性能将天赋之性实现于外，即"本心不容已"。古人以"求夫本心"为学，就是求"本心不容已"之学，尽力实现本心所涵摄的"万物一体之仁"，其途径是道德实践，即"致严于一介""关切于一夫之不获"。然而在通达天道本体的本心作用下，道德实践的目的却是超道德的，并非刻意为廉为仁，更不是要博取声名，而是为了体现不容已本心的内在要求。如果按照冯友兰先生的"人生四境界"说的标准，天台眼中的古人显然是处于天地境界，是所谓的"天民"，他们"做其在社会中所应做底事，虽同是那些事，虽亦是尽人职，尽人伦，而却又是尽天职，尽天伦"①。

耿定向的"本心不容已"说与心学对于心的理解在根本上是一致的。蒙培元先生认为"心"有三种主要含义："一是道德之心，以孟子为代表，指人的情感心理升华而形成的道德意识，是道德理性的范畴。二是理智之心，以荀子为代表，指认识事物的能力，是认知理性范畴。三是虚灵明觉之心，以佛道为代表，指虚而明的本体状态或精神境界，是超理性的本体范畴。"② 在蒙先生看来，三者在广义的理学中都有体现，笔者则认为，第一和第三层含义构成了"本心"的内涵，特别是道德之心，它意味着本心既是主体自身道德原则的外化，同时亦是天命之性的显现。从正面讲，正如我们一再强调的，"天命之性"是至善的，它以道德原则之形式构成本心的内在依据，而心的经验性和能动性使得这一原则能显现于外。从反面讲，心的经验性和能动性最终表现为意识活动，它带有指向性，而道德原则正好赋予心以特定的方向，使得心沿着将天命之性呈现于外的方向展开自身。耿定向的"本心不容已"说与后一层含义更为吻合，即凸显在道德原则主宰下本心所表现的不得不然的、具有内在强制性的道德情感，或者说道德冲动。在天台看来，这种道德情感或冲动构成了人成德的依据，人需要做的是扩而充之，借助于本心不容己的特点，将其提升为道德理性，转化为稳定的心理品质，并落实于道德实践。如果说

① 冯友兰：《新原人》，《三松堂全集》第 4 卷，河南人民出版社 2001 年版，第 574 页。
② 蒙培元：《理学范畴系统》，人民出版社 1989 年版，第 195 页。

"不容已之仁根"侧重于真机的内在性质，那么"本心不容已"则凸显了"真机"的外在形式，侧重于心理活动的刻画。两者一内一外，全面地诠释了"真机"的含义，并最终都落实于"不容已"的外化过程。

在第一章中我们曾提到，耿定向对邓鹤有着极为严厉的抨击，事实上，这种批判亦是以"本心不容已"为基础。在《与吴少虞》中天台指出："夫父子天性，彼以为情念断绝之矣；乃男女之欲，即以为天性之至情，何也？男女之欲，固至情之不容已；恻隐羞恶，非至情之不容已耶？"① 天台认为，邓豁渠的问题在于只肯定情欲而否认道德情感。值得注意的是，天台并不认为情欲和道德情感是截然二分的，在肯定后者的同时他并没有否定前者。在天台眼中，情欲与恻隐之心同样是心之冲动，同样会显现于外，两者在表现方式上差别不大，根本的区别在于二者的根源不同。更准确地说，后者以"仁"作为依据，因而比前者更为根本，更能体现人之本质。在天台看来，既然邓豁渠肯定了前者，那么他就更不应当否定后者，因而邓豁渠肯定情欲而否认道德情感的举动只能被天台视为未能见道。

进一步，天台还借用邵雍的"天根""月窟"的概念诠释"真机不容已"：

> 一念之动，无思无为，机不容已，是曰天根。一念之了，无声无臭，退藏于密，是曰月窟。犹老氏曰："常无欲以观其妙，常有欲以观其窍"，亦是此意。今人乍见孺子入井，怵惕恻隐之心动处，即是天根；归原处，即是月窟。才掺和纳交、要誉、恶声意思，便是人根非天根，鬼窟非月窟矣。②

张学智教授曾对"天根""月窟"做了解释："邵雍之'天根'，原指六十四卦方位图中一阳将生之处，'月窟'为一阴将生之处，阴生即阳退守归原。"③ 故而，耿定向用"天根""月窟"来形容真机无论发动还

---

① 耿定向：《与吴少虞》之 2，《耿天台先生文集》卷 4，《四库全书存目丛书》集部第 131 册，齐鲁书社 1997 年影印本，第 95 页。

② 耿定向：《绎五经大旨》，《耿天台先生文集》卷 10，《四库全书存目丛书》集部第 131 册，齐鲁书社 1997 年影印本，第 268 页。

③ 张学智：《明代哲学史》，北京大学出版社 2000 年版，第 271 页。

是退藏均是心体之作用，换言之，均是心体真诚恻怛之显现，纯然无息，精粹无杂，无一毫人欲掺杂其中。而一旦掺入人欲，便非本体之真纯，便是人根而非天根，鬼窟而非月窟。因此，治学之关键便是保养本心真纯无伪之状态，使其能够不受阻碍地展现于外。

三　为学的基础：辨志

"真机不容已"是耿定向心性论思想的核心，而达成这一状态的途径则是"学"。如前所述，耿定向对于"真机不容已"的论述总是伴随着对"学"的说明，无论是"学为人"还是"学求本心"均是如此。值得注意的是，"学为人"与"学求本心"中都包含着天台对于为学对象的重视，即他强调学者首先需要搞清楚所学何事。因此天台认为，欲以学达成"真机不容已"，则首先需要辨志。

耿定向对于立志与辨志的重视与心学的传统一脉相承。众所周知，心学特重立志，将其视作为学成德之基础。陆九渊于白鹿洞书院讲《论语》"君子喻于义"章时，开篇即点明"辨志"的重要性，"人之所喻由其所习，所习由其所志。……故学者之志不可不辨也"①。而陈正己与象山的弟子傅子渊的对话则进一步证明了辨志乃是象山教人的首要方法，"傅子渊自此归其家，陈正己问之曰：'陆先生教人何先？'对曰：'辨志。'复问曰：'何辨？'对曰：'义利之辨。'"② 至于阳明，不仅他本人从小便确立了必为圣人之志，而且同样将其视作教学的第一原则。在《教条示龙场诸生》中，阳明认为学有四事：立志、劝学、改过、责善，而立志为第一，"志不立，天下无可成之事，虽百工技艺，未有不本于志者。……故立志而圣，则圣矣；立志而贤，则贤矣。志不立，如无舵之舟，无衔之马，漂荡奔逸，终亦何所底乎？"③ 可见，无论是象山还是阳明，他们都把立志与辨志视作人德之门，在这一点上，天台与他们是一致的。通过第一章的介绍我们可知，天台早岁与阳明有相似的经历，即都曾追问长辈何

---

① 陆九渊：《白鹿洞书院论语讲义》，《陆九渊集》卷23，中华书局1980年版标点本，第275页。

② 《年谱》，《陆九渊集》卷36，中华书局1980年标点本，第489页。

③ 王阳明：《教条示龙场诸生》，《王阳明全集》卷26，上海古籍出版社1992年标点本，第974页。

为学者所应达到的最高境界，当得知是圣人之后，天台亦表达了必为圣人之志。或许天台的豪迈不及阳明，然而其志向之高远则与阳明一般无二。早岁的经历深深地影响了天台的思想，使得立志与辨志在其学说中占据着重要的地位。

在与高徒管志道论学时，耿定向谆谆教导管登之，为学须辨真志：

> 窃谓吾党问学，须辨真志，须透真根。真根透，则自淡、自简、自温，与世酬物，自合天则。如种种粗浮意气，空头议论，皆是习心作祟，离却真根矣。然惟真志弘远者，自是必若无若虚，便自省天下有多少不尽分处，哪更有闲工夫持此虚见识，恣空谈，与世人竞短长也。是故真志苟立，真根自透，不须防检，不须把捉矣。①

这里的"真根"即"真机"的另一名称，学者若透得真根，自然能排除习心与虚浮之气，内心淡泊自能合乎天道。然而，在耿定向看来，"真志苟立，真根自透"，真机遍润万物需要以"学"为载体，而为学须先辨志。只有以成圣成贤、体道尽道为志者，才能保持住天根月窟，不沦为人根鬼窟，如此为学才能使"真机"得以展开。因此，在天台的思想中，"真志"是"真根""真机"达乎天下的前提，甚至可以说，"真志"自我实现的过程即是"真机不容已"的过程。

在与龙溪论学时，耿定向同样认为：

> 人有真志，即令师致知一言，亦已终身受用不尽，不必别为高论。否则即此极深入微之论，人且借为藏匿蓄垢之资也。念此实斯道显晦、人心淑慝、世道治乱之机，干涉最大，故不避肤浅狂卤，肯为丈一就正焉。②

有关耿定向与王畿的争论，本书将在第四章作详细的分析，此处暂且不论，这里需要注意的仍是耿定向对于真志的强调。在天台看来，真志与

---

① 耿定向：《与管登之》之3，《耿天台先生文集》卷4，《四库全书存目丛书》集部第131册，齐鲁书社1997年影印本，第105页。

② 耿定向：《与王龙溪先生》之1，《耿天台先生文集》卷4，《四库全书存目丛书》集部第131册，齐鲁书社1997年影印本，第101页。

阳明的良知是相通的，或者说真志就是良知的显现，而立真志并贯穿于为学之中就是致良知。儒学本如此简易直截，并不需要过多的分析与阐述，因为"言说愈多，去道愈远"。按照天台的理解，龙溪的"四无说"就存在这样的问题，即过于精深微妙，令常人难以下手，不如立志之说切近可行。① 因此，天台特别强调，"是故识性要矣，辨志先焉"②，要达成对性体的体认首先要端正志向。

耿定向在《传家牒》中曾云："惟此弥六合、贯千古孔孟这大家，当是天付我辈承管的世业，不敢为小道异教破坏了。不容已之真机这个天根，是天命我辈流传的嫡脉，不敢为虚无边见断灭了。不自安之本心这个天则，是天与我辈分定的疆界，不敢为淫诐邪说混乱了。"③ 在这篇可以被视作自家思想遗嘱的文献中，天台再次强调了学者须尽力保持"真机不容已之天根"与"本心不自安之天则"不被破坏，这再一次说明，"真机不容已"在天台思想中占有着重要地位。

第四节　万物一体：真机不容已的源泉与归宿

在上一节中我们提到，天道本体之於穆不已乃是真机不容已的根源，而前者则根源于天道本体所具有的"生生之德"或"仁德"，它要求宇宙本体必须遍润于万物之中。实际上，这里所体现的是"万物一体"的思想，或者说，"万物一体之仁"才是"真机不容已"的真正来源。同样，对于学者来说，也要证成本体需要将不容已之真机贯穿于事事物物以达成万物一体之仁。从这个意义上讲，"万物一体"又是"真机不容已"的最终归宿。由此可见，"万物一体"或"万物一体之仁"亦是耿定向"真机

---

① 事实上，龙溪亦特重立志。有关龙溪的立志之说，请参见彭国翔《良知学的展开——王龙溪与中晚期阳明学》，生活·读书·新知三联书店 2005 年版，第 111—113 页。

② 耿定向：《观海说》，《耿天台先生文集》卷 7，《四库全书存目丛书》集部第 131 册，齐鲁书社 1997 年影印本，第 186 页。

③ 耿定向：《传家牒》，《耿天台先生文集》卷 19，《四库全书存目丛书》集部第 131 册，齐鲁书社 1997 年影印本，第 475 页。

不容已"说的重要组成部分，值得我们加以细致考察。

概括地说，耿定向对于"万物一体"的说明可分为两大部分，一方面他分析了万物一体的意义以及与"真机不容已"的关系；另一方面他认为，对于士大夫而言，担任地方官是体证万物一体之仁的有效途径。然而，由于万物一体之说并不是耿定向的首创，而是理学家们共有的思想，因此在分析天台的万物一体说之前，我们首先需要对前人关于这一问题的解说做一简单梳理。由于篇幅的限制，本书不可能全面地分析万物一体思想的历史演进，只能挑选宋明理学中最具代表性的观点加以介绍。①

一 达成"万物一体"的两种路径

笔者认为，由于万物一体所讨论的是天人关系问题，因此它存在着两种基本的思想理路，即"由天及人"和"由人返天"。所谓"由天及人"，即是由天道本体下落到人的心性本体，代表人物是程颢；而所谓"由人返天"，则是先确证心性本体，进而将其扩充为宇宙本体，代表人物是王阳明。牟宗三先生认为，阳明"亦是一圆满，但却是纯从主观面伸展之圆满，客观面究不甚能挺立，不免使人有虚歉之感。自此而言，似不如明道主客观面皆饱满之'一本'义所显之圆教模型为更为圆满而无憾"②。这一论断亦揭示了两者在"万物一体"上的差别。

在宋明学者中，程颢首次提出了"万物一体"之说，最具代表性的论述是《识仁篇》与《定性书》。在《识仁篇》中，明道一开篇便提出了"学者须先识仁，仁者浑然与物同体，义礼智信皆仁也"的观点。可见，在明道的思想中，仁不仅仅是"五德"中的一者。其一，它是遍润于万物的天地之德。《易传》中有"天地之大德曰生"的说法，明道此论可视作对《易传》的深化，它点明了天地生生之德的内涵与性质。其二，它是人之为人的本质，是人最为根本的德性，统领其余四德。从这个意义上讲，仁即是"理"。在明确了这一切之后，明道才说："识得此理，以

---

① 有关万物一体思想的历史沿革，请参看岛田虔次《关于中国近世的主观唯心论——"万物一体之仁"的思想》，载氏著《中国思想史研究》，邓红译，上海古籍出版社2009年版，第3—66页。

② 牟宗三：《心体与性体（一）》，《牟宗三先生全集⑤》，台北联经出版事业有限公司2003年版，第51页。

诚敬存之，不须防检，不须穷索。"① 这意味着他首先肯定"仁"为天地之德，万物之理，而学者识仁则是在识取天地之德，它表现为人们自己的德性。类似的观点还表现在《定性书》中，"夫天地之常，以其心普万物而无心；圣人之常，以其情顺万事而无情。故君子之学，莫若廓然而大公，物来而顺应"②。这里的"故"所表示的是因果关系，也就是说，天地之常道本自与万物同体，无一毫私心，而君子之学正应效仿天道，去除私欲小我，达到廓然大公、物来顺应之境。唐君毅先生对此评价道："而其所以能超化此二本之义，则在人诚能以天地之化育，即我之化育，即真实化此天地之化育于我之生命之中，而见其此即我之生命之化育。"③ 蒙培元先生亦认为："'仁'就是'生理'之在人者，人能觉其'仁'，并能推及万物，这是人之所以伟大处。"④ 由此可见，明道对于万物一体的论述选取的是由天而及人的下行路线，即先确立天道本体的性质，如仁或无私，然后基于万物一体之说，要求学者效仿天道。

与之相反的是王阳明有关"万物一体"的思考。正如牟宗三先生所言，阳明是"纯从主观面伸展之圆满"，即将心性本体扩而充之，突破个体的界限，成为宇宙之本体，这集中地体现在阳明晚年对于良知的论说中。在第二章中我们曾指出，良知作为阳明思想的核心概念，其基本内涵是"是非之心"，即"良知原是完完全全，是的还他是，非的还他非，是非只依着他，更无有是处"⑤。然而，阳明晚年对于良知的解释却远远超出了这一范围：

　　朱本思问："人有虚灵，方有良知。若草木瓦石之类，亦有良知否？"先生曰："人的良知，就是草木瓦石的良知。若草木瓦石无人的良知，不可以为草木瓦石矣。岂惟草木瓦石为然，天地无人的良知，亦不可为天地矣。盖天地万物与人原是一体，其发窍之最精处，是人心一点灵明。风、雨、露、雷、日、月、星、辰、禽、兽、草、

　　① 《河南程氏遗书》卷2上，《二程集》，中华书局2004年标点本，第16—17页。
　　② 程颢：《答横渠张子厚先生书》，《河南程氏文集》卷2，《二程集》，中华书局2004年标点本，第460页。
　　③ 唐君毅：《中国哲学原论——原教篇》，中国社会科学出版社2006年版，第91页。
　　④ 蒙培元：《心灵超越与境界》，人民出版社1998年版，第285页。
　　⑤ 《传习录（下）》，《王阳明全集》卷3，上海古籍出版社1992年标点本，第105页。

木、山、川、土、石，与人原只是一体。"①

　　先生曰："良知是造化的精灵。这些精灵，生天生地，成鬼成帝，皆从此出，真是与物无对。人若复得他完完全全，无少亏欠，自不觉手舞足蹈，不知天地间更有何乐可代。"②

　　杨国荣教授曾认为："《西铭》与《识仁篇》中的万物一体，似乎首先表现为一种本然的存在形态；而在王阳明那里，万物一体则作为圣人之心而取得了应然的形式。"③ 这一观点清楚地展示了阳明与明道的区别。在阳明的思想中，良知首先是作为心体，然后其意义得到不断扩展。在上述两段材料中，良知的含义亦有所不同：在第一段语录中，良知是意义世界的根据，天地万物的意义都是良知赋予的，因而阳明特别强调良知乃是天地万物的"发窍之最精处"。借用冯友兰先生的说法，良知使人产生了"觉解"，而"从宇宙的观点看，人之有觉解对于宇宙有很重大底干系"④，因为"觉解是明，……是无明的破除"⑤。这意味着觉解使得整个世界获得了意义，又因为觉解来自良知，因此整个世界通过良知在意义层面达成了万物一体。而在第二段语录中，良知则成为天道本体的代称，即"造化的精灵"，它获得了直接化生万物的能力。由于万物皆由良知所生，因而万物的根源是一致的，这便从本体论的层面证成了万物一体。可以说，在这一条语录中，阳明的"良知"取代了"仁"而成为天道本体的根本性质，而"维天之命，於穆不已"亦是指良知永不停息地化生万物的过程。即如蒙培元先生所言，对阳明来说，"心才是宇宙的本体，但这所谓本体，不是实体意义的本体，而是具有无限创造性的根源"⑥。然而无论如何，阳明的万物一体都来自对心性本体的扩充，因而他所采取的是"由人返天"的路径。对此，蒙培元先生指出："王阳明所谓心体，则具有绝对性，它虽然来源于天，却又反过来变成了宇宙本体，因而它是主体的本体化"⑦。这既构成了阳明心性论与万物一体说的特质，又成为他与

①　《传习录（下）》，《王阳明全集》卷3，上海古籍出版社1992年标点本，第107页。
②　同上书，第104页。
③　杨国荣：《心学之思——王阳明哲学的阐释》，中国人民大学出版社2009年版，第110页。
④　冯友兰：《新原人》，《三松堂全集》第4卷，河南人民出版社2001年版，第473页。
⑤　同上书，第477页。
⑥　蒙培元：《心灵超越与境界》，人民出版社1998年版，第30页。
⑦　蒙培元：《理学范畴系统》，人民出版社1989年版，第214页。

明道的区别之处。

明道与阳明对于"万物一体"的不同理解源自二人不同的本体论。明道并未形成"本心"的概念，他所关注的是理，采取的是"天道—理—性"的解释进路，因此他选择"由天及人"的解释模式实属当然。阳明则不然，他所关注的是"本心"或"良知"，是主体的道德理性。"性"在他的思想中并不重要，而对于性的来源即天道本体他也罕有论述。因而，当他要论及"万物一体"时只能扩充良知，使之成为"造化的精灵"，也就是选择"由人返天"的路径。

二　耿定向对万物一体的理解

"万物一体"的两种范式根源于对本体的不同理解，而在本章第二节中我们已经指出，耿定向的"真机"说同时吸收了明道与阳明两人的本体观念，其中既有天命之性，又有本心与良知，这使得天台对于"万物一体"的理解亦同时表现出两种倾向。更准确地说，天台的"万物一体"说是两种路向的结合体：通过"由天及人"澄清心性本体的最终依据，借助"由人返天"说明主体达成天人合一的途径。

"由天及人"的范式在耿定向这里并不经见，其中最有代表性的当属《知天说（终）》：

> 《中庸》本旨，盖欲人自思所以为人者，原与天无二，非故以此合彼也。世人执吝目前七尺之躯，圆首方趾，横目啖吻以为人耳，而不知人之所以为人者，其视听言动皆天也。只此方寸之灵，本自通贯天载；只此一息之气，本自充塞两间。陆象山曰："虽欲自异于天地，不能也。"信然哉！吾侪默而识之，一旦豁然知人不异天，天不离人，则视为天明，听为天聪，动为天机，合之为天德，在亲为孝子，在身为仁人。其于爱憎取舍，经世宰物，焉往而非天道哉？苟不知人之为天，则耳目形骸虽是人也，实则行尸坐肉已耳，愧于天，怍于人，忝于所生矣。故曰："斯知人，不可不知天。"[1]

---

① 耿定向：《知天说（终）》，《耿天台先生文集》卷7，《四库全书存目丛书》集部第131册，齐鲁书社1997年影印本，第189—190页。

《中庸》开篇即通过"天命之谓性"由天及人地打通了两者的联系，同时也点明了人之本质来源于天。因而耿定向强调，真正理解《中庸》的人并不是刻意地追求天人合一，而是自觉到天人原本就是一体。所谓"视听言动皆天也"，是说无论是人的感觉功能还是知觉能力都来源于天命之性。对人而言，自觉于此才是真正的"知天"。从"视为天明"到"在身为仁人"所刻画的正是主体一切行为均合于天则而无一毫人欲之私的状态，即体道之状态。在上述引文中，天台首先通过"天命之性"肯定了人性来自天道，而修养工夫的目的在于使学者自觉地体证人性与天道的统一性，并通过道德实践确证之。值得注意的是，天台在此基本没有提及本心或良知，因此我们可以说，他在这里采用的是"由天及人"的范式。

相比于"由天及人"，耿定向更青睐"由人返天"的路径。在《真我说》中，天台指出："夫人之蔽于我也锢矣，故必尽忘其累，而后能识真我；能识真我，而后能无我；能无我，而后知万物之皆我。"① 所谓"真我"，即"真机"或"本心"，天台将其视作达成万物一体的根本。《论语·子罕》载："子绝四，毋意，毋必，毋固，毋我。"② 天台亦认为，正是私欲小我遮蔽了本心，妨碍了学者进道，因而为学需要去除私欲，清除小我，使本心得以呈现。由于"万物皆备于我"，"我之心"即"万物之心"，因此学者只要发明本心，便可知"万物之皆我"，与万物达成统一性。与上一段引文相比，此中天台强调了"真我"的意义，注重本体的主体性一面，"由人返天"的路向较为明显。

耿定向对"万物一体"最为透彻的表述当属《大人说》：

> 《记》曰："人者，天地之心。"夫仰观俯察，茫茫荡荡，天地何心？唯是虚化形成，而人便是天地之心所寄托也。吾人合下反身默识，心又何心？唯此视听言动所以然处，便是此心发窍处也。此心发窍处，便是天地之心之发窍处也。是故程子曰："视听言动皆天也。"大人者，与天地合德，只此识取，非有异也。吾侪于此信得及，味得

① 耿定向：《真我说》，《耿天台先生文集》卷7，《四库全书存目丛书》集部第131册，齐鲁书社1997年影印本，第187页。

② 《论语·子罕篇第九》，刘宝楠：《论语正义》卷10，中华书局1990年标点本，第326页。

深，何天非我，何地非我，何我非天地哉？即日用寻常，便自合德天地。故曰："反身而诚，乐莫大焉。"昔象山云："宇宙即吾心，吾心即宇宙。"又曰："才一警策，便与天地相似。"斯其为见大者欤。见大则所谓大人者可识矣。[1]

按照冯友兰先生的说法，"人者，天地之心"意味着人乃是宇宙的"觉解"，"宇宙间若没有人，则宇宙只是一个混沌"[2]。宇宙原本存在着终极的统一性，从根源上讲万物自是一体的，然而只有人能通过"觉解"发现并把握这种统一性。耿定向对此有着清醒的认识，因而指出"人便是天地之心所寄托也"。人的觉解需要通过心来实现，而在天台看来，所谓心是视听言动的"所以然者"，即后者的根据。显然这里的心指的是"本心"，是主体的本体化。然而在上述引文中，天台所关注的并非是这种一致性，而是要说明人现实地觉解到宇宙意义，达成天地境界的方法就是发明本心。所谓"大人者，与天地合德，只此识取"即是强调，于心之发窍处即视听言动处用功是实现"与天地合德"的唯一有效途径。显而易见，天台此处的论述凸显了"由人返天"的范式。由此我们也可以理解天台对于孟子和象山的推崇，因为两者都是将发明本心当作体证万物一体的进路。

类似的观点还出现在耿定向对于"穷理"的说明之中：

先正所云穷理不是只向书册上辨识得些话头就是，实是要人反身究竟，直穷到生身立命之原始得。……吾辈诚能反身，脉脉自穷我这目原何能视，耳原何能听，口原何能知味，我这身心原从何来。如此直穷到不能言处，不能着思议处，于此默识得此浑然与物同体的意思，则恻隐羞恶辞让是非，四端万善，满腔皆是。灵灵透透，完完全全，才是个真正人身，不只是一个血肉之躯矣。[3]

---

① 耿定向：《大人说》，《耿天台先生文集》卷7，《四库全书存目丛书》集部第131册，齐鲁书社1997年影印本，第185—186页。

② 冯友兰：《新原人》，《三松堂全集》第4卷，河南人民出版社2001年版，第474页。

③ 耿定向：《穷理说》，《耿天台先生文集》卷7，《四库全书存目丛书》集部第131册，齐鲁书社1997年影印本，第192页。

"格物穷理"在宋明理学中占有重要地位,明代几乎所有学者都对此有过论述,耿定向亦不例外。天台的"穷理说"继承了阳明学"心即理"的思路。阳明曾云"心即理也,此心无私欲之蔽,即是天理,不须外面添一分"①,明确反对"于事事物物上求至善"。天台亦认为穷理不仅是读书,更是反观内省,发明本心。在此天台再次提及"目原何能视""耳原何能听",强调探寻视听言动之根源的重要性。同样,这里的视听言动之根源亦是《大人说》中反复强调的心性本体,天台要求学者穷尽、透悟本心与物同体之意,认为一旦如此则四端万善自不可胜用。

前面我们曾提到,耿定向的"万物一体"说是其"真机不容已"的组成部分,因此他需要将"万物一体"与"真机不容已"相结合进行分析。天台对于《论语》中"学而时习之"一章的考察即是如此:

> 友问:"《论语》首揭'学'字,不知所学何事?"曰:"学,学为人也。夫人兹眇然之躯,所以与天地并立而为三者,以其所以为人者曰仁也。仁,人之所以生生者也。时习而悦,朋来而乐,是其生生之机不容已也;人不知而不愠,则生生之机纯然无息已,如是命之曰君子。君子云者,谓其道足以临天下,德足以育天下。学至是,可以赞天地之化育,可与天地参矣。"②

耿定向将"学"解释为"学为人也",这里的"学"不仅是指知识的积累,更是指人格的完善。更准确地说,他是将"学"视作求仁、体仁以达成"万物一体之仁"的途径,而这同样是"仁体"不容自已地表现于外的过程。在天台看来,仁标志着人与万物的终极统一性,它赋予了人达成万物一体的可能。同时,仁亦是人的生生之机,支撑着人的种种活动,从这个意义上讲,仁即真机,即本心,"时习而悦""朋来而乐"都是仁体之发窍处。所谓君子之学,并非别出心裁,而是致良知于事事物物,通过道德实践使仁体不受阻碍地流行于世。如此学者便能"不离日用常行内,直造先天未画前"③,自觉地达成"万物一体",以参赞天地化育。

---

① 《传习录(上)》,《王阳明全集》卷1,上海古籍出版社1992年标点本,第2页。
② 耿定向:《绎论语·时习章》,《耿天台先生文集》卷10,《四库全书存目丛书》集部第131册,齐鲁书社1997年影印本,第250页。
③ 王阳明:《别诸生》,《王阳明全集》卷20,上海古籍出版社1992年标点本,第791页。

　　而在《学象》中，耿定向则从思想史的角度出发，以从孔子到子思的儒学发展过程为例，论证了"不容已"的最终目标是达成"万物一体"：

> 《书》曰："思曰睿，睿作圣。"夫子固圣者，思何可废哉？惟夫子之学由默识也，学先默识，而乃不厌不倦如是也。盖曰默识则思极其精，而达天德、通造化矣，是以学不厌教不倦也。何者？默识自心自性也。自心自性实原于天，惟天之命，於穆不已。不厌不倦者，实自心自性之真机，亦自不容已也。否则，欲其不厌不倦也亦难矣。时惟颜子潜心仲尼，以身发之。彼其仰钻瞻忽，尝殚精于穷天极地之思矣。已得夫子善诱，而默识于视听言动之间。是则近思而知自心自性实切于身，所以克复者自欲罢不能也。曾子省身守约从来矣，一贯之旨默识于一呼之觉，是以仁为己任，而体验于知意心身，贯彻于家国天下，自不容已也。子思子承之，默识其未发之中，是以戒谨恐惧，致中和而达于天地万物之位育者，自不容已也。①

　　《论语》有"默而识之，学而不厌，诲人不倦，何有于我哉"②的说法，耿定向则认为，"默识"是为学的基础。朱子将"默识"解为"不言而存诸心也"③，并进一步指出："'默而识之'，若不是必与理契，念念不忘者不能。"④在朱子看来，"默识"的对象是"理"；天台则强调，需要"默识"的是自家的心性。两者对"默识"的不同理解所体现的是理学与心学的差异，但两人都肯定"默识"不是记诵辞章，而是主体对本体的自觉，是二者通过"思"所达成的真实统一。唯其如此，"默识"才能"是得之于心，自不能忘了，非是听得人说后记得"⑤，也正因如此，"默识"才能成为"学不厌，教不倦"的前提："默识"是对心性本体的精思熟虑，而"学不厌，教不倦"则是心性本体的自然流露，是本心之

---

　　①　耿定向：《学象》，《耿天台先生文集》卷9，《四库全书存目丛书》集部第131册，齐鲁书社1997年影印本，第231—232页。

　　②　《论语·述而篇第七》，刘宝楠：《论语正义》卷8，中华书局1990年标点本，第254页。

　　③　朱熹：《论语集注》卷4，《四书章句集注》，中华书局1983年标点本，第93页。

　　④　黎靖德编：《朱子语类》卷43，中华书局1986年标点本，第856页。

　　⑤　同上。

不容已，两者是体用关系。不厌不倦意味着扩充本心不应有丝毫间断，须使本心充塞于天地万物之中乃可。而在天台看来，先秦儒者中能达到这一要求的除孔子之外只有"思孟学派"的颜子、曾子、子思和孟子四人。在前文中我们已经多次论及天台对孟子的态度，因而在此我们主要分析天台对其他三人的评价。

在耿定向眼中，三人的思想既带有心学特色，又与"不容已"密切相关，即都通过"默识"的方式自觉到心性本体，并意识到它来自天道本体，是达成天人合一的进路。基于此，三人的学说都致力于发明心性本体，致本心之不容已于事事物物之中。也就是说，三人的思想都包含着三个层次，即自觉心性本体，意识到建立在本心与天道本体相一致的基础上的"万物一体"论是为学的终极目标，以及通过日常的道德修养，于本心不容已处体证之。颜子"殚精于穷天极地之思"，曾子"一贯之旨默识于一呼之觉"，子思"默识其未发之中"都是在说明三人对心性本体的觉察。而"克复者自欲罢不能"，"以仁为己任，而体验于知意心身，贯彻于家国天下"以及"戒谨恐惧，致中和而达于天地万物之位育者"则说明了三人都是通过切实的道德实践来发明不容已之本心，达成万物一体。总之，在天台眼中，三人都是以"万物一体"为最终目标，而以"本心不容已"为达成目标的手段。另外，三人的万物一体论都选择"由人返天"的范式。很明显，这代表的是耿定向本人对于"不容已"与"万物一体"关系的理解。

三　以担任地方官为万物一体的手段

耿定向强调，学者须通过道德实践证成万物一体，对此他并没有泛泛而论，而是指出作为士大夫，居官尽职即为道德实践，担任地方官则更是达成万物一体的有效途径。天台特别强调士大夫当好地方官的重要性，这是其万物一体论的一大特色。

在《与胡小渠》中，耿定向鲜明地表达了这一观点：

> 顷缙绅中多诮吾党空谈无实际，概以论诸人人，若过矣。自弟反之，若亦当猛省者。夫曰"万物一体"，曰"为民立命"，此非吾党恒云云者哉？……而恒言"万物一体"云云者，又率据清华，不得

亲民，则谓吾党之空谈无实，诚非诬也。前寓书杞泉兄，意约同志十
数辈，错列名郡，而弟亦请蕞尔僻地自试。……乃元老先知弟有此
意，寄声示弟且止，谓能教百十数贤士，即当作百十数贤守令，不必
身为之。此见虽是，似不若身亲试之也。

计兄时且入铨司，为人物之衡矣。夫设官分职，原为民也。亲民
者不之重，而只重京堂之迁，权衡者以为何如耶？夫亲民之官，唯守
与令。天下之令以千计，故不能以一人之耳目而遍识之也。天下之守
以百计耳，是百人者不真知其人而任之，民生其何廖哉？即兄取友于
天下若干年，独未得十数人，是实可与共心民物一体之学者而信任之
耶？苟以一而通十，以十而通百，又以百者而遍率天下之令，共心一
虑，求民之瘼，未有不济者也。①

阳明在《节庵方公墓表》中曾云："古者四民异业而同道，其尽心
焉，一也。士以修治，农以具养，工以利器，商以通贾，各就其资之所
近，力之所及者而业焉，以求尽其心。"② 阳明认为，职业并不是人们成
德的障碍，四民皆可成道，居于四民之首的士人更应如此。在他看来，
"士以修治"，士人成就道德的途径是"修己以安人"，或者说，"亲民"
是士人成德的关键。耿定向发挥了这一观点，认为"亲民"乃是达成
"万物一体"的具体措施，是"本心不容己"处，士大夫"亲民"须任
职于地方，而不能仅仅在中枢供职。天台强调，地方官直接面对百姓，其
每天的工作就是处理各种大事小情，这恰好诠释了"亲民"的内涵。基
于这一认识，天台对中枢大员们只重视中央官员的培养与升迁，而忽视选
拔县令和郡守的态度和做法深感不满。

在《与郑昆崖》中，耿定向描述了嘉万年间地方吏治混乱的现实：

生跧伏深山久矣，窃叹天下事最不透彻者，无如吏治。尝目击民
间被盗劫者，百不能一二上闻。即一二闻者，官司必欲以多为寡，以
大为小，即斩关越城者，强以为穿窬。民愚不知承顺者，辄棰楚反坐

<hr>

① 耿定向：《与胡小渠》之1，《耿天台先生文集》卷5，《四库全书存目丛书》集部第131
册，齐鲁书社1997年影印本，第119—120页。

② 王阳明：《节庵方公墓表》，《王阳明全集》卷25，上海古籍出版社1992年标点本，第
941页。

之，其祸更烈于盗劫矣。至于机可希功要赏者，则又张皇浮饰，动曰
"妖术"，曰"反叛"，是何名也？如此蒙蔽将去，不可为深长
虑耶？①

显而易见，耿定向对于一些地方官员的所作所为甚为不满，他们在面
对百姓时，首先考虑的都是自己的利益，而非百姓的疾苦。面对大盗丛生
的社会现实，地方官或者本着"多一事不如少一事"的态度，大事化小，
或者认为获得了立功邀赏之机，屈打成招。在天台眼中，那些守令的表现
可以说与"亲民"正相反对，因而"今上加意民瘼甚切，而民终不见德
者，由守令不重之故矣"②。地方官员以这样的做派决计不可达到万物一
体之境，因此无怪乎"顷缙绅中多诮吾党空谈无实际"。

有鉴于此，耿定向在写给胡杞泉的信中明言，他欲与后者一同担任地
方官，以"借重于兄，使有志者晓然知民物一体之义为切，亲民之官为
重。毋徒卑卑龊龊，徒觑清华之位，而曾不思稍自效也"③。不仅如此，
天台还提出，担任地方官的首要原则是"耐烦"：

> 彼令之职，是上之所借以承宣，而下之所寄以为命者也。其事任
> 盖丛且夥矣：兹于上也，诸所关白，诸所谳审，吾心尽矣，而上或时
> 吾格也。如不耐烦，则愤怼之心生；愤怼之心生，则上下之情睽矣。
> 弗获乎上，民可得治耶？既未可逆上以怼，又不容违道以殉，是惟耐
> 烦，始能积诚以相感也。下而林林总总，待命于我者弗齐矣。俦有旷
> 隶之子，款启之氓，席其粗戾之习，直突咆哮于吾前，如此而不耐
> 烦，则淫怒以逞，不免有毙于非命者矣。当此之际，须耐烦而后能原
> 其无知之愚，察其愤惋之情也。……又如勾稽期会之琐委，管库狂狙
> 之检防，少不耐烦，则蠹孔弊窦酝酿于兹矣。故曰："耐烦是为令要
> 领也。"④

---

① 耿定向：《与郑昆崖》，《耿天台先生文集》卷5，《四库全书存目丛书》集部第131册，
齐鲁书社1997年影印本，第144页。
② 耿定向：《与胡杞泉》之3，《耿天台先生文集》卷4，《四库全书存目丛书》集部第131
册，齐鲁书社1997年影印本，第115页。
③ 同上。
④ 耿定向：《耐烦说》，《耿天台先生文集》卷7，《四库全书存目丛书》集部第131册，齐
鲁书社1997年影印本，第190—191页。

　　"耐烦"实则是"绝四"的同义词，二者本质上都指向私欲小我的去除和本心真机的开显。而在耿定向眼中，前者是担任县令的基本素质。因为县令是上下之间、官民之间的纽带，往往会两头受气，所以这个职位最考验一个人的修养和气度，以及他对于万物一体之学及自家心性的认知水平。一个县令只有排除私心，忍受得了来自方方面面的种种烦心事，并能像杨简那样，依据不容已之本心对每一件事给予恰当的处置，才能真正地做到"亲民"，从而让百姓体会到朝廷对于他们的关心，也才能证成万物一体之学。因此，天台强调"耐烦是为令要领也"。

　　"真机不容已"的诸多内涵囊括了耿定向对于本体的理解，然而和宋明理学的众多思想家一样，他对于本体的诸多思考最终需要通过个人修养即道德实践加以证成。因此，在说明了自身的本体论之后，耿定向必然要转入工夫论，而其工夫论的基本框架就是"学有三关"说。

第四章　耿定向的哲学思想(下)：学有三关

所谓"学有三关"，是指为学须有三个阶段：即心即道、即事即心和慎术。即心即道确立了心学的基本原则——"心上求道"，即事即心则标明了泰州学派的宗旨——"百姓日用即道"，而慎术则强调学者须在即事即心的基础上选择正确的手段，即"慎择心术"。在《慎术解》中，天台对"学有三关"做了详细的说明：

> 忆往岁刘调甫访余山中，余与语云，学有三关：初解即心即道，已解即事即心，其究也须慎术云。盖近世以学自命者，或在闻识上研穷以为知，或在格式上修检以为行，知即心即道者少矣。间知反观近里者，则又多耽虚执见，知即事即心者尤少。抑有直下承当，信即事即心者，顾漫然无辨，悍然不顾，日趋于下达异流，卒不可与共学适道者，则不知慎术之故也。[①]

耿定向指出，"学有三关"的每一关都分别指向当时学界的一种问题：即心即道针对的是向外求理及在"格式上修检"的情况；即事即心则重点解决离事言心、耽于虚无的问题；而慎术则关注混事言心、认良知为情识的主张。可见，天台提出"学有三关"是有的放矢，这显然与其"卫道"意识有着内在的关联，两者可视作目的和手段的关系。按照这一顺序，我们对于学有三关的考察也将从"即心即道"开始。

---

① 耿定向：《慎术解》，《耿天台先生文集》卷7，《四库全书存目丛书》集部第131册，齐鲁书社1997年影印本，第203—204页。

第一节　即心即道

"即心即道"是"学有三关"的起点，它强调心与道具有统一性，体现了耿定向思想的心学特色。它意味着道在心中，心乃集道凝德之所，是形上本体，心与道具有统一性，因此学者求道不应求之于书本，而须返求诸心。耿定向曾云：

> 每常听别人话说，与看书册上言语，纵是句句明晓，无所扞格，毕竟与自己身上全没干涉。此学只是自己大发愿心，真真切切恳求，便日进而不自知矣。盖只此恳求，便就是道了，求得自己渐渐有些滋味，自家放歇不下，便是得了。此等处只是脉脉自会。向人说不得也。夫子曰："我欲仁，斯仁至矣。"此语甚是分明，只那一欲仁，就至了。①

耿定向明确指出，单纯地诵读经典或讲习讨论的问题在于"与自己身上全没干涉"，即"析心理为二"。换言之，学者若仅仅依靠读书和讲习讨论来求道，则他所求得的道理与自身的真实生命是相分离的，即主体与本体处在相互分离的状态。而在天台看来，这样的学问对人没有意义，因为它无助于个体道德水平的提升与人格的完满。牟宗三先生在谈及中国哲学的性质时曾指出："中国哲学，从它那个通孔所发展出来的主要课题是生命，就是我们所说的生命的学问。它是以生命为它的对象，主要的用心在于如何来调节我们的生命，来运转我们的生命、安顿我们的生命。"②显然，这种学问无法接受主体与本体相分离、相对立的状态，相反，它认为生命的意义来自天道本体，从而在最根本的层面上肯定了两者的统一性，因此它要求主体以反观内省的方式，从心上求道。天台正是有鉴于

---

① 耿定向：《与周少鲁》之2，《耿天台先生文集》卷5，《四库全书存目丛书》集部第131册，齐鲁书社1997年影印本，第123页。

② 牟宗三：《中国哲学十九讲》，上海世纪出版集团2005年版，第12页。

此，故而提出"即心即道"的观点。由于"真机不容已"在内涵上与本心、良知有着相通之处，它肯定了天台思想的心学特质，因而天台的工夫论亦由此出发，认为"此学只是自己大发愿心"，强调学者须自觉地产生成德的要求，并以此为基础，反求本心。而所谓"求得自己渐渐有些滋味，自家放歇不下，便是得了"，则意味着学者若坚持不懈地于"真机不容已"处用功，久而久之自然会对本心产生越来越深刻的体会。孟子所谓"凡有四端于我者，知皆扩而充之，若火之始燃，泉之始达"①，正说明了这一点。对于"我欲仁，斯仁至矣"一句，朱子亦认为"仁者，心之德，非在外也"②，同样肯定仁德属于本心，不必外求，"若是字字而求，句句而论，而不于身心上著切体认，则又无所益"③。显然，天台虽未对"我欲仁，斯仁至矣"做更多的解释，然而他对于这句话的理解与朱子是一致的，都强调为学须体之于心。

同样，在《文潭别话》中，耿定向进一步强调了"即心即道"的意义：

> 念吾侪一日十二时中，须是反精向里，参会自己所以视听言动者是如之何如之何，夫人之所以生所以灭者是如之何如之何。因而推之天地之所以不毁，庶物之所以凭生代谢，天下万世之所以兴衰理乱者，是如之何如之何，此便不贸贸虚枉矣。若只向别人口吻上承接，故纸上钻求，曰如之何如之何，终未如之何矣。④

这里耿定向对于"即心即道"的说明带有"万物一体"的色彩，在此"道"不仅指心中之性，更包括天道本体。天台强调，学者治学应当反身内求，求得自己视听言动之根据，人之为人之本质，即天命之性。在完成对性体的自觉后，学者更须以此为进路，达成对于天道本体这一世界的最终依据的理解。按照我们在上一章第四节中的分析，此处天台是以"由人返天"的范式达成万物一体，而"由人返天"的前提即是心与性、心

---

① 《孟子·公孙丑上》，焦循：《孟子正义》卷7，中华书局1987年点校本，第235页。
② 朱熹：《论语集注》卷4，《四书章句集注》，中华书局1983年标点本，第100页。
③ 黎靖德编：《朱子语类》卷34，中华书局1986年标点本，第899页。
④ 耿定向：《文潭别话》，《耿天台先生文集》卷8，《四库全书存目丛书》集部第131册，齐鲁书社1997年影印本，第210页。

与道的统一。因此，天台以此为进路就意味着他肯定"心上求道"的修养方法。换言之，"即心即道"与"由人返天"有着同构性，承认后者也就意味着对于前者的肯定。同样，承认"由人返天"即意味着天台否定了单纯通过"口吻上承接""故纸上钻求"来求道的方法。

笔者认为，若要理解天台的这一观念，我们可以参照阳明的相关论述。在《稽山书院尊经阁记》中，阳明曾以"宝藏"与"记籍"为喻说明了"吾心"与"六经"的关系：

> 故六经者，吾心之记籍也，而六经之实则具于吾心；犹之产业库藏之实积，种种色色，具存于其家。其记籍者，特名状数目而已。而世之学者，不知求六经之实于吾心，而徒考索于影响之间，牵制于文义之末，硜硜然以为是六经矣。是犹富家之子孙不务守视享用其产业库藏之实积，日遗忘散失，至于窭人丐夫，而犹嚣嚣然指其记籍曰："斯吾产业库藏之积也"，何以异于是！呜呼！六经之学，其不明于世，非一朝一夕之故矣。①

阳明认为，六经是由本心的四端万善派生出来的，它是对于本心良知的记录与说明，类似于富家对自身财富的记录。学者若了解这一点，则在治学时就当明确主次，应以发明良知为主，将其作为学问的"大头脑"处，不能仅仅以记诵辞章，考据典籍为学，而于自身心性全无照看。在阳明看来，这样为学便是舍本逐末，每每丧失心体却浑然不知，如同富家子弟散失了自家宝藏却拿着储藏单据而沾沾自喜，正是学术不明的症结所在。

天台虽然没有明确地论证心体与经典的关系，然而如前所述，他承认"由人返天"路径的合理性，即已说明他肯定本心乃是仁义礼智四德的最终根据，而典籍是由本心派生出来的，因而为学当立足于根本，不可盲目地求之于外。天台的这一理解与阳明是相类似的。陈来先生认为："心学强烈反对经典学，特别是其中的训诂章句、名物考索，强调简易而非烦

---

① 王阳明：《稽山书院尊经阁记》，《王阳明全集》卷7，上海古籍出版社1992年版，第255页。

琐的'理解'方法。"① 此论可谓点出了心学工夫论的根本特色，无论是阳明还是天台概莫能外。

而在《大事译》中，面对"如何为大"的问题，耿定向回答道："惟是此心此理，为视为听，为言为动，这些子横无边际，竖无古今，参两天地，拍塞宇宙，是我之所以为我，大莫逾于此矣。众生蚩蚩，业深障重，终生迷蔽而不觉。故虽富垺素封，位极人臣，功盖天下，文冠一世，而怅怅然、愦愦然。其游于世也，若蠛蠓，若蟭螟，眇乎小矣。"② 从这段材料中我们可以发现，天台认为"大者"即是本心，而他对本心的分析吸收了陆九渊的思想：一方面，"此心此理"这种心理并称的提法本身就属于象山"心即理"说的经典表述，凝结着后者对于心理关系的思考，"盖心，一心也，理，一理也，至当归一，精义无二，此心此理，实不容有二"③。另一方面，天台对"此心此理"特点的概括亦与象山"宇宙便是吾心，吾心即是宇宙"以及"道塞宇宙，非有所隐遁，在天曰阴阳，在地曰柔刚，在人曰仁义"④ 的观点颇为类似，说明两人不仅将本心视作人的本质，还视为宇宙万物的最终根据。换言之，天台和象山一样，都为心体赋予了宇宙论的意义，因而在更高的层面凸显心与理，心与道的统一性，使得"即心即道"的内涵得到深化。同样，这样的心体自然是"大莫逾于此矣"，而常人忽视了对心性本体的保养，就等于丧失了"真我"，丧失了"体道"的途径，无论取得怎样的功绩都是"眇乎小矣"。

如果说上述三段材料是耿定向对于"即心即道"的理论解说，那么在《吴门寐语》中，天台用自身的真实体验证成了心与道的统一：

> 癸亥冬，校士吴门，与诸生细绎《中庸》"大哉圣人之道"章，颇有省处。独末引《诗》义，觉未了了。入夜伏枕，反身内省，一无所有，唯些子炯然在此，大省人之为人，唯此明哲体耳。此体透彻，此身乃为我有。是以大哉之道嘱之圣人也。夫即此明哲之体通极于天，发育于万物，贯彻于三千三百，洋洋优优，谁不具足？理会至

---

① 陈来：《有无之境——王阳明哲学的精神》，北京大学出版社 2006 年版，第 266 页。
② 耿定向：《大事译》，《耿天台先生文集》卷 8，《四库全书存目丛书》集部第 131 册，齐鲁书社 1997 年影印本，第 213—214 页。
③ 陆九渊：《与曾宅之》，《陆九渊集》卷 1，中华书局 1980 年标点本，第 4—5 页。
④ 《年谱》，《陆九渊集》卷 36，中华书局 1980 年标点本，第 483 页。

此，不觉手舞足蹈于衽席间也。夫人旦昼间耳目有所交，精神有所寄，多难反识。此际院深夜静，即自己形骸亦窅寂无睹，唯是此物炯然通昼夜耳。识得此常尊常凝，则居上居下，处治处乱，无往而不在明哲中矣。①

"大哉圣人之道"为《中庸》第二十七章，在《中庸》中占有十分重要的地位，诸如"尊德性"与"道问学"，"至广大"与"尽精微"等重要概念都来自本章。而所谓"末引之诗"，则是指"即明且哲，以保其身"一句，出自《诗经·大雅·烝民》篇，本义是在颂扬樊侯仲山甫明察而睿智。朱子认为，"所谓'明哲'者，只是晓天下事理，顺理而行，自然灾害不及其身，可以保其禄位"，"学至明哲，只是依本分行去，无一事不当理，即是保身之道"。② 在朱子看来，"明哲"的基础是认识天理并内在化为自身的行事依据，此时人能以道观物，因而能形成准确而睿智的判断。朱子的观点可以总结为"明哲"来源于本体，这一点为耿定向所继承，他将其称作"明哲体"，即明哲之体。天台起初并未搞清楚此明哲之体究竟为何物，而当他入夜酣睡时精神不再外求，纯是反观内省，这使得他获得了觉察到心性本体的契机。通过这一心理体验，天台体会到了心体的灵明纯粹，精妙恍惚，炯炯而不可磨灭，正是"明哲之体"。在获得了这一心理体验之后，天台进一步将其与"大哉圣人之道"章中对于本体的种种描述进行比较，发现子思对本体的各种理解与明哲之体都能吻合，至此耿定向便认为他完成了对于心性本体的体证与把握。

耿定向在《吴门寱语》中所描述的经历与陈献章颇为类似。白沙在《复赵提学金宪》中云："既无师友指引，惟日靠书册寻之，忘寝忘食，如是者亦累年，而卒未得焉。所谓未得，谓吾此心与理未有凑泊吻合处也。于是舍彼之繁，求吾之约，惟在静坐，久之，然后见吾此心之体隐然呈露，常若有物。日用间种种应酬，随吾所欲，如马之御衔勒也。体认物

① 耿定向：《吴门寱语》，《耿天台先生文集》卷8，《四库全书存目丛书》集部第131册，齐鲁书社1997年影印本，第207—208页。
② 黎靖德编：《朱子语类》卷81，中华书局1986年标点本，第2137页。

理，稽诸圣训，各有头绪来历，如水之有源委也。"① 白沙的静坐是有意为之，天台在梦寐中的心理体验则是无意识的，这是两人的区别。然而，两人都通过反观内省达成了对心性本体的体认，并且他们所把握的心体都具有精妙纯粹、恍惚而不可捉摸的特点，都是内心的一点灵明之光，这是两人在思想上重要的共同点。在此基础上，他们都反对徒然地讲习讨论、读书考索，认为这些向外求理的措施遗弃了吾心，无法达成心与理一。这又构成了二人在工夫论上的一致性。另外笔者认为，天台和白沙的心理体验似乎不同于阳明的"龙场悟道"。《年谱一》载："先生始悟格物致知。……忽中夜大悟格物致知之旨，梦寐中若有人语者，不觉呼跃，从者皆惊。始知圣人之道，吾性自足，向之求理于事物者，误也。"② 可见，阳明在龙场时的所有思考都围绕着一个问题，即如何理解"格物致知"之旨。因此，他所悟得的亦是对格物致知的全新理解，这与天台和白沙所体会到的恍惚精微、不可言说的心体是不同的。毋宁说，"龙场悟道"体现的是阳明的理论自觉，而天台与白沙对心体的把握则更多的是一种心理体验。在这种心理体验中，"心"的特性得到了充分发挥，这成为"即心即道"的直接依据。

然而即便如此，耿定向依然认为，其即心即道之说与阳明有着密切的关系。在《新建侯文成王先生世家》中，耿定向记录了阳明与陆澄的一段对话：

> 澄问："论道者往往不同，何如？"曰："道无方体，即天也。人尝言天，实未知天。若解道即天，何莫非道？彼局于一隅之见，以为道止如此。若解向里寻求，见得自己心体，则无处不是此道，亘古亘今，无始无终，更何同异？盖心即道，道即天，知心则知道、知天矣。欲见此道，须从此心上体验始得。"③

---

① 陈献章：《复赵提学佥宪》之1，《陈献章集》卷2，中华书局1987年标点本，第145页。
② 《年谱一》，《王阳明全集》卷33，上海古籍出版社1992年标点本，第1228页。
③ 耿定向：《新建侯文成王先生世家》，《耿天台先生文集》卷13，《四库全书存目丛书》集部第131册，齐鲁书社1997年影印本，第336页。

对此，《传习录》则是这样记载的：

> 问："道一而已。古人论道往往不同，求之亦有要乎？"先生曰："道无方体，不可执着。却拘滞于文义上求道，远矣。如今人只说天，其实何尝见天？谓日月风雷即天，不可；谓人物草木不是天，亦不可。道即是天，若识得时，何莫而非道？人但各以其一隅之见认定，以为道止如此，所以不同。若解向里寻求，见得自己心体，即无时无处不是此道。亘古亘今，无始无终，更有甚同异？心即道，道即天，知心则知道、知天。"又曰："诸君要实见此道，须从自己心上体认，不假外求始得。"①

由此可见，耿定向在为阳明作传时忠实于阳明本人的思想，而阳明在回答陆澄有关求道之方的问题时，特别强调"向里寻求""见得自己心体"，并进一步明言"心即道，道即天，知心则知道、知天"。显然，这可以视作天台"即心即道"的直接依据。因此，我们可以推测，天台在介绍阳明思想时专门摘出此段，意在表明自己的"即心即道"之说与阳明思想的密切联系。

"即心即道"标志着耿定向工夫论的心学特性，是其工夫论的入门处，从工夫论的完整性上讲是不可省略的一个环节。张学智教授在论及"即心即道"的意义时指出，"耿定向的即心即道是对陆九渊、王阳明及其师王艮的继承"②，亦揭示了天台提倡"即心即道"的目的，即接续心学传统。但是客观地说，天台对"即心即道"的分析不仅是"三关"中最少的，而且也缺乏新意。笔者认为，这是由当时的时代背景所决定的：明代中晚期，阳明学早已风行天下，心学的原则也早已深入人心，继续坚持向外求理、不着本心的学者毕竟是少数，其对学风与士风的影响也较为有限。因此，向外求理并非天台的卫道意识所要针对的主要对象，这使得他对"即心即道"着墨不多。同样，"即心即道"作为心学的基本原则，是每一个心学学者都要涉及的。而如前所述，心学在天台之前已经有了相

---

① 《传习录（上）》，《王阳明全集》卷1，上海古籍出版社1992年标点本，第21页。
② 张学智：《明代哲学史》，北京大学出版社2000年版，第276页。

当的发展，因而在"心上求道"这一问题上留给天台发挥的空间并不多，这就造成了天台在此问题上难以超越前人的状况。

第二节　即事即心

"即事即心"是"学有三关"的中间环节，它凸显了耿定向对于泰州学派思想主旨的认同。它强调本心、道体最终表现于具体事为之中，因此学者须粗中见精，从百姓日用常行之事中发现本体，不可耽虚泥无，事外求心，即"不作好，不作恶，平平荡荡，触目皆是，此吾人原来本体，与百姓日用同然者也"①。天台曾云："道集虚而毋无也。……盖生平承服师友劘切，晚而始信即事即心，不敢作二见。"② 可见，"即事即心"乃是天台经过长期思考后形成的定见，代表了他对于心物关系的成熟看法。

一　耿定向对即事即心的理解

"即事即心"亦非耿定向的原创思想，泰州学的创始人王艮已经提出了类似的观点，"即事是学，即事是道"③，"圣人之道，无异于'百姓日用'，凡有异者，皆谓之'异端'"④。可见，心斋亦强调"学"与"道"是不离"事"的，反对"事外求道"。值得注意的是，心斋并不认为百姓日用之事直接等同于道，而是指出："百姓日用条理处，即是圣人之条理处。圣人知，便不失；百姓不知，便会失。"⑤ 心斋的思想可以归结为"百姓日用条理即道"，也就是说，百姓日用之事之所以能有条不紊，正是道体的作用，同样，百姓日用之事亦是道体的载体。换言之，日用之事

---

① 黄宗羲：《明儒学案》卷 35《泰州学案四·恭俭耿天台先生定向》，中华书局 1985 年标点本，第 823 页。

② 耿定向：《与方伯刘晋庵》，《耿天台先生文集》卷 5，《四库全书存目丛书》集部第 131 册，齐鲁书社 1997 年影印本，第 129—130 页。

③ 《语录》，《明儒王心斋先生遗集》卷 1，《王心斋全集》，江苏教育出版社 2001 年标点本，第 13 页。

④ 同上书，第 10 页。

⑤ 同上。

的合理性依据是道体，而日用之事亦是道体的存在及表现方式。心斋对于"百姓日用即道"的基本理解无疑是正确的，但似乎是受制于自身学养所限，他没有能结合儒家的思想史，给出更为细致的说明。

耿定向则继承了王艮的"日用即道"的思想，并从广度和深度上做了发展。首先，天台认为，"即事即心"是儒家的传统思想，儒家的典籍与治学方式均体现了这一特点：

> 尝惟自有书契以来，降自周末，诸如坟、典、丘、索、史籍，棼然烦芜矣。夫子实是未作，取而芟夷剪截，述为六经。所谓多闻而择，多见而识耳。夫圣人之道，由无达有；圣人之教，因粗显精。仲子尝言："《易》初特今神祠之签谶耳，《书》特今诏疏之集稿耳，《诗》特今鼓吹之韶谱耳，《春秋》特今之邸报耳，三《礼》特今之仪注耳。"孔子从而赞之、修之、删定之，便垂为万世成宪。吾人遵之则得，违之则失；天下国家由之则治，戾之则乱。若食饮之于饥渴，若规矩准绳之于方圆平直，未之能违者，此其何故哉？是可绎思矣。[①]

"圣人之道，由无达有；圣人之教，因粗显精"乃是耿定向对于"即事即心"所做的最为精当的表达。他认为，这一论断揭示了儒学最根本的特点，而"六经"作为儒家最为重要的经典，正是这一特点的集中体现。从内容上看，"六经"确如耿定理所言，均为庸常之言，或者更准确地说，是"论事"而非"说理"的，从中很难发现类似"道可道，非常道"之类的对本体的直接描述。然而经过孔子的删述整理，它们便成了蕴含着性命之理的"万世成宪"。从客观形态上讲，它们依然是"记事之书"，然而儒家所推崇的政治秩序与道德原则就体现在这些具体的事情之中。在儒者看来，这些都是天道本体的体现，因此这一切共同构成了儒家对于本体的理解。由此可见，儒家的经典自诞生之日起就与佛老不同，并不轻言虚无之体，而是认为理解本体需要中介，因而它将儒者对本体的体认以政治秩序与道德规范的形式融入对于日常之事的记载与分析

---

① 耿定向：《与周柳塘》之9，《耿天台先生文集》卷3，《四库全书存目丛书》集部第131册，齐鲁书社1997年影印本，第82页。

之中。

耿定向的这一理解符合儒家经典的根本特征，而这一特征在《春秋》中体现得淋漓尽致。孟子云："世衰道微，邪说暴行有作，臣弑其君者有之，子弑其父者有之，孔子惧，作《春秋》。《春秋》，天子之事也。是故孔子曰：'知我者其惟《春秋》乎，罪我者其惟《春秋》乎？'"① 对此，赵岐注曰："世衰道微，周衰之时也。孔子惧王道遂灭，故作《春秋》。因鲁史记，设素王之法，谓天子之事也。知我者，谓我正王纲也。罪我者，谓时人见弹贬者。言孔子以《春秋》拨乱也。"② 《春秋》作为鲁国的史书，是以记事为主的，记载了某年某月某日某国发生了怎样的事情，本身并无任何艰涩高深的内容。然而经过孔子笔削，《春秋》中的字字句句都有了褒贬之义，整部《春秋》也成为讨伐诸侯种种僭越之举、维护王道的檄文。按理说臧否诸侯本是天子之事，但事实上周室衰微已经使得原有的政治秩序不复存在，这导致人们失去了行为准则而肆意妄为。有鉴于此，孔子才不得不"设素王之法"，通过《春秋》的"微言大义"传承王道，从而使《春秋》的价值超越了一般的史书。然而"成也萧何败也萧何"，"微言大义"亦使得《春秋》成为矛盾的焦点。可见，"笔削《春秋》"是孔子将"道"融于"事"中、以事见道的过程，它所反映的正是儒家经典的基本特征。同样，前述天台对于儒家典籍的理解亦是合理而准确的。

其次，耿定向进一步指出，儒家不仅在典籍上注重由粗浅中见精微，而且治学方式上亦注重从日常之事中指点人：

> 战国时，异说横议甚矣，惟孟子知拣大题目，曰：愿学孔子。夫孔子之道祖述尧舜者，乃孟子称尧舜，惟曰孝悌而已。至其言孝也，不称引割股尝粪等奇事，止取曾子养曾皙一节为能养志。其言悌也，未能称引让肥争死等难事，又止曰徐行后长，何其浅近庸常也！盖庸常中最精妙，浅近中最精深。③

耿定向认为，儒家传统的教人之方亦是即事即心，即事即道，通过庸

① 《孟子·滕文公下》，焦循：《孟子正义》卷 13，中华书局 1987 年标点本，第 452 页。
② 赵岐注，孙奭疏：《孟子注疏》卷 6 下，北京大学出版社 1999 年标点本，第 178 页。
③ 耿定向：《别萧生言》，《耿天台先生文集》卷 19，《四库全书存目丛书》集部第 131 册，齐鲁书社 1997 年影印本，第 466 页。

常浅近之事开导学者，使其明白"道不远人"的道理。在这一点上，天台亦强调孟子乃是楷模。孟子对于孔子孝悌之道的理解是基于"曾子养曾皙"与"徐行后长"之类的浅近之事。前者出自《孟子·离娄上》："曾子养曾皙，必有酒肉，将撤，必请所与，问有余，必曰有。曾皙死，曾元养曾子，必有酒肉，将撤，不请所与，问有余，曰无矣，将以复进也。此所谓养口体也。若曾子，则可谓养志也。事亲若曾子者可也。"① 后者则出自《孟子·告子下》："徐行后长者谓之悌，疾行先长者谓之不悌。夫徐行者，岂人所不能哉？所不为也。"② 正如天台所言，这两章的共同特点均是从平常浅近之事中见道。在"曾子养曾皙"中，孟子区分了"养口体"和"养志"，认为从表面上看，"曾元养曾子"与"曾子养曾皙"没有区别，都能给父亲提供酒肉，然而曾子"必请所与""必曰有"的行为考虑到曾皙欲将剩余之酒肉赠予子弟的想法，并顺从、配合父亲的意愿，此举体现了曾子对于父亲志向的尊重。相反，曾元赡养曾子时所考虑的只是父亲的饮食起居，而忽视了曾子的情感需求，这意味着将人降格为动物，孟子称其为"养口体"。两者高下立判。孔子曾云："今之孝者，是谓能养。至于犬马，皆能有养，不敬，何以别乎？"③ 他同样认为真正的孝是对于父母人格的尊重，因而"曾子养曾皙"可谓夫子这一观点的最佳注脚。"徐行后长者"的意思则更为直白，"悌"与"不悌"只在能否徐行后长而已。虽然这只是一件小事，但它反映了一个人是否能设身处地地为长者着想，只此便足以观察一个人是否有孝悌之心。无论是"曾子养曾皙"还是"徐行后长"，孟子都强调孝道的真谛在于晚辈须发自内心地尊重长者，而不仅仅是满足长辈的口腹之欲，其中的道理可谓深刻。然而，如此深刻的道理却寓于最为浅近平常之事中，因此耿定向才认为"盖庸常中最精妙，浅近中最精深"。可以说，"六经"和孟子的思想构成了"即事即心"的经典依据，保证了天台的发挥不会偏离儒家本旨。

有了经典的支撑，耿定向接下来转入了对"即事即心"的具体说明。天台并非排斥虚无之体，问题在于"顾此虚无，何可言诠"④。虚无本体

① 《孟子·离娄上》，焦循：《孟子正义》卷15，中华书局1987年标点本，第524页。
② 《孟子·告子下》，焦循：《孟子正义》卷24，中华书局1987年标点本，第815页。
③ 《论语·为政篇第二》，刘宝楠：《论语正义》卷2，中华书局1990年版，第48—49页。
④ 耿定向：《与焦弱侯》之8，《耿天台先生文集》卷3，《四库全书存目丛书》集部第131册，齐鲁书社1997年影印本，第76页。

既然不能被直接把握，那么就需要通过具体事物使之呈现。因此，学者必须即事而观之，从人之日用彝伦处着手，才可切实体道：

> 或谓先生（引者按：指罗洪先）一生惟是志做好人，于道尚有未得云云。弟解之曰："既已虚化形成为人，便有耳目鼻口，便有日用彝伦，便惟当尽人道。尽人道者，便是知道。若不说作人，但说知道。只合受生为风为鬼物，免成此人性，具兹灵智矣。"①

> 性命之理，岂复外于孝悌之行哉？此中有志者必能实自体验，无志者即空言无有也。②

人所能觉察到的是具体的人道，在此，抽象的本体转化为具体的道德意识以及由此产生的种种律则，这是人之为人的根据。于此处用功，人才能由"尽人之性"而"尽物之性"，并最终达到"参天地之化育"的境界。借用《道德经》的说法，只有抽象的"道"转化为具体的"德"，才能为人所知，而人也正是以具体的"德"为进路来体证抽象的"道"。体用不二，即体即用，以用见体，正是儒学本体论的重要特点。故而天台感慨道："往尝慨学道者多能探及于无生无始，至于好而知恶，恶而知美，如此浅言，世能当之者，不敢谓多见也。"③

在《内观说》中，耿定向将"万物一体"与"即事即心"相结合，强调反观内省不是"是内非外"，而是达成"万物皆备于我"的境界：

> 鹤山邹子曾受学于吉阳何先生，余叩之曰："子学于先生，先生云何？"邹子曰："先生常谓予内观。"予曰："然。先生患子之漫驰也，而约之云尔。子时内观也，漠漠耶，昭昭耶，寂寂耶，生生耶？子毋执内，而大观焉。仰观象于天，俯观法于地，中观性于人、于物。色色种种，何者非吾内也。昔陆象山曰：'宇宙即吾心，吾心即

---

① 耿定向：《与刘养旦》之4，《耿天台先生文集》卷4，《四库全书存目丛书》集部第131册，齐鲁书社1997年影印本，第118页。

② 耿定向：《与胡杞泉》之4，《耿天台先生文集》卷4，《四库全书存目丛书》集部第131册，齐鲁书社1997年影印本，第115页。

③ 耿定向：《与焦弱侯》之5，《耿天台先生文集》卷3，《四库全书存目丛书》集部第131册，齐鲁书社1997年影印本，第74页。

宇宙。宇宙内事皆吾分内事。'斯为善观者耶！彼骛外而遗内者固非，执内而遗外者亦非也。"①

在耿定向看来，单纯地"漫驰"与"内观"都是不足取的，正确的方法是"大观"，即"即事而观吾心"。这里的关键在于必须突破内外物我的对立，不能从狭义的角度理解"心"或"内"，而必须秉承"万物一体"的宗旨，意识到吾心之性与万物之理具有同一根源，均来自天道本体，进而意识到反躬内省与外观事物在本质上并无区别，都是体证本体的过程。把握到这一点，学者便不会局限于内观，同样亦会即事而求道。

然而耐人寻味的是，在《复乔户部》中，耿定向在以一个强形式肯定"即事即心"的同时，亦指出学者要达成对"即事即心"的理解并非易事：

> 以此近益粗心大胆，信圣人之必可学，孔孟之道之简易明白。它凡道之不可与愚夫愚妇知能，不可以对造化、通民物者，皆邪说乱道也。此理盖自孟子没后，即无人勘破，诸多贤智之过矣。然此又止可向醒眼人说，便煞有意味。与一种浅机俗学人说，口虽信然曰"我能是能是"，不知终是不著不察，又却麻木可悯；至向高明人前陈道，则又讶然骇咤，以为不若是之浅粗矣。盖费中隐，常中妙，粗浅中精微，本是孔孟万古不易正脉，但非实是撑天柱地，拼身忘家，逼真发学孔子之愿者，未易信此。②

耿定向将"不可与愚夫愚妇知能，不可以对造化、通民物"的所谓的"道"全都视作"邪说乱道"，可见他对于"事中见道"的推崇和强调。然而，天台亦清醒地认识到，"即事即心""事中见道"是很困难的，无论是"浅者俗学"还是"高明人"都难以正确理解其中的深意。这里所涉及的问题在于"即事即心"实际上包含着两层意思，一者是实然层面，另一者是认识层面。前者意在肯定"与物同一"乃是道特别是儒者

---

① 耿定向：《内观说》，《耿天台先生文集》卷7，《四库全书存目丛书》集部第131册，齐鲁书社1997年影印本，第185页。

② 耿定向：《复乔户部》，《耿天台先生文集》卷5，《四库全书存目丛书》集部第131册，齐鲁书社1997年影印本，第123—124页。

之道的存在方式，从而证明不存在"不可与愚夫愚妇知能"之道；后者则是强调，道与事的同一为儒者提供了体道的有效途径，儒者应从事中见道。结合上文所讨论的内容，我们可以说，"六经"侧重于前者，即道与事的实然同一性，而孟子以"曾子养曾晳"和"徐行后长"教人则凸显了后者，即于浅近之事中体会精深之道。很显然，前者属于本体论层面的问题，后者则是认识论或工夫论层面的问题，两者并不能直接等同。道的存在状态是实然的，而要达成对于道体的理解则必须下一番工夫，因此天台才特别指出，若没有撑天柱地、拼身忘家的努力是不可能达到对于"即事即心"的真正理解。事实上，能够实实在在地理解"即事即心"的学者实在是为数不多，浅者懵懵懂懂，只是"日用而不知"；高者则热衷于索隐行怪，而忽视了庸言庸德。尤其让天台感到失望的是，他的得意弟子焦竑亦不能理解"即事即心"：

> 昔焦弱侯读《论语》"志道"章，为说曰："道是没把捉的，德是没凭据的，仁是没依靠的，第于游艺而已。"余为下一转语曰："除却孝悌无道，除却言行无德，除却师友无仁，除却涵泳道德而辅仁者，非吾孔氏之所谓艺"云云。莫不是拉足扯下地来耶？①

显然，焦竑此语说明他亦没有理解"即事即心"，未能找到恰当的把握道体的方式，因而他才会认为道、德、仁都是虚无缥缈的。也正因如此，耿定向才需要通过"拉足扯下地来"的方式告诫弱侯，学者须通过孝悌、言行及师友之事下学而上达，理解道、德与仁。另外，天台亦强调，儒者之艺亦非单纯的技艺，而同样是涵泳道德的途径。自己的高徒尚且如此，天台就更不能指望其他学者不去"执内而遗外"了。因此，天台对于"即事即心"的说明必然伴随着对于耽虚泥无、离事言心的批判。

二 批判"耽虚泥无"

在前文中我们已经指出，耿定向的"学有三关"说与卫道意识紧密

---

① 耿定向：《寄白下友》，《耿天台先生文集》卷5，《四库全书存目丛书》集部第131册，齐鲁书社1997年影印本，第132页。

相连，每一关都针对着学界的一种问题。显然，"即事即心"所针对的是"离事言心"的问题。谈到这一问题时，天台可谓痛心疾首：

> 近世学术，无论虚浮之流，即负真志称有得者，类拾伯阳之余唾；称妙悟者，类剿《楞》《坛》之半解；笃修者，类宗先儒之格式。于尧舜周孔真学脉已辽邈。于是高明一行多疏脱，愿谨一行多迂执。将焉赖之！①

然而，在耿定向眼中，"离事言心"仅仅是表面现象，根本问题在于学者对虚无之体缺乏正确的理解，因而耽于虚无而忽视了具体事为。换言之，"离事言心"的根本在于"耽虚泥无"。天台认为，这一情况在当时学界中是普遍存在的，毋论一般的学者，即便像罗汝芳这样的王学健将亦不能免俗：

> 近溪会试中式后，不廷试而归学十年已，偕数十友自盱江趋吉州，印证于令祖（引者按：指邹守益）暨南野、双江诸老。维时会中同志数百人，诸老以近溪自建远来，位在首座。令祖就质之曰："子不急仕进，而归学十年于兹，其志卓矣。近所得如何？"近溪作而对曰："只是一个无。"令祖莞尔哂曰："罗大人力学十年余矣，如何尚在门外耶？"②

在王门后学中，罗汝芳的天资与勤奋都是首屈一指的，然而，聪慧的近溪力学十年，却认为为学宗旨"只是一个无"。很明显，天台在此特地记录下东廓对于近溪的揶揄，正是为了表达自己的态度。因此，他的批判首先直指"耽虚泥无"之弊，进而过渡到对离事言心的抨击。而他对于"耽虚泥无"的批判包含两个层面，即本体论层面与工夫论层面，后者以前者为基础。

本体论层面的批判体现在耿定向对《论语》中"难乎有恒"章的解

---

① 耿定向：《与张阳和》之1，《耿天台先生文集》卷6，《四库全书存目丛书》集部第131册，齐鲁书社1997年影印本，第157页。

② 耿定向：《与邹汝光》之3，《耿天台先生文集》卷4，《四库全书存目丛书》集部第131册，齐鲁书社1997年影印本，第93—94页。

说之中。《论语·述而》载："子曰：'圣人，吾不得而见之矣；得见君子者，斯可矣。'子曰：'善人，吾不得而见之矣，得见有恒者，斯可矣。无而为有，虚而为盈，约而为泰，难乎有恒。'"① 这里的"恒"即是"常"的意思。在夫子看来，"有恒"即有长期而稳定的持守是圣人、君子、善人的共同特点，因此他将"有恒"视作入德之基，即"非有恒，无以为君子，即无由为善人，故有恒者为学者始基也"②。相应地，正如朱子所言，"无而为有""虚而为盈""约而为泰"三者"皆虚夸之事，凡若此者，必不能守其常也"③。然而，朱子对此并没有做进一步说明，而耿定向则立足于自己对"虚无"的理解做了分析：

> 友问恒，曰："识真常，而后能有恒。夫真常之体本无、本虚、本约，而或执之以为有，侈之以为盈，骄之以为泰，故难乎有恒也。或识无矣，而有无者在，是无而为有也。识虚矣，而有虚者在，是虚而为盈也。识约矣，而有约者在，是约而为泰也。无无之无，乃为真无；无虚之虚，乃为真虚；无约之约，乃为真约。如此乃能有恒。……彼耽虚无之见以为恒，足见自己而不能舍己取人，是为无恒。人而无恒，即巫医且不可做，况可为善人乎？况可为君子圣人乎？可重省矣。"④

耿定向将"识真常"与"有恒"相联系，而"真常"是本体的代称，因而"有恒"即意指学者对于本体的恒常持守，是保持真常之体而不使其丧失的努力。故此，正确理解"真常之体"就成为"有恒"的基础。对此，天台特别强调，真常之体"本无""本虚""本约"，而用"无""虚""约"三者指称本体的存在状态，意味着本体自身并无任何具体属性，而"执之以为有""侈之以为盈""骄之以为泰"则是将本体作为认知对象。康德在《未来形而上学导论》中曾经指出："如果我们对

① 《论语·述而篇第七》，刘宝楠：《论语正义》卷7，中华书局1990年标点本，第274页。
② 同上书，第275页。
③ 朱熹：《论语集注》卷4，《四书章句集注》，中华书局1983年标点本，第99页。
④ 耿定向：《绎论语·难乎有恒》，《耿天台先生文集》卷10，《四库全书存目丛书》集部第131册，齐鲁书社1997年影印本，第256—257页。

于任何一个对象还希望知道的多于这个对象的可能经验所包含的东西，或者对于我们认为不是可能经验的对象的任何一种东西还要求哪怕是一点点知识，按照它自在的样子来规定它，如果我们这样希望那就很荒谬了。"①因而借用康德的观点，"执之以为有"三者正是希望从一个不可经验的对象之中获取知识，是一种"理性的僭越"。显然，此举难以达成对本体的正确把握，故而"难乎有恒"。

耿定向的分析不止于此，他还指出将虚无的真常之体作为认识对象会陷入自相矛盾之境，天台将其表述为"识无矣，而有无者在，是无而为有也"。"无""虚""约"是真常之体的存在状态，而当"无""虚""约"三者作为认识对象时，它们却必须是具体的存在。也就是说，只有当"无"以"有"的形态出现时，它才能被认识；然而，这样的"无"却与其自身矛盾，已经不能被视作真正的"无"了。换言之，作为认识对象的"无""虚""约"自身恰好是"有""盈""泰"。很显然，这样的认识过程是无法成立的。

耿定向此论类似于王弼的观点，两人都承认"无"是本体的存在状态而非人的认识对象。《王弼集》载："王辅嗣弱冠诣裴徽，徽问曰：'夫无者，诚万物之所资，圣人莫肯致言，而老子申之无已，何邪？'弼曰：'圣人体无，无又不可以训，故言必及有。老庄未免于有，恒训其所不足。'"②王弼认为，作为本体的"无"只可"体"而不可"训"，即不可以言说，能言说的只是作为具体事物的"有"。孔子正是看到了这一点，才对无"莫肯致言"，而选择通过言说具体事物让人们自己体会本体。在王弼看来，这正是把握本体的正确方法。相反，老庄强行言说无，结果却适得其反，远离了本体。同样，耿定向亦指出，谈论虚无的过程本身就是"有"，因而这一过程本身是自相矛盾的，一旦谈论虚无便不虚无。这构成了"若世谈虚无者，最不虚无"一句的本体论含义。

以此为基础，耿定向进一步从工夫论的角度批判了"耽虚泥无"之弊。在《与刘调甫》中，耿定向指出：

"虚"之一字，此则大圣人一生干当不尽事业，正欲一效于贤

---

① ［德］康德：《未来形而上学导论》，庞景仁译，商务印书馆1978年版，第138页。

② 楼宇烈校释：《王弼集校释》，中华书局1980年标点本，第645页。

者。孔孟虽是教学兼修，其教就在学中。"大舜善与人同"一章，更须理会。学惟舍己从人，乐取诸人，便是与人为善处。此等才是虚无妙用，大开眼孔，彻无上法者。若世谈虚无者，最不虚无。①

而在《虚无说》中，天台亦认为：

> 大哉舜也，其至虚至无者乎！是故闻一善言，见一善行，沛然若决江河，莫之能御也。贤哉回也，其若虚若无者乎！是故以能问不能，以多问寡，犯而不校也。虽然，学者无颜子之卓识奋为、舜之雄心，而与之漫谈虚无，其不率之而趋于邪慝者几希。何者？真虚无虚，至实而虚；真无无无，至有而无。彼离实耽虚，离有崇无矣，故曰邪词知其所离。虽然，学者未识吾孔氏之路径，透孔氏之学脉，而漫云希颜为舜者，亦如狂子说梦矣。②

耿定向否认作为本体的虚无是人的认知对象，而强调这应是人的生活态度。这一理解与儒家自孔孟直到阳明的思想传统相一致，但并非当时学界的流行观点。虚无作为生活态度，意味着它本身不应被过多地论及，学者对它的理解需要更多地反映在自身的日常行为上。具体说来，这就要求学者去除私心，虚己以待人，这样才能"闻一善言，见一善行，沛然若决江河，莫之能御也"。

故此，耿定向特别推崇"大舜善与人同"章。《孟子·公孙丑上》载："大舜有大焉，善与人同，舍己从人，乐取于人以为善。自耕稼、陶、渔以至为帝，无非取于人者。取诸人以为善，是与人为善者也。故君子莫大乎与人为善。"③ 对此，朱子曾做过细致的分析：

> 或问：大舜之善与人同，何也？曰：善者天下之公理，本无在己在人之别，但人有身，不能无私于己，故有物我之分焉。惟舜之心，

---

① 耿定向：《与刘调甫》之6，《耿天台先生文集》卷4，《四库全书存目丛书》集部第131册，齐鲁书社1997年影印本，第108页。

② 耿定向：《虚无说》，《耿天台先生文集》卷7，《四库全书存目丛书》集部第131册，齐鲁书社1997年影印本，第184—185页。

③ 《孟子·公孙丑上》，焦循：《孟子正义》卷7，中华书局1987年标点本，第240—241页。

无一毫有我之私，是以能公天下之善以为善，而不知其孰为在己，孰为在人，所谓善与人同也。舍己从人，言其不先立己，而虚心以听其天下之公，盖不知善之在己也。乐取于人以为善，言其见人之善，则至诚乐取，而行之于身，盖不知善之在人也。此二者，善与人同之目也。然谓之舍己，特言其无私顺理而已，非谓其已有不善而舍之也。谓之乐取者，又以见其心与理一，安而行之，非有利勉之意也。此二句本一事，特交互言之，以见圣人之心，表里无间如此耳。①

朱子认为，所谓"舍己从人"与"善与人同"，都是强调去除私心以公天下之善。善作为本体，超越人己物我的对待，人的私心则造成了物我的分别，也妨碍了善的流行，即如象山所言："宇宙不曾限隔人，人自限隔宇宙。"②儒者之学就需要去除本体之善流行于世的阻碍，即私意小我，打破界限以利善之流行。因此，朱子强调，无论是"舍己从人"还是"乐取于人以为善"，都旨在超越人己对立，即要求学者将关注的目光放在如何行善上，而不要过于在意善行出之于谁。只有这样，学者才能超越人我之别而复归本体，达到心与理在现实层面的同一。

显然，朱子对"大舜善与人同"的理解在本质上与耿定向颇为一致，后者的特点在于借此凸显"虚无"的真实含义。在天台看来，真正的"虚无"不是学者们的言说对象，而是把握本体的基本条件。学者只有保证内心的虚无，才能超越人我之别，完全以至善为标准规范自己的言行，从而使自己日趋于善，舜与颜子莫不是如此。故此，天台认为"真虚无虚，至实而虚；真无无无，至有而无"，即强调"虚无"的内心状态需要通过"有"，即"善与人同"的具体的道德实践呈现于外。相反，热衷于言说"虚无"的学者，往往自认为获得了对本体的高明理解，反而私心过重，无法保持内心的虚无状态。这使得他们难以看到自身的不足和他人的长处，更无法做到"舍己从人"与"乐取诸人"，妨碍了自身的道德修养。这正是天台所谓"若世谈虚无者，最不虚无"的工夫论含义。

结合自己对于"虚无"的理解，耿定向对于当时学界"耽虚泥无，离事言心"的行为给予了严厉的批判。在《用中说》中，天台指出：

---

① 朱熹：《孟子或问》，《朱子全书》第6册，上海古籍出版社2002年点校本，第939页。
② 《年谱》，《陆九渊集》卷36，中华书局1980年点校本，第483页。

百姓之日用皆中也，常而不怪，直而不曲，故曰中。但不能知至
至之，知终终之，此百姓之所以为百姓也。不独百姓，即贤智者不能
知至至之，常求诸深远谻诡，是纳诸罟攫陷阱之中而莫之避也。又或
不能知终终之，常耽此虚见，色取行违，是择乎中庸而不能期月守
也。用其中于民，其舜也欤？吁，舜何人也？惟用此中而已矣。予侪
何人也？顾好异而多曲哉！①

在天台看来，道本平常，存于日用常行之中，但普通百姓与不少高明
的学者却都难以进道。然而两者的原因并不相同：百姓的问题在于"日
用而不知"，缺乏自觉的求道意识；而"贤智者"则是方法不当，将本体
视作虚无缥缈之物，舍弃日用常行而索隐行怪，割裂心与事的联系，故求
之越勤而离道越远。天台认为，舜之所以能成为圣人，关键是能够"用
中"，而他对"中"的解释则是"百姓之日用"，因此，所谓"用中"即
"于百姓日用中求道"之意。天台将此当作判断学术真伪的重要标准，而
他对于邓豁渠的批判正体现了这一点。

在第二章第四节中，我们已经简要介绍了邓豁渠的情况，即他是耿定
向眼中的"里中三异人"之一，且天台对他最为厌恶，因为其行为放荡
不羁，"不养父、不葬祖、不嫁女、不恤子"。而在写给三弟耿定力的信
中，天台进一步指出，邓豁渠一切行为的思想根源即离事言心，割裂先天
与后天的联系：

彼（引者按：指邓豁渠）从静中探讨，或从经典参解，而不知
反身体会，就事证验，终属见解。所谓无而为有，虚而为盈，难乎有
恒者。……且彼谓常住真心与后天不相联属，此尤极邪之说，近日谈
禅者百般病症皆由此。盖心事判、内外歧，孟子所云"离"者如此，
生于其心，见于其事焉，得不戕人伤物哉？此种见近世高明士多蔽于
此，即根器好者，作用与所学自不一贯，明道所云两截是也。质根下
者，便如邓老诸人行事矣。②

① 耿定向：《用中说》，《耿天台先生文集》卷7，《四库全书存目丛书》集部第131册，齐
鲁书社1997年影印本，第187—188页。
② 耿定向：《与子健》之4，《耿天台先生文集》卷6，《四库全书存目丛书》集部第131
册，齐鲁书社1997年影印本，第176—177页。

在耿定向眼中，邓豁渠最为严重的错误即"谓常住真心与后天不相联属"，这正是孟子所说的"邪辞"。在第二章第一节中我们已经考察了天台对于诐辞、淫辞、邪辞、遁辞的理解，在他看来，四者偏离常道的程度是逐渐加深的："诐辞"蔽于意见，而"淫辞"与"邪辞"都是蔽于虚无之见，但两者在程度上有所不同。"邪辞"表现为"以孝悌忠信为剩语，以笃伦尽分为情缘"，其原因则是"物则岐，形性判"，即痴迷于本体而不管具体事物，割裂心与事、体与用的关系，因而其问题在于"离"。天台认为，邓豁渠之弊正在于此，因而以"离"概括后者在思想上的弊端。

"即事即心"是耿定向工夫论的第二个环节，颇受天台重视。这是因为在他所处的时代，离事言心的问题颇为常见，因而"即事即心"也就有了更多的现实意义。需要指出的是，天台的"即事即心"说还有另一层含义，即认为"无善无恶"的心之本体在具体事为中表现为是非之心，以此来批判部分学者消解道德判断，任情恣意之蔽。由于这一部分内容主要体现在他与王畿的争论之中，因此我们将在本章第四节讨论天台与龙溪之争时对此一并加以考察，此处不再赘述。

第三节　慎　术

耿定向首次完整论及"学有三关"说是在他的《慎术解》之中，这从一个侧面证明了"慎术"是"学有三关"的核心环节。天台对于"慎术"十分重视，曾反复提及，"勖哉崇明德，择术慎所趋，圣教虽多术，主善是常师"[1]；"顾弟近少有所省，因以质之，大要曰'慎术'"[2]；"弟惟笃信孟子'慎术'一言，因术了心，更为直截也"[3]。而在《慎术解》中，耿定向更是特别指出："离事言心，幻妄其心者也，固非学；混事言

① 耿定向：《别李士龙四十韵》，《耿天台先生文集》卷1，《四库全书存目丛书》集部第131册，齐鲁书社1997年影印本，第17页。

② 耿定向：《与胡庐山》之1，《耿天台先生文集》卷3，《四库全书存目丛书》集部第131册，齐鲁书社1997年影印本，第62页。

③ 耿定向：《与胡庐山》之5，《耿天台先生文集》卷3，《四库全书存目丛书》集部第131册，齐鲁书社1997年影印本，第65页。

心，污漫其心者也，尤非学。"① 也就是说，"混事言心"是比"离事言心"更为严重的思想错误，而前者恰是"慎术"所要解决的问题，这从另一方面反映出"慎术"在"学有三关"中的重要地位。可以说，澄清"慎术"的含义是了解耿定向工夫论的关键。由于天台的"慎术"说继承自孟子，因此我们首先应当考察孟子对"慎术"的解说，以廓清这一概念的基本意涵。

一 "慎术"的经典来源与基本意涵

"慎术"来自《孟子·公孙丑上》：

> 孟子曰："矢人岂不仁于函人哉？矢人唯恐不伤人，函人唯恐伤人，巫匠亦然。故术不可不慎也。孔子曰：'里仁为美。择不处仁，焉得智？'夫仁，天之尊爵也，人之安宅也。莫之御而不仁，是不智也。不仁、不智、无礼、无义，人役也。人役而耻为役，由弓人而耻为弓，矢人而耻为矢也。如耻之，莫如为仁。仁者如射，射者正己而后发；发而不中，不怨胜己者，反求诸己而已矣。"②

孟子的这段话可以分成两大部分，从开头到"故术不可不慎也"是第一部分，意在说明"慎于择术"的意义；其余的内容是第二部分，意在指出学者择术应当选择孔子的仁学。对于前者，赵岐注云："作箭之人，其性非独不仁于作铠之人也，术使之然。巫欲祝活人。匠，梓匠，作棺欲其蚤售，利在于死人也。故治术当慎修其善者也。"③ 朱子则云："恻隐之心人皆有之，是矢人之心，本非不如函人之仁也。巫者为人祈祝，利人之生。匠者作为棺椁，利人之死。"④ 两者对这一部分的理解都是到位的，相对而言，赵岐的看法更有深度。这里的关键在于说明恰当的方法是

---

① 耿定向：《慎术解》，《耿天台先生文集》卷7，《四库全书存目丛书》集部第131册，齐鲁书社1997年影印本，第204页。

② 《孟子·公孙丑上》，焦循：《孟子正义》卷7，中华书局1987年标点本，第236—240页。

③ 赵岐注，孙奭疏：《孟子注疏》卷3下，北京大学出版社1999年标点本，第96页。

④ 朱熹：《孟子集注》卷3，《四书章句集注》，中华书局1982年标点本，第238页。

使得良知善性得以实现的保证。一方面，结合孟子的性善论我们可以知道，人性作为人之为人的本质具有普遍性，人与人之间并无差别，而儒家所理解的人性是道德性，从价值上讲是至善的，或者借助康德的说法，是"合目的性"的。具体到上面的引文，我们应当承认，矢人、函人、巫医与匠人在本性上是一致的，都是至善的，不能说四者在本性层面存在差异。另一方面，本性之善是潜藏于内的，它仅向人提供了成就德性的可能性和内在根据，这种潜在的善性要转化为现实的道德意识与道德行为离不开长期的道德实践，而后者则与手段、方法密切相关。在孟子看来，正是在这一点上，矢人与函人、巫医与匠人出现了分歧。具体到矢人与函人的关系上，前者唯恐自己的箭不能伤人，后者则相反，唯恐自己的铠甲不能保护人的性命。如果以道德标准衡量两人的言行，那么显然后者的主张更为合乎道德要求，这一现象凸显了方法、手段对塑造理想人格的重要作用。究其原因，关键在于判断是非的标准是唯一的，而手段与方法则存在着多样性。不同的方法对于人的至善本性会造成不同的影响，以上述例子来说，函人、巫医的"术"使得他们的主观愿望与道德标准能够吻合，从而促进了自身至善本性的实现；相反，矢人、匠人的"术"则对其至善之性的实现造成了阻碍。总而言之，孟子的观点是，既然判断是非的标准是唯一的，而可供选择的手段却多种多样，那么学者若要顺利地建构理想人格就需要"慎择术"，即选择在价值上与道德标准相一致的恰当方法。

　　孟子认为，"术"即方法、手段，对于目的的达成起着决定性作用，他对此反复加以说明。除了"慎术"章外，另一个具有代表性的章节即是《离娄上》的第一章："离娄之明，公输子之巧，不以规矩，不能成方圆；师旷之聪，不以六律，不能正五音；尧舜之道，不以仁政，不能平治天下。今有仁心仁闻而民不被其泽，不可法于后世者，不行先王之道也。故曰：徒善不足以为政，徒法不足以自行。"① 在孟子看来，离娄之明、公输子之巧、师旷之聪作为天赋之能力都是完美无缺的，然而若不依照相应的法度行事，则这些先天的能力并不能取得良好的效果。治国同样如此，尧舜之道需要以"仁政"为载体才能施之天下。君主若只有良善之

---

① 《孟子·离娄上》，焦循：《孟子正义》卷14，中华书局1987年标点本，第475—484页。

心和行尧舜之道的主观意愿，而不以仁政为治国之方，其结果必然是"民不被其泽"。换言之，行尧舜之道是目的，"仁政"或"先王之法"是手段，二者不可分离。离开了相应的手段，目的便成了空中楼阁而无法实现。有鉴于此，孟子才特别强调"徒善不足以为政"。对此，朱子的评价是："此言治天下不可无法度，仁政者，治天下之法度也。"①

孟子有关"术"与"性"的关系的思考与孔子一脉相承。在孔子的思想中，"性"并不是一个重要的概念，《论语》中仅有一处提到"性"，即"性相近也，习相远也"②。"性相近"意味着夫子并没有阐明"性"的内容，亦没有对"性"做价值判断，而只是肯定了性具有普遍性，不同的人在"性"上并无差异这样一个事实。夫子所看重的是"性"与"习"的关系，而"习"显然是指方法，那么"习相远"就意味着不同的行为方式会对人产生不同的影响，会使得在本性上并无多大差别的人最终在现实人格上产生重大差异。对此，朱子的解释是："此所谓性，兼气质而言者也。气质之性，固有美恶之不同矣。然以其初而言，则皆不甚相远也。但习于善则善，习于恶则恶，于是始相远耳。"③ 刘宝楠则认为："性不外乎耆欲，习即生于耆欲。善者能制其耆欲，而习而为善；不善者不能制其耆欲，而习而为不善。善恶殊途，所以云'相远也'。"④ 如果我们除去两人基于自己的思想而引入的诸如"气质之性""耆欲"等观念，单纯看他们对于原文的理解，那么应当承认两人都把握到了孔子这句话的核心意涵，即人生之初，性无差别，然而不同的"习"引导人们的行为向不同的方向发展，最终导致了不同人的现实人格出现巨大差异，而这正是孟子提出"术不可不慎"的原因。

在西方哲学史中，笛卡尔对于方法的推崇亦可与孟子的观点相互参照。作为西方近代哲学的两大开创者，笛卡尔和培根都特别注意探究新的研究方法，因为"他们两个人都认为经院哲学的错误关键在于认识方法的不对"⑤。当然，正如王太庆先生所指出的，他们二人所关注的主要是

① 朱熹：《孟子集注》卷7，《四书章句集注》，中华书局1982年标点本，第275页。
② 《论语·阳货篇第十七》，刘宝楠：《论语正义》卷20，中华书局1990年标点本，第676页。
③ 朱熹：《论语集注》卷9，《四书章句集注》，中华书局1982年标点本，第176页。
④ 刘宝楠：《论语正义》卷20，中华书局1990年标点本，第677页。
⑤ 王太庆：《笛卡尔的生平及思想》，载〔法〕笛卡尔《谈谈方法》，王太庆译，商务印书馆2000年版，第7页。

认识方法，是获得正确的新知识的有效手段，这一点与孟子所追求的
"成德之方"并不相同。然而，他们同样意识到，方法是达成目的的关
键，要想获得正确的知识，必须采用合适的方法。对此，笛卡尔有着明确
的自觉，在《谈谈方法》一书中，他明确指出：

> 那种正确判断、辨别真假的能力，也就是我们称为良知或理性的
> 那种东西，本来就是人人均等的；我们的意见之所以分歧，并不是由
> 于有些人的理性多些，有些人的理性少些，而只是由于我们运用思想
> 的途径不同，所考察的对象不是一回事。因为单有聪明才智是不够
> 的，主要在于正确地运用才智。杰出的人才固然能做出最大的好事，
> 也同样可以做出最大的坏事；行动十分缓慢的人只要始终循着正道前
> 进，就可以比离开正道飞奔的人走在前面很多。①

在上述引文中，笛卡尔的论述亦分为两个层次。首先，他肯定了人类
的认识能力是均等的，在认识的可能性上不同的人之间并没有差异，因此
它不能左右认识的正确与否。其次，他指出获得正确认识的关键在于以恰
当的方式运用理性。在笛卡尔的思想中，理性或良知作为认识能力是中性
的，它能否获得正确的知识有赖于主体是否能够对其正确地加以运用。可
见，除了目的不同之外（一者是以获得正确认识为目的，而另一者则是
以完成道德修养为旨归），笛卡尔对于方法的重要性的论证思路与孟子的
思路可谓如出一辙，这使得这位出生于孟子之后一千多年的法国哲学家可
被亚圣引为同道。

在阐明了正确的方法对于成就德性的重要意义之后，孟子随即指出，
对学者而言，孔子的仁学就是恰当的方法。对此，孟子亦分为四个层面加
以说明。首先，他明言学者应以仁为学。众所周知，"仁"是孔子之学最
为重要的概念，以"学孔子"为己任的孟子认为仁学是入德之方，本不
令人意外。值得注意的是，孟子在孔子对仁的诸多解说中单提"里仁为
美"这一条，显然包含着自己的思考。究其原因，是由于该章强调"择
仁而居"，凸显了主体自主选择的重要性，这恰好与孟子"慎择术"的思
想相印证。朱子对此有着清晰的认识，"《论语》本书之意，只是择居。

---

① ［法］笛卡尔：《谈谈方法》，王太庆译，商务印书馆 2000 年版，第 1 页。

《孟子》引来证择术，又是一般意思。言里以仁者为美，人之择术，岂可不慎"①。但是客观地说，朱子此论只揭示出"择"的重要性，孟子则意在说明"择仁"。换言之，孟子不仅强调主体的自觉选择，更进一步指出这种选择的价值标准就是仁道。正是在这一层意义上，"慎择术"与"里仁为美"达到了更深层次的契合：择居须以仁者为邻，为学亦须以仁为标的、为旨归。

其次，孟子进一步指出"以仁为学"的意义在于仁乃是"天之尊爵，人之安宅"。前者是从本体层面揭示仁的至上性，后者则指出仁道对人的意义。"天之尊爵"强调仁得之于天，是人之为人的根本，在价值层面具有至上性。在《告子上》中，孟子特别区分了"天爵"与"人爵"，"孟子曰：'有天爵者，有人爵者。仁义忠信，乐善不倦，此天爵也。公卿大夫，此人爵也。'"② 所谓"人爵"，即现实的功名利禄；"天爵"则是"天之尊爵"的简称，指的是天赋之德性。之所以被称为"天爵"，是因为"天爵"是"天地之性人为贵"的保证，是至高无上的，正如朱子所云"天爵者，德义可尊，自然之贵也"③。"人之安宅"则意味着行仁乃是人之正道，以仁为标准规范自己的行为可使人"仰不愧于天，俯不怍于人"，内心平静安和，避免很多无妄之灾。对此，赵岐注云："谓之尊爵者，盖受之于人而彼得以贱之者，非尊爵也。仁则得之于天，而万物莫能使之贱，是尊爵也。安宅者，盖营于外而彼得以危之者，非安宅也。仁则立之自内，而万物莫能使之危，是安宅也。"④ 朱子则云："仁义礼智，皆天所与之良贵。而仁者天地生物之心，得之最先，而兼统四者，所谓元者善之长也，故曰尊爵。在人则为本心全体之德，有天理自然之安，无人欲陷溺之危。"⑤ 可见，两者都认为一方面仁是天赋之德，另一方面遵循仁道可以避免灾祸。这两者一并构成了"仁"的价值。自然，看不到这一价值进而拒斥行仁的人都被孟子视作"不智之人"。

再次，孟子从反面指出不行仁道的后果，即"为人所役"。"仁者人也"，不行仁道意味着人的本质属性无法得以体现，自身人格得不到挺

---

① 黎靖德编：《朱子语类》卷 26，中华书局 1986 年标点本，第 641 页。
② 《孟子·告子上》，焦循：《孟子正义》卷 23，中华书局 1987 年标点本，第 796 页。
③ 朱熹：《孟子集注》卷 12，《四书章句集注》，中华书局 1982 年标点本，第 336 页。
④ 赵岐注，孙奭疏：《孟子注疏》卷 3 下，北京大学出版社 1999 年标点本，第 96 页。
⑤ 朱熹：《孟子集注》卷 3，《四书章句集注》，中华书局 1982 年标点本，第 239 页。

立，这样的人是不自由的，处于被支配的状态。在孟子看来，要纠正这一不正常状态则有赖于主体的自觉，它表现为"耻感"。孟子十分重视"耻感"对于成就德性的决定性作用。在《尽心上》中，他特别强调"不耻不若人，何若人有"①，认为一个人丧失耻感就意味着丧失了进德修业的可能。相反，"耻为人役"则说明其产生了摆脱人役的自觉要求，可以加以引导。由于陷入"人役"的原因是"莫之御而不仁"，因此解铃还须系铃人，摆脱人役的途径依旧是践行仁道。

最后，孟子点明了"仁学"的方法论基础，即"为仁由己"和"反求诸己"。孔子曾云"为仁由己，而由人乎哉"②，明确强调能否行仁全在主体的自我选择，即"行善由己，岂由他人乎哉"③。孟子对此深以为然。不过，在上述引文中孟子更为强调的是"反求诸己"，这可以视作"为仁由己"的具体表现。

以上就是孟子的"慎术"说的全部内涵，总体而言就是强调"仁学"的方法论意义。焦循对"慎术"章的主旨做了精当的归纳，"各治其术，术有善恶；祸福之来，随行而作。耻为人役，不若居仁；治术之忌，勿为矢人也"④。这些思想都被耿定向所继承，构成了他的"慎术"说的经典依据和基本意涵。

二 现成良知：慎术的批判对象

我们在前文中已经提到，作为"学有三关"说中的核心环节，"慎术"亦针对特定的理论问题，即"混事言心"，而这涉及阳明学中的一个核心问题——"现成良知"。对于这一问题，学界已有不少研究，⑤ 限于篇幅，本书对此不再加以全面的分析，而是在简要梳理"现成良知"发

---

① 《孟子·尽心上》，焦循：《孟子正义》卷26，中华书局1987年标点本，第887页。

② 《论语·颜渊篇第十二》，刘宝楠：《论语正义》卷15，中华书局1990年标点本，第483页。

③ 何晏注，邢昺疏：《论语注疏》卷12，北京大学出版社1999年标点本，第157页。

④ 焦循：《孟子正义》卷7，中华书局1987年标点本，第240页。

⑤ 吴震：《阳明后学研究》，上海人民出版社2003年版，第1—34页；彭国翔：《良知学的展开——王龙溪与中晚明的阳明学》，生活·读书·新知三联书店2005年版，第378—393页。王汎森：《"心即理"说的动摇与明末清初学风之转换》，载于《中研院历史语言研究所集刊论文类编：思想文化类（三）》，中华书局2009年版，第2381—2421页。

展脉络的基础上，重点考察耿定向对此的看法，以说明他提出"慎术"说的理论背景。

有两点首先需要说明：其一，"现成良知"与"见在良知"的关系。对于二者的关系，学界有着不同的看法。吴震教授认为，"现成""意指已经'做好了'的某种事物"①。并且，他还指出："'当时''当下''见在'三词，从广义上说，均与我们这里所说的'现成'一词之意相同。在阳明学的思想语言当中，'现成'亦常作'见成'或'见在''当下'。"② 也就是说，他认为"现成"和"见在"的含义是一致的。由此，吴震教授进一步认为"'现成良知'（或'见成良知'）作为一个固定概念，实是阳明弟子王龙溪等所特别强调的"③，即将龙溪视作"现成良知"说的开创者。对此，彭国翔教授则表达了不同的意见："必须说明的是，许多学者对'见在良知'与'现成良知'不加区分，事实上龙溪并未使用过'现成良知'的用语，尽管二者的意涵具有相当的重叠性，但仔细分析，'见在'与'现成'其实在意义上并不相同，尤其容易在理解上引导出不同的方向。"④ 进一步，他具体地分析了二者在内涵上的差异，即"'现成'一词更具有'已完成'的意思，这是'见在'一词所欠缺的"⑤。

笔者认为，相比较而言，彭国翔教授的观点更为准确，因为他澄清了"见在"与"现成"的根本差异。"见在"在古汉语中是"现在"之义，即现实性的存在，而"见在良知"强调的是良知作为本体能够显现于现实的经验之中，即良知"既是本体意义上的存有，即超越于经验现象之上的本质存在，又是经验现象之中的具体表现"⑥。换言之，"见在良知"即是说良知的特点是体用一源，即体即用。而根据阳明对良知的界定，"见在"之义包含在良知的内涵中，"良知是是非之心"即体现了这一点。也就是说，良知必然是见在的，这是阳明学与朱子学的根本区别。从"心即理"到"良知"，阳明一直强调道德本体并非单纯地潜藏于内心，

---

① 吴震：《阳明后学研究》，上海人民出版社 2003 年版，第 2 页。
② 同上书，第 3 页。
③ 同上书，第 5 页。
④ 彭国翔：《良知学的展开——王龙溪与中晚明的阳明学》，生活·读书·新知三联书店 2005 年版，第 70 页。
⑤ 同上书，第 385 页。
⑥ 同上书，第 72 页。

而是可以表现为现实的经验活动。因此，龙溪的"见在良知"是对于阳明良知说的正确继承和合理发展，并未偏离阳明的本意。

对于"现成"，彭国翔教授认为其包含了"已完成"的意思，应当讲是准确的。甚至我们可以说，"已完成"与"做好了"具有相同含义。因而笔者认为，"现成良知"所强调的是良知在当下的完满性，因此对"现成良知"的肯定则意味着承认良知在经验意识中亦是完满自足的，而这显然与大多数人现实的意识状态并不一致。另外，在现实中，人们的良知时常被情欲遮蔽，不能时时开显，因此需要"致良知"的修养工夫。换言之，从理论上讲，良知能够"自致"，但在现实中良知"自致"的过程往往会受到情欲的阻碍而无法实现。因此，"现成良知"强调良知自身即是完满的，这会使人忽视"致良知"的过程，造成"脱略工夫"之弊。所有这一切使得"现成良知"说成为明代中晚期众多学者批判的焦点。

其二，我们需要考察的是"现成良知"的产生及演变过程。首先，应当说明的是，阳明本人并没有"现成良知"的说法，他采用的是"见在良知"的表述：

> 只存得此心常见在，便是学。过去未来事，思之何益？徒放心耳！①
>
> 我辈致知，只是各随分限所及。今日良知见在如此，只随今日所知扩充到底；明日良知又有开悟，便从明日所知扩充到底。如此方是精一工夫。②

其次，从所引用的吴震教授与彭国翔教授有关"现成良知"的分析中可知，龙溪与这一概念关系密切。然而，正如彭国翔教授所言，龙溪本人实际上并未提出"现成良知"的概念，而是继续沿用"见在良知"：

> 刘子曰："人之生，有命有性。吾心主宰谓之性，性，无为也，故须出头；吾心流行谓之命，命，有质者也，故须运化。常知不落念，所以立体也；常运不成念，所以致用也。二者不可相离，必兼

---

① 《传习录（上）》，《王阳明全集》卷1，上海古籍出版社1992年标点本，第24页。
② 《传习录（下）》，《王阳明全集》卷3，上海古籍出版社1992年标点本，第96页。

修，而后可为学。见在良知似与圣人良知不可得而同也。"先生曰：
"向在玄潭，念庵曾亦纪其涯略。先师提出良知二字，正指见在而
言。见在良知与圣人未尝不同，所不同者，能致与不能致耳。……若
谓见在良知与圣人不同，便有污染，便须修证，方能入圣。良知即是
主宰，即是流行，良知原是性命合一之宗。故致知工夫，只有一处
用。若说要出头运化，要不落念、不成念，如此分疏，即是二用，二
即是支离，只成意象纷纷，到底不能归一，到底未有脱手之期。"①

　　显而易见，龙溪不仅在表述上一直在使用"见在良知"，而且他与刘
邦采（字君亮，号狮泉）讨论的内容亦未涉及"现成良知"。事实上，两
人辩论的重点在于良知本体与其在经验意识中的表现之间的关系。在狮泉
看来，这两者虽有联系，但本质上是不同的：良知本体更为根本，它决定
了良知在感性经验中的显现，两者处在不同的层次中，这说明他所持的是
体用二分的观念。故此，我们才能理解狮泉所谓"见在良知似与圣人良
知不得而同"的看法，这里的"圣人良知"正是指良知本体。龙溪则立
足于"体用一源"之原则及良知自身的特点（"理之灵处"）强调两者的
一致性，即作为本体的良知与表现于感性经验中的良知都是"良知"这
一概念的题中应有之义，良知本身就是体用一源，即体即用的。因而，龙
溪眼中的良知"即是主宰，即是流行"，是"性命合一之宗"，而所有这
一切共同构成了"见在良知"的内涵。
　　同样的情况亦出现在龙溪与聂豹的辩论中：

　　　　双江子曰："兄谓圣学只在几上用功，有无之间是人心真体用，
　　当下具足，是以见成作工夫看。夫'寂然不动'者，诚也；'感而遂
　　通'者，神也。今不谓诚、神为学问真工夫，而以有无之间为人心
　　真体用，不几于舍筏求岸，能免望洋之叹乎？"
　　　　先生曰："周子曰：'诚神几，曰圣人。'良知者，自然之觉，微
　　而显，隐而见，所谓几也。良知之实体为诚，良知之妙用为神，几则
　　通乎体用而寂感一贯，故曰有无之间者几也。有与无，正指诚与神而
　　言。此是千圣从入之中道，过之则堕于无，不及则滞于有。多少精义

---

① 《与狮泉刘子问答》，《王畿集》卷4，凤凰出版社2007年标点本，第81页。

在，非谓‘以见成作工夫，且隐度其文，令人不可致诘为几也’。"①

龙溪与双江的辩论所关注的依然是"见在良知"的问题，这里与前一段的区别在于二人的讨论是以周敦颐《通书》的思想为基础。龙溪注重"几"的作用所凸显的亦是他对于"一贯之学"的重视，而这恰是双江所反对的。值得注意的是，双江与狮泉都属于阳明后学中的"归寂派"或"王学右派"，因此二人与龙溪的辩论可以视作王门现成派与归寂派在理解良知之体用关系时的差异。仔细检视以上两段文字我们会发现，龙溪确实不曾提及"现成良知"，因此，一个重要的问题就是，"现成良知"的提法究竟是如何产生的。

对此，彭国翔教授有一细致的分析："正是由于在双江、念庵和狮泉等人看来，龙溪的‘见在良知’将表现为知觉的良知之用视为完满无缺的良知本体的完成与现实状态，他们便更多地将龙溪的‘见在良知’表述为‘现成良知’。龙溪本人其实并未明确使用过‘现成良知’这一表达方式，后来对龙溪‘见在良知’的了解多透过双江、念庵等人，于是在晚明思想界流行更广的便是‘现成良知’而非‘见在良知’。"② 也就是说，讨论的重点由"见在良知"转变为"现成良知"源自归寂派对于龙溪良知说的误解，当然这也与两者在内涵上具有很高的重叠性有关。结合归寂派对于良知及致知工夫的观点我们会发现，彭国翔教授的理解具有相当的合理性。"归寂"二字集中反映了归寂派的工夫论原则，即承认心体本寂，因而工夫的关键在于回复到静寂的良知本体，而这又与默坐澄心的修养方法密不可分（归寂派的代表人物大多有"静中养出端倪"的心理体验）。这里的问题在于在归寂派眼中，寂感是二分的，寂为根本，感为发用，两者处在不同的层次中。显然，这一切都与龙溪即体即用、体用一源的良知观念正相反对，因而两者的分歧实属必然。在双江看来，龙溪的主张是将良知在经验中的发用与良知本体混为一谈，进而会使人误以为不经修持，良知在现实经验中亦处于完满状态。而根据我们之前的分析，这一观点正属于"现成良知"的独特内涵。因此，双江等人对于龙溪的批

---

① 黄宗羲：《明儒学案》卷12《浙中王门学案之二·郎中王龙溪先生畿》，中华书局2008年标点本，第264—265页。

② 彭国翔：《良知学的展开——王龙溪与中晚明的阳明学》，生活·读书·新知三联书店2005年版，第384页。

判是基于他们对于良知的理解，而这使得论辩的焦点由"见在良知"转变为"现成良知"。从某种意义上讲，这是对龙溪的误解。

　　然而，人的经验意识中不仅有良知，亦有情欲，甚至还包括邪恶的念头，因此如何区分这些内容成为"见在良知"说必须回答的问题。龙溪对此亦有所思考：

　　　　问：圣人之学，惟在致良知，是矣。然人见食则知食，见色则知好，有痛痒则知抚摸，皆出天性，不可不谓良知也。若即是为良知，与"食色性也""生之谓性"何异？若曰别是一知，与良知不同，是二知也。人无二心，则宜无二知，敢请所以？

　　　　人生而静，天命之性也，性无不善，故知无不良。感物而动，动即为欲，非生理之本然矣。见食知食，见色知好，可谓之知，不得谓之良知。良知自有天则，随时酌损，不可得而过也。孟子云："口之于味，目之于色，性也，然有命焉。"立命正所以尽性，故曰"天命之谓性"。若徒知食色为生之性，而不知性之出于天，将流于欲而无节，君子不谓之性也。①

在该段中，吴中淮的提问所针对的即是良知与欲望的关系。由于两者都表现于感性经验之中，因而在吴中淮看来，两者的关系不易界定：承认两者一致意味着"认欲作理"，即模糊了良知与情识的区别；而否认两者的同一性则将导致"人有二知"的结论。对此，龙溪立足于性善论做出了回答，即天赋之性特指纯善无恶的道德本性，而食色之性与道德本性在性质上决然不同，不可混为一谈。所谓"见食知食，见色知好，可谓之知，不得谓之良知"，正意味着龙溪在良知和情识之间划出了一条明确的界限。因而可以说，龙溪已经准确地回答了吴中淮的问题。

　　然而值得注意的是，在龙溪与吴中淮的讨论中，"见在良知"与"情识"如何区分的问题已经逐渐显现。而随着"现成良知"逐渐取代"见在良知"成为学者争论的焦点，这一问题又转化为若承认"现成良知"，肯定良知缺少致知工夫就具有现实的完满性，则必然会"认欲作理"，进而导致学者放弃道德修养而肆意妄为。正是基于此，晚明学者纷纷对龙溪

① 《答中淮吴子问》，《王畿集》卷3，凤凰出版社2007年标点本，第68—69页。

本人及现成良知说加以批判，例如高攀龙认为"良知何尝误龙溪，龙溪误良知耳"①。又如，同为东林学者的史孟麟亦以现成良知为由批判李贽，"往李卓吾讲心学于白门，全以当下自然指点后学，说各个人都是见见成成的圣人，才学便多了。闻有忠节孝义之人，却云都是做出来的，本体原无此忠节孝义。学人喜其便利，趋之若狂，不知误了多少人"②。客观地说，这些批判都不是空穴来风，因为"现成良知"不仅在理论上有着不尽完满之处，而且确实对晚明的士风造成了负面影响。对此，耿定向亦有察觉，而这也成为他的"慎术"说所针对的理论问题。

耿定向在多数时候并不使用"现成"或"见在"的说法，而多将其表述为"当下"。在他看来，"当下论"包括"当下本体"和"当下工夫"。龙溪的《留都会纪》载：

> 楚侗耿子曰："吾人讲学，虽所见不同，约而言之，不出二端：论本体有二，论工夫有二。有云学须当下认识本体，有云百倍寻求研究始能认识本体。工夫亦然：有当下工夫直达、不犯纤毫力者，有百倍工夫研究始能达者。"③

那么，耿定向自己对这两方面的态度又是如何呢？笔者认为，对于"当下本体"天台是认同的。所谓"当下本体"，是指良知能够表现于现实的经验意识中，因此学者可以"即用而识体"，不必另寻一体证本体之法（如归寂派的"静坐"）。可见，所谓"当下本体"就是"见在良知"，它在内涵上与天台的"即事即心"有相通之处。因此，天台也明确表述对当下本体的赞同：

> 楚侗子送先生（引者按：指龙溪）至新安江，舟中更求一言之要为别。先生曰："子常教人须识当下本体，更无要于此者。"④

---

① 黄宗羲：《明儒学案》卷58《东林学案一·忠宪高景逸先生攀龙》，中华书局2008年标点本，第1434页。

② 黄宗羲：《明儒学案》卷60《东林学案三·太常史玉池先生孟麟》，中华书局2008年标点本，第1476页。

③ 《留都会纪》，《王畿集》卷4，凤凰出版社2007年标点本，第89页。

④ 同上书，第90页。

余常谓"诸生当识当下本体",盖为此也。①

若彼家所谓认灵明为鬼窟,正谓不识当下些子,别生想像云耳。②

相反,耿定向对"当下工夫"的态度却并不赞同。在《慎术解》中天台已经指出,以"直下承当"的方式理解"即事即心"者,不免"日趋于下达异流",这可以视作他对于"当下工夫"的批判。所谓"当下工夫",即不加辨别地直接从经验意识中把握良知本体。其问题在于"良知是现成的,但不等于说'现成的都是良知'"③。当然,笔者认为这一表述还不够准确,如果我们按照前文中对于"见在良知"与"现成良知"的区分,则这一观点应当表述为"良知是见在的,但见在的并不都是良知,因而良知并非现成"。在天台看来,见在良知与情识非常相似,人们极易混淆两者,因此若不加分辨地直接识取当下,很容易认欲作理。

耿定向对于"见在良知"的思考集中体现在他对于罗汝芳的评论中:

一日,近溪偕白下诸同志游,立大中桥上,睹诸往过来续者,儚儚伃伃,无虑千百万计。近溪因指示诸同志曰:"试观此千百万人者,同此步趋,同此来往。细细观之,人人一步一趋,无少差失,个个分分明明,未见确撞。性体如此广大,又如此精微,可默识矣。"一友哦曰:"否否!此情识也。如此论性,相隔远矣。"友述以问余曰:"此论如何?"余曰:"否否。谓此指示者非性,别求性体,此为《楞严经》转,非能转《楞严经》者。内典亦云:'离识归寂,譬忘己之首,而别求首领矣。'顾当时聆近溪此指点者,其默识浅深,自不同也。或聆之而漠然无味,此则麻木人,未入里者,无论矣。或聆之即生欢喜鼓舞者,亦未可便以为得,此初机乍解,如石火电光。如根志既殊,功深力到,忽尔聆之,顿地一呵,便浑身骨换,如白日升

① 耿定向:《跋徐相君定性识仁答问语》,《耿天台先生文集》卷19,《四库全书存目丛书》集部第131册,齐鲁书社1997年影印本,第459页。

② 耿定向:《复王龙池》,《耿天台先生文集》卷6,《四库全书存目丛书》集部第131册,齐鲁书社1997年影印本,第160页。

③ 吴震:《阳明后学研究》,上海人民出版社2003年版,第33页。

天矣。敬仲由举扇讼而得本心，近王心斋谓满街皆圣人，盖会得此意者。"曰："识至此已乎？"曰："实识到此，便自欲罢不能，安肯歇手？虽然，亡者东走，追者亦东走。走者同，而所以走则异也。即兹来往桥上者，或访友亲师，或贸迁交易，或傍花随柳，或至淫荡邪僻者，亦谩谓一切皆是，浑然无别，此则默识之未真也。学先辨乎此矣。辨此而后可与论孔孟学脉，孔孟路径也。若以近溪此示为情识，而别求所谓无上妙理，是舍时行物生以言天，外视听言动以求仁，非吾孔子一贯之旨矣。"①

耿定向的这一大段文字可以分为两部分，从开头到"而别求首领矣"为第一部分，其余为第二部分。第一部分意在肯定"见在良知"；第二部分则强调"辨志"与"慎术"对于把握"见在良知"的重要意义，间接否定了"见在工夫"。近溪在大中桥上的议论与其著名的"童子捧茶"说是一样的，集中地体现了他对于"见在良知"的看法。在近溪看来，童子捧茶与众人啜茶皆能进退得宜而没有差错，在大中桥上行走的路人虽千百万却亦井然有序，这两者都绝非偶然，而是有着内在的根据。这一根据即人之为人的本心或良知本体，此处近溪称之为"性体"。这意味着，良知本体不仅是道德意识的来源和道德判断的依据，亦是保证人们的日常生活井井有条、无少差错的内在根据。后者正是良知本体在经验意识中的直接表现，同时也符合良知"不虑而知""不学而能"的特点。基于上一章中对于"不容已"说发展历程的考察，我们可以发现，此处的"良知"与朱子的"理之不容已"在内涵上具有一致性，它也为我们提供了一条把握良知本体的最为简易直接的进路。以此为基础，近溪的工夫论特别强调"顺适当下"，"学者果有作圣真志，切须回头。在目前言动举止之间，觉得浑然与万物同一，天机鼓动，充塞两间，活泼泼地，真实不待虑而自知，不必学而自能，则可以完养，而直至于'不思而得，不勉而中'境界"②。对此，耿定向都是

① 耿定向：《与同志》之4，《耿天台先生文集》卷6，《四库全书存目丛书》集部第131册，齐鲁书社1997年影印本，第167—168页。

② 黄宗羲：《明儒学案》卷34《泰州学案三·参政罗近溪先生汝芳》，中华书局2008标点本，第799页。

赞成的。因此，当有学者认为近溪在大中桥上的议论所说的乃是情识而非性体时，天台明确表示反对，认为这如同"忘己之首，而别求首领"。

但耿定向同时提出"当下本体"的完满呈现是复杂的，有赖于学者长期的积累。在天台看来，近溪的论断点出"心"与"事"的统一性，它对于一直在苦苦思考二者关系，并已有了些模糊印象但却还不得要领的人而言不啻为空谷足音，但对原本就对本心缺乏了解，懵懵懂懂的人来说不过是一新奇之论，后者无法体会其中所包含的深意。进一步，天台亦指出，即便学者体会到了"即事即心"，依然有很多工作要做。所谓"走者同，而所以走则异"即点明了不同的人看似相同的行为背后隐藏着各自不同的目的，如果对此不加辨别而漫谓"一切皆是"，则不免"混事言心"而"漫污其心"。吴震教授认为，天台的这段文字"显然是对近溪的'当下论'或'现成说'的一个纠正，告诉人们必须正确区别'满街圣人'与'混然无别'，'当下即是'与'一切皆是'的区别，决不能对这些问题视而不见"①，可谓的评。究其原因，关键在于近溪将心学引向了过于强调挺立道德主体的极端形式，天台却洞察到此中的问题，即对人而言，"心"是一个十分复杂的概念，既有"本心"又有"情欲之心"，若不加区别地使用则必然导致混乱。要避免这一混乱，将两者准确地区分开来则离不开合适的方法。这样，天台又将论述的重点转移到"术"的层面上来。

以上我们分析了"见在良知"或"现成良知"说的发展过程以及耿定向对于"当下本体"的态度。值得注意的是，龙溪与天台都关注到区分良知和情欲的问题，但两人的侧重点是不同的。龙溪更关注从理论层面界定二者的性质，他反复强调天命之性特指至善的良知，自然本能及情识在性质上与良知决然不同。天台则首先承认两者在经验意识中发生混淆的现实，故而更为关注能准确区分两者的方法。换言之，天台的思路是承认二者混淆的现实并寻求合适的方式加以解决，因此他的着眼点落在"术"上，这构成了其"慎术"说的理论意义。

---

① 吴震：《阳明后学研究》，上海人民出版社 2003 年版，第 387 页。

三　学孔子之学：耿定向的正确之"术"

耿定向对于"当下工夫"的否定迫使他必须另辟蹊径，找到一种行之有效的方法来把握本体，他所选择的正是孟子的"慎术"说。《慎术解》载：

> 惟《孟子》"慎术"一章参透吾人心髓，即心择术，因术了心，发千古事心之秘诀矣。岂不直接，岂不简易哉？曰：何谓慎术？曰：皆事故皆心也。顾有大人之事，有小人之事，学为大人乎，抑为小人乎？心剖判于此，事亦剖判于此。事剖判于此，人亦剖判于此矣。孔子十五志学，学大人之事也。孟子善择术，故曰"乃所愿，则学孔子"。盖学孔子之学者，犹业巫函之术者也，不必别为制心之功，未有不仁者矣。子思子谓其无不持载，无不覆帱，并育不害，并行不悖，有以也。舍孔子之术以为学，虽均之为仁，有不容不堕于矢匠之术者矣。此非参透造化之精，未可与议。①

很显然，耿定向非常推崇孟子的"慎术"说，并继承了其两个基本内涵。相对于孟子，天台更为强调"术"与"心"的关系，认为合适的为学之方是把握心体的关键，这一点正呼应了他肯定"当下本体"却否定"当下工夫"的治学态度。值得注意的是，天台在此突出了"剖判"的重要性。所谓"剖判"，即是考量、选择之义。在他看来，为学的当务之急便是立志，即明确自己究竟希望成为怎样的人，是成为得道之大人，还是成为懵懂之小人。若希望成为大人，就必须选择以"大人之学"作为方法。何为"大人之学"呢？天台的回答十分明确，就是"孔子之学"。

孔子之学的核心概念是"仁"和"礼"，耿定向对于"慎术"的说明亦是从这两个层面展开的。对于前者，天台将孔子之仁学与其他圣贤之学相比较，认为仁学见道周遍，又强调"为仁由己"，笃信"行道在我"，

---

① 耿定向：《慎术解》，《耿天台先生文集》卷7，《四库全书存目丛书》集部第131册，齐鲁书社1997年影印本，第204页。

因而很少受到外在条件的限制。对于后者，天台则指出，礼具有外在性和客观性，能为人们所直接感知，这就为判断良知与情识提供了外部标准。

具体说来，耿定向对于孔子仁学的方法论意义的说明分为两个层次。其一，天台强调，孔子特别重视"学"，这有助于救治当时学者偏好解悟，废弃实学之弊：

> 夫学者无此一悟，如盲聋人，如麻木人，诚难说话。悟而不学，原非真悟。故曰："虽得之，必失之矣。"孔子曰"性相近也，习相远也"，实悟此体。故曰"满街皆圣人"，然圣人卒不多见，习相远也。孔子立教，多是令人学。今剿此虚见不学，斯则为蛙蝉耳。①

龙溪认为，"悟"与"修"的工夫不可截然二分，所谓"悟而不修，玩弄精魂；修而不悟，增益虚妄"②。耿定向与龙溪持同样的观点，不过他进一步将"修"限定为"学"，并认为重视学习乃是孔子思想的特点。显然，这一理解符合孔子之学的本旨，《论语·卫灵公篇第十五》中所载的"吾尝终日不食，终夜不寝，以思，无益，不如学也"③ 一句，正是孔子重学的明证。

值得注意的是，在耿定向看来，孔子之学是"学为人也"，但这种"为人之学"却离不开对于客观知识，如礼乐典章制度的学习。我们在第二章分析天台的道统说时曾经指出，对于司马迁将孔子仅仅视作"传艺者"而非"传道者"的观点，天台甚为不满。在本章第一节中我们同样发现，天台反对单纯的"向外求道"，即忽视发明本心而只热衷于记诵辞章的为学之方。但是，这并不意味着天台就忽视了孔子传承六艺的意义。相反，在天台看来，传道与传艺的过程是合一的，传道是在传艺的过程中实现的。因此，在解释"文之以礼乐"时，天台说道：

> 二三子问："'文之礼乐'义如何？"曰："夫子盖谓吾人虽是知

① 耿定向：《示里中后生》，《耿天台先生文集》卷5，《四库全书存目丛书》集部第131册，齐鲁书社1997年影印本，第129页。
② 《留都会纪》，《王畿集》卷4，凤凰出版社2007年标点本，第89页。
③ 《论语·卫灵公篇第十五》，刘宝楠：《论语正义》卷18，中华书局1990年标点本，第636页。

廉勇艺可比古人，亦须讲学始得。"二三子不达曰："以文礼乐为讲学，何谓也？"曰："……昔赵文肃讲学，里中后生多从之游。士绅或嘲之曰：'毋为所误，往从游者只去随班作揖打躬，歌几章诗耳，有何学可讲？'先生闻之曰：'然吾实别无所讲，只此作揖、打躬、歌诗便了。'今英俊默识此意，便知孔门之焦，只是一礼乐便了也。"①

孔子之学以"求仁"为宗，但在夫子看来，求仁离不开对于诗书礼乐的学习。换言之，孔子为儒家奠定了重视客观知识的传统，正如冯友兰先生所说："他（孔子）的教育的一个重要内容是教学生从古代传下来的典籍，以及生活方式、诗歌文艺，总称为诗、书、礼、乐"，而"'学'就是学这些东西"。② 同时，冯先生亦指出，"孔丘教学生学这些东西的时候，还引导他们在这些东西之中，引申出来一些原则和教训"③，这便是"思"的作用。可见，孔子将客观知识的学习视作进德之基础，而通过思考从中提炼出原则，并以此来指导学者的道德修养则是最终目的。在这一过程中，学与思的关系是你中有我，我中有你，两者的地位同样重要，绝不可偏废。故此，孔子才有"学而不思则罔，思而不学则殆"的论断。

孔子对于学思关系的论述一直为儒家所继承，直到阳明那里，情况发生了变化。王汎森先生认为："就对知识的态度而言，一般认为王学的主要特色便是罢落知识，具有相当强的反知识色彩。"④ 事实上，阳明并非反对学习客观知识，然而阳明学以内为主，内重于外的理论框架确实在客观上造成了后学偏好解悟，忽视知识的弊病。这一问题到了嘉靖、万历年间已经十分严重，不少学者宁可悬空去想本体也不致力于学，这使得其即便偶然获得了某些体悟，也无法将这些体悟落到实处，更不用说以此来指导实践。所以，虽然满街之人皆具有天赋的至善之性，但由于笃于玄思而不务实学，因此很少有人能使得自己的天命之性得到充分的开显而成为真正的

---

①　耿定向：《绎论语·文之以礼乐》，《耿天台先生文集》卷10，《四库全书存目丛书》集部第131册，齐鲁书社1997年影印本，第259—260页。

②　冯友兰：《中国哲学史新编》第1册，人民出版社2007年版，第111页。

③　同上。

④　王汎森：《"心即理"说的动摇与明末清初学风之转变》，《中研院历史语言研究所集刊论文类编·思想文化类》（二），中华书局2009年版，第2382页。

圣贤，天台对此有着清醒的认识。而从对"文之以礼乐"的解释来看，他对于孔子在学习客观知识的过程中体道的为学之方有着明确的自觉，并认为这正好可以用来救治时弊。这构成了"仁学"在方法论上的第一层意义。

其二，耿定向认为，与其他圣贤相比，孔子之学以仁为宗，对于天道本体有着全面而深刻的把握，并以成就理想人格为目标，通过道德实践将对本体的体认落到实处，故其学广大而平实，不坠于一偏，并很少受到外在境遇的限制。天台在《学象》中指出：

> 立己立人，达己达人，乃其心也。故曰学不厌教不倦，则可谓云尔已矣。恃此以仁天下万世，是故仕可，止亦可；久可，速亦可。故曰无可无不可。若伊尹意于可，将已于不可；夷、齐意于不可，将已于可矣。其于天命不已未合也。吾夫子教学相长，愤乐相寻，仡仡一生，更无已时，故曰至诚无息。此夫子所以仁天下万世为无穷，而孟子愿学之者。盖神明乎！①

我们在第二章讨论儒家道统时曾经提到，耿定向继承了理学对于道统的理解，重点关注的是儒家的"学统"而非"政统"。在此，天台认为孔子不仅贤于伊尹、伯夷，甚至还超过了尧舜，这一观点所依据的正是其对于儒家道统的基本看法。在天台看来，无论是伊尹、伯夷还是尧舜，其仁心与孔子并无不同，但夫子之学所关注的重点则与伯夷等人有着明显的差异。孔子之前的这四位圣贤都是儒家政统的代表，他们所追求的是圣君贤相之理想的实现，这意味着政治活动是其为仁的基础，因而他们的行为必然会受到政治的限制。

天台的观点继承自孟子，同时又有所发展。孟子明确反对将孔子与儒家的其他圣贤相提并论，认为孔子之德无人能及，正所谓"自有生民以来，未有孔子也"②。同时，他亦以伯夷、伊尹及柳下惠等人为例，阐明了三者在德性上与孔子的差距，即"伯夷，圣之清者也；伊尹，圣之任者也；柳下惠，圣之和者也；孔子，圣之时者也。孔子之谓集大成"③。

---

① 耿定向：《学象》，《耿天台先生文集》卷9，《四库全书存目丛书》集部第131册，齐鲁书社1997年影印本，第232页。

② 《孟子·公孙丑上》，焦循：《孟子正义》卷6，中华书局1987年标点本，第216页。

③ 《孟子·万章下》，焦循：《孟子正义》卷20，中华书局1987年标点本，第672页。

进一步，他以做官为例，将"时圣"的内涵解释为"可以仕则仕，可以止则止，可以久则久，可以速则速"①，即凡事无绝对，能否做事，做成怎样全在于秉承自己的良善之心顺时而动。然而，这些比较至多只揭示了儒家其他圣贤在德性上确实与孔子存在着差距，而未能说明造成这一差距的根本原因是什么。更准确地说，为何只有孔子能达到"时圣"的境界，而其他人却只能止于一偏。耿定向则在继承了孟子对于孔子的评论的基础上，进一步揭示了孔子之为"时圣"的原因，即孔子之学以求仁为核心，落实于"学"和"教"即对于经典的学习与传承，并且强调"为仁由己"。天台的见解相当深刻。正如我们前面所提到的，孔子的为仁之方与前人的区别就在于"重学"，即首次揭示出了儒家思想的核心内涵，使得儒家由"政统"转为了"学统"。在笔者看来，这一转变背后所透露的乃是儒者主体性的提升：在"政统"下，儒者价值的实现全在于"得君行道"；而在"学统"之下，儒者的价值则首先在于通过学习和修养挺立自己的人格。显然，孔子之学是这一转变的代表。相比于前贤，夫子所关注的是"学"与"教"，是通过传承"六经"，开掘其中的永恒价值即"仁"与"礼"，并通过道德修养加以落实，这一切都是为了道德主体的挺立。在这一过程中，"学"是基础，道德修养以"学"为依据，其目的在于证成儒学典籍中所蕴含的天道本体。这样，孔子就通过学术和道德实践赋予了学者独立之人格，使其能够依靠自身的学识与德行确证自己，不必依赖政治活动。相应地，天地之道也获得了"学"这一能传之后世的稳定途径，同样不需要借助于圣君贤相而施行于当下。因此，孔子之后得君行道便不再是儒者成就自身的唯一途径和必要条件，其意义大大降低了。这使学者能以更为超然的态度来面对纷繁复杂的社会政治局面，在坚持原则的前提下顺时而动，当仕则仕，当止则止，当久则久，当速则速，不必有所执着。因此，天台才认为，夫子教学相长、愤乐相寻的态度乃是"至诚无息"，无所间断。

　　基于对于孔子之学的认识，耿定向亦指出了伊尹、伯夷之弊。孟子认为伯夷是"目不视恶色，耳不听恶声，非其君不事，非其民不使，治则进，乱则退"，故而"当纣之时，居北海之滨，以待天下之清也"。② 相

---

① 《孟子·公孙丑上》，焦循：《孟子正义》卷6，中华书局1987年标点本，第215页。
② 《孟子·万章下》，焦循：《孟子正义》卷20，中华书局1987年标点本，第669页。

反，伊尹则是"'何事非君，何事非民'，治亦进，乱亦进"，因而是"自任以天下之重也"。① 天台同意这一看法，并做了引申，"若伊尹意于可，将已于不可；夷、齐意于不可，将已于可矣"。他认为伊尹热衷于使百姓都能"被尧舜之泽"，而忽视了背后的限制性条件，因而不清楚自己的志向在一定的社会环境下是无法实现的；伯夷则执着于避世，放弃了在乱世中尽力行道的努力。从表面上看，两人的行为截然相反，然而从本质上说，两人却都有执于一偏之弊。这当然与两人的性格密切相关，但根本原因则是由于两人成就自身所依靠的依然是传统的"得君行道"之路，他们的行为标准因缺少"学"这一内在支撑而缺乏独立性，易受外在环境的限制，难以变通。因此一旦政治环境发生改变，两人很难做出相应的反应。

为了全面阐述孔子之学的方法论意义，耿定向特地写了《伊尹先觉论》一文。在该文中，天台首先明确承认伊尹之学乃是圣学，伊尹之觉则"非闻见知解之觉也，即其若挞之耻，纳沟之痛，此其觉也"②，即立足于万物一体，面对百姓"不被尧舜之泽"的现状而产生的愧疚奋发之心。以此为基础，伊尹能"致严于一介之取与"，严守自己的行为准则，可谓一卓然之君子。然而天台认为，伊尹与孔子相比仍有距离：

> 友曰："孔子之学，求仁为宗，伊尹之学非仁欤？"曰："其趋一于仁，而所以行仁者，所操之术异也。孟子尝曰：'矢人岂不仁于函人哉？'盖善喻云。其旨微乎！惟伊尹所操之术，矢人之术也。倬当其时，不获乎汤，则纳沟之民何由而拯？欲获乎汤以拯纳沟之民，则不得不忍于敷虐荼毒之独夫矣。乃吾夫子，汲汲皇皇，惟欲明此学以卫天下万世之君民，是则犹操函人之术者。是于此心性参透造化之精，直从无声无臭中一振铎声，期于此道之明，明即行矣。视天下万世之智愚贤不肖之过不及者，惟恐或伤之，循循偲偲，咸约于中而已。不借名位，不矜功能，盖默赞化育于无疆也。《中庸》所谓'无不覆帱，无不持载，并行不悖，并育不害'，盖如此。其微阐于

---

① 《孟子·万章下》，焦循：《孟子正义》卷20，中华书局1987年标点本，第671页。

② 耿定向：《伊尹先觉论》，《耿天台先生文集》卷7，《四库全书存目丛书》集部第131册，齐鲁书社1997年影印本，第178页。

《易》。《易·乾》之上九，取象于亢龙，辞曰：'知进而不知退，知存而不知亡，知得而不知丧者，惟圣人'，盖言尹也。曰：'知进退存亡而不失其正'，又曰：'时乘六龙以驭天'，则非孔子不足以当之。"①

在此，耿定向明确指出，孔子与伊尹的差别实则是"所操之术"的不同，此正是其"慎术"说的内涵。在天台看来，孔子的特点是以"学"为主，其学是"仁学"，是"以仁求道"之学，目的在于"期于此道之明"。这意味着孔子通过"仁者人也"的命题捕捉到人之本质，并进而以此为中介体证到了天道本体。孔子之学围绕"仁"展开也就是围绕着"道体"展开，故而能够把握到整个世界运动变化的总依据与总规律。因此，夫子之汲汲遑遑意在求道，而其"欲明此学以卫天下万世之君民"的努力实际上意在"以道觉万世之君民"。夫子之学始终围绕"道体"展开，全面而深刻。对他而言，无不可进道之人，无不可行道之境。因此，面对天下之智愚贤不肖之过不及之人，夫子并未弃之如敝屣，而是教其修习仁学，以利成德。颜渊所谓"夫子循循然善诱人，博我以文，约我以礼，欲罢不能，既竭吾才，如有所立卓尔"②，正是夫子以道教人的真实写照。同样，"可以仕则仕，可以止则止，可以久则久，可以速则速"则体现了夫子以道为最高准则，审时度势，顺时而为的行事之法。这正是"时圣"的真实意涵。有鉴于此，天台认为夫子所操乃是"函人之术"。

相反，对于伊尹，耿定向并不否认他是有持守的贤者，而认为其未能体证道体，对人之本质即仁的含义亦缺乏深切的体会。此二者是儒者具体的戒律的内在根据，忽视这两者使得伊尹虽然能"致严于一介之取与"，但对此举在价值层面的意义却不甚了了。因此，伊尹为人缺乏变通，只能执着于一定之规。天台据此认为，伊尹的成功固然离不开"欲使天下之民皆被尧舜之泽"的远大志向，然而若没有汤的赏识与信任，其"得君行道"的理想同样无法实现。换言之，伊尹的成功不是无条件的，外在的政治环境在其中起了重要作用。相比于夫子在"惶惶如丧家之犬"的

---

① 耿定向：《伊尹先觉论》，《耿天台先生文集》卷7，《四库全书存目丛书》集部第131册，齐鲁书社1997年影印本，第178页。

② 《论语·子罕篇第九》，刘宝楠：《论语正义》卷10，中华书局1990年标点本，第338页。

境遇中依然能持守善道，学不厌而教不倦，伊尹之术有着明显的局限性。无怪乎天台认为只有夫子当得起"知进退存亡而不失其正"的评价，伊尹则只能是"知进而不知退，知存而不知亡，知得而不知丧者"，局于一边而不知几，故而只能"亢龙有悔"，所谓"贵而无位，高而无民，贤人在下位而无辅，是以动而'有悔'也"①。朱子的弟子沈僴在分析《孟子·万章下》对于伊尹、柳下惠和伯夷三人的评价时认为："三子所以各极于一偏，缘他合下少却致知工夫，看得道理有偏，故其终之成也亦各至于一偏之极。孔子合下尽得致知工夫，看得道理周遍精切，无所不尽，故其德之成也亦兼该毕备，而无一德一行之或阙。"②朱子对此表示赞同。抛开沈僴观点中所包含的以"格物致知"的方式来把握道体的朱子学范式，我们会发现，他同样认为伊尹对道体的理解存在局限，孔子则"见道周遍"，而对于道体把握的差距最终影响了两人的德行。显然，这与耿定向的看法如出一辙。

进一步，在耿定向看来，孔子的为仁之方不仅强于伊尹的"得君行道"，甚至还超越了尧舜的"博施济众"：

> 抑孔子不特与伊尹不同道，且贤尧舜矣。所以贤尧舜者，非其仁有加于尧舜也，所以为仁之方异也。盖尧舜之济众也，必待于施。施则有及有不及，难乎其博矣。济众之病，势则然也。若孔子之为仁也，立己而已，而立人焉；达己而已，而达人焉。此蒙庄所谓火传也。火传则何尽之有？济天下及万世，到今蒙济焉，所谓贤于尧舜远者如此。盖其为仁之方，近取诸己而不劳施也。③

耿定向明言，所谓"夫子贤于尧舜"亦须从方法论层面加以理解。尧舜作为圣王，其为仁之方乃是"博施济众"之学，是将自己的仁德施与他人。事实上，不仅尧舜如此，伊尹亦是如此，甚至可以说，处在儒家"政统"时代下的圣君贤相，其为仁之方皆是如此，概莫能外。不可否认，这些圣君贤相皆为有德之人，问题在于当他们选择以政治的方式将自

---

① 《乾卦·文言》，朱熹：《周易本义》卷1，中华书局2009年标点本，第37页。
② 黎靖德编：《朱子语类》卷58，中华书局1986年标点本，第1367页。
③ 耿定向：《伊尹先觉论》，《耿天台先生文集》卷7，《四库全书存目丛书》集部第131册，齐鲁书社1997年影印本，第179页。

己的仁德施与百姓时，百姓只是被动的接受者，这意味着这种施与无助于接受者的人格完善，更不能使后者觉醒而与前者一同进道。因此，"博施济众"决定了无论先觉者如何努力，它始终只是这些人的个人行为。由于一个人的力量始终是有限的，因而此举很容易因后劲不足而难以持续。所谓"济众之病，势则然也"正是此意。相反，孔子则是以仁学教人，以此来启发众人，促使其与夫子一同进道。而受此影响的学者亦将促进他人的人格完善视作自己的使命，这就使得孔子之学超乎他个人而成为儒家学者的共识及共同的奋斗目标。天台将其视为"火传"，而"火传"的最大特点就是没有间断，因而儒学才能在相当长的历史时期内对国人的思想产生持续性的影响。天台据此认为孔子"贤于尧舜远矣"，这构成了"仁学"在方法论上的第二层意义。

钱德洪的弟子、浙中王门学者徐用检（字克贤，号鲁源）曾云："君子以复性为学，则必求其所以为性，而性囿于质，难使纯明，故无事不学，学焉又恐就其性质所近，故无学不证诸孔氏。"[1]徐鲁源此语代表了晚明部分学者在目睹了王学末流的种种流弊之后，自觉要求回归儒家正统、学孔子之学的要求。在这一点上，耿定向可谓得其心之所同然。然而，天台将他对于孔子之学的推崇与"慎术"说相结合，重点关注"仁学"的方法论意义，则颇为独特。在天台看来，"以仁为学"离不开对于客观知识的学习，同时孔子之学重在启蒙人之善性，引导人们成就德性，这些都是晚明士人所欠缺的，应当加以弥补。除此之外，孔子之学的另一重要特征即对于"礼"的推重亦引起了天台的关注。在他看来，这是规范士人言行、解决认情识为良知的有效方法。

四 重礼：孔门之术的另一重价值

众所周知，在孔子的思想中，"礼"与"仁"具有同等重要的地位，二者是表与里、形式与内容的关系。孔子一方面认为"人而不仁，如礼何，人而不仁，如乐何"[2]，警告学者行礼须依乎仁道，不可作伪；另一方

---

[1] 黄宗羲：《明儒学案》卷14《浙中王门学案四·太常徐鲁源先生用检》，中华书局2008年标点本，第303页。

[2] 《论语·八佾篇第三》，刘宝楠：《论语正义》卷3，中华书局1990年标点本，第81页。

面又指出"克己复礼为仁","出门如见大宾，使民如承大祭"①，强调仁学最终会表现为合礼的行为。孔子之后，儒家学者进一步发展了有关"礼"的学说，突出礼在国家治理和道德教化中的重要作用，"故礼之教化也微，其止邪也于未形，使人日徙善远恶而不自知也，是以先王隆之也"②。

耿定向继承了儒家特别是孔子对于"礼"的理解，并将其与自己的"慎术"说相联系，认为孔子"以礼言仁"的思想构成了其学在方法论上的另一层重要含义。具体说来，天台对于"礼"的论述亦分为两大部分，一方面是重新阐释礼与仁的密切联系，当然，天台并非简单地重复孔子的观点，而是结合自己的"真机不容已"说，将礼解为真机不容已之仁的体现；另一方面，天台着重论述了礼仪的方法论意义，即区分良知与情识。

对于仁与礼的关系，耿定向有着清醒的认识。在给挚友周柳塘的信中，天台坦言："古先圣人，识此真机，制为燕享、交际、婚丧之礼，非以名也，所以达此真机。"③ 而在解释"克己复礼"之义时，他更是认为："然圣门言仁，便说个礼。此又是吾儒之学超轶二氏，贯彻古今机窍，有难言者。近世学者辞受取与，出处进退，多混障鲁莽，未透此耳。"④ 天台反复强调仁与礼的统一性，其目的在于提醒学者在注重对心性的探讨的同时，应当注意外在的行为规范。仁作为人之为人的本质潜藏于内心之中，多与心性等概念连用，天台自己就将仁视作"真机"的重要内容。而"所以达此真机"则意味着仁之真机最终需要通过各种制度、仪节来实现。在天台看来，当时不少学者的行为都无所顾忌、违背礼制，如果说这些人亦识得真机，则无论如何都是不合适的。然而笔者认为，天台将"重礼"视作儒学超轶二氏之处则显得不够严谨，至少佛家亦有戒律。准确地说，儒家的特别之处在于其行为规范是入世的，表现为对日常生活中的行为加以限制。

当然，天台强调礼并不意味着他会由"是内非外"走向"是外非

---

① 《论语·颜渊篇第十二》，刘宝楠：《论语正义》卷 14，中华书局 1990 年标点本，第 485 页。

② 《礼记·经解》，孙希旦：《礼记集解》卷 48，中华书局 1989 年标点本，第 1257 页。

③ 耿定向：《与周柳塘》之 18，《耿天台先生文集》卷 3，《四库全书存目丛书》集部第 131 册，齐鲁书社 1997 年影印本，第 88 页。

④ 耿定向：《克己复礼解》，《耿天台先生文集》卷 7，《四库全书存目丛书》集部第 131 册，齐鲁书社 1997 年影印本，第 202 页。

内”，其目的亦是要说明“仁”与“礼”一体两面、不可分割的关系。他对于“文之以礼乐”的解释集中体现了这一要求：

> 仁即太极也，礼乐即阴阳也。不有两，则无一。人而不仁如礼何，无礼乐亦无以显仁。孔氏教术，全是礼乐。即《礼记》一部，肫肫言此，而《大学》《中庸》二篇，乃礼乐之匡廓与本原也。①

“太极”与“阴阳”作为理学的一对基本范畴，曾引发了理学家们激烈的辩论，不同的学者对它们的理解亦各不相同。耿定向作为王门后学的一员，其思想底色是心学，同时他十分推崇二程与朱子，因此他对于“太极阴阳”的理解当不出这两派的基本框架。阳明在给弟子陆澄的信中说道：“太极生生之理，妙用无息而常体不易。太极之生生，即阴阳之生生。就其生生之中，指其妙用无息者而谓之动，谓之阳之生，非谓动而后生阳也。就其生生之中，指其常体不易者而谓之静，谓之阴之生，非谓静而后生阴也。”②朱子对“五行一阴阳也，阴阳一太极也，太极本无极也”的解释亦是“非有离乎阴阳也；即阴阳而指其本体，不杂乎阴阳而为言也”③。可见，朱子和阳明均将“太极”与“阴阳”的关系视作体用关系。因而，当耿定向用“太极”和“阴阳”来比喻“仁”与“礼乐”时，他亦将两者视为体用关系：仁为礼乐的内在依据，礼乐是仁的外在表现，两者一体而两面，共同构成了儒家修养论的核心意涵。同时，天台亦吸收了“体用一源”的思想，强调仁与礼一体而两面，不可截然分割。

进一步，耿定向指出，儒家的修养论即通过礼乐教化来培养仁德，因此，两者皆不可偏废。从教育的手段上说，儒学全在“礼乐”二字上。他对于子夏和子游的对话的分析集中地体现了这一点。《论语·子张》中曾载：“子游曰：‘子夏之门人小子，当洒扫、应对、进退，则可矣。抑末也，本之则无。如之何？’子夏闻之曰：‘噫！言游过矣！君子之道，孰先传焉？孰后倦焉？譬诸草木，区以别矣。君子之道，焉可诬也？有始

---

① 耿定向：《绎论语·文之以礼乐》，《耿天台先生文集》卷10，《四库全书存目丛书》集部第131册，齐鲁书社1997年影印本，第260页。

② 王阳明：《答陆原静书》之2，《传习录（中）》，《王阳明全集》卷2，上海古籍出版社1992年点校本，第64页。

③ 黎靖德编：《朱子语类》卷94，中华书局1986年标点本，第2368页。

有终者，其惟圣人乎！'"① 子夏本意在于告诫子游，弟子的资质有高下之别，必须因材施教，从浅近之事入手，逐渐使其对道体有所理解。如果不考虑弟子的接受能力，直接向其灌输所谓"形上之学"则很可能适得其反。然而，后世学者则更为关注此中蕴含的本末体用的关系问题。例如，伊川便认为："圣人之道，更无精粗。从洒扫应对，与精义入神贯通只一理。虽洒扫应对，只看所以然如何。"② 朱子亦认为："其分虽殊，而理则一。学者当循序而渐进，不可厌末而求本。"③ 在这一点上，天台与程朱持相似的观点："子游疑子夏只在仪节上教人，不令识本体，此初悟时语也。子夏以本末原是一贯，即草木之根与梢，原非两截，故使从洒扫应对上收摄精神，渐使自悟，此悟后语也。"④ 子游只见本体、不见工夫的主张在天台看来只能说是初识门径，须见得本末一贯，并明确即体即用，以用见体才可谓真正见道。

由此，耿定向转而分析了丧失礼仪制度将会导致的恶果。一方面，天台指出，礼作为仁的外化，明确了人世间的差异和分别，是维持社会秩序的纽带，礼制的丧失必然导致社会秩序的解体：

> 尝思《戴记》中数千万言，亹亹胅胅，惟是推崇此礼，而老子故谓礼为忠信之薄而乱之首者，何哉？彼胶纽于三千、三百之繁缛，而不识此礼之真体，诚若传粉糊纸为戏剧耳，如礼何？老子蔑弃之若此，惩其流耳。顾使天下后世无此三千、三百以秩、以序、以经纶，可成世界否？而我在盖载间享受此礼功德，犹戴天履地而不知矣。⑤

在耿定向看来，所谓"礼也者，忠信之薄，乱之首也"所批判的是不识礼之真体而拘泥于仪节的行为，以及通过表面上遵守礼节来掩饰自己内心之邪念的虚伪举动，而这一切与礼的本质即"仁"是背道而驰的。

---

① 《论语·子张篇第十九》，刘宝楠：《论语正义》，中华书局 1990 年标点本，第 742—743 页。

② 朱熹：《论语集注》卷 10，《四书章句集注》，中华书局 1982 年标点本，第 190 页。

③ 同上。

④ 黄宗羲：《明儒学案》卷 35《泰州学案四·恭简耿天台先生定向》，中华书局 2008 年标点本，第 820 页。

⑤ 耿定向：《绎五经大旨》，《耿天台先生文集》卷 10，《四库全书存目丛书》集部第 131 册，齐鲁书社 1997 年影印本，第 270 页。

老子批判的目的是"惩其流也"，即去除流弊以还原礼仪的本来面目，他并未否认礼制的正面价值，即对于彰显仁心的重要意义。天台强调，礼制的作用体现在"以秩、以序、以经纶"，即明确社会中客观存在的差异与等级，并以此为基础建立一整套制度来规范人的行为，从而建立并维持稳定的社会秩序。因此，废弃礼制会使人们丧失外在的约束，并导致其内在的良心善性得不到彰显，淫邪之心不受控制。在这样的精神状态的支配下，人们为满足自己的欲望而肆无忌惮、无所不为，最终则使得社会秩序走向崩溃。

耿定向对于礼之作用的理解与《礼记》中的相关思想是一致的。《乐记》曾云："天尊地卑，君臣定矣。卑高已陈，贵贱位矣。动静有常，小大殊矣。方以类聚，物以群分，则性命不同矣。在天成象，在地成形，如此，则礼者，天地之别也。"① "乐统同，礼辨异"，与乐的统合人心的作用不同，礼制的存在是为了明确人世的分别和差异，而这种差异是根植于整个宇宙客观存在的差异。宇宙万物各有自己的性命，各不相同，相互之间有着高下等级之分，人类社会亦是如此。可以说，礼制中有关君臣、贵贱、小大的规定实际上是脱胎于宇宙秩序，因而是不可违背的，否则只能导致"不成世界"的恶果。

另一方面，耿定向指出，礼的作用在于限制和引导人的自然之性，而良知与情识也因此而得到了区分。在给近溪的高徒杨起元（字贞复，号复所）的信中，天台写道：

> 口之说话，性也，而商道论学，而或詈訾媟亵，无以别耶？足之运动，性也，而履绳蹈矩，而或跌宕趋骤，无以别耶？推之食色，性也，而礼食亲迎，而或绁臂逾墙，无以别耶？有物有则，帝实命之矣。固知实悟者，决如此，决不如彼。比见里中初阶浅学，业习未溯，愤悱未至，而志原未有树也。一旦偶从口耳上承接，辄自侈得悟，冒认承当，猥云一切皆是，而猖狂恣肆，悍然不顾者，盖不少矣。②

往闻近世谈道者，或侈一见即自了，而以笃伦尽分为情缘；或雠

<hr />

① 《礼记·乐记》，孙希旦：《礼记集解》卷37，中华书局1989年标点本，第993页。

② 耿定向：《与内翰杨复所》之1，《耿天台先生文集》卷4，《四库全书存目丛书》集部第131册，齐鲁书社1997年影印本，第98页。

礼教为桎梏，而以逾闲裂矩为超脱；或任习心为真机，而以迁改惩窒
为钝下。如此横议，反而求之不得心。①

在第一段引文中，耿定向提到了"礼食亲迎"与"绔臂逾墙"的区
别，这一论述出自《孟子》：

> 任人有问屋庐子曰："礼与食孰重？"
> 曰："礼重。"
> "色与礼孰重？"
> 曰："礼重。"
> 曰："以礼食则饥而死，不以礼食则得食，必以礼乎？亲迎则不
> 得妻，不亲迎则得妻，必亲迎乎？"
> 屋庐子不能对。明日之邹，以告孟子。
> 孟子曰："於！答是也何有。不揣其本而齐其末，方寸之木，可
> 使高于岑楼。金重于羽，岂谓一钩金与一舆羽之谓哉？取食之重者，
> 与礼之轻者而比之，奚翅食重！取色之重者，与礼之轻者而比之，奚
> 翅色重！往应之曰：'绔兄之臂而夺之食则得食，不绔则不得，则将
> 绔之乎？逾东家墙搂其处子则得妻，不搂则不得妻，则将搂之
> 乎？'"②

孟子在此首先澄清自己并非仅重视礼而忽视人的自然要求，食色之事
亦有其"重者"。在他看来，问题在于任人的提问方式不妥当，即通过突
出食色之事的必要性和放大食色与礼的矛盾来贬低礼的价值，这是"不
揣其本而齐其末"。因此，孟子的回答同样很有针对性，他借助于绔臂逾
墙之事来说明礼是判断行为善恶的标准，不合礼的行为定然是恶的。由于
道德性是人的根本属性，因而与道德性紧密相关的礼仪制度的重要性亦得
到了确证。

耿定向继承了这一思路：一方面，他并没有反对口言足走之性作为人

---

① 耿定向：《与内翰杨复所》之1，《耿天台先生文集》卷4，《四库全书存目丛书》集部
第131册，齐鲁书社1997年影印本，第98页。

② 《孟子·告子下》，焦循：《孟子正义》卷24，中华书局1987年标点本，第805—809页。

之自然本能的必要性，但认为它们在价值上是中立的；另一方面，他特别强调"有物有则"，人亦有其规定性，即道德属性。天台特别重视"商道论学"与"訾謷媟亵"，"履绳蹈矩"与"跌宕趋躐"的区别，这意味着他与孟子一样，都将道德的作用理解为从对象、场合、方式等方面对人的自然本能加以限制与引导。

天台比孟子更进一步之处在于，他将礼视作良知的表现，并指出礼的一个重要作用：区别良知与情识。此论所针对的是晚明士人在精神状态上的普遍问题。正如本书反复强调的，在阳明本人的思想中，良知的基本含义是"是非之心"，即判断是非的标准。然而大多数人的良知在未经过修养工夫的陶冶之前都处于自发状态，经常与情欲相混淆，这使得他们判断善恶的标准本身即存在着问题，遑论以此来引导人们进行为善去恶的道德实践。天台将其概括为"一旦偶从口耳上承接，辄自侈得悟，冒认承当，猥云一切皆是，而猖狂恣肆，悍然不顾"，并认为解决这一问题的有效途径即提倡礼教，因为礼为良知的展开提供了明确的通路：一方面，根据"即事即心"说，无论是良知还是情识，它们作为内在的心理活动总会表现于外，转化为相应的行为；另一方面，礼法制度是可见的、客观的标准，因而可以以此来衡量不同的行为，合礼的行为是良知的展开，违背礼的举动则源于情识。这样，良知与情识就获得了客观的、可见的判断标准，从而为道德实践确立了阿基米德点。显然，天台的这一认识是准确的。内心活动最终会通过外在的行为表现出来，类似于"跌宕趋躐"或"袒臂逾墙"的行为无论如何也不能视作良知的发用。故此，天台在诠释"君子不重则不威"时再次强调：

> 命之曰君子，盖天下之表，而斯道所由寄也。其外肃括，其中宏深矣。彼浮慕为君子者，蔑弃仪则，而自侈学为有得，岂以威重外也。无与于学耶？不知外内一原也。质佻者仪忒，匪不足以作肃；外浮者中摇，将以定命矣。即其学少有所见，而儇浇不检，道所不载也。[1]

① 耿定向：《时义·君子不重》，《耿天台先生文集》卷20，《四库全书存目丛书》集部第131册，齐鲁书社1997年影印本，第485页。

耿定向此论在明代晚期并不鲜见。例如，一直推崇现成良知的龙溪晚年曾因自家失火而有一次严厉的自省。其中，龙溪一方面依旧肯定良知说的意义，认为"我阳明先师首倡良知之旨，阐明道要，一洗支离之习，以会归于一，千圣学脉赖以复续"①；但另一方面他亦认为"君子之独立不惧与小人之无忌惮，所争只毫发之间，察诸一念，其机甚微"②，承认良知与情识的差别十分有限，提醒学者须审慎地加以辨别。心斋则更是提出了"正诸先觉，考诸古训，多识前言往行而求以明之，此致良知之道也"③ 的观点，明确肯定"求知"是致良知的正确途径。相比较而言，耿定向的主张更为明确也更有针对性。他目睹了阳明学末流在晚明时期造成的流弊，也清楚地认识到这一问题源自良知与情识的混淆，因此他特别强调"礼"的重要性，将其视作区分良知与情识、判断士人修养的标准。这是天台超越龙溪与心斋之处。

当然，对于"礼"的强调容易使得士人走向表里不一、言行不一致的虚伪状态。然而笔者认为，正如天台所反复强调的，在他生活的时代，士林的主要问题是认欲作理而言行不顾，他极力突出"礼"的重要性也正是为了纠正这一弊端。从这个意义上讲，我们不应当苛责天台。

"慎术"作为"学有三关"说的核心环节，内涵十分丰富。它的特别之处在于强调孔子之学的方法论意义，在这一思路下，"仁"和"礼"的价值得到了重新诠释。

第四节　耿定向与王畿的辩论

耿定向与李贽的论战作为晚明思想史的一段公案可谓人所共知，然而，学界对于他与王畿之间爆发的争论却鲜有论述。这场辩论涉及晚明王学的两个重要问题，其一是对于"四句教"及良知和修养工夫的理解，其二是对教学之方的思考。由于天台关于这两个问题的论述都是基于

---

① 王畿：《自讼长语示儿辈》，《王畿集》卷15，凤凰出版社2007年标点本，第427页。
② 同上书，第425页。
③ 王艮：《奉绪山先生书》，《王心斋全集》卷2，江苏教育出版社2001年标点本，第62页。

"学有三关"说，因此本书在考察了"三关"的各自内涵后，将进一步讨论天台与龙溪的辩论，以此来深化我们对于"学有三关"说的理解。

从时间上看，耿定向与王畿的辩论大致可分为两个阶段，第一阶段发生于嘉靖四十三年（1564年）至嘉靖四十四年（1565年），此时天台正在南京督学政，龙溪则热衷于周游讲学，两人有过两次会面，有关内容收录于《王畿集》以及天台的年谱《观生纪》中。第二阶段始于万历五年（1577年），此时龙溪已是八旬的耄耋老人，无法外出论学，因此两人是通过书信的形式交流思想。本书拟按照时间顺序，将两人的论辩分为两大部分加以讨论。

一　前期争论：1564—1565

龙溪的"四无说"是指他对于阳明"四句教"的不同理解与表述，即"无心之心则藏密，无意之意则应圆，无知之知则体寂，无物之物则用神"①。这一观点自提出以来便引发了诸多争议。究其原因，彭国翔教授认为："在整个理学传统中，无论不同理学家的思想是如何的分歧，孟子的性善论却无疑是所有理学家一致接受的基本前提。在儒释道三教互动交融日益密切的情况下，是否坚持性善论的基本立场，也无形中成为分别儒家与释道尤其佛教的关键所在。"② 正因如此，当骤然见到"无善无恶心之体"以及"四无说"时，不少学者未及仔细体悟其中的深蕴就本能地表示反对。例如，耿定向的弟子方学渐（1540—1615，字达卿，号本庵）便认为："王龙溪《天泉证道记》以无善无恶心之体，为阳明晚年密传。阳明，大贤也，其于心体之善，见之真，论之确，盖已素矣。何乃晚年临别之顷，顿易其素，不显示而密传，倘亦有所附会而失真欤！"③ 东林旗手高攀龙亦认为："阳明先生所谓善，非性善之善也，何也？彼所谓'有善有恶意之动'，则是以善属之意也。其所谓善，第曰善念云尔，所谓无善，第曰无念云尔。吾以善为性，彼以善为念；吾以善自人生而静以

---

① 《天泉证道纪》，《王畿集》卷1，凤凰出版社2007年标点本，第1页。

② 彭国翔：《良知学的展开——王龙溪与中晚明的阳明学》，生活·读书·新知三联书店2005年版，第394—395页。

③ 黄宗羲：《明儒学案》卷35《泰州学案四·明经方本庵先生学渐》，中华书局2008年标点本，第837页。

上，彼以善自吾性感动而后也。故曰非吾所谓性善之善也。"① 应当指出，二人的观点并没有准确理解阳明与龙溪的"无"的本意，他们的批判同样是不到位的。

作为阳明后学，耿定向亦熟知"天泉证道"，他的看法与上述两人不同。然而值得注意的是，在天台与龙溪交往的初期，"四句教"的相关问题并没有成为两人讨论的重点内容。如前文所述，两人的首次会面发生在嘉靖四十三年（1564 年），此时耿定向虽然言及虚无，但认为这是佛老的思想。他意在向龙溪请教其与儒学的关系：

> 楚侗子问："老佛虚无之旨与吾儒之学同异何如？"
>
> 先生曰："先师有言曰：'老氏说到虚，圣人岂能于虚上加得一毫实？佛氏说到无，圣人岂能于无上加得一毫有？老氏从养生上来，佛氏从出离生死上来，却在本体上加了些子意思，便不是他虚无的本色。'吾人今日未用屑屑在二氏身份上辨别同异，先须理会吾儒本宗明白，二氏毫厘始可得而辨耳。圣人微言，见于《大易》。学者多从阴阳造化上抹过，未之深究。'夫乾，其静也专，其动也直，是以大生焉。夫坤，其静也翕，其动也辟，是以广生焉'，便是吾儒说虚的精髓。'无思也，无为也，寂然不动，感而遂通天下之故'，便是吾儒说的无的精髓。……无思无为，非是不思不为，念虑酬酢，变化云为，如鉴之照物，我无容心焉。是故终日思而未尝有所思也，终日为而未尝有所为也。无思无为，故其心常寂，常寂故常感。无动无静、无前无后，而常自然，不求出离而自无生死可出，是之谓《大易》，尽三藏释典，有能外此者乎？先师提出良知两字，范围三教之宗，即性即命，即寂即感，至虚而实，至无而有。千圣至此，骋不得一些精彩，活佛活老子至此，弄不得一些伎俩。同此即是同德，异此即是异端，如开拳见掌，是一是二，晓然自无所遁也。"②

在该段中，龙溪一方面认为虚无是本体的特性，儒释道三家对此并无

---

① 黄宗羲：《明儒学案》卷 58《东林学案一·忠宪高景逸先生攀龙》，中华书局 2008 年标点本，第 1423 页。

② 《东游会语》，《王畿集》卷 4，凤凰出版社 2007 年标点本，第 84—85 页。

异见。并进而指出，儒家与二氏的区别在于后者"于本体上加了些子"，即二氏的虚无之说别有动机，而此即儒学与异教的不同之处。另一方面，龙溪更为强调虚无的工夫论意义。在他看来，既然儒者之学意在把握天道本体，那么最为简易直接的办法莫过于直接效仿本体的状态，以虚无为学。这里的虚无并非消解儒家的道德性，否认孟子的性善原则，而是要求学者心不妄动，并且不执着于物，即如明镜照物，一毫不留。换言之，儒者终日之思、终日之为都是顺本心而动，无一毫人欲之私。很明显，龙溪此论所表达的正是他反复强调的"由本体处立根"的先天正心之学。

受此影响，天台就工夫的问题反复向龙溪请教，龙溪亦做出了详尽之回答。首先，两人讨论了有关《易》之"蒙卦"的问题：

> 楚侗子曰："《易》云：'蒙以养正，圣功也。'养正之义，何如？"
>
> 先生曰："'蒙亨'，蒙有亨道，蒙不是不好的。蒙之时，混沌未分，只是一团纯气，无知识技能搀次其中。默默充养，纯气日足，混沌日开，日长日化而圣功生焉，故曰'童蒙，吉'。后世不知蒙养之法，忧其蒙昧无闻，强之以知识，益之以技能，凿开混沌之窍，外诱日滋，纯气日漓，而去圣愈远，所谓非徒无益，而反害之也。吾人欲觅圣功，会须复还蒙体，种种知识技能外诱，尽行摒绝，从混沌立根，不为七窍之所凿。充养纯气，待其自化，方是入圣真脉络，蒙之所由以亨也。"①

随后，天台向龙溪请教如何用力方能通乎昼夜：

> 楚侗子曰："吾人工夫日间应酬，良知时时照察，觉做得主，临睡时应酬已往，神倦思沉，不觉瞑目，一些做主不得。此时如何用力，方可通昼夜而知？"
>
> 先生曰："吾人日间做得主，未免气魄承当。临睡时神思恍惚，气魄全靠不住，故无可用力处。古人云'德修罔觉，乐则生矣'。不知手舞足蹈，此时不犯手入微公案。罔觉之觉，始为真觉；不知之

---

① 《东游会语》，《王畿集》卷4，凤凰出版社2007年标点本，第87页。

知，始为真知。是岂气魄所能支撑？此中须得个悟入处，始能通乎昼夜。日间神思清明，夜间梦亦安静；日间神思昏倦，夜间梦亦劳扰。知昼则知夜矣。"①

面对天台提出的两个问题，龙溪的回答是一贯的，即以本体为工夫，注重存养心体。故此，他认为蒙之所以为"亨"在于"只是一团纯气"，也就是说，婴儿未受到外在之欲望的熏染，其举动纯是至善本心之发用，自合天则。龙溪主张，做圣之功全在于保养这"一团纯气"，使其渐次展开。同理，龙溪亦指出，工夫原不必分昼夜，况且白天神思清醒之时，即便动容中礼也未免有刻意为之之嫌。因此，修养的关键在于在不知不觉处用功，此乃是本体自然呈露之处。若得悟于此，则昼夜皆可受用。总而言之，龙溪所提出的工夫论是典型的先天之学。

以上三段对话均出自《东游会语》，后者载于龙溪逝世后各种版本的《龙溪全集》中。② 然而值得注意的是，在龙溪生前刊印的《龙溪会语》中有一段名为"东游问答"的对话，记录的正是此次会面的情况。其中，二人有一段关于阳明"四句教"的讨论，不见于此后的任何一个版本：

> 楚侗曰："阳明先生天泉桥印证无善无恶宗旨，乃是最上一乘法门，自谓颇信得及。若只在有善有恶上用功，恐落对治，非究竟。何如？"
>
> 龙溪曰："人之根器不同，原有此两种。上根之人悟得无善无恶心体，使从无处立根基，意与知物皆从无生，无意之意是为诚意，无知之知是为致知，无物之物是为格物，即本体便是功夫，只从无处一了百当，易简直截，更无剩欠，顿悟之学也。下根之人未曾悟得心体，未免在有善有恶上立根基，心与知物皆从有生，一切是有，未免随处对治，须用为善去恶的工夫，使之渐渐入悟，从有以归于无，以求复本体，及其成功一也。上根之人绝少，此等悟处，颜子、明道所不敢言，先师亦未尝轻以语人。楚侗子既已悟见心体，工夫自是省

① 《东游会语》，《王畿集》卷4，凤凰出版社2007年标点本，第87—88页。
② 按：《龙溪全集》只是一个统称，不同版本的名称各不相同，详见《王畿集》的《编校说明》。

力。只缘吾人凡心未了，不妨时时用渐修工夫，不如此不足以超凡入圣，所谓上乘兼修中下也。其接引人亦须量人根器，有此二法，不使从心体上悟入则上根无从而接，不使从意念上修省则下根无从而接。成己成物，原非两事，此圣门教法也。"①

见过龙溪之后，耿定向曾写信给胡直，表达了对龙溪之学的印象：

前在宜兴，得与龙溪会，相与再宿。细叩其所得，本未大彻，其不能光显此学，无怪也。然细观渠受用处，亦从微处窥些止光景。故时觉有一种轻脱，此亦足取益者。何如，何如？②

很明显，天台对于龙溪的评价并不高。吴震教授认为："可以看出，两人的初次会面，天台似乎对龙溪已经大失所望。或许还可以这样说，这一事件本身表明两人的思想旨趣存在着相当大的距离。"③ 此论实乃的评。然而遗憾的是，吴震教授并没有回到两人争论的具体过程中，因而未能阐明天台为何会对龙溪有如此看法。

笔者认为，要回答这一问题，我们须结合天台当时的思想，来分析两人关于"四句教"的讨论。首先需要明确的是，此次会面发生在嘉靖四十三年（1564年），而根据本书第一章的分析，此时天台已经经历了"汉浒订宗"的洗礼，又受到仲弟耿定理的提点，其思想已基本定型。具体而言，天台此时已经完成了"有——无——若无若虚"的转变，笃信体用一源、显微无间之理。这就促使他选择彻上彻下的工夫路径，从日用常行之事入手证成本体，而这一点恰恰构成了"三关"中"即事即心"的内涵。

其次，在把握了天台的思想底色之后，我们再来分析他有关"四句教"的提问以及龙溪的回答。吴震教授认为，这一提问反映了"四句教"的相关问题"是天台心中的一个根本疑问"④，实际上如果我们考虑到此时天台思想已基本定型的事实，就可以推测出作为王门后学的一员，很难想象他

① 《龙溪会语》，《王畿集》附录2，凤凰出版社2007年标点本，第721页。
② 耿定向：《与胡庐山》之11，《耿天台先生文集》卷3，《四库全书存目丛书》集部第131册，齐鲁书社1997年影印本，第70页。
③ 吴震：《阳明后学研究》，上海人民出版社2003年版，第377页。
④ 同上书，第376页。

对如此重要而根本的问题还未形成一个基本看法。因此笔者认为，与其说天台此举意在向龙溪请教，毋宁说是在试探龙溪，以观察后者对于四句教的理解，而龙溪的回答显然没能让天台满意（天台给胡直的信明白无误地表达了这一态度）。那么，问题究竟何在呢？

在笔者看来，根本原因在于龙溪的回答谨遵阳明的本意，将工夫一分为二，认为天资聪颖之人可选取悟本体而为工夫的方法，走先天正心之路，本末体用一齐了彻；资性平常之人则须事上磨炼，切实地进行为善去恶的道德实践，由用而见体。虽然龙溪在阐述了这一观点后随即做了补充，承认上根之人世所难寻，阳明亦不主张以此为进学的主要路径，但无论如何，此论肯定存在着两种成德之方却是不争的事实。这一点恰是天台难以接受的，对他而言，工夫只有一条，即自有入无，即事即心，通过事上磨炼来体证心体。

虽然在龙溪与天台的著作中，我们并未找到能够直接支撑这一观点的材料，但这并不妨碍我们通过天台哲学的基本观点推测之。首先仍须强调的是，此次讨论发生之时天台的思想理路已基本定型，这意味着虽然他此时还未形成对于"不容已"之说的系统表述，更没有完整地提出"学有三关"的命题，但我们依然可以用这两者来理解和审视天台在嘉靖四十三年（1564 年）时的学术立场。这是因为前者只是对后者的深化和系统化而已，二者在基本方向上是一致的，并无冲突。其次，根据本书第三章的分析，天台"不容已"说所表达的是一种道德冲动。可见，天台所理解的心性本体或良知具有冲创作用，必然要表现于意识之中并指导道德实践。至于天台的工夫论"学有三关"说，更是一个完整的体系，而其中的"即事即心"一关则决定了这个体系必然是自有入无，由粗见精的。显然，无论是本体论还是工夫论，天台最终都落实于体用一源，以用见体的范式，强调在为善去恶的道德实践中证成心性本体。可以说，天台的思想中并没有先天正心之学的位置，因而虽然龙溪的解释符合阳明的本意，天台对此却不以为然。

两人关于"四句教"的争论只是这次会面的一个缩影，但由此我们可以想见，整个会面的气氛不会很融洽，天台向胡直抱怨龙溪"本未大彻"也属正常。究其原因，乃是因为在第一次会面中两人讨论的焦点即工夫问题，而从上述三段引文中我们可以看出，在这一问题上，龙溪一直坚持自己的先天正心之学，强调由心体立根，这显然与天台的主张相左。更为重要的是，如果将龙溪对"四句教"的说明与其推崇的先天之学一并加以考虑，我们就有理由相信，他虽然承认工夫有两种，并认为先天之学乃是上根之人的成德路径，不可轻易语人，但这更多的是出于对乃师的尊重。就他本人而言，显然更为属意先天正心之学，将其视作成德的正道。龙溪的这一思想在嘉靖三十六年（1557年）与王慎中（1509—1559，字道思，号遵岩）的对话中表现得淋漓尽致：

> 先生谓遵岩子曰："正心，先天之学也；诚意，后天之学也。"遵岩子曰："必以先天后天分心与意者，何也？"先生曰："吾人一切世情嗜欲，皆从意生。心本至善，动于意始有不善。若能在先天心体上立根，则意所动自无不善，一切世情嗜欲，自无所容，致知工夫，自然简易省力，所谓后天而奉天时也。若在后天动意上立根，未免有世情嗜欲之杂，才落牵缠，便非斩截，致知工夫，转觉繁难，欲复先天心体，便有许多费力处。颜子有不善未尝不知，知之未尝复行，便是先天简易之学；原宪克伐怨欲不行，便是后天繁难之学，不可不辨也。"①

在此，龙溪虽然承认先天正心之学与后天诚意之学皆为成德之路，但却认为前者"自然简易省力"，后者则会受到世情嗜欲的杂染，容易"落牵缠"，非"斩截"之学，因而"有许多费力处"。可见，龙溪肯定并推崇先天之学的态度是十分明显的。而如果我们回顾一下天台在《与周柳塘》之11中关于虚无的说明，就会发现他虽然承认虚无之心体，但在工夫论上却反复强调必须于子臣弟友处一毫不放过，始能尽心而知性。当然还有一点需要说明，即龙溪所说的后天诚意之学更多的是指同门钱德洪（1496—1574，字洪甫，号绪山）的工夫论，并非直接针对天台。然而不可否认的是，在工夫论上天台与绪山亦存在着不少的共同点。故此，我们可以认为，天台和龙溪关于成德之方的主张可谓正相反，这不仅使得这次会面不欢而散，而且埋下了两人在晚年爆发激烈争论的伏笔。在后文中我们将看到，万历八年（1580年）天台与龙溪爆发的争论正是此次论辩的延续。

关于这次会面，耿定向的年谱《观生纪》中有一段记述同样值得

---

① 《三山丽泽录》，《王畿集》卷1，凤凰出版社2007年标点本，第10页。

注意：

> 为衍其说，间及念庵罗先生。王曰："此方今第一人也，奈于'当下良知'尚信不及耳。"余曰："翁若信得及，罗先生亦信及矣。翁若自信亦不及也。"王公愕然曰："何谓吾信不及？"余曰："翁若信得及良知，具足矣，何又拜胡清虚，别求住世法耶？"王公初强辨不认，余曰："此贵乡陶念斋谓我，念斋岂为诳语者？"王公无以应，徐曰："渠亦有所遇，其师所授修持工夫，亦有一二言可取。"余曰："何言？"曰："彼云'修炼术'，初曰'敌'，次曰'从'，亦有节度可采也。"余曰："吾家亦自有之。夫子曰：'即乐而学可知'，云始作须精神凝聚收摄，所谓'学以聚之'，亦'敌'意也。继则从之，未可拘迫把捉，所谓'宽以居之'，然须纯如、绎如，而后皦如。盖须绵密保任，而乃可缉熙光明也。实信良知者，自能如是。何须持钵向彼门乞耶？"王公亦首颔云。①

首先需要说明的是这段文字中涉及的两个人：陶念斋与胡清虚。前者即陶大临（1526—1574，字虞臣，号念斋），浙江会稽人，龙溪的同乡，处事小心谨慎而有持守，因此耿定向认为他所说的龙溪向胡清虚请教之事当是实情。后者则是与龙溪交往的道家人物的代表。根据彭国翔教授的考证，胡清虚名楼，字东洲或中洲，清虚为其号，浙江义乌人，为刘符玄的第二十六位弟子。② 胡清虚与龙溪过从甚密，天台则对其相当反感，将近溪的两个儿子之死归罪于他，并将其与"里中三异人"之一的方与时相提并论，认为他是荒诞不经、以异行惊动士林之辈。③ 其次，具体到龙溪与胡清虚的交往，天台认为，此举表明龙溪对"当下良知"的理解仍停留在言语层面，未能在自身的真实生命中加以落实。我们在前文中已经指出，天台肯定当下本体而反对当下工夫，强调通过正当的方法即"术"

① 耿定向：《观生纪》，《宋明理学家年谱续编》第5册，北京图书馆出版社2006年影印本，第304—305页。

② 彭国翔：《良知学的展开——王龙溪与中晚明的良知学》，生活·读书·新知三联书店2005年版，第234页。

③ 耿定向：《寄示里中友》之1，《耿天台先生文集》卷6，《四库全书存目丛书》集部第131册，齐鲁书社1997年影印本，第171—172页。

来证成本体。故此，天台对龙溪的讽刺所表现的仍是对先天正心之学的不满。在他看来，如果连龙溪本人尚不能自信"当下良知"，而需要"别求住世法"，那么其他人则更不可能通过前者所推崇的"先天正心之学"达到对良知的准确体认。这意味着在天台眼中，龙溪的工夫论并不具备可操作性。

天台与龙溪的再次会面发生在嘉靖四十四年（1565 年）的南京，在这次见面中，两人关于"明德"的讨论亦彰显了二人工夫论上的差异：

> 楚侗子曰："今日所谓良知之学，是个真正药方，但少一个引子，所谓'欲明明德于天下'，是也。有这个引子，致知工夫方不落小家相。"先生曰："这一个引子是良知药物中原有的，不从外得。良知是性之灵，原是以万物为一体，明明德于天下，原是一体不容已之生机，非以虚见承当得来。古之欲明明德于天下，不是使天下之人各诚意正心以修身、各亲亲长长以齐家之谓也，是将此灵性发挥昭揭于天下，欲使物物皆在我光明普照之中，无些子昏昧间隔，即仁覆天下之谓也。是举全体一句道尽，才有一毫昏昧间隔，便是痿痹，便是仁有未尽处，一体故也。"①

天台将"明明德于天下"视作良知之学的"药引子"，认为只有如此致知工夫"方不落小家相"，因而他所理解的"明明德于天下"即是"致良知于事事物物"，是在每一件具体的事情中都切实地以良知为标准来进行为善去恶的道德实践。对此，龙溪表示异议。他立足于万物一体之论，认为"明明德于天下"是良知的题中应有之义，是从心体尽头处开悟良知，并使得万物皆处于良知之光的普照之下。显然，龙溪此论是其从心体立根的先天之学的另一种表述，而两人关于"明明德"的不同看法从一个侧面再次向我们展现了二人在工夫论上的差异。

总之，从嘉靖四十三年（1564 年）到嘉靖四十四年（1565 年）间，天台曾与龙溪两度会面，重点讨论了四句教和工夫论两大问题。虽然此时两人的思想已经呈现出较为明显的差异，但会面的气氛还是友好的。然而十余年后，天台却受两件事的影响，认为龙溪之学"已失本宗"，进而展

---

① 《留都会纪》，《王畿集》卷 4，凤凰出版社 2007 年标点本，第 89—90 页。

开了对后者的严厉批判。

二　后期争论：1577—1593

不同于前期的平和，天台与龙溪晚年的争论则激烈得多，这一切都始于万历五年（1577 年）的两件事。是年秋，徐阶寿七十五，龙溪特意作《原寿篇赠存斋徐公》以贺；闰八月，龙溪与张元汴、邓以赞（1542—1599，字汝德，号定宇）会于龙南山居，张元汴、邓以赞分别作了《秋游记》，龙溪作有《龙南山居会语》。① 值得注意的是耿定向对这两件事的态度：对于前者，在写给刘应峰的信中，他竟然说道："顷见王龙溪为存翁寿文中多伤奇语，弟虽亦能解其说，然实恶闻之也，其肤浅如此，兄其谓何？"② 至于后者，在《与吴伯恒》中，天台亦认为："曩读邓、张二君游记，即其雅致英标，诚斯道所嘱，心切倾服。顾其学脉，尚可商量。时龙溪所论，已失本宗，而贤所深造自得之趣，虽相违久，亦能信之。"③ 从中我们能够清晰地感受到一股与之前的讨论迥然不同的气息，此时的天台几乎将龙溪视作异端而大加挞伐。那么，我们不禁要问，是什么导致天台对龙溪的态度发生了巨大转变？

万历八年（1580 年），天台曾修书一封与龙溪，详细地阐述了自己的思想，并指出了对方的问题。概括地说，二人的分歧主要体现在两个方面，其一是对良知的理解以及工夫论的相关问题，其二是教人之法。对于前者，天台认为：

> 余尝窃谓孔子之学原是一贯，孟子之后，宗传似失，不免着见，着见则二矣。即如墨子见得万物一体处，便勉强做"兼爱"作用；杨子见得真我处，便执定做"为我"工夫。凡此皆是着见，是皆窥得向上一层者。孟子只从其颡有泚处、乍见怵惕处识取，令师良知之

① 彭国翔：《王龙溪先生年谱》，《良知学的展开——王龙溪与中晚明的阳明学》，生活·读书·新知三联书店 2005 年版，第 566 页。
② 耿定向：《与刘养旦》之 4，《耿天台先生文集》卷 4，《四库全书存目丛书》集部第 131 册，齐鲁书社 1997 年影印本，第 118 页。
③ 耿定向：《与吴伯恒》之 2，《耿天台先生文集》卷 6，《四库全书存目丛书》集部第 131 册，齐鲁书社 1997 年影印本，第 148 页。

旨，亦是从此讨求消息。原自彻上彻下，彻始彻终，既不落向高层虚寂窠臼，又不掺和下层功利机械。知至至之，则不识不知，无声无臭者，此其显现；知终终之，则开物成务，日用云为者，此其真宰。愚遵信之无疑者，盖反求之本心而有契，非倚傍人口吻也。奈何牿于闻见者常不及，而高明贤智者又过求之耶？定宇云："知是知非之知，是以照为明。"诚然，夫照从何生？孟子曰："日月有明，容光必照。"因明生照，由照探明，原是一贯，非判然两截也。今谓以照为明，相去千里，提掇似太重矣。丈深然之，何也？白沙先生曰："道本大中，言道者要通天下万世，不可持论太高。"丈独不为天下万世计耶？孟子曰："无是非之心，非人也。"吾侪既已受形为人，安能无此心哉？丈意盖曰：是是非非之心，从无是无非中来，乃为天则云耳。然非独圣人如此，常人亦如此，故曰：斯民也三代之民，直道而行者也。圣人特不蔽耳，是故过堂之日，则觳觫之牛有所不忍；辟土服远之欲萌，则糜烂其民不恤也。呼蹴之食，乞人不屑；晏安丰约之欲生，则万钟之非义不顾也。此则蔽与不蔽之分，非知体有异也。①

可见，此处天台的基本观点是肯定良知学的本末一贯、体用一源之旨，据此认为对良知的识取应从发用处着手。因而，在良知的诸多内涵中，他特别强调"是非之心"这一基本含义，这与他的"不容已"说以及"学有三关"说均是一脉相承。前面我们讲过，天台承认虚无乃是本体的特征，但认为人无法直接把握虚无之体，因此"圣人之教，因粗显精"，学者须从切己之事入手来体证之。在天台看来，我们对于良知的认识正是这一原则的体现。良知人人皆有，当它表现于经验意识时即转化为能够进行道德判断的是非之心。这是本体的外化，是体用一源的具体体现，也是工夫的入手处。天台认为，圣凡之别、善恶之判全在于学者如何面对是非之心，即所谓"蔽与不蔽之分"，只有实实在在地依照良知来为善去恶才符合"致良知"的本旨。进而，天台又以照与明的关系为喻，来阐述良知本体与致知工夫的内在联系：一方面，照由明生，明由照显，二者一体两面，互为因果，不可判然二分，正所谓"日月有明，容光必

---

① 耿定向：《与王龙溪先生》之1，《耿天台先生文集》卷4，《四库全书存目丛书》集部第131册，齐鲁书社1997年影印本，第110—111页。

照"；另一方面，能作用于外物而为人所感知的是照而不是明，因而我们只有以照为中介才能把握到明。同样，心性本体与致知工夫亦是一体两面，然而前者潜藏于内，后者则表现于外，因此我们对于心体的理解亦离不开致知工夫这一中介。这亦符合白沙"言道者要通天下万世，不可持论太高"的告诫。

在龙溪过世十年之后的万历二十一年（1593 年），耿定向完成了其晚年最为重要的著作——《遇聂赘言》，从而为他与龙溪的争论做了总结。在该书中，天台开篇即承认"无善无恶心之体"的正确性：

> 惟文成无善无恶，非谓善恶混，亦非谓本无善，如槁灰灭而生机断也。盖人生而静，乃起意发知之原，本无物而体物不遗者，是集道凝德之舍，而吾人生身立命之都。达此而后，知善知恶为真知，为善去恶为真修。在《大学》命之曰"至善"，在《中庸》命之曰"未发之中"，周子图之曰"无极"，程子定之曰"廓然"。前古圣哲，立言虽殊，总之明此。[①]

笔者曾在本节开头处指出，天台对于"四句教"的看法与方学渐、高攀龙等人不同，此处即是明证。在他看来，"无善无恶"是对心体的正确理解，它并非混淆善恶，而是超越具体的善恶，判断是非的良知来源于无善无恶的心体。龙溪曾对阳明的"无善无恶"说做了解释，"性无不善，故知无不良，善与恶对，相待之义，无善无恶是谓至善，至善者，心之本体也"[②]。吴震教授认为："龙溪在这里明确区分了相对意义上的善恶概念与绝对意义上的至善概念。在他看来，超越了相对的善恶，才是真正意义上的至善。"[③] 很明显，天台对此的理解与龙溪相当一致，他将"无善无恶"与"至善""未发之中""无极""廓然"相提并论，并说这些不同的概念"总之明此"，其所明者，正是本体超越而无待的特征。

然而，天台随即指出，当时之学界普遍存在着耽虚泥无，离事言心以及笃信无是无非而放诞恣肆的问题，而这一切的根源都是龙溪的"四无

---

① 耿定向：《遇聂赘言》，《耿天台先生文集》卷 8，《四库全书存目丛书》集部第 131 册，齐鲁书社 1997 年影印本，第 220 页。

② 《龙溪会语》，《王畿集》附录 2，凤凰出版社 2007 年标点本，第 783 页。

③ 吴震：《阳明后学研究》，上海人民出版社 2003 年版，第 67 页。

说"。进一步，天台认为，"四无说"并非是对"四句教"的合理发展，相反，是对其基本宗旨的背叛：

> 顾近承学者，第觑此些子光景，便自侈得最上乘法。高者耽虚归寂，至于遗物离伦；卑者任性恣情，至谓一切皆是，淫纵恣睢，以讼悔为轮回，以迁改为粘缀，以尽伦为情缘。至谓见景即动，既动即为者为见性，而以羞恶是非之本心为尘障，尽欲抹杀，伤风败化，戕人蠹物，蔑不至已。乃劣质下根，乐其便于情欲，一倡百和，从之如流水。而且借口谓文成宗旨原是如此。吁！岂非斯道一大厄哉！愚为此日常仰屋而吁，夕至抚枕而涕者几矣。来教谓于此当更商量。嗟！此时何幸得闻此言乎！前称引诸陈言姑置已，即据先生绪言明之。先生起制岭表也，王汝中举先生斯语而附以己意，谓心无善恶，则意知与物，一切如是。下二句若非向上机云。先生诃之曰："悟此本体，人己内外一齐了彻。颜子伯淳所不敢承，下二句乃彻上彻下语，初学至圣人究竟无尽者。"何则？无善无恶，性体也，人人所同，故曰"性相近"也；顾"习相远"矣，为善去恶，虽圣人有不能尽者。且斯体也，言下一契即了耶？抑须本须诸身而实能止之也。颜子择中得善，固悟斯体者，而何有不善？不善又何加知乃不行也？盖上一语是所谓诚者天之道，下二句乃诚之者也。近世横骛决裂者第托上一语为口实，是将此本体为集垢稔慝之薮，长傲遂非之囮矣。岂其指哉！岂其指哉！彼承学者混于佛氏见耳。①

在本章第三节末尾，笔者曾经提及，耿定向的"即事即心"还有另一层含义，即肯定是非之心这一心之本体的基本含义，并以此为依据来批判部分学者消解道德判断、任情恣意之蔽。很明显，《遇聂赘言》中的这一段话所体现的正是这层含义。天台将高者耽虚归寂与卑者任性恣情、妄论一切皆是的问题都归罪于龙溪，认为这些人之所以会认为"文成宗旨原是如此"，乃是因为受龙溪的影响太深，从而将后者的"四无说"冒认为"四句教"。在天台眼中，"四无说"是龙溪"附以己意"的结果，两

---

① 耿定向：《遇聂赘言》，《耿天台先生文集》卷8，《四库全书存目丛书》集部第131册，齐鲁书社1997年影印本，第221页。

者的差别甚大。对于"四无说"的肯定则意味着否定了良知的基本义即是非之心,而这是造成不少学者肆无忌惮的根本原因。

这里有两点需要注意:其一,从表面上看,"无是无非"与"认情识为良知"所造成的负面影响似乎是类似的,都会使人"肆意妄为"。然而笔者认为,两者在实质上仍有区别:前者是消解是非对立,而后者则是混淆是非,使人认非为是。

其二,天台在批判"四无说"时引用了阳明所谓先天之学乃颜子明道所不敢当,故不可轻易语人的表述,这里反映了天台对于"四句教"及工夫论的理解。众所周知,阳明承认工夫有两条路径,在他看来,先天之学同样是成德的有效途径,只不过适用面很窄。然而,天台却有意将这一层内涵忽略了,而只是强调"下二句乃彻上彻下语",这意味着我们之前的判断是正确的,即在他眼中,工夫只有一种,那就是自有入无、由粗显精之学。换言之,天台否认先天之学能够引导学者成就德性,这构成了他与龙溪的根本矛盾。这一根本矛盾又贯穿于二人交往的全过程之中,从两人初次会面的嘉靖四十三年(1564 年)一直延续到了万历二十年(1592 年),此时距龙溪去世已有十年之久,天台却仍无法释怀。

以上述观点为基础,我们可以重新检视龙溪为徐阶所作的寿文以及张元汴和邓以赞两人的《秋游记》,从中寻找出让天台大动肝火的原因。《原寿篇赠存斋徐公》云:

> 先师有云:"心之良知是谓圣。"天地之灵气结而为心,心之灵明谓之知。清虚昭旷、百姓之日用同于圣人之成能,此万化之纲、千圣学脉也。意者心之用,识者知之倪。心体粹然,意者有善有恶,良知浑然,识则有是有非。善恶则好恶形,是非则取舍现。万病皆起于意,万缘皆生于识。心之良知,本无善恶,本无是非。譬之明镜之鉴物,妍媸黑白,皆起所照之影,应而无迹,过而不留。意与识,即所谓照也。真心无动,而意有往来;真知无变,而识有生灭。以照为明,奚啻千里![1]

---

① 王畿:《原寿篇赠存斋徐公》,《王畿集》卷 14,凤凰出版社 2007 年标点本,第 386—387 页。

邓以赞的《秋游记》载：

　　翁（引者按，指龙溪）拥衾问予（引者按，指定宇）："向来用功如何？"予对曰："予小子，岂敢是私衷，乃以为此体无所止，故以无所止为功。若曰'无止'，则知止也。"翁曰："然。信得良知否？"予答："阳明先生自称万死得来，予岂敢疑？直意其以知是知非谓良知，犹权论耳。夫良知何是何非，知者其照也。今不直指人月与镜，而使观其光，愈求愈远矣。且及其是非并处而后致，是大不致也。"翁曰："然哉。近意如何？"予谬为禅语以对，翁大笑，以予为狂，遂寝。明康洲、阳和与翁力辨修悟，予进为解语，语曰："翁所谓直心而动，此属圣径奚疑。顾过也，人皆见之；更也，人皆仰之。不然，犹藏也。我辈择地而蹈，讵不自谓躬行。予尝度之，犹然在毁誉之间假侥一规一矩，曾何当于本心。故今第如念庵先生云，去两段，取两长，斯得矣。"皆曰然。①

张元汴之《秋游记》载：

　　既下午矣，出谢墅登舟，昏黑至龙南庵。龙溪翁及罗康洲子俱如约来会，遂同宿于禅堂。万籁俱寂，形骸尽扫，浑是羲皇境界。翁极论良知之旨，曰："良知无知而无不知。良知无是无非，良知知是知非。如镜之于物，镜体本空而妍媸自无不照。若以照为明，何异执指为月。种种分别，去道远矣。"其说甚长，定宇深相契，予与康洲子亦无所逆。但平生窃疑世儒口口说悟，乃其作用处殊似未悟者。悟与修分两途，终未能解。翁曰："狂者志大而行不掩，乃是直心而动，无所掩饰，无所窝藏，时时有过能改，此是入圣真路头。世人总说修持，终有掩饰窝藏意思在。此去学圣路径，何啻千里？且如齐宣王既好货又好色，自世人观之，将目为无赖，孟子独惓惓不忍舍去，何哉？只是他肯信口直陈己病，无一毫掩藏。即此一念充拓，便是改过不吝，故曰'王犹足用为善'。"定宇曰："所贵乎不掩藏者，为其觉

---

①　邓以赞：《秋游记》，《邓定宇先生文集》卷3，《四库全书存目丛书》集部第156册，齐鲁书社1997年影印本，第358页。

而能改也，非谓其实然不顾而执之以为是也。"……语至夜半，各就寝。定宇复与翁密语，大意谓人须求自得，天也不做他，地也不做他，圣人也不做他。翁又极论自得之旨，具《龙南夜话》。……诸公并别去，予送定宇。舟行，促膝剧谈，竟不成寐。予谓定宇曰："昨所言天地都不做云云，得无骇世人之听邪？"定宇笑曰："毕竟天地也多动了一下。"予曰："子真出世之学，非予所及也。然尝妄谓此体真无而实有，天不得不生，地不得不成。譬如木之有根，而发为枝叶花实，自不容已。天地亦何心哉？《楞严经》以山河大地为幻妄，此自迷者言之耳。苟自悟者观之，一切幻相皆是真如，而况于天地乎哉？"定宇曰："学在识真，不假断妄，子言得之矣。"予因扣定宇相别"许久，子视我宿病稍除不？"定宇曰："子可谓能治病者，然病根终在。且于应感时或失照，毕竟意念尚纷纭，工夫有间断。须如龙之护珠，鸡之抱卵，眼眼相对，念念不离，则真机在我，常寂而常照，宁复有间断时邪？"予闻之为惕然，敬书诸绅。①

从字面上看，上述三段文字有一共同点，即都包含着对于照与明关系的说明。与天台一样，龙溪亦借助照与明来说明本体与工夫的关系。概言之，龙溪等人认为，明镜或月光乃是照的根源，因此须从根源处着手，而不应以照探明。同样，修养工夫亦是如此，既然"万病起于意，万缘生于识"，而"意"与"识"都不属于良知心体先天本有之内容，那么最好的修养方法就是"不起意""不生识"，直接在至善之心体上用功。只要能恢复心体之正，障蔽自无所生，因而"先天正心之学的关键，就是要将工夫的着力点直接落于道德实践的终极根据——良知心体之上"②。显然，龙溪此论与天台迥异。然而更为重要的是，与天台将由粗显精之学视作成德的必由之路一样，龙溪等人亦将先天立根之学视作唯一的工夫，而拒绝承认诚意之学的合法性。应当讲，如果说嘉靖四十三年（1564 年）时龙溪对这层含义表述得还很隐晦，那么此时他的看法则是很明确的。例如，"若以照为明，何异执指为月，种种分别，去道远矣"，"世人总说修

①　张元汴：《秋游记》，《张元汴集》，上海古籍出版社 2015 年标点本，第 188—189 页。
②　彭国翔：《良知学的展开——王龙溪与中晚明的阳明学》，生活·读书·新知三联书店2005 年版，第 124 页。

持，终有掩饰窝藏意思在。此去学圣路径，何啻千里"，类似这样的表述
定然会让天台十分不快。更有甚者，天台发现，邓定宇在龙溪的影响下亦
走上了与后者相同的道路，诸如"直意其以知是知非谓良知，犹权论
耳"，"今不直指人月与镜，而使观其光，愈求愈远矣。且及其是非并处
而后致，是大不致也"等表述无一不是明证。这给天台留下的印象是龙
溪不仅自己偏离圣学，还误人子弟，使他对于后者的厌恶更进了一层。

对于良知和工夫论的理解是两人分歧的一个方面，而另一方面则是对
于教人之法的理解。《与王龙溪先生》载：

> 不宁如是，即是毁誉之心，亦原于羞恶；羞恶之心，生于是非。
> 圣人贵名教，亦是权法。往闻丈教，欲人破除毁誉。此第可与高明好
> 修者道，令之逼真入微可也。若以为讯，恐将使天下胥入于顽钝无
> 耻，不可振砺。然不可令并将是非之心看作标末，不将使天下胥至昏
> 昏懂懂耶？①

《孟子》中有"有不虞之誉，有求全之毁"②的说法，其本义是外在
的称讥毁誉具有偶然性，学者不当过分看重，即"言毁誉之言，未必皆
实，修己者不可以是遽为忧喜，观人者不可以是轻为进退"③。龙溪则将
其推向了极端，意欲完全破除毁誉对人的制约，这在耿定向看来是决然不
可的。一方面，由于大多数人还要顾及自己的名声，因而外在的毁誉不啻
为对人的一种约束。一旦破除毁誉，常人反而会陷入"小人无忌惮"的
境地。另一方面，龙溪提倡破除毁誉的本意是为了更好地追求虚无之体，
而天台认为，这显然是大多数人难以达到的。相反，真正的毁誉与是非之
心密切相关，因此破除毁誉将会连带着消解是非之心，在天台眼中，这等
于否定了大多数人成德的依据。这样，他们既掌握不了正心之学，又拒斥
诚意工夫，终将无法进道。

面对天台的诘难，龙溪作了《答耿楚侗》一文，对天台的两点质疑
做出了正面回应。在良知与工夫论的问题上，龙溪回答道：

---

① 耿定向：《与王龙溪先生》之1，《耿天台先生文集》卷4，《四库全书存目丛书》集部
第131册，齐鲁书社1997年影印本，第111页。

② 《孟子·离娄上》，焦循：《孟子正义》卷15，中华书局1987年标点本，第526页。

③ 朱熹：《孟子集注》卷7，《四书章句集注》，中华书局1982年标点本，第286页。

中述定宇不迁之意，以为二本，谓"明照原是一贯"，若谓相去千里，提掇不太重耶？谓区区深然之意为过，并将自己之心看作标末，谓"喜怒时更有不迁者在"，是皆未悉区区所论不迁原旨。

先师谓"颜子不迁，有未发之中始能"，此亦权法。夫未发之中是太虚本体，随处充满，无有内外，发而中节处，即是未发之中。若有在中之中另为本体，与已发相对，则诚二本矣。良知知是知非，原是无是无非，正发真是真非之义。非以为从无是无非中来，以标末视之，使天下胥至于昏昏憧憧也。不肖之意，亦非欲人极深一步领会。不识不知，良知之体本来如是，非可以深浅、高卑、抑扬而论也。不达此一关，终落见解分疏，终未归一。在定宇亦未脱此窠臼。山堂夜话、明镜之喻已是太煞分明，譬诸日月之往来，自然往来，即是无往无来。若谓有个无往无来之体，则日月有停轮，非往来生明之旨矣。若此义明，则公所示种种分解引证又为剩语，可无辩也！①

笔者认为，我们对于龙溪这段文字的分析应从"发而中节处，即是未发之中"着手。龙溪此语同样意在强调体用一源，即本体与发用是一个整体，二者不可割裂。然而，龙溪由此却转入了对于未发之体的推崇，在他看来，这才是根本之学。良知知是知非之功效有赖于自身的无是无非，这才是真是真非之学。龙溪认为，若不能达成对于"不识不知"的良知心体的认识，则学问"终未归一"，更谈不上德性的完满。因此，学者应在心体用功，把握心体之无善无恶、无是无非之义。可见，在良知说和工夫论方面，龙溪亦始终坚持自己的主张，丝毫未曾动摇。

与此相反，面对天台对"破除毁誉"的抨击，龙溪却表现得很谦虚，"公见教谓不肖'欲人破除毁誉，第可与高明好修者道，令其逼真入微，不审其志而猥以为训，则非所宜，然近来学问，惟是辨志一着'，皆恳切为人语，不敢不领悉"②。可见，龙溪几乎全盘接受了天台对其教人之方的指摘，这不免有些让人感到奇怪：何以龙溪在两个问题上的态度有着如此明显的差别呢？可惜的是，龙溪对此仅点到为止，并没有做进一步的说明。

---

① 王畿：《答耿楚侗》，《王畿集》卷10，凤凰出版社2007年标点本，第241—242页。
② 同上书，第242页。

　　笔者发现，对于龙溪教人之方的质疑不仅来自天台，张元忭亦有此说："孔子教人每每以孝悌忠信，而罕言命与仁。盖'中人以下不可以语上'，故但以规矩示之，使有所执持，然后可以入道。大匠教人，必以规矩，若夫得心应手之妙，在乎能者从之而已。一贯之传，自曾、赐而下无闻也。今良知之旨，不择其人而语之，吾道不几于亵乎？且使学者弃规矩而谈妙悟，深为可忧也。"① 在张阳和看来，必要的规矩、仪节是成德的保证；相反，对一般人而言，彻悟性体既很困难，亦非必要，因此教法应侧重于前者。在他眼中，龙溪教人不考虑受众的资质差异，逢人就讲精微高深的良知之旨，此举将会严重地误导学者，令其忽视规矩仪节，专事妙悟，从而使"吾道几于亵"。面对阳和的质疑，龙溪一方面坚持自己的先天之学，认为"大匠诲人必以规矩，然得心应手之妙，不出规矩之外，存乎人之自悟耳"②，强调开悟是由规矩而进于得心应手之妙的途径；另一方面，他亦承认，"弃规矩而谈妙悟，自是不善学之病，非良知之教使之然也"③，认为抛弃了仪节的所谓"妙悟"本身就是与良知之学相对立的。然而，通观龙溪的回答我们可以发现，他并未能够正面回应阳和的质疑，即在面对资质平庸之人时是否应仅以规矩仪节教人，而不当语及良知之旨。这表明在教人之方上，龙溪可能的确存在着问题。对此，天台亦有所察觉，而且他抓住了"破除毁誉"这一不当的表述，因而比阳和的质疑更具有针对性。笔者认为，这可能就是龙溪对此"不敢不领悉"的原因。

三　对天台与龙溪之争的小结

　　以上我们分析了天台与龙溪之争的具体过程，那么，我们究竟应当如何看待这场争论呢，它的意义究竟何在？笔者认为，构成这场争论的两大环节的意义是不同的，需要我们分别加以考察。

　　在笔者看来，天台与龙溪关于良知和修养工夫的争论之意义在于借此使我们进一步看清了两人在本体论与工夫论方面各自具有的特点，明确了

---

① 《与阳和张子问答》，《王畿集》卷5，凤凰出版社2007年标点本，第123页。

② 同上。

③ 同上书，第124页。

两者的分歧。这就意味着，争论的双方并无对错之分。之所以如此，是因为两者在辩论中都执着于自己的观点，因而都有坠入一偏的问题。我们在前文中已经指出，阳明的"四句教"强调成德之方有两种，即正心之学与诚意之学，二者只有适用范围的差别，而无本质的不同。相反，天台与龙溪虽然都立足于万物一体之论，都承认良知学是彻上彻下的，然而在涉及具体的工夫问题时，二人却不约而同地都仅肯定自己的方法。故而龙溪将诚意之学视作"终非究竟之论"，天台则片面地强调正心之学为"颜子伯淳所不可承当者"。显然，二人的观点都称不上全面而客观，因此这一争论的意义也就仅限于为二人提供了一个充分展示各自思想的契机。

相反，笔者认为天台对于龙溪教人之方的批判具有一定的合理性，因为它切中了后者教法的真正问题，即不考虑受众的接受能力。按照解释学大师伽达默尔的观点，理解离不开"前见解"，"解释开始于前把握，而前把握可以被更合适的把握所代替：正是这种不断进行的新筹划过程构成了理解和解释的意义运动。谁试图理解，谁就面临了那种并不是由事情本身而来的前见解的干扰"①。同样，龙溪以先天之学教人，让常人"破除毁誉"的教法亦面临着常人的前见解的干扰，这使得他们对于龙溪之学的理解经常偏离龙溪的本意。常人并没有对心性本体的充分认识，因而一旦骤然语之"破除毁誉"，则他们依据自身的前见解只会将其理解为"小人无忌惮"。从这个角度上看，天台的看法是很准确的：他并没有直接否定"破除毁誉"的意义，而只是提醒龙溪需要注意听众的接受能力。对于天赋高而又勤勉于学的人来说，"破除毁誉"有利于其进一步体证道体，但对于常人而言情况则恰恰相反，不唯无益，反而有害。对此，彭国翔教授有着类似的观点："从实践角度来说，先天工夫要靠主体的自觉，当下回照而把握自身良知心体的实在性，较之后天工夫对于经验意识的澄治，反而有让人无从下手之感。常人平时念起念灭，能不断地在不善的念虑产生之后对之加以纠正，已经不易。而要求意识的每一次发生始终能由良知心体来启动，尤属困难。"② 这说明龙溪的先天之学并不具备普遍性，而以先天之学教人只会增加一种新奇之论，其结果只可能有两种，"一是

① ［德］伽达默尔：《诠释学 I·真理与方法》，洪汉鼎译，商务印书馆 2010 年版，第 379 页。
② 彭国翔：《良知学的展开——王龙溪与中晚明的阳明学》，生活·读书·新知三联书店 2005 年版，第 153 页。

可以带来意想不到的理论效应，一是可能引起不必要的误解"①。从龙溪之学所造成的现实影响上看，显然是后者居多。因此，吴震教授亦认为，天台对龙溪的批判传递了这样一种信息，即"极妙高深的理论未必能够成为具有现实意义的教法，如果不顾具体情况，一味向世人宣扬'高论'，则有可能产生无可挽回的误导作用"②。

作为耿定向工夫论的主要思想，"学有三关"通过三个有着密切联系的环节为学者提供了一整套切实可行的修养方法。同时，它与"真机不容已"共同构成了天台哲学思想的主要内容，这是其"卫道意识"的具体展开。可以说，天台对于其他问题的论述都以此为基础。限于篇幅，本书拟选取两个最具代表性的问题进行分析：一是耿定向对于佛教的态度；二是他与李贽的论战。

---

① 吴震：《泰州学派研究》，中国人民大学出版社 2009 年版，第 98 页。
② 吴震：《阳明后学研究》，上海人民出版社 2003 年版，第 382 页。

第五章　耿定向论佛

儒释道三教融合乃是明代特别是晚明思想的一大特点,当时的不少儒者都有着与佛道两家的人士交往,并主动吸收两家学说以丰富自身思想的经历,这一点在阳明后学中体现得更为明显。彭国翔教授曾指出:"除了与朱子学的互动这一线索之外,中晚明阳明学的许多方面与特征,是在当时三教融合的历史与思想脉络中生发出来的。换言之,儒学与佛道两家的深度融合,塑造了中晚明阳明学发展过程中一些特有的问题意识。"① 在这样的大背景下,耿定向对于佛家的态度却耐人寻味:一方面,他不可能对三教融合的理论趋势无动于衷,亦要有所说明;另一方面,基于自身的卫道意识,他对佛教的态度却十分小心谨慎,既承认其说具有一定的合理性,又严格地区分佛教和儒学。所谓"不研佛乘,不参玄旨,守道待后,如斯而已"②,便是这一心态的真实写照。

第一节　摄佛归儒,佛为儒用

耿定向曾著有《译异编》一书,集中阐述自己对于佛教的看法。对于该书的书名,张学智教授做了如下说明:"'译'者,绅绎引申之意;'异'者,异端或曰异域之书之意。'译异'就是通过对佛书某些语句和

---

① 彭国翔:《良知学的展开——王龙溪与中晚明的阳明学》,生活·读书·新知2005年版,第437页。

② 耿定向:《小像赞》,《耿天台先生文集》卷1,《四库全书存目丛书》集部第131册,齐鲁书社1997年影印本,第11页。

意义的引申来阐发儒学思想。"① 张学智教授的这一理解在《译异编序》中得到了证实：

> 昔宋儒有言曰："佛书精微者不出吾书。其诞妄者吾不信也。"吾曰："否否！读佛书者视心迷悟何如耳。如心诚悟，无论精微者得我同然，即中妄诞者亦视若《易》之像、《诗》之兴、《庄》《列》之寓言，殆将求之语言之外矣。如心苟迷，岂独妄诞者不之信，即中精微者亦只取四寸间耳。佛氏有言：'心悟转法华，心迷法华转'，信哉其言也。余素不佞佛，亦不辟佛，恃此心能转佛书耳。比见读佛书者或如痴人说梦，侈其幻想，以为神通；或如稚子捉风，矜其虚见，以为实际，斯则为佛书转折也。乃儒家者流辟佛之说无虑千亿，诸无当余衷。余独有取于王仲淹氏。仲淹之言曰：'佛，圣人也。其教，夷狄之教也。'中国则泥夫教云者，匪独秃首袒背，膜拜跌坐，偈咒颂呗，果报轮回之粗迹也。"②

"余素不佞佛，亦不辟佛，恃此心能转佛书耳"道出了耿定向对于佛家的根本态度。他一直要求自己在面对佛教时能够保持内心的清醒，坚持"以我为主"的原则，在明确儒佛区别的基础上来融汇佛教。在天台看来，一方面，佛教的义理确有可取之处，故而他对于儒家大多数辟佛的言论都不满意，因为这些言论试图全盘否定佛家，忽视了后者的合理之处，并不具备充分的说服力；另一方面，儒者应当摒弃的是佛教只顾自己修行而抛家舍业的举动，因为这违背了儒家的伦理原则，并将会导致社会秩序的瓦解。阳明曾云"佛氏不着相，其实着了相。吾儒着相，其实不着相"③，认为佛氏害怕君臣、父子、夫妇拖累自己而选择逃离这些伦理关系，实则却是着了君臣、父子、夫妇之相。相反，"吾儒有个父子，还他以仁；有个君臣，还他以义；有个夫妇，还他以别"④，以相应的伦理准则来处理关系，反而能"物来而顺应"。这表明，阳明对佛家的不满之处

---

① 张学智：《明代哲学史》，北京大学出版社 2000 年版，第 279 页。
② 耿定向：《译异编序》，《耿天台先生文集》卷 11，《四库全书存目丛书》集部第 131 册，齐鲁书社 1997 年影印本，第 281 页。
③ 《传习录（下）》，《王阳明全集》卷 3，上海古籍出版社 1992 年标点本，第 99 页。
④ 同上。

亦在于后者要求信众逃避自身的社会责任,在这一点上,天台可谓得阳明心之所同然。因此,在义理上承认佛教具有一定的正当性,并借助其中的概念、命题来说明儒学思想,而在社会伦理方面严格儒佛之别,坚持对佛家离伦弃世的行为进行批判,就成为天台论佛的两条主线。而前者是通过《译异编》完成的。

在写给挚友周柳塘的信中,耿定向披露了自己撰写《译异编》的苦心,"比缘近日友朋皆迷蔽于佛书,而或又从臾。余读佛书,难以庄语,不得已借此一发耳"①。面对自己的友人大多迷蔽于佛书的现实,天台感到有必要澄清儒佛的关系,使得学者意识到两家思想有着颇多的相通之处。为此,天台从四个方面做了论证。

一 以佛释朱陆之别

耿定向认为,佛家对于禅与经的说明有助于儒者理解并超越朱子和象山的理论分歧,这是佛教对圣学的一大助益。《宗教译》载:

> 佛氏家禅主传心,其名曰宗;经主说法,其名曰教。教之弊,至于溺经文、牵句义,而迷蔽原本;宗之弊,至于驰空见、毁仪律,而堕入狂魔。二家更相诮已。今吾儒或诋仲晦格物之说,而束书游谈;或缪子静立大之旨,而不识本心,亦若是已。噫!宗教之支,释道之衰也;朱陆之呶呶,亦吾道之晦已乎!②

朱陆之别可谓宋明理学的一大公案,从鹅湖之会上象山的"易简工夫终久大,支离事业竟浮沉"开始,绵延了数百年。阳明之前,朱子学势大,故儒者普遍是朱而非陆;阳明之后,心学崛起,风向为之一变,对于朱学的批判日渐增多。在本书第二章中我们已经指出,耿定向虽是阳明后学的一员,但他从来都是将程朱之学视作儒家道统的一个重要环节,给予充分尊重,并严厉地批判了王学末流对朱子的肆意攻击。在上述材料

---

① 耿定向:《与周柳塘》之 18,《耿天台先生文集》卷 3,《四库全书存目丛书》集部第 131 册,齐鲁书社 1997 年影印本,第 88 页。

② 耿定向:《译异编·宗教译》,《耿天台先生文集》卷 10,《四库全书存目丛书》集部第 131 册,齐鲁书社 1997 年影印本,第 270 页。

中，天台发现佛教内部亦存在着类似的弊端，可与儒家相互参证。

首先，佛教同样有着两种不同的工夫路向，即禅与经，且二者的特点恰与朱陆相对应：前者以开悟为主，特重"以心传心"，类似象山的简易之学；后者则以持修为先，重视对于戒律、仪轨的学习，与朱子之学若合符节。

其次，从本质上看，佛教两派间的分歧与后世学者对于朱陆之别的不当理解是一致的，都是片面强调自身的合理性而坠入一偏。天台认为，在佛教中，禅学一派过于强调开悟而忽视对于经书的学习以及修持的重要性，使其工夫缺乏坚实的基础，一味地追求妙悟，最终流于癫狂；经学一派则溺于对经文的解说和日常的持戒工夫，将手段当成了目的本身，忘却了成佛这一最终目标，其结果必然是茫然无所得。同样不可否认的是，朱子与象山在工夫论上确实存在差别，即"元晦之意，欲令人泛观博览，而后归之约，二陆之意，欲先发明本心，而后使之博览"①。然而这一差别在朱陆那里仅仅是工夫的侧重点与先后顺序不同，无论是朱子还是象山，都肯定发明本心与泛观博览均为成德的必要途径，不可偏废。因此可以说，这一差别是相对的。后世学者则将这一区别绝对化，谈尊德性者视道问学为"支离"，从而流于"束书不观"；崇尚道问学的学者视尊德性、发明本心为"空疏""近禅"，进而"溺于章句小楷"，终身不得进道。更可悲的是，两派学者不仅坠于一偏，往复争辩不已，甚至还认为此乃朱陆之争的本来面目，这就完全偏离了朱陆二人的本意。

最后，天台指出，如果说禅与经的分裂昭示着佛教的衰微，那么朱陆之争的绝对化亦使得圣学走向没落。因此，当务之急乃是超越二者的对立，承认发明本心与泛观博览对成就德性均有意义，这样不仅可以恢复儒家涵容阔大的本来面目，亦可以正确地理解朱陆之别。

耿定向对于朱陆之别的见解无疑是准确而深刻的。他清楚地看到了朱陆之争的本质，并提出了切实可行的解决方案。张学智教授认为："这种见解比王学中守其门户，高自标揭，拒人于千里之外，有更为宽阔的眼光和胸怀。"②

二 一心通则无不通

作为心学的一员，耿定向对"心"十分重视，其哲学思想中最重要

---

① 《年谱》，《陆九渊集》卷36，中华书局1980年标点本，第491页。
② 张学智：《明代哲学史》，北京大学出版社2000年版，第279页。

的两个部分即"真心不容已"与"学有三关"均与"心"密切相关，这一点同样影响了他对于佛教的理解。天台对于佛教的界说可以概括为"一心通则无不通"。在他看来，修行的目的在于求得本心的贯通，佛教与儒家概莫能外。释家的种种解说都是说心的方便法门，人们一旦悟得本心而心通，则种种解说的内涵都能得到彰显。值得注意的是，天台衡量心通与否的标准来自儒家，这再一次体现了他以儒为主、涵摄佛学的理论诉求。

例如，佛教有"六神通"的说法，天台则认为，这一切不过是"心通"的表现：

> 梁生谈佛氏有六通，曰天眼通，曰天耳通，曰他心通，曰宿命通，曰如意通，曰漏尽通。余曰："惟求自心一通耳。自心一通，闻一善言，见一善行，沛然若决江河，莫之能御，天眼天耳通矣。己所不欲，勿施于人，絜吾此矩于上下四旁，他心通矣。千百世之上有圣人出，此心同，此理同，古今一息，宿命通矣。居安资深，取之左右逢源，如意通矣。声色嗅味，咸无所染，而视听言动，一秉于礼，漏尽通矣。盖自心一通，将万化可通，岂独六通哉？嗟嗟，求通内典者遍天下，吾未见有求通自心者。求通自心者，莫善于舂陵周子。周子曰：'无思，本也；思通，用也。无思而无不通者，圣人也。无不通，生于通微，通微生于思，思者圣功之本。'又曰：'圣可学乎？'曰：'可。'曰：'何为要？'曰：'一为要。一者，无欲也。无欲则静虚动直而明通公溥矣。'今汨汨于言语文字之末，求通于文件知解之辨给，以足其想像意识，希高慕远之欲耳。将满腔尽是荆棘，浑身尽成麻木。即令博通万典千经，第丰其蔀而已。吁！安得无欲者与探无思之本？"①

所谓"六通"，是指佛菩萨依定慧力所示现的六种神通，又称六神通，即身如意通、天眼通、天耳通、他心通、宿命通和漏尽通。而在耿定向看来，对于儒者而言，只要能够发明本心，达到心与理一，则这一切都

① 耿定向：《译异编·六通译》，《耿天台先生文集》卷10，《四库全书存目丛书》集部第131册，齐鲁书社1997年影印本，第274页。

可以顺利实现。天台对这一观点的论证分为三个层次。

首先，他从儒学角度解释了"六神通"。从上述材料中我们可以看到，无论是"闻一善言，见一善行，沛然若决江河，莫之能御"，还是"千百世之上有圣人出，此心同，此理同"，抑或是"声色嗅味，咸无所染，而视听言动，一秉于礼"，都是儒家的经典表述，而它们所刻画的也都是一个儒家得道贤者的形象。天台以此来训解"六神通"，使其内涵发生了转变。

其次，天台着重论述了"发明本心"与"六神通"之间的因果关系。在天台看来，心是感官之主宰，自身又具众理而应万事，因而是成德的核心与关键。耳目是能知觉者，心是知觉的内在根据，心通则耳目之官不会蔽于外物，而能自得其理，故而耳目得通。"人同此心，心同此理"，若能做到"己所不欲，勿施于人"，则可得他人"心之所同然"，故他心通矣。宿命通之本义乃是知晓万世之宿命，是神通在时间维度的表现。天台则借助于象山的"千百世之上至千百世之下有圣人出焉，此心此理，亦莫不同也"①的观点，认为千古唯一理，此心此理贯穿古今，若能通过修养工夫达成"心与理一"，则宿命通。发明本心则动容中旋无不中礼，可达到"从心所欲不逾矩"之境，而在天台看来，这才是真正的"如意"。同样，漏是烦恼，若事事皆依乎礼则烦恼自消，漏尽得通。可见，在天台眼中，"心通"是基础，心通则无事不通。

最后，天台借助周敦颐的思想说明"心通"的关键在于"专一而无欲"。本体原是无思而无不思，但由于受到私欲的遮蔽而不可通微。因此，工夫的关键在于保持心境的专一，排除私欲及闲思邪虑的干扰，而非博通万千经典。可见，天台从儒家特别是心学的角度对"六神通"做了新的解释，使之成为发明本心的具体表现，从而凸显了儒家心性之学的意义。对此，张学智教授评价道："耿定向的解释，用心学的根本精神，用泰州之学的家法，强调心的主宰和运用。"②

又如，佛家有"六道轮回"之说，耿定向则认为，此心通极于性是人们摆脱轮回的关键：

---

① 《年谱》，《陆九渊集》卷36，中华书局1980年标点本，第483页。
② 张学智：《明代哲学史》，北京大学出版社2000年版，第281页。

友述内典云:"众生汩于情想诸罪业者,则堕地狱,轮回为禽为兽,旋或为人。综之六道,惟不信道法者,则永堕无间阿鼻重狱,终无轮转期云。"予曰:"此语亦自警策可省。顾彼所云地狱轮回云者,即吾人当下见在所受,非直待死去后有之也。夫人当下忽缘违忤,愤怒暴发,裂眦焦中时,便堕火坑汤镬狱矣。忽缘声色,嗜欲萌起,波荡横流时,便堕沉渊幽阱狱矣。失荣割爱,蒙毁被逯,丧气销魂时,便堕剑树刀山狱矣。即牵绊世情,拘牵俗礼,卷鞲鞠跽时,亦便堕枷杻桎梏狱矣。狱而不省,则为禽为兽不远也。如使天良不泯,倏然易虑改行,是故复登天堂,轮回为人矣。夫倏而地狱,倏而天堂,倏而人天,倏而禽兽,一日之间,众生不知轮回几道而不自觉者,着念故也。念无常,故轮回亦无常耳。惟知道者通极于性,不倚于念,故虽物感纷交,情境异态,而自有真常者在,是以时驻天堂,不堕地狱,而得免于轮回也。若众生虽时堕地狱,不免轮回,然人虽下愚,不无几希之间见,间见时即天人也。惟彼一种偏执傲戾之侪,凭其意见,任其习气,悍然不顾,冥然自信,以道为虚谈,而且敏辨饰过,坚行遂非,终身贸贸然不可与议矣。此真永堕深狱,更无轮转期也。吁,可哀也哉!"①

"轮回"是佛教表达其世界观的重要概念,指:"凡俗众生因善恶业因而流转轮回的六种世界,又称六趣,即地狱、恶鬼、畜生、阿修罗、人、天。"② 值得注意的是佛教对于众生陷入轮回之原因的分析。方立天教授指出:"佛教认为众生是由惑业的因而招感六道的生死轮回。"③ 所谓"惑业的因"即"苦因",具体是指贪、嗔、痴三者,这是从"人的欲望、情感和认识三个方面来探求人生痛苦的根源,强调只有灭除五欲,增长智慧,才是超脱生死轮回的解脱之路"④。而中国佛教学者对于轮回的根源有着更为深刻的认识,他们"除了从戒律实践揭示众生轮回的原因以外,还越来越强调心(精神)的主体作用,从心的思维活动和本原义来阐明

---

① 耿定向:《译异编·六道译》,《耿天台先生文集》卷10,《四库全书存目丛书》集部第131册,齐鲁书社1997年影印本,第273页。
② 蓝吉富主编:《中华佛教百科全书》,中华佛教文献基金会1994年版,第1126页。
③ 方立天:《中国佛教哲学要义》,中国人民大学出版社2002年版,第104页。
④ 同上。

众生轮回的根源"①。具体说来，"从心的用来看，似有生灭心相，故有轮
回；从心的体来看，本来无生灭心，无心也就无轮回"②，因此超越轮回
的关键在于追求心体的空寂。

对耿定向来说，一方面，佛教特别是中国佛教对于轮回及超越轮回的
基本理解为他所继承，因而天台亦认为"心"是摆脱轮回的关键；另一
方面，天台是从儒学的角度来理解心在超越轮回中的作用，故而他认为
"得免轮回"的前提是心"通极于性"。在《六道译》中，天台首先认
为，轮回不局限于往生，即现世亦有轮回。他举例说明，人在愤怒爆发、
嗜欲萌起、蒙毁被谗以及拘于世情俗礼时，都可以被视作已坠入地狱。人
们若对此缺乏自省自觉，则将永世陷入轮回而不得解脱。

其次，最为重要的是，天台指出，人之所以会陷入地狱，根源在于受
到物念的牵扯而自心不定，即所谓"着念"。念由外物而生，随物而迁，
千变万化。所谓轮回，即指此心汨没于情欲物念之中，迷而不觉的状态。
此心被物念所充满，自然会失去主宰而随物流转，终身不得解脱。明道在
《定性书》中曾认为学者之大患莫过于"自私"与"用智"，因为"自私
则不能以有为为应迹，用智则不能以明觉为自然"③。自私与用智之弊皆
在于存在着私心小我，因而对外物有所执着，不能做到应而不留，过而化
之。阳明在"严滩问答"中亦云"有心俱是实，无心俱是幻；无心俱是
实，有心俱是幻"④，要求人们破除习心的干扰而自觉其本心。可见，天
台对轮回原因的解释在本质上与明道和阳明如出一辙。

最后，天台强调，人们若期望摆脱轮回，就必须使得此心"通极于
性"，即发明本心，达成对心性本体的充分自觉，这就与汉地佛教以追求
心体之空寂为超越轮回之关键的主张相区别。"通极于性"意味着对于天
理的自觉，而理作为本体具有至上性和永恒性，这使得人的内心时时保有
真常之体而免于妄动，自然可以摆脱轮回。进一步，天台立足于孟子的
"四端说"，认为人即便陷溺于轮回，内心中同样有着一点灵明，只要以
此灵明行事，便有机会摆脱六道轮转之命运。相反，倘若冥然不觉，视道

---

① 方立天：《中国佛教哲学要义》，中国人民大学出版社 2002 年版，第 105 页。
② 同上书，第 106 页。
③ 程颢：《答横渠张子厚先生书》，《河南程氏文集》卷 2，《二程集》，中华书局 2004 年标
点本，第 460—461 页。
④ 《传习录（下）》，《王阳明全集》卷 3，上海古籍出版社 1992 年标点本，第 124 页。

为虚谈，则将终身轮回而不得解脱。总之，对天台而言，摆脱轮回亦需要排除生灭心的障蔽，回归心体，然而与佛教不同的是，天台要求学者要达到"心与理一"的境界，而不是归于空寂，消解本体。这体现出儒佛两家的根本差别。

再如，天台从儒学的角度解释了佛教的准提咒为何"有字无文"：

> 友有持诵准提咒者，谓可致诸福用云。或曰："此咒有字无文，虽有文无义，诵之获福，不已诞乎？"曰："福由于命，命受自天，盖莫之为而为，莫之致而至者也。众生以有心求是，求无益于得矣。咒无文义，盖令诵者思惟不起，则意念泯而知识忘，此心归于天矣。斯其为福孰大焉？黄叶止啼，此类是也。《诗》云：'永言配命，自求多福。'非知命者，未可语此。由此类推言之，即彼氏降魔咒与诸真言，皆可通矣。盖凡魔皆起于自心，有文之言，非真言也。噫嘻！泄佛密因矣。"①

准提咒又称准提陀罗尼，乃是密教陀罗尼，全称"七俱胝佛母心大准提陀罗尼"，"尊那菩萨根本大明"，原出《七俱胝佛母准提陀罗尼经》，由七俱胝佛所说。② 而所谓"陀罗尼"，应译为"总持""能遮"。真言的一字或多字，不论字数多寡，每一字都能总摄任持无量教法义理，持诵者能借此消除一切障碍，得到无边之利益。③ 总之，准提咒是密教修持之法的基本教义，其咒语的确"有字而无文"，含义极为晦涩。《准提咒译》对此都做了解释。

耿定向需要说明的是有求福之功的"准提咒"为何"有字而无文"，他认为，这正是为了让人们不起思虑，从而"意念泯而知识忘"。福祸得失皆由天授，非人力所能强求，正如孟子所言，是"求之有道，得之有命，是求无益于得也，求之在外者也"④。人之所以会去追求福祉，是因为受到"自心"或"私心"的支配，"意念"与"知识"都起自"自

---

① 耿定向：《译异编·准提咒译》，《耿天台先生文集》卷10，《四库全书存目丛书》集部第131册，齐鲁书社1997年影印本，第273页。
② 任继愈主编：《佛教大辞典》，江苏古籍出版社2002年版，第1043页。
③ 蓝吉富主编：《中华佛教百科全书》，中华佛教百科文献基金会1994年版，第3624页。
④ 《孟子·尽心上》，焦循：《孟子正义》卷26，中华书局1987年标点本，第882页。

心"。推而广之，"自心"乃是一切凡心魔念的源头。因此，准提咒无文义恰恰是为了让信众不起闲思邪虑，使其"私心"不得发动，不刻意地追求福祉。天台认为，这才是求福祉的正途。而"私心不得发动"则意味着"此心归于天"，因此在天台眼中，准提咒"有字而无文"的根本目的亦是要让修行者达成心与天合一的"心通"状态。这可以视作"一心通而无不通"的又一明证。

三 彻上彻下乃为真心

既然"心通"十分重要，那么学者该如何达成这一状态呢？或者说，究竟怎样的状态可以被视作心通呢？耿定向对这一问题的回答是以儒家的"万物一体"之学为基础的。他认为，儒学与佛学都强调"透真心"，但前者的标准是此心"通极于性"，即在实然层面达到心性合一，完成对于性体的体证。在儒家看来，万物之性皆得之于天，人之性与物之性从源头上看是一致的，这构成了儒家"万物一体"之论的本体论依据。这种本体论观念同样影响了儒家的工夫论，因而儒者的"尽性"不仅要"尽己之性"，还要"尽人之性"乃至"尽物之性"，即使得他人以至于事事物物皆得其性，只有这样才能真正实现对于自身性体的把握。因此天台认为，"吾儒言心，彻上彻下"①，儒家的透真心绝非虚无缥缈之学，而是要落实于孝悌忠信等日常伦理之中。佛教则不然，上文我们在讨论"轮回"时已经指出，中国的佛教学者强调摆脱轮回有赖于心体的空寂，这意味着使心达到空虚寂灭的状态乃是佛学"透真心"的内涵。显然，对于"心通"的不同理解反映的乃是儒佛两家的根本差别。而作为正统儒家的代表，天台不仅承认这一差别，而且认为这恰恰是儒学高于异教之处。可以说，天台对于佛教的诸多命题、流派的分析都体现了这一观念。

例如，天台认为，惠能的"本来无一物"并非透彻之语：

> 尝谓吾儒之教，因有显无，所谓费而隐也；释家则归无而显有，隐而隐矣。即惠能呈偈云"本来无一物"，斯理更何以加？第颂言

---

① 耿定向：《译异编·楞严译》，《耿天台先生文集》卷10，《四库全书存目丛书》集部第131册，齐鲁书社1997年影印本，第271页。

"无一物"，不免又有无一物者在。只如孔子云"泛爱众而亲仁"，如此方是无一物；颜氏若无若虚，犯而不校，方是无一物；禹、稷视天下饥溺犹己饥溺，方是无一物。如有无一物之见在，孔、颜、禹、稷之仁体斯阏矣。嗟嗟！世侈言会此无物之宗旨者岂少哉？有能自反躬如此证果者，即为执鞭，所欣愿也。①

惠能的"本来无一物，何处惹尘埃"一向被视作禅宗空观的经典表述，然而在耿定向眼中，此语仍非究竟之论。惠能言及"无一物"时，实际上是肯定了"无一物"的存在，这说明六祖的空观并不彻底。天台认为，其原因在于惠能未能找到把握虚无本体的正确途径，因而他执着于无，而且试图以无显无，这表明他主观上要求割裂有与无的联系。但是，当他通过语言表达这一观念时，客观上却是以有的方式来说明无，换言之，此举又建立了有与无的联系。这使得惠能陷入了自相矛盾之境。儒者则不然，他们清醒地意识到虚无的"仁体"是不能直接把握的，因此他们将工夫落实于爱亲敬长的道德实践中，以"彻上彻下"之法为进路来实现对于仁体的认识。显然，天台对于惠能的看法与其"即事即心"说以及对于"耽虚泥无"的批判一脉相承，而以他对于"耽虚泥无"的批判为参照，我们应当肯定天台的观点有一定的合理性。

同样的主张还反映在天台对于"情欲"与"性命"之关系的理解上：

> 友问李子曰："众生以情欲为情欲，佛以情欲为性命，如何？"予曰："何异佛言乎？孟子尝言口之于味，目之于色，鼻之于嗅，四肢之于安佚，性也，但曰有命焉，则摄有归无矣。佛氏解究情欲所自生为性命，便自不堕于情欲，非恣情纵欲之谓也。彼恣情纵欲者故不知性命，乃离情绝欲以求性命者，斯又为边见，非知性命者也。"②

众生之所以为众生，是因为其汩没于情欲而不知返，以致陷入恣情纵欲之境遇。与众庶不同，佛教与儒家都能超越情欲而进入对性命的探求，

---

① 耿定向：《译异编·坛经译》，《耿天台先生文集》卷10，《四库全书存目丛书》集部第131册，齐鲁书社1997年影印本，第272页。
② 耿定向：《译异编·情欲性命译》，《耿天台先生文集》卷10，《四库全书存目丛书》集部第131册，齐鲁书社1997年影印本，第276页。

这是儒佛两家超越常人之处。然而，两者由情欲而进入性命的路径却不尽相同。佛教通过探本溯源，寻找情欲之所生者而发现性命，其视情欲与性命为两截，彼此的联系是外在的，故而"离情绝欲以求性命"。天台认为此乃边见，不如儒家的体用一源、彻上彻下之论。后者将性命视作情欲的节度，因而其"透性命"的过程需要在对"情欲"的引导与控制中实现。如果我们再结合天台以"通极于性"来解释"透真心"的观点，那么可以认为，儒家对于心体的体证与把握也有赖于对"情欲"的控制。这里所体现的是天台在"慎术"说中有关情识与良知关系的思考，亦可以视作"彻上彻下乃为真心"的一大明证。

再如，耿定向对佛教"三乘"的解说最能体现他的"彻上彻下乃为真心"这一主张：

> 周子将游鲁，余送之浮光境上，为雨停留萧氏馆。是夜，有方外人解说《法华经》甚辨，大略谓乘之为言载也。佛氏教有三等：曰小乘、曰二乘云者，盖为初机浅学方便说法耳；若《法华》，开示悟人，权实双显，犹之莲华，花果齐彰，故曰大乘。即经中羊车鹿车牛车之譬，盖善喻云。周子曰："否否！吾儒教指亦有三乘：一乡善士友一乡善士，此小乘也；一国善士友一国善士，此二乘也；乃若天下之善士友天下善士，犹以为未足，而尚友千古者，此大乘也。夫子有言'人而无信，不知其可'，盖言人无可信之友，是不知友道之为大且重也。'小车无軏，大车无輗，何以行之？'其善喻盖如此。"吾聆已，矍然省曰："深乎，深乎！周子之论也有味哉。世学人或剿袭佛说，喜谈要妙，而不知即事即心，诚为边见。或亦知解不二谛义，辄谓遍地皆金，而择术不精，卒归鲁莽，可慨也。学者苟志大车以载之学，自非尚友千古，吾不知其可也。善论三乘者，莫辨于周子。"①

"三乘"乃是指适应不同根器的三种法门，即声闻、缘觉与菩萨（或曰佛乘）。② 而在汉译诸经中，"三乘"之名最初出现于《正法华经·善

---

① 耿定向：《译异编·法华译》，《耿天台先生文集》卷10，《四库全书存目丛书》集部第131册，齐鲁书社1997年影印本，第272页。

② 蓝吉富主编：《中华佛教百科全书》，中华佛教百科文献基金会1994年版，第386页。

权品》，① 这证明了《法华经》确与"三乘"有着密切的关系。具体而言，声闻乘的根本教法，是以自我完成为目标的四谛八正道；缘觉乘与"闻他人之教而开悟"的声闻乘不同，并不依据他人的教法，而是由于自己观察缘起的道理而开悟，并以开悟自己为目的；菩萨乘指大乘佛教，强调每个人均具有佛性，可依据自身的佛性而成佛，并且它包含着度众生的内涵，强调布施等具有社会意义的德目。② 总之，"三乘"可以概括为佛教成就自身的三个阶段，其层次是逐步提升的。

耿定向则认为，儒学亦可划分出与佛教相对应的三个修养层次。然而，在佛教中，声闻、缘觉与菩萨三乘的根本教法是不同的，而儒家"三乘"的教义却是一以贯之的，即不断地扩充人人心中本具的仁体，将其推之于事事物物之中。而达到这一目标的有效途径即"尚友"，在与友朋的切磋砥砺中不断地进德修业。因此，他不仅完全赞同周子的观点，而且还借助自己的"即事即心"与"慎术"说做了发挥。在天台看来，学者或者不识"即事即心"，喜谈虚无杳渺之学，热衷于遁入空虚寂灭之境；或者不知"慎术"，漫谓一切皆是，混淆情欲与本心。此二者皆非为学之正道。正确的为学之方依然是彻上彻下，将体认心体之过程贯穿于日用常行之中，下学而上达。

四　空与未发之中

耿定向对于儒佛思想的比较研判涉及一个根本问题，即儒佛两家各自的思想本旨是什么。天台认为，佛教的主旨是"空"，儒学的根本思想是"中"。《心经译》载：

> 古人读书惟观大指，否则入海算沙，只自困耳。余玩释典《心经》中"照见五蕴皆空"一语，此佛谛大指也。惟空故觉圆，惟空故无住。由斯以谈《圆觉》《金刚》，故皆此一语之注疏也。至于《楞严》中七征八还、六入十二处、十八界、七大暨住信回地位等五

① 任继愈主编：《佛教大辞典》，江苏古籍出版社 2002 年版，第 104 页。
② 蓝吉富主编：《中华佛教百科全书》，中华佛教百科文献基金会 1994 年版，第 386—387 页。

十四心、五十天魔，累瓦叠床，无虑千万言，综之皆此一语之衍义
也。善读佛书者，实会得《心经》此一语，则十二部五千余卷皆剩
语矣。吾儒自尧舜以来，相传正印，惟一"中"耳。子思子直指曰：
"喜怒哀乐未发之谓中。"白沙诗云："吾儒自有中和在，谁会求之未
发前？"未发前作何气象？孔之空空，颜之屡空，皆是物也。诚会
此，则《心经》此语抑亦剩语矣。否则，即种种微言妙论，第为众
生作障业耳。[①]

所谓"五蕴"，是指"色蕴""受蕴""想蕴""行蕴""识蕴"五
者，它们泛指物质世界与精神世界的总和。[②]"五蕴皆空"意味着整个现
实世界或者说现象界均是因缘假合而成，自身没有内在的规定性，即所谓
"性空"。因此，与其说它否定了现象界，不如说它否定了在现象界背后
支撑现象存在的本体，这构成了佛教世界观的基础。相反，儒家的主旨是
求"中"。对于"中和"，朱子的解释是："喜怒哀乐，情也。其未发，则
性也，无所偏倚，故谓之中。发皆中节，情之正也，无所乖戾，故谓之
和。大本者，天命之性，天下之理皆由此出，道之体也。达道者，循性之
谓，天下古今之所共由，道之用也。"[③]可见，中和均与"道""性"密
切相关，中乃道之体，和乃道之用。因此，儒家对于中和的推崇实际上是
对于性体的肯定。进一步我们认为，"性实"与"性空"的差异乃是儒家
与佛教的根本区别，这也是天台的《心经译》要表达的第一层含义。

然而，天台不仅明辨两者的不同，而且还注意到两者的相关性，这是
其提及孔子之"空空"与颜子之"屡空"的目的。《论语·子罕》载：
"吾有知乎哉？无知也。有鄙夫问于我，空空如也。我叩其两端而竭
焉。"[④]邢昺将"空空"训为"虚心"[⑤]，朱子亦认为夫子此举意在"谦言
己无知识"[⑥]，二者都认为夫子谦虚而不师心自用的态度是其能"叩其

① 耿定向：《译异编·心经译》，《耿天台先生文集》卷10，《四库全书存目丛书》集部第
131册，齐鲁书社1997年影印本，第270—271页。
② 任继愈主编：《佛教大辞典》，江苏古籍出版社2002年版，第257页。
③ 朱熹：《中庸章句》，《四书章句集注》，中华书局1983年标点本，第18页。
④ 《论语·子罕篇第九》，刘宝楠：《论语正义》卷10，中华书局1990年标点本，第
332页。
⑤ 何晏注，邢昺疏：《论语注疏》卷9，北京大学出版社1999年标点本，第115页。
⑥ 朱熹：《论语集注》卷5，《四书章句集注》，中华书局1983年标点本，第111页。

两端而竭焉"的前提。《论语·先进》则载:"回也其庶乎,屡空。"① 对此段的解释有两种:其一认为唯颜子能体道,然而时常陷入贫困;其二释"屡"为"每",释"空"为"虚中",意在说明"怀道深远,不虚心,不能知道"之义。② 显然,天台此处所选用的乃是第二种解释,而他援引孔子与颜子之例意在说明对儒家而言,虚空其心即破除成见是体道成德的必要条件。换言之,只有破除意必固我,仁体才能流行无碍。这说明儒家在本体层面反对佛教的空观,但却肯定"空"的工夫论意义。

第二节 儒佛有别:与焦竑论程颢辟佛

天台的佛教观不仅表现在《译异编》中,而且还反映在他就明道辟佛一事与焦竑的争论之中。焦竑是耿定向的得意门生,他对天台敬重有加。然而,与谨守儒家矩矱、严判儒佛之别的天台不同,焦竑则是晚明时期主张三教合流的旗手,这使得师徒二人对佛教的看法存在着明显的分歧,而对于程颢辟佛的不同态度则是这一分歧的集中表现。

一 程颢辟佛与焦竑的反驳

程颢与焦竑生活在不同的时代,面对着不同的时代背景和社会环境,他们对于佛教的态度迥然不同。明道生活在北宋中期,彼时佛教的影响可谓弥漫天下,儒学则早已式微。释教不仅在思想上,而且在社会伦理关系上都对儒学造成了严峻的挑战。明道本人早年亦以"求道"为目的"出入于释、老者几十年"③,后来返归六经,才意识到佛老之学"是皆正路

---

① 《论语·先进篇第十一》,刘宝楠:《论语正义》卷14,中华书局1990年标点本,第459页。
② 何晏注,邢昺疏:《论语注疏》卷11,北京大学出版社1999年标点本,第148页。
③ 程颐:《明道先生行状》,《河南程氏文集》卷11,《二程集》,中华书局2004年标点本,第638页。

之蓁芜，圣门之塞蔽，辟之而后可以入道"①，从而坚定了辟佛卫道的志向。②

相反，焦竑生活在明代晚期，此时三教融合的思想在阳明后学中已十分流行。阳明原本就有"二氏之用，皆我之用：即吾尽性至命中完养此身谓之仙，即吾尽性至命中不染世累谓之佛"③的说法，已经为儒释道三家的融合开辟了道路。阳明之后，越来越多的心学学者都选择到佛道两家中汲取思想资源，焦竑亦不例外。他明确指出：

> 道一也，达者契之，众人宗之。在中国曰孔、孟、老、庄，其至自西域者为释氏。由此推之，八荒之表，万古之上，莫不有先达者为师，非止此数人而已。昧者见迹而不见道，往往瓜分之，而又株守之。④

不仅如此，甚至在焦竑看来，三教合一的观点都不准确，而应当说三教本一。从源头上看，它们都是关于唯一的道体的不同解说。因而，他反对"将三教视为三种各自独立的思想系统或者说三种各自不同的'道'"⑤，而强调三者在本质上的一致性。《明德堂答问》载：

> 道是吾自有之物，只烦宣尼与瞿昙道破耳。非圣人一道，佛又一道也。大抵为儒佛辨者，如童子与邻人之子，各诧其家之月，曰："尔之月不如我之月也。"不知家有尔我，天无二月。⑥

以"三教一源"的思想为基础，焦竑对程颢辟佛的相关言论表示不

---

① 程颐：《明道先生行状》，《河南程氏文集》卷11，《二程集》，中华书局2004年标点本，第638页。

② 关于程颢辟佛的思想，学界已有了一定的研究，如李承贵《二程的佛教观及其思想史意义》（《南京大学学报》2005年第3期）及彭耀光《二程辟佛与理学建构》（《哲学动态》2012年第11期）。

③ 《年谱三》，《王阳明全集》卷35，上海古籍出版社1992年标点本，第1289页。

④ 焦竑：《赠吴礼部序》，《澹园集》卷17，中华书局1999年标点本，第195页。

⑤ 彭国翔：《良知学的展开——王龙溪与中晚明的阳明学》，生活·读书·新知三联书店2005年版，第444页。

⑥ 焦竑：《明德堂答问》，《澹园集》卷49，中华书局1999年标点本，第745页。

满，认为"程伯子未究佛乘"。① 概括起来，焦竑的不满主要集中两大方面。

其一，程颢认为，佛教对于性体的理解存在着严重的问题：它肯定性空，消解了性体中包含的各种伦理原则。《遗书》载：

> 今彼言世网者，只为些秉彝又珍灭不得，故当忠孝仁义之际，皆处不得已，直欲和这些秉彝都消杀得尽，然后以为至道也。然而毕竟消杀不得。如人之有耳目口鼻，既有此气，则须有此识；所见者色，所闻者声，所食者味。人之有喜怒哀乐者，亦其性之自然，今强曰必尽绝，为得天真，是所谓丧天真也。持国之为此学三十年矣，其所得者，尽说得知有这道理，然至于"反身而诚"，却竟无得处。它有一个觉之理，可以"敬以直内"矣，然无"义以方外"。其直内者，要之其本亦不是。譬之赞《易》，前后贯穿，都说得是有此道理，然须"默而成之，不言而信，存乎德行"处，是所谓自得也。谈禅者虽说得，盖未之有得。其徒亦有肯道佛卒不可以治天下国家者，然又须道得本体则可以周遍。②

在明道眼中，佛教之性与儒者之性正相反对：前者持性空之说，消解了性体中的种种"秉彝"；而后者则肯定天命之性，认为它来自天道本体，其中包含着道德原则，它们与耳目口鼻一样，同样是性之自然，因此，强行予以禁绝则是"丧天真"。有学者认为："在二程看来，佛教的问题在于，尽管它们也讲'性命道德'，但他们将道德意识与自然情感摒弃在性的范围之外，追求一个没有道德内容的'空性'，而不懂得这些道德意识与自然情感是性中本有的内容。"③ 应当说，这一观点是很正确的。

进一步，程颢认为，佛教对于本体的理解亦决定了他们对待经验世界的态度。《遗书》载：

---

① 焦竑对明道辟佛的反驳主要集中在两篇文献中，一者是《澹园集》卷十二中的《答友人问》；另一者则是他对于乃师耿定向所编订的《明道语录辑》一书所做的按语。由于耿定向所录入的语录与明道的原话有所出入，因此本书拟直接引用《二程集》中的明道原文。特此说明。
② 《河南程氏遗书》卷2上，《二程集》，中华书局2004年标点本，第24页。
③ 彭耀光：《二程辟佛与理学建构》，《哲学动态》2012年第11期。

昨日之会，大率谈禅，使人情思不乐，归而怅怅者久之。此说天下已成风，其何能救！古亦有禅氏，盛时尚只是崇设像教，其害至小。今日之风，便先言性命道德，先驱了知者，才愈高明，则陷溺愈深。在某，则才卑德薄，无可奈何他。然据今日次第，便有数孟子，亦无如之何。……其术大概且是绝伦类，世上不容有此理。又其言待要出世，出哪里去？又其迹须要出家，然则家者，不过君臣、父子、夫妇、兄弟，处此等事，皆以为寄寓，故其为忠孝仁义者，皆以为不得已尔。又要得脱世网，至愚迷者也。毕竟学之者，不过至似佛。佛者一黠胡尔，他本是个自私独善，枯槁山林，自适而已。若只如是，亦不过世上少这一个人。又却要周遍，谓既得本，则不患不周遍。要之，绝无此理。今日所患者，患在引取中人以上者，其力有以自立，故不可回。①

释氏本怖死生，为利岂是公道？唯务上达而无下学，然则其上达处，岂有是也？元不相连属，但有间断，非道也。……彼固出家独善，便于道体不足。②

《明道先生行状》载有程颢对这一问题的另一种表述：

道之不明也，异端害之也，昔之害近而易知，今之害深而难辨。昔之惑人也，乘其迷暗；今之入人也，因其高明。自谓之穷神知化，而不足以开物成务。言为无不周遍，实则外于伦理；穷深极微，而不可以入尧舜之道。天下之学，非浅陋固滞，则必入于此。自道之不明也，邪诞妖异之说竞起，涂生民之耳目，溺天下于污浊；虽高才明智，胶于见闻，醉生梦死，不自觉也。③

在明道看来，佛教的一大问题是仅能够"敬以直内"，而不能"义以方外"；仅能"穷神知化"，而不能"开物成务"。佛教消解性体，并将经验世界看作因缘假合的主张使其一心只求自身解脱，而将忠孝仁义等伦理

---

① 《河南程氏遗书》卷 2 上，《二程集》，中华书局 2004 年标点本，第 23—24 页。
② 《河南程氏遗书》卷 13，《二程集》，中华书局 2004 年标点本，第 139 页。
③ 程颐：《明道先生行状》，《河南程氏文集》卷 11，《二程集》，中华书局 2004 年标点本，第 638 页。

规范视作"俗世之网罗",急欲摆脱。这就使得它的修养工夫只有向上一途,于家国天下毫无裨益,即"释氏谈道,非不上下一贯,观其作用处,便作两截"①。而在明道眼中,作用处的上下间断正表明佛氏未曾见道。

对于明道对佛教在本体及工夫层面的种种批判,焦竑均不认同。首先,他认为"所谓'本来无一物'者,即《中庸》'未发之中'之意也"②,这意味着焦弱侯认为儒佛两家对于本体的理解并无不同。以此为基础,焦竑对上述批判一一做了反驳:

> 伯淳言:"佛氏直欲合这些秉彝都消煞得尽,然后以为道。然毕竟消煞不得。"如何?曰:安得此言?如此是二乘断灭之见,正佛之所诃也。③
>
> 伯淳言:"佛有个觉之理,可谓敬以直内矣。然无义以方外。"如何?曰:觉无内外。④
>
> 伯淳言:"佛穷神知化,而不足以开物成务。"如何?曰:学不能开物成务,则神化何为乎?伯淳尝见寺僧趋进甚恭,叹曰:"三代威仪,尽在是矣。"又曰:"洒扫应对,与佛家默然处合。"则非不知此理,而必为分异如是,皆慕攻异端之名而失之者也。不知天下一家,而顾夽曲防,自处于偏狭固执之习。盖世儒牵于名而不造其实,往往然矣。乃以其自私自利讥释氏,何其不自反也。⑤

对于明道攻击佛教"直欲合这些秉彝都消煞得尽",焦竑认为,这乃二乘"断灭之见"。在本章第一节中,我们已经介绍了佛教"三乘"的思想。"二乘"是指声闻乘与缘觉乘,仅以成就自身为目的,而"大乘"即菩萨乘则强调在度己的同时亦要度众生。因此,在大乘眼中,"二乘"非究竟之法。焦竑试图以此来说明佛家并非只注重个体的超脱而忽视社会职责,因而其与儒家的伦理原则并不抵牾。对于程颢指责佛家"有上达而无下学",只能"穷神知化"而不可"开物成务",焦竑则认为觉不分上

---

① 《河南程氏外书》卷11,《二程集》,中华书局2004年标点本,第417页。
② 焦竑:《又答耿师》,《澹园集》卷12,中华书局1999年标点本,第81页。
③ 焦竑:《答友人问》,《澹园集》卷12,中华书局1999年标点本,第91页。
④ 同上。
⑤ 同上书,第92页。

下，程颢的指责则是不能成立的，其依据则是："明道先生尝至禅寺，方饭，见趋进揖逊之盛，叹曰：'三代威仪，尽在是矣。'"① 焦竑认为，明道曾亲见僧人进退得宜，动容中旋无不中礼的事实，并感叹僧众行事颇有古风，能复三代之礼，这足以说明佛家完全能够做到"开物成务"，因此明道的批判是自相矛盾。

其二，程颢对佛家的生死观亦颇为不满：

> 佛学只是以生死恐动人。可怪二千年来，无一人觉此，是被他恐动也。圣贤以生死为本分事，无可惧，故不论生死。佛之学为怕死生，故只管说不休。下俗之人固多惧，易以利动。至如禅学者，虽自曰异此，然要之只是此个意见，皆利心也。②

在明道眼中，佛家生死观的精深完备恰恰透露出其并未参透生死，故不能以正确的态度对待之。儒者视生死为生命的自然现象，无可逃避亦不用逃避，借用伊川的话说："天地之间，有生便有死，有乐便有哀。"③ 因此，儒者更为关注如何在有限的生命长度中尽可能地彰显人之为人的本质，充实生命的内涵。换言之："儒家不屑谈论的是生命之死的状态，其对生命的现实过程则特别关注。"④ 相反，佛教就生死一事编织出一整套复杂而精巧的理论，恰恰证明它对于生死一事的痴迷以及对于死的恐惧。在程颢看来，佛教此举所体现仍是一种乐生而惧死的自私心。

对此，焦竑则反驳道：

> 古云黄老悲世人贪着，以长生之说渐次引之入道。余谓佛言出离生死，亦犹此也。盖世人因贪而修玄，玄修即彻，即知我自长生；因怖死乃学佛，佛慧既成，既知我本无死：此人之极情，入道之径路也。儒者或谓出离生死为利心，岂其绝无生死之念耶？抑未隐诸心，而漫言此以相欺耶？使果毫无悦生恶死之念，则释氏之书正可束之高

① 《河南程氏外书》卷12，《二程集》，中华书局2004年标点本，第443页。
② 《河南程氏遗书》卷1，《二程集》，中华书局2004年标点本，第3页。
③ 《河南程氏遗书》卷15，《二程集》，中华书局2004年标点本，第152页。
④ 李承贵：《二程的佛教观及其思想史意义》，《南京大学学报》2005年第3期。

阁，第恐未悟生死，终不能不为死生所动。①

　　焦竑承认佛家确有出离生死的主张，但认为这是接引人们入道的门径。在他看来，惧怕死亡乃是人之常情，而佛教的生死理论是为了让人们能够重新审视死亡，明白"我本无死"，从而摆脱对于死亡的恐惧。不仅如此，他还认为，不少儒者亦没有禁绝乐生而惧死的利心，更未能达观生死，故没有资格抨击佛教的生死观。总之，对于明道辟佛的种种言论，焦竑均不满意。在《答友人问》的末尾他总结道："伯淳唯未究佛乘，故其掊击之言，率揣摩而不得其当。大似听讼者，两造未具，而臆决其是非，赃证未形，而悬拟其罪案，谁则服之。"②

　　李承贵教授认为："二程对佛教认知、理解和评价无疑是自觉的，但由于固守着儒家道统立场，导致了他们对佛教的大面积误读。"③ 应当说，这一观点有其合理性。然而笔者认为，焦竑对于明道辟佛的反对亦存在着太多的师心自用之处，同样是不准确的。总体而言，两人的问题都是出在思想立场方面：明道严儒佛之别，发现了两者在思想上的诸多差别，这无疑是很有意义的。然而在评价两者的差别时，他却一味地以儒家标准来衡量佛教，未能对后者给予"同情的理解"。焦竑的问题则在于固守"三教一源"的观点，过于强调儒佛的一致性，从而人为地忽视了明道所揭示出的儒佛两家的差别。事实上，我们固然可以承认无论儒家还是佛教，它们所探究的都是唯一的道体，然而我们同样不可否认，儒佛两家在具体的思想内容上的确存在着明显的差别，正是这些差别决定了儒家与佛教是两套思想体系。

　　具体说来，焦竑的问题主要体现在两个方面：其一，他所谓"本来无一物"即"未发之中"的观点并不准确，前者是"性空"之义，后者则是"性实"之义；前者意味着对于本体的否定，后者则恰恰是肯定了本体的存在，两者显然不能混为一谈。其二，明道所谓"开物成务"即经世致用之学，它特指人们履行对于家国天下的社会义务，这一内容确实是佛学中不存在的。值得注意的是，他并不否认僧人的个人修养，这是其

---

① 焦竑：《答友人问》，《澹园集》卷 12，中华书局 1999 年标点本，第 90 页。
② 同上书，第 92 页。
③ 李承贵：《二程的佛教观及其思想史意义》，《南京大学学报》2005 年第 3 期。

"三代威仪，尽在是矣"之叹的真实含义。焦竑以此来反驳明道有关"开物成务"的批判，恰好说明他未能理解明道的本意。借助《大学》的框架，我们可以说，明道承认僧人能做到"八条目"中的前五条，然而后三条即"齐家""治国""平天下"是僧人不能实现的，这一观点显然是没有问题的。对此，李剑雄先生就曾指出："程颢认为佛学虽然玄秘，但于实际事业无补，其批评不谓无理。焦竑在此问题上的反驳，没有举出有力的论据。"①

焦竑在明道辟佛问题上的言论存在着诸多漏洞，远称不上客观，这招致了乃师耿定向的批评，这一批评亦构成了天台佛教观的另一重要内容。

二　耿定向对明道辟佛的回护

耿定向对程颢辟佛持赞许的态度。在与叔弟耿定力的信中，他指出："往读程子以佛书为淫声美色语，亦疑为过甚，自今观之，岂不然哉，岂不然哉！"② 对于焦竑的反驳，天台的态度则颇为有趣。一方面，在外人面前，他尽力维护焦竑：

> 唐祠部近辑《程子辟佛语》一编，焦弱侯中多驳异。想二程重惩当时张商英、吕惠卿所为，故辟之严如此。使学佛者皆如王文正、富郑国，亦不如此辟也。焦弱侯所崇信者，惟是如来、惠能辈，如商英攻涑水、惠卿讦金陵，亦岂是之哉？③

天台认为，二程辟佛所针对的是张商英与吕惠卿等人，即士大夫阶层中的激进拥佛派，因而言辞不免有些过激，这也是焦竑对明道不满的原因之一。至于焦竑本人，天台认为其对于佛教的尊崇仍在合理的范围，并没有类似于张商英的"吾孔圣之书，乃不及此"的言论，因此他告诫刘元

---

① 李剑雄：《焦竑评传》，南京大学出版社1998年版，第154页。

② 耿定向：《与子健》之2，《耿天台先生文集》卷6，《四库全书存目丛书》集部第131册，齐鲁书社1997年影印本，第174页。

③ 耿定向：《与刘调甫》之3，《耿天台先生文集》卷4，《四库全书存目丛书》集部第131册，齐鲁书社1997年影印本，第106页。

卿不必过于紧张。

　　然而，在写给焦竑的信中，天台则亮明了自己对明道论佛的看法：

　　　　顷得贤驳异程伯子辟佛诸条，余固陋，不谓贤不得佛意，然亦不
　　谓程伯子不得贤意。余读程伯子诸条，故亦谓不得于心者半，然不敢
　　妄谓余见有加于伯子也。其不得于心者，疑是门人所记，失却先生语
　　意；又或系正叔言论，排纂者误为伯子也。即实出伯子，如贤所摘
　　者，意彼亦有惩于当时学佛者云耳，即今以予之心逆伯子之心可知
　　已。乃余所谓得同然者最是。"观其作用处，便作两截"一语，此非
　　伯子不能道，非参透孔孟真血脉者，未易语此也。①

　　天台承认自己对明道辟佛的言论亦不能完全理解，然而他认为这些
"不得于心"的观点均不是明道的本意，故不必过于计较。相反，明道
的"观其作用处，便作两截"却是洞见，它准确地揭示了佛学的本末
未能一贯的问题，从而彰显了儒佛两家的根本差异。总之，天台强调程
颢辟佛对思想史的贡献大于它的问题，这说明他并不赞成焦竑对明道的
驳异。

　　在前文中我们已经提到，焦弱侯之见存在着两大问题，即混淆"本
来无一物"与"未发之中"以及对于"开物成务"的误解，而天台对这
两方面均有所察觉。他的批判主要针对于后者，当然亦包含着对于前者的
思考。

　　在分析天台对于焦竑的抨击之前，我们首先需要检视一下焦竑本人的
观点。在《答耿师》中，焦弱侯写道：

　　　　不捐事以为空，事即空，不灭情以求性，情即性。此梵学之妙，
　　孔学之妙也。总之，非梵学之妙、孔学之妙，而吾心性之妙也。此即
　　谓之玄机，而舍贴身无玄机；此即谓之微旨，而舍就事无微旨。恐不
　　必会之而为一，亦欲二之而不能矣。若所言"殄灭""消煞"之云，

————————————————

　　① 耿定向：《与焦弱侯》之8，《耿天台先生文集》卷3，《四库全书存目丛书》集部第131
册，齐鲁书社1997年影印本，第76页。

则二乘之断见，而佛之所诃也，岂佛咎哉！[①]

　　在此，焦竑认为佛学亦赞成即体即用，用中见体，同样肯定需要在具体事为中完成对心性本体的体证。同时，他还强调此举乃是把握心体的必由之路，并非是儒佛两家的一己之见，所以学者应当超越儒佛的对立。客观地说，焦竑的见解并没有错，然而他并没有明言如何才能实现事上磨炼，实际上还是回避了佛教不能经世致用的问题。天台正是抓住这一点来反驳焦竑对程颢的批判。《与焦弱侯》载：

　　　且今世之谈虚无者，何曾能虚能无哉？深之傍见高谈，浅之口足背驰，大都皆两截也。程伯子之言，非今古同慨哉！即程伯子盛慨当时佛学人人谈之，弥漫滔天，而正叔慨涪州一别，学者胥入于夷，宋事竟何如耶？金、元之乱，视五胡之扰，前后一揆，两程子盖有深隐矣。子谓程子之辟佛，直护门面，则过也。子称引程伯子入某寺，叹羡三代礼乐尽在是，此即“夷狄有君，不如诸夏之亡”之叹也。然夫子故有此叹，何背华即夷者，又诛之甚耶？程子叹佛门礼乐，曾见程子服习其礼乐否？即今佛门礼乐尚在，子谓广之可以致太平否？……贤书中云：“不捐事以求空，事即空；不灭情以为性，情既性。此非梵学之妙，孔孟之妙，而吾心性之妙也。”此言诚佳。顾所云“事自有辨”，孟子“矢人函人”章，又当深味也。[②]

　　天台此段文字大致表述了三层含义：其一，他依旧认为不少学者受佛教影响而热衷谈论虚无，然而由于他们犯了“耽虚泥无”“离事言心”之弊，割裂了本末体用的联系，故而并不能真正领悟虚无的本旨。这是天台“即事即心”的延伸，同时表明他并不承认佛学能做到“彻上彻下”之学。

　　其二，他亦批判了佛家离伦弃物而不能经世致用的问题。在天台看来，宋代的衰弱与士人热衷谈佛而不务实务有着密不可分的关系。而对于

────────

　　① 焦竑：《答耿师》，《澹园集》卷12，中华书局1999年标点本，第82页。
　　② 耿定向：《与焦弱侯》之8，《耿天台先生文集》卷3，《四库全书存目丛书》集部第131册，齐鲁书社1997年影印本，第77页。

程子的"三代威仪尽在于是"的感叹，天台认为此乃"夷狄之有君，不如诸夏之亡"之叹。其意正如程颐所云，"夷狄且有君长，不如诸夏之僭乱，反无上下之分也"①，即感慨儒家的礼仪制度本应是最值得儒者骄傲的，然而现在儒者甚至还不如僧人遵仪守礼，令人颇感惭愧和惋惜。然而，天台随即强调，明道只是赞赏僧人进退得宜，却没有心向往之，更绝无变服易食、以夷变夏之举，因为他洞察到儒佛礼仪的根本区别，即后者不可以"致太平"。这亦是天台认为焦竑对明道的批判不能成立的根本原因。

其三，基于上面的分析，天台一方面肯定了焦竑"不捐事以求空，事即空，不灭情以为性，情既性"的说法，认为这合乎"即事即心"的基本原则；另一方面，他又再次言及"矢人函人"章，强调"术"的重要性。在天台看来，贯彻"即事即心"离不开合适的方法，而不可否认的是，佛教在义理上确实消解了忠孝仁义的伦理法则，在实践层面佛教徒也的确是抛家舍业，放弃了自己的社会责任，这使得它无法摆脱"有上学而无下达"的指责。他写给三弟耿定力的一段话最能代表他的态度，"程子曰：'释氏谈道，非不上下一贯，观其作用，便作两截。'自今观之，程伯子真圣人乎！"② 因此，天台认为，佛学并非求道的有效途径，借此无法真正实现"即事即心"。他此举的目的意在告诫焦竑，求道还须回到儒家的正路上来，以孔孟之学为成德之方。

进一步，耿定向认为，佛教之所以不能"开物成务"，是因为它对于性体的理解有偏差：

> 彼氏曰观心者诚二见，曰解缚者至逾闲，乃以觅了不可得者为安心法则，又置其心于无何有之乡而茫荡矣。今诚反之自心，孰为得耶？惟彼氏言虚无，盖无而无，虚而虚矣，吾未见为得也。即能之，则亦枯槁其心，断灭其种性者耳。若孔孟言心，则实而虚，有而无者也。即孟子之告齐宣者，非从谀阿世，得人心同然矣。③

---

① 朱熹：《论语集注》卷 2，《四书章句集注》，中华书局 1983 年标点本，第 62 页。

② 耿定向：《与子健》之二，《耿天台先生文集》卷 6，《四库全书存目丛书》集部第 131 册，齐鲁书社 1997 年影印本，第 174—175 页。

③ 耿定向：《学彖》，《耿天台先生文集》卷 9，《四库全书存目丛书》集部第 131 册，齐鲁书社 1997 年影印本，第 232 页。

在天台看来，佛教所言虚无是"无而无""虚而虚"，即消解心中的一切内容，否定性体的存在，达到绝对的空无，即"本来无一物"的状态。此举的结果是学佛之人不免陷入耽虚泥无、枯槁其心的状态，最终则不免"断灭其种性耳"。孔孟之学则肯定性体中包含着入孝出悌的伦理准则，并认为这些天赋原则潜藏于内心之中，学者须通过外在的经验事实来探本溯源。因此，儒学在形式上表现为"自有入无"的特点。天台认为，孟子与齐宣王的对话正体现了儒学的这一特质。众所周知，孟子与齐宣王的对话有很多，结合文意，笔者认为，天台所指的当是《梁惠王上》中的"齐宣王问齐桓晋文之事章"（按：此处的表述参照《朱子语类》）。在这一章中，孟子肯定齐王能行仁政，其依据则是齐王不忍见作为祭品的牛的觳觫之态。朱子对此的解释是："王见牛之觳觫而不忍杀，即所谓恻隐之心，仁之端也。扩而充之，则可以保四海矣。故孟子指而言之，欲王察识于此而扩充之也。"[1] 可见，这里所体现的正是儒家借助"发而中节之和"来察识"未发之中"的思想。另外，这一论述还肯定了儒家的"未发之中"是"性实"而非"性空"，与惠能的"本来无一物"有着本质区别，不可混淆。总的来说，天台立足于"即事即心"的思想，的确洞察到焦竑在驳异明道时所暴露出的理论问题，并有的放矢地加以纠正，因而应当说他的反驳是合理而能够成立的。

耿定向对明道辟佛的回护构成了其佛教观的另一个重要环节，即严判儒佛之别，并以儒学为标准批判佛教。这说明天台的思想底色纯是儒学，佛教只不过是其论述儒家思想的工具而已，即"佛与儒在他这里不是水乳交融，而是油水相分，只有外在的相似性……佛家名相事数在他这里只是借以阐发儒家思想的媒介"[2]。因此，虽然他在明末"三教合流"趋势的影响下亦试图汇通儒佛，但是这种汇通的基础却是儒学本位主义。换言之，儒佛两家在天台思想中的地位并不平等，而是有圣学与夷狄之教的区别，这一点倒是与明道颇为相似。这就决定了天台汇通儒佛的努力是有限的，他不仅不会回避两者在思想本旨上的重要差异，而且会站在儒家的立场上抨击佛教。同时，我们也能够理解，为何天台对明道辟佛回护有加，当自己的得意弟子焦弱侯驳斥明道时，他能够不顾师生之谊而对后者大加

---

① 朱熹：《孟子集注》卷1，《四书章句集注》，中华书局1983年标点本，第208页。

② 张学智：《明代哲学史》，北京大学出版社2000年版，第281页。

批判。张学智教授认为："黄宗羲说他'拖泥带水，于佛学半信半不信'，实则是全然不信，不过'既不佞佛，又不辟佛'而已。"① 这一论断很难说是不正确的。归根结底，天台的佛教观仍是其"卫道意识"的表现。

---

① 张学智：《明代哲学史》，北京大学出版社 2000 年版，第 281 页。

第六章　李耿之争（上）：
哲学思想之争

作为晚明思想史上的一段公案，李贽与耿定向的争论是耿定向思想中的一个不容忽视的环节。这场论战自万历十二年（1584 年）开始，持续了十二年，直至万历二十三年（1595 年）两人才最终和解。论战对于两人的思想、性格及相互关系都产生了巨大的影响，特别是对李贽而言，可以说是"他一生命运、人格、心态发生重大转折的原因与标志"[①]，而李耿两人在晚明思想史上的重要地位则使得二人的论战具有独特意义，值得我们持久关注。

李贽（1527—1602），原姓林，名载贽，号卓吾、宏甫、温陵居士，福建泉州人，明代晚期的著名思想家。学界对李贽的评价存在着不小的分歧，有学者将其视作"中国社会刚刚开始其内发原生的近代化转型初期所出现的一位思想巨人"[②]；也有人认为他是"思想上的'暴徒'"[③]；还有人认为他是"晚明一位影响深远的思想异议者，一位依靠独立思考判断是非，面对历史和现实，敢于说真话的思想家"[④]。然而，无论何种评价，有一点是可以肯定的，即李贽的思想带有近代化色彩，与传统社会中的正统思想有着不小的距离。这自然招致不少人的批判，以"卫道意识"为旨归的耿定向亦参与其中。客观地说，他的批判并非是最激烈的，然而却是最著名的和最有影响力的。

概括地说，耿定向与李贽的争论包括哲学思想之争和史观之争两个方面。前者主要表现为二人对于孔子思想之价值、"不容已"的真正内涵以

[①]　左东岭：《耿、李之争与李贽晚年的人格心态巨变》，《北方论丛》1994 年第 5 期。

[②]　许苏民：《李贽评传》，南京大学出版社 2006 年版，第 72 页。

[③]　[日] 岛田虔次：《中国思想史研究》，邓红译，上海古籍出版社 2009 年版，第 137 页。

[④]　罗宗强：《中国文学思想通史——明代文学思想史》，中华书局 2013 年版，第 672 页。

及人性的实质这三者的不同认识，后者则集中反映在二人对冯道这一颇具争议的历史人物的不同态度之中。笔者认为，我们在具体考察两人的思想交锋之前，应当首先了解李耿之争的基本过程及李贽的核心思想，以明确争论的时代与思想背景。

第一节 李耿之争的大致过程

李贽与耿定向虽然相识于隆庆六年（1572 年），[①] 但两人较为密切的交往却始于万历九年（1581 年）。是年，李贽辞去了云南姚安知府，回到黄安，寄居于耿家，与耿定理相与问学。此时，天台亦在家守孝，两人有了更多机会相互交流。不可否认，耿定向对李贽的招待是周到而真诚的，如李贽去云南任职时曾将女儿、女婿寄于耿家，天台对二人"亦如己女己婿一般"；又如，卓吾来耿家时，"定向还特意修葺距黄安城十五里五云山巅之天窝书院以寓李贽"[②]。然而，这一切均无法掩饰两人在思想上的巨大差异，这些差异是李耿二人最终爆发争论的根本原因。

二人的论战爆发于万历十二年（1584 年）。据袁中道记载，是年"子庸死，子庸之兄天台公惜其超脱，恐子侄效之，有遗弃之病，数至箴切"[③]。在耿定理去世的同一年，天台三年的丁忧之期结束，并于三月"起都察院左金都御使，协理院事"[④]，三弟耿定力亦于上一年赴成都任职，家中只剩下子侄一辈，此时卓吾却在耿家担任家庭教师。将耿家的下一代交给素有出世之念的李贽来教育，是天台无论如何也不能放心的，故而他对卓吾"数至箴切"。李贽则最为看重人格的独立与自由，十分反感

---

① 在耿定向的年谱《观生纪》中，李贽首次出现于隆庆六年，"过金陵，与李宏甫、焦弱侯辈商学"（耿定向：《观生纪》，《宋明理学家年谱续编》第 5 册，北京图书馆出版社 2006 年影印本，第 311 页）。容肇祖先生的《李贽年谱》亦载李贽于隆庆六年"始认识耿定理"，"同时，李贽认识耿定理的哥哥耿定向"（容肇祖：《李贽年谱》，生活·读书·新知三联书店 1957 年版，第 32 页）。可见，李耿二人的确相识于这一年。

② 左东岭：《李贽与晚明文学思想》，人民文学出版社 2010 年版，第 99 页。

③ 袁中道：《李温陵传》，《焚书》，中华书局 2009 年标点本，第 3 页。

④ 耿定向：《观生纪》，《宋明理学家年谱续编》第 5 册，北京图书馆出版社 2006 年影印本，第 317 页。

他人的管束和"教导"。卓吾在给焦竑的信中吐露了自己的心声，"大抵自求快活者又安肯到处与人作对头耶！但不如此则终无自成之期，亦终无成人之期"①。既然自己与天台的冲突已不可避免，卓吾便越发觉得不能再继续住在耿家，遂于万历十三年（1585 年）移居到麻城。在此之前，卓吾修书一封，向天台告别：

> 仆今将告别矣，复致意于狂狷与失人、失言之轻重者，亦谓惟此可以少答万一尔。贱眷思归，不得不遣；仆则行游四方，效古人之求友。盖孔子求友之胜己者，欲以传道，所谓智过于师，方堪传授是也。吾辈求友之胜己者，欲以证道，所谓三上洞山，九到投子是也。②

从万历十五年（1587 年）起，李贽的思想日益极端化，他与耿定向的关系也日趋恶化。在这一年中，卓吾写了上万字的《答耿司寇》一文，对天台极尽冷嘲热讽，开始斥责他为"假道学"，并认为对方以官势压人，这自然使得天台甚为不满。③但天台为人严谨，因而他关注的焦点仍然是自己与李贽的思想分歧。然而，到了万历十六年（1588 年），李贽的行为却越发出格。首先，在这一年，卓吾正式落发为僧，并住进周柳塘为他修建的芝佛院；其次，这一年他完成了《藏书》的初稿；最后，关于

---

① 李贽：《与焦弱侯太史》，《续焚书》卷 1，中华书局 2009 年标点本，第 16 页。
② 李贽：《与耿司寇告别》，《焚书》卷 1，中华书局 2009 年标点本，第 28 页。
③ 值得注意的是，李贽某些不当的言辞人为地激化了他与耿定向的矛盾。限于篇幅，本书仅举一例。在《答耿司寇》中，李贽曾认为天台没有资格继承邹守益的思想，"且东廓先生，非公所得而拟也。东廓先生专发挥阳明先生'良知'之旨，以继往开来为己任，其妙处全在不避恶名以就同类之急，公其能此乎？我知公详矣，公其勿说谎也！须如东廓先生，方可说真不容已。近时唯龙溪先生足以继之，近溪先生稍能继之。公继东廓先生，终不得也。何也？名心太重也，回护太多也。实多恶也，而专谈志仁无恶；实偏私所好也，而专谈泛爱博爱；实执定己见，而专谈不可自是。公看近溪有此乎？龙溪有此乎？况东廓哉！"（李贽：《答耿司寇》，《焚书》卷1，中华书局 2009 年标点本，第 33 页）根据我们之前的分析，在王门的嫡传弟子中，耿定向最为敬重的莫过于邹守益，而对于王畿则颇为反感，因此李贽此语必然会让天台颇为反感。更重要的是，卓吾这样的表述并非严谨的思想讨论，除了能逞一时之快以外没有其他任何意义。可以说，卓吾类似于这样的言辞使得自己的生活环境进一步恶化。顺便说一句，许苏民教授对这一段材料做了分析，"针对耿定向以左派王学家罗汝芳、王畿、邹东廓的继承者自居，李贽要耿定向不要玷污了这些人的声誉"（许苏民：《李贽评传》，南京大学出版社 2006 年版，第 121 页）。这一论断存在着明显的错误：王畿是属于王门的左派，而邹守益则应是王门的正统派，两者显然不能混为一谈。

其私生活的种种传闻也为人所知。三者相结合，使得李贽坐实了"异端"之名。卓吾本人则对此不以为意，甚至流露出颇为享受的态度，"其所以落发者，则因家中闲杂人等时时望我归去，又时时不远千里来迫我，以俗事强我，故我剃发以示不归，俗事亦决然不肯与理也。又此间无见识人多以异端目我，故我遂为异端以成彼竖子之名。兼此数者，陡然去发，非其心也"①。在卓吾看来，既然剃发一方面可以免去俗事的打扰，另一方面又能不白白承担"异端"之名，何乐而不为呢？

李贽此举在当时社会上可谓掀起了轩然大波，特别是如果我们考虑到他当时的身份还是致仕的四品知府、朝廷命官，就更能想见其言行举止对于传统礼教造成了怎样的冲击。许建平教授认为，李贽的行为所造成的影响"不单是来自那种男女授受不亲的封建社会的礼仪制度所不允许，更重要的是与几种特殊身份叠加在一起的李贽其人极不相称"②。因此，自从李贽落发以后，友朋的规劝便不绝于耳。耿定向对此更是忧心忡忡：起初他只想将两人的争论局限于学术领域，因而面对卓吾的攻击，天台的反应是较为克制的。然而，自万历十六年（1588 年）以后，天台对于卓吾的"弹射"变得越发激烈。在写给周思久的信中，耿定向透露了自己此举的目的：

> 家弟传兄教云"卓吾已剃发"，嘱余更弗弹射云云。吁，是何言欤，是何言欤？夫弹射之与切劘，迹同而实异也。弹射云者，有物于此，衷怀杀机而欲致之死地也。切劘云者，有玉于此，相爱重而期成为圭璋也。余往与卓吾往复书俱在，兄试取而复观之。杀机耶，抑亦效他山之石意耶？……不知兄睹卓吾剃发时，胸中作何景象。若不是自省自愤，行居坐卧时，求讨自己安身立命处，而徒在卓吾头发上辨儒释、较是非，窃不取也。虽然，平常中原自玄妙，粗浅中更是精微。圣学如是，佛学亦如是。佛降而禅，圣降而儒，道斯歧矣。卓吾发愤如此，计当必透此一关。透此一关，便是人天师矣。若由是益骛玄奇，只在禅家见趣上盘桓，吾恐不免堕入十二天魔中去也。嗟嗟！发言及此，又似弹射矣。虽然，计卓吾如此发愤，后必

---

① 李贽：《与曾继泉》，《焚书》卷1，中华书局 2009 年标点本，第 53 页。
② 许建平：《李贽思想演变史》，人民出版社 2005 年版，第 243 页。

有大彻处。即余前后种种呈说，意当以余谓他山石，不予罪也。兄试传语之，如何？①

耿定向强调自己对李贽是"切劘"而非"弹射"，意在引导卓吾入道。同样，在他看来，卓吾剃发是为了修行成道，因此旁人不必过于计较。甚至对于卓吾狎妓之类的行为，天台亦认为"卓吾之学只图自了，原不管人，任其纵横可也"②，同样给予了同情的理解和足够的宽容。

耿定向这些善意的表示不仅没能换来两人关系的缓和，反而使得两人的冲突不断加深。万历十八年（1590年），李贽在麻城刊印了《焚书》，其中收录了他写给耿定向的所有书信。卓吾此举等于将二人的矛盾彻底公开化，从而激起了天台的极度不满。《观生纪》载："十八年庚寅我生六十七岁。……六月闻谤，作《求儆书》，蔡弘甫序，梓之，以告同志。"③天台直接将此举视作对自己的诽谤，这无疑意味着李耿之争进一步升级。他在《求儆书》的开篇处即点明了作此书的目的：

> 惟卫五年九十，犹求儆于国人，余犬马齿几古稀矣，相知者忍毫余、弃予不为儆耶？昔夫子得子路，恶声不至于耳。非子路奋于勇，遏绝天下之恶声不至也。意必有以救夫子之失而补其缺，恶声无自至也。予兹不免恶声至，是亦同心耻也，何以振我而刷浣我者。余初省致诟之由，茫然不得其端。近检笥牍稿，始解所自云。惟伊学术已大发泄于此，顾念予年七十，尚不免集诟耻矣。诸所诬诋，羞置一喙，谨以牍稿书草寄录相知者一览。高贤按此，谂予之缺，而箴儆之是望。④

所谓"求儆"，乃"求警示"之义。面对卓吾的攻击，天台感到有必

---

① 耿定向：《与周柳塘》之20，《耿天台先生文集》卷3，《四库全书存目丛书》集部第131册，齐鲁书社1997年影印本，第90—91页。

② 耿定向：《与周柳塘》之19，《耿天台先生文集》卷3，《四库全书存目丛书》集部第131册，齐鲁书社1997年影印本，第89页。

③ 耿定向：《观生纪》，《宋明理学家年谱续编》第5册，北京图书馆出版社2006年影印本，第321页。

④ 耿定向：《求儆书》，《耿天台先生文集》卷6，《四库全书存目丛书》集部第131册，齐鲁书社1997年影印本，第172—173页。

要求教于天下。鉴于对方已经将涉及自己的书信公之于众，天台亦决定将他写与卓吾的信件一并公开，交由士林来评判二人的是非曲直。除此之外，在《求儆书》中，天台还回顾了两人交往的过程：

> 念客之间关万里来也，原为余仲。仲逝矣，无能长其善而救其缺，即今恶声盈耳，宁忍闻哉？且令后学承风步影，毒流百世之下，谁执其咎？为是曲解婉讽，斯心良苦。已昧"不同为谋"之训，"戾不可则止"之戒，是则予过也。①

卓吾来到黄安是为了与耿定理论学，后者可以说是他最为敬服的人。楚侗去世之后，卓吾的言行便不再受到任何约束，以致发展到如今的"恶声盈耳"，为世人所不容的地步。耿定向承认，在这一过程中自己亦有责任，即囿于"道不同不相为谋"的观念，未能锲而不舍地对卓吾时时加以规劝，致使后者在歧途上越陷越深，最终不可挽回。可见，虽然天台此时可谓"出离愤怒"，但是他依然保持着学者的审慎。在后文中我们会看到，《求儆书》讨论的重点仍是两人的思想分歧，这表明天台仍然想将他与卓吾的争论限制在学术观点之争的范围内，而不想让其异化为对于对方人格的无理攻讦，而这恰恰是卓吾所欠缺的。对此，吴震教授评论道："卓吾是文人，天台是学者；文人作文讲究直抒性情，可以做得神采飞扬、不讲循规蹈矩，学者的文字却要求有板有眼；天台是一位严肃的学者，有时会怒骂，但其文字绝无嬉笑之态，在对待卓吾的文字言论之时，往往过于认真，所以经常是处于挨骂的境地。"②

《求儆书》不啻为一篇檄文，它标志着李耿二人的矛盾发展到了顶点。此时的李贽反而觉得自己的行为有些不妥，开始流露出与耿定向和解的意愿。在与周思敬（1532—1597，字子礼，号友山，周思久之胞弟）的信中，李贽写道："楚侗回，虽不曾相会，然觉有动移处，所憾不能细细商榷一番。彼此俱老矣，县中一月间报赴阎王之召者遂至四五人，年皆未满五十，令我惊忧，又不免重为楚侗老子忧也。盖今之道学，亦未有胜

---

① 耿定向：《求儆书》，《耿天台先生文集》卷6，《四库全书存目丛书》集部第131册，齐鲁书社1997年影印本，第173页。

② 吴震：《阳明后学研究》，上海人民出版社2003年版，第408页。

似楚倡老者。"① 道学先生向来是卓吾最为讨厌的一类人，而在此他却认为天台是道学中的翘楚，同时还为年近古稀的天台的健康状况担忧。显然，这些都标志着卓吾对天台的态度发生了不小的转变，更显示出他有与后者改善关系的愿望。然而，两人的真正和解还需要一个契机。

幸运的是，这一契机很快便到来了，而它与僧若无密切相关。僧若无，俗姓王，因欲出家修行而被其母所阻止。其母修书一封，大意是求道与俗务并不矛盾，故不必出世而习静，只要将俗务处理妥帖，内心安稳，便可习静而成道。李贽读了这位张姓老妪的半文不白的文字之后，大受感动，随即写了《读若无母寄书》：

> 卓吾子读而感曰：恭喜家有圣母，膝下有真佛，夙夜有心师，所矢皆海潮音，所命皆心髓至言，颠扑不可破。回视我辈旁人隔靴搔痒之言，不中理也。又如说食示人，安能饱人，徒令旁人又笑旁人，而自不知耻也。反思向者与公数纸，皆是虚张声势，恐吓愚人，与真情实意何关乎！乞速投之水火，无令圣母看见，说我平生尽是说道理害人去也。又愿若无张挂尔圣母所示一纸，时时令念佛学道人观看，则人人皆晓然去念真佛，不肯念假佛矣。能念真佛，即是真弥陀，纵然不念一句"弥陀佛"，阿弥陀佛亦必接引。何也？念佛者必修行，孝则百行之先。若念佛名而孝行先缺，岂阿弥陀亦少孝行之佛乎？决无是理也。我以念假佛而求见阿弥陀佛，彼佛当初亦念何佛而成阿弥陀佛乎？必定亦只是寻常孝慈之人而已。言出至情，自然刺心，自然动人，自然令人痛哭，想若无必然与我同也，未有闻母此言而不痛苦者也。②

天台读到卓吾的这段文字后，亦惊喜异常。他在《读李卓吾与王僧若无书》中明言："又闻李卓吾赏音如是，是以虽在沉疴中，亦大生欢喜不已也。"③ 进一步，他点明了让他欢心不已的根源，"试问天下善知识，

① 李贽：《与周友山》，《焚书》卷1，中华书局2009年标点本，第26页。
② 李贽：《读若无母寄书》，《焚书》卷4，中华书局2009年标点本，第141页。
③ 耿定向：《读李卓吾与王僧若无书》，《耿天台先生文集》卷19，《四库全书存目丛书》集部第131册，齐鲁书社1997年影印本，第463页。

除却此类孝慈心，别有本心否？除却本心，更有别般圣学、佛法否？"①
最后，天台说道：

> 今人言本心，本心实是了彻，如惠能、慈湖者谁哉？比吾党见张
> 媢书，大都漠然无味矣。乃李卓吾闻之，便赞叹如是。惟卓吾平生割
> 恩爱、弃世纷，今年至七旬矣，乃能反本如是。若予今乃弥留待尽之
> 日，所谓人穷返本者，以此闻卓吾赞叹张媢言，亦大生欢喜如是。盖
> 即其欣赏张媢言如是，便知其持学已归宗本心矣。学知返求本心，更
> 何说哉？②

《读若无母寄书》与《读李卓吾与王僧若无书》可谓是李耿二人和解
的标志，而在耿定向看来，二人之所以能结束争论，是因为他们在思想上
已达成一致，用天台本人的话说就是二人均已"归宗本心"。在后文中我
们将看到，对于卓吾，天台最为不满者是其"离事言心"，视入孝出悌、
洒扫应对为细枝末节，而要别寻本心。因而，当发现卓吾亦赞成无论学儒
学佛，重点都在求得本心的安宁，而这有赖于爱亲敬长的道德实践，甚至
他亦能说出诸如"念佛者必修行，孝则百行之先"之类的话时，天台的
惊喜之情是不难想象的。进而，天台亦大感欣慰：卓吾虽经曲折，毕竟最
终能够反本而回归正道。这样至少在他看来，阻挠两人关系的障碍已不复
存在，加之卓吾亦有意和好，因此两人冰释前嫌也就是顺理成章的事情
了。应当说，李耿之争最终能以这样的方式收场确实令人欣慰。

第二节　李贽思想的核心：童心说

在介绍了李耿之争的大致过程之后，我们再来简要了解一下李贽的基
本思想——童心说。卓吾最著名的文字就是《童心说》，而在此文的开

---

① 耿定向：《读李卓吾与王僧若无书》，《耿天台先生文集》卷 19，《四库全书存目丛书》
集部第 131 册，齐鲁书社 1997 年影印本，第 463 页。
② 同上书，第 464 页。

篇，他便对童心做了界定：

> 龙洞山农叙《西厢》末语云："知者勿谓我尚有童心可也。"夫童心者，真心也。若以童心为不可，是以真心为不可也。夫童心者，绝假纯真，最初一念之本心也。若失却童心，便失却真心；失却真心，便失却真人。人而非真，全不复有初矣。①

"童心"最为根本的特点是"绝假纯真"，也就是一个"真"字，李卓吾还对这个"真"做了具体的说明，即"最初一念之本心"。在儒家的传统中，孟子曾有"大人者不失其赤子之心"的说法。此处的"赤子之心"可谓儒家思想中与"真心"最为接近的概念，二者的特点都是纯真而无假。这里的"真"应当理解为自然而然，顺其本性而动，略无一毫人为。许建平教授认为："万历二十年（1592年）写《童心说》之前，李贽思想发展的一个基本走向：空净、自然、真率、为己。"② 笔者则认为，这不仅概括了李贽的思想脉络，而且构成了其童心说的重要内涵。

然而，仅有这些还不能构成"童心"，因为很难说这些含义不存在于"赤子之心"之中（即便是"为己"这层含义也能在"古之学者为己，今之学者为人"的经典表述中得到合理解释）。更准确地说，以上四者仅概括了"童心"的存在状态，却未能言明其本质。那么，"童心"与"赤子之心"的区别究竟在哪里呢？笔者认为，关键在对"何为真"这一问题的理解。基于性善论，孟子的"赤子之心"中包含着天赋的道德本性，这是"赤子之心"的本质，也是孟子所理解的"真"。对此，一个典型的例证就是：在孟子思想中，不学不虑的"良知良能"可以视作"赤子之心"的具体表现，而孟子将前者界定为"孩提知爱长知钦"的道德意识，因此，只有当后者亦具有先天的道德属性时，这两个重要的概念才能具有内涵上的一致性。

相反，将先天的道德属性视作人性的唯一本质恰恰是李贽最为反感的，而"童心"所强调的也正是为当时多数儒者讳言甚至反对的自然之性，也就是私欲。最能体现这一点的便是卓吾在写给时任黄安县令邓鼎石

---

① 李贽：《童心说》，《焚书》卷3，中华书局2009年标点本，第98页。
② 许建平：《李贽思想演变史》，人民出版社2005年版，第282页。

的信中的一段话:

> 间或见一二同参从入无门,不免生菩提心,就此百姓日用处提撕一番。如好货,如好色,如勤学,如进取,如多积金宝,如多买田宅为子孙谋,博求风水为儿孙福荫。凡世间一切治生产业等事,皆其所共好而共习,共知而共言者,是真迩言也。于此果能反而求之,顿得此心,顿见一切贤圣佛祖大机大用,识得本来面目,则无始旷劫未明大事,当下了毕,此余之实证实得处也,而皆自于好察迩言得之。[①]

《中庸》中有"舜好问而好察迩言"的表述,可见"好察迩言"乃是儒家所推崇的求知方式。然而,李贽将"真迩言"直接规定为诸如好货、好色、勤学、进取之事,却与儒家的传统观念大相径庭。《孟子·梁惠王下》中曾记载了孟子与齐宣王的一段对话,当齐宣王认为自己"好货""好色"而不能行王政时,孟子却劝解道"王如好货,与百姓同之,于王何有";"王如好色,与百姓同之,于王何有"。[②] 他建议齐王以公刘、太王为榜样,将人之所欲之物拿出来与民分享。可见,孟子虽然也提及"好货""好色"之念,但在他眼中,这些乃是行王政而成就德性的契机。当君主产生好货好色之念时,应当推己及人,使得百姓均能得利,以此来成就仁政。换言之,孟子要求君主的欲念应当在德性的主宰下展开,而耐人寻味的是,这些含义在卓吾的"童心"中都难觅踪迹,因此他的"童心之真"便演化为对于货、色这些"人之所欲"的直接追求。在他看来,这便是"最初一念之本心",至少是其中最为重要的一个向度。换言之,李贽的童心说等于肯定了"人性本私",其中并不包含儒家反复强调的先天道德之性,这就使得他的"童心"与孟子的"赤子之心"区别开来。对此,许建平教授评价道:"于是人性之真的具体内涵,不再是道家自然之性的缥缈;不再是儒家善的虚假说教;不再是看不见摸不着的佛性,而是实实在在的'为己'、私心。"[③] 许苏民教授亦认为:"如果我们把李贽的'童心说'看作是一种自然人性论的

① 李贽:《答邓明府》,《焚书》卷1,中华书局2009年标点本,第40页。
② 《孟子·梁惠王下》,焦循《孟子正义》卷4,中华书局1987年标点本,第137、139页。
③ 许建平:《李贽思想演变史》,人民出版社2005年版,第282页。

话，那么，对'人必有私'的确认也就成了作为自然人性论的'童心'的应有之义。因此，李贽的'人必有私说'乃是'童心说'由抽象到具体的逻辑的展开。"①

然而，对于私欲的肯定并不意味着在"童心"中没有道德的成长空间，否则李贽在《读若无母寄书》中对于孝悌之道的一番推崇就会显得言不由衷，而他与耿定向的和解也会令人无法理解。因此，笔者更加赞赏岛田虔次先生对于"童心"的界说："正如上述所知道的那样，这个童心决不是排除了'私'的'人欲'的契机而仅仅只是停留在作为思辨要求之原理的抽象性上的东西。之所以说它是'绝假纯真'，不是说它无人欲之私而只能纯于天理，而是指它的虽藏着势、利、财的契机，但还没有让'习'所变容这样一种状态。"② 这意味着李贽虽然肯定童心中包含私心、私欲，然而他并未否认这种私心、私欲需要适当的限制，将卓吾对私心的推崇视作纵欲之恶是不公允的。

李贽最为反感的是人们对于童心的遮蔽，在他看来，这是一切恶习的根源。《童心说》载：

> 童子者，人之初也；童心者，心之初也。夫心之初曷可失也！然童心胡然而遽失也？盖方其始也，有闻见从耳目而入，而以为主于其内而童心失。其长也，有道理从闻见入，而以为主于其内而童心失。其久也，道理闻见日以益多，则所知所觉日以益广，于是焉又知美名之可好也，而务欲以扬之而童心失；知不美之名之可丑也，而务欲以掩之而童心失。夫道理闻见，皆自多读书识义理而来也。古之圣人，何尝不读书哉！然纵不读书，童心固自在也，纵多读书，亦以护此童心而使之勿失焉耳，非若学者反以多读书识义理而反障之也。夫学者既以多读书识义理障其童心矣，圣人又何用多著书立言以障学人为耶？童心既障，于是发而为言语，则言语不由衷；见而为政事，则政事无根柢；著而为文辞，则文辞不能达。非内含于章美也，非笃实生辉光也，欲求一句有德之言，卒不可得。所以者何？以童心既障，而

① 许苏民：《李贽评传》，南京大学出版社2006年版，第343页。
② ［日］岛田虔次：《中国近代思维的挫折》，甘万萍译，江苏人民出版社2010年版，第111页。

以从外入者闻见道理为之心也。①

童心是真，对童心的遮蔽自然是"假"。在这种"假心"的主导下，言语、政事和文章都不是发自内心的，因而了无生气，虚伪做作。在卓吾眼中，造成这一切的根源即道理闻见，但他特别指出，不是说道理闻见本身就与童心相矛盾，而是学者未能处理好二者的关系，喧宾夺主，从而将原本应是促成童心展开的知识异化成童心的障碍，而这偏离了圣人著书立说的本意。卓吾此论可谓阐明了他对于"道学"的基本认识。

有鉴于此，李贽特别强调，学者应当直心而动，尽力破除习见的影响。他认为，最符合这一要求的当属泰州学派的学人：

> 当时阳明先生门徒遍天下，独有心斋为最英灵。心斋本一灶丁也，目不识一丁，闻人读书，便自悟性，径往江西见王都堂，欲与之辩质所悟，此尚以朋友往也。后自知其不如，乃从而卒业焉。故心斋亦得闻圣人之道，此其骨气为何如者！心斋之后为徐波石，为颜山农。山农以布衣讲学，雄视一世而遭诬陷；波石以布政使请兵督战而死广南。云龙风虎，各从其类，然哉！盖心斋真英雄，故其徒亦英雄也。波石之后为赵大洲，大洲之后为邓豁渠；山农之后为罗近溪，为何心隐，心隐之后为钱怀苏，为程后台：一代高似一代。所谓大海不宿死尸，龙门不点破头，岂不信乎！②

李贽认为，泰州诸儒的共同特点即英气十足，能直心而动。心斋初见阳明时，阳明便感叹道："此真学圣人者，疑则疑，信则信，一毫不苟，诸君莫及也。"③卓吾则发现，心斋的气质感染了整个泰州学派，因此其后学均是真诚而勇于任道之人，完全没有道学先生扭捏作态的小家子气，更没有一毫人伪夹杂其中。这正符合卓吾基于童心说而构想的圣人形象，因此得到了卓吾的大力赞扬。

---

① 李贽：《童心说》，《焚书》卷3，中华书局2009年标点本，第98—99页。
② 李贽：《为黄安二上人三首》，《焚书》卷2，中华书局2009年标点本，第80页。
③ 《年谱》，《王心斋全集》，江苏教育出版社2001年标点本，第70页。

岛田虔次先生认为："'内'的优越性，既然是停留在抽象的图式上，那么就总是不得不局限于一种主观的要求，但是，现在在卓吾这里，它早已不是仅局限于要求了。因为作为只是恶的原理的'人欲'，在'财''势''利'等现实契机（欲望）中被具体化，而且包含这些欲望在内的童心说也确立起来了。"① 这就是说，"童心说"的意义在于它为阳明的"良知"所揭示的"内"对于"外"的优越性赋予了"人欲"这一新的内涵而使其真正确立起来。从这个意义上讲："童心可以说是良知的成年，是良知的独立。"② 而现在，"童心说"中对于人欲的肯定以及"内"对"外"的优势地位将被卓吾带入与天台的论战之中，其价值与缺陷也将因此充分暴露出来。

第三节　李耿哲学之争的三重面向

李贽与耿定向和解后，曾作《耿楚倥先生传》一文，以纪念他一直视为知己的耿定理。在文中，他对于李耿之争作了总结与反思：

> 既已戚戚无惧，而天台先生亦终守定"人伦之至"一语在心，时时恐余有遗弃之病；余亦守定"未发之中"一言，恐天台或未窥物始，未察伦物之原。故往来论辩，未有休时，遂成扞格，直至今日耳。今幸天诱我衷，使得余舍去"未发之中"，而天台亦遂顿忘"人伦之至"。乃知学问之道，两相舍则两相从，两相守则两相病，势固然也。两舍则两忘，两忘则浑然一体，无复事矣。③

李贽认为，自己的问题在于拘泥于"未发之中"，而认定天台之学存在着"务外遗内"之弊，未能通达本体；相反，天台则基于自己的"卫道意识"，经常担心卓吾有"离伦弃物"的问题。正是两人互相的误解，

① ［日］岛田虔次：《中国近代思维的挫折》，甘万萍译，江苏人民出版社2010年版，第113页。
② 同上书，第112页。
③ 李贽：《耿楚倥先生传》，《焚书》卷4，中华书局2009年标点本，第143页。

使得他们论辩不已并最终"遂成扦格"。顺着他的思路我们可以发现，两人的争论由三个部分构成，即孔子思想之争，"不容已"之争以及人性之争。它们的关系是由表及里，逐层深入的。

一　孔子思想价值之争

有关孔子思想的价值的争论构成了李耿之争的第一个环节。自汉武帝"罢黜百家，独尊儒术"以来，孔子的地位便不断被抬高，《论语》中所记载的孔子言行更是只能遵信，不能怀疑。李贽则旗帜鲜明地否定"以孔子之是非为是非"，要求学者挺立主体性，切不可盲目遵从孔孟之言。在《答耿中丞》中，卓吾写道：

> "学其可无术欤"，此公至言也，此公所得于孔子而深信之以为家法者也。仆又何言之哉！然此乃孔氏之言也，非我也。夫天生一人，自有一人之用，不待取给于孔子而后足也。若必待取足于孔子，则千古以前无孔子，终不得为人乎？故为愿学孔子之说者，乃孟子之所以止于孟子，仆方痛憾其非夫，而公谓我愿之欤？①

李贽此处所针对的是耿定向的"慎术"说，特别是后者以孔子之学为标的的思想。在卓吾看来，每个人的存在都有其独立的价值，都应当得到肯定与尊重。盲目地崇拜孔子，将孔子之言当作"万世不易之法"，以一个人为标准去框定所有人的言行举止，这就抹杀了人的存在的多样性。《藏书·世纪列传总目前论》载：

> 前三代，吾无论矣；后三代，汉唐宋是也。中间千百余年，而独无是非者。岂其人无是非哉？咸以孔子之是非为是非，故未尝有是非耳。……虽使得孔子复生于今，又不知作如何非是也，而可遽以定本行罚赏哉！②

---

① 李贽：《答耿中丞》，《焚书》卷1，中华书局2009年标点本，第16页。
② 李贽：《世纪列传总目前论》，《藏书》，中华书局1974年影印本，第1页。

需要注意的是，卓吾并非全盘反对孔子或儒家思想，而是反对后世学者不假思索的"拿来主义"，即不经过自己的思考就接受他人特别是孔子的观点，并以此作为判断是非的唯一准则，即所谓"万口一词，不可破也；千年一律，不自知也"①。卓吾认为，这样的学者只是扮演了传声筒的角色，不仅没有贡献任何新的思想，而且丧失了独立思考的能力，"虽有目，无所用矣"②。而在他眼中，孟子正是这样的学者。

在儒家传统中，孟子"乃所愿，则学孔子"一语一直为人所称道，学者们普遍认为这既说明孟子深契乎孔子之心，又体现了其孜孜求道的坚定志向。李贽却对此明确表示反对，并指出这正反映了孟子与孔子的差距，即以孔子之是非为是非，放弃了自己在思想上的独立性。在李贽看来，孟子缺乏原创性思想，只能成为孔子的传承者，而不可能超越孔子。基于这一认识，李贽反对依仿圣人言行，要求学者求之于己，挺立自己的主体性，"且孔子未尝教人之学孔子也。使孔子而教人以学孔子，何以颜渊问仁，而曰'为仁由己'而不由人也欤哉！……惟其由己，故诸子自不必问仁于孔子；惟其为己，故孔子自无学术以授门人"③。卓吾认为，孔子并未要求弟子亦步亦趋地模仿自己，而是要求之于己，可见"自得"是为学的关键。

李贽对于迷信孔子的批判源自他对儒家经典的神圣性的消解，《童心说》载：

> 夫六经、《语》、《孟》，非其史官过为褒崇之词，则其臣子极为赞美之语。又不然，则其迂阔门徒，懵懂弟子，记忆师说，有头无尾，得后遗前，随其所见，笔之于书。后学不察，便谓出自圣人之口也，决定目之为经矣，孰知其大半非圣人之言乎？纵出自圣人，要亦有为而发，不过因病发药，随时处方，以救此一等懵懂弟子，迂阔门徒云耳。药医假病，方难定执，是岂可遽以为万世之至论乎？④

卓吾强调，正是由于后世学者的不当推崇，才使得六经、《语》《孟》

---

① 李贽：《题孔子像于芝佛院》，《续焚书》卷4，中华书局2009年标点本，第100页。
② 同上。
③ 李贽：《答耿中丞》，《焚书》卷1，中华书局2009年标点本，第16页。
④ 李贽：《童心说》，《焚书》卷3，中华书局2009年标点本，第99页。

的地位不断被抬升，最终成为不可置疑的经典，本质上这些所谓"经典"不过是门人对于圣人言行挂一漏万的记录而已。并且，这些言论都是"因病发药"，针对某些具体的问题，因此学者切不可剥离具体的语境而将此视为万世不变之论，更不可执此以为判断是非的绝对标准。在李贽看来，既然儒家经典并无神圣性可言，自然谈不上"以孔子之是非为是非"。

进一步，李贽认为，将孔子顶礼膜拜，奉为"万世师表"的当属宋明时期的道学先生。正因如此，卓吾十分反感道学先生，对其极尽冷嘲热讽。《三教归儒说》载：

> 自颜氏没，微言绝，圣学亡，则儒不传矣。故曰："天丧予。"何也？以诸子虽学，夫尝以闻道为心也。则亦不免士大夫之家为富贵所移尔矣，况继此而为汉儒之附会，宋儒之穿凿乎？又况继此而以宋儒为标的，穿凿为旨归乎？人益鄙而风益下矣！无怪其流弊至于今日，阳为道学，阴为富贵，被服儒雅，行若狗彘，然也。

> 夫世之不讲道学而致荣华富贵者不少也，何必讲道学而后为富贵之资也？此无他，不待讲道学而自富贵者，其人盖有学有才，有为有守，虽欲不与之富贵，不可得也。夫唯无才无学，若不以讲圣人道学之名要之，则终身贫且贱焉，耻矣，此所以必讲道学以为取富贵之资也。然则今无才无学，无为无识，而欲致大富贵者，断断乎不可以不讲道学矣。①

李贽认为，颜子的去世标志着儒家真精神的消亡，而伴随着谶纬之学的附会、性理之学的穿凿，到了明代，儒学的真面目早已不为人所知。明代儒学的主流形态是道学，在卓吾眼中，这却是与孔子之学的真精神相去最远的伪儒学。受其影响的道学先生则将学问视作猎取功名的工具，而将传统儒家的济世情怀与担当精神丧失殆尽。卓吾甚至将道学视作"废人之学"：一方面，道学只教人"三纲五常""忠孝节义"，从而造就了一批四体不勤五谷不分，除了圣贤教化外一无所知的"废人"；另一方面，这些"废人"要博得荣华富贵，又不得不钻研道学，走科举之路，企盼终有一天能"朝为田舍郎，暮登天子堂"，而这客观上又强化了道学的思想

---

① 李贽：《三教归儒说》，《续焚书》卷2，中华书局2009年标点本，第75—76页。

专制。卓吾指出，道学与儒者的交互作用最终导致二者双双走向堕落。

卓吾此论突出了个体意识，强调个人思考，要求打破思想枷锁，这标志着晚明学者的理性觉醒，有着深刻的理论意义，他对于道学先生的批判也确实点出了宋明时期很多俗儒的丑态。但是，他忽视了孔子思想中具有永恒意义的内容，这正是耿定向的反驳的切入点。

对于李贽"非圣无法"的言论，耿定向基于"真机不容已"作了回应，认为孔子之学正是"真机不容已"的外在表现，学孔子之学是"求之于己"的必然要求。耿定向说：

> 来教谓余日用之间，果能不依仿古人模样不？果能不依凭闻见道理不？窃谓古人有与世推移、因时变化的模样，有自生民以来千古不容改易的模样。有从闻见上来名义格式的道理，有根心不容自已的道理。夫所谓千古不容改易的模样，古人原从根心不容已的道理做出。所谓天则，所谓心矩是已。此非特不可不依仿，亦自不能不依仿，不容不依仿也。自开辟以来，众生均陶铸于古人此模样中，相生相养，日用而未之察耳。乃若伊尹乐尧、舜之道矣，而不能依仿其揖逊之模样；孟子愿学孔子矣，而不能依仿其尊周之模样，何以故？时世异也。至于若挞若沟之痛，视犹饥犹溺之忧，千古一模样也；无父无君之忧，视乱臣贼子之戚，千古一模样也。①

耿定向以"不容已"为标准，将古人的"道理"与"模样"分为两类，一类针对特定的场合和事件，属于"因病发药"；另一类则千古未曾改易，具有永恒的价值。天台认为，后者来自"根心不容自已"处，是心之本体的表现。心体包含天赋的道德本性，是至善的。同时，心体具有能动性，可以使内在的道德本性通过"不容已"的真机表现于外，形成各种具体的道德规范、礼法制度。这些制度和规范作为人之为人的根据，亦拥有永恒的意义。在这个意义上，天台指出，一切"千古不容改易"的模样都来自"根心不容已"的道理；而孔子的"礼"学正是属于这种"千古不容改易"的模样，它同样来自"根心不容自已"的道理，即

---

① 耿定向：《与李卓吾》之1，《耿天台先生文集》卷4，《四库全书存目丛书》集部第131册，齐鲁书社1997年影印本，第111—112页。

"仁"的思想。因此,学孔子之学正体现了"不容已之真机"的要求,是真正的求之于己。

由此,耿定向批评李贽未能理解"乃所愿,则学孔子"的真正含义,即不清楚孟子到底要向孔子学什么。在给弟子刘元卿的信中,天台写道:

> 惟孟子愿学孔子,非学其仕止久速之陈迹也。孔子之所以可仕可止者,其仕止一于学,学为仁也。仁无一息有间,无一处可已,故仕亦学,止亦学也。①

在天台眼中,孟子愿学于孔子的是后者的仁学。它代表着孔子对人性的理解和对道德本性的高扬,而非仕止久速的具体行为。换言之,孟子所学的乃是孔子之"心"而非其"迹"。孟子之所以会断定孔子一定是"行一不义,杀一不辜而得天下,不为也"②,所依据的正是他对于仁学基本原则的了解,也就是说他深知此举与夫子的价值原则正相反。由此可见,孟子是最能得夫子之真精神的儒者。相反,李贽对于孟子愿学孔子的否定实际上是否定"根心不容自已"的道理,否定儒家世代相传的人道主义精神,这是他的根本错误。

天台此论以自己的"慎术"说为基础,揭示了孔子思想的永恒意义,纠正了卓吾的偏颇之处,亦具有重要的理论意义。而且,这也是符合实际情况的:如果说孔孟之学对于健全人格的塑造没有任何积极作用的话,那么它断不可能作为中国传统社会的主流意识形态而在长达数千年的时间中深刻地影响中国人的思想和行为。

需要指出的是,天台对卓吾并未一味地批判,反而对后者的言论尽量给予"同情的理解",尽力寻找它们与儒家思想的共通之处:

> 卓吾云:"人之于学,惟求知足矣,不必稽行。"此语虽若骇俗,谅卓吾所云知,非闻见知解之知,是人之所以生死、天地之所以始终者。于此透得,更何须稽行?文成所云"知行合一"盖如此。

---

① 耿定向:《与刘调甫》之4,《耿天台先生文集》卷4,《四库全书存目丛书》集部第131册,齐鲁书社1997年影印本,第106—107页。

② 《孟子·公孙丑上》,焦循《孟子正义》卷6,中华书局1987年标点本,第216—217页。

卓吾云："人与天地、日月、风云、禽兽、草木总是一个人。见此一个，无处不是佛。"此语本是。程子谓"仁者浑然与万物同体"，亦是此意。顾实能识此，自虚能受，自大能容，自慈能爱，自灵能照，是其征也。

或传卓吾云："君臣父子，皆是假合。"有闻之艴然愤诋者，余解之曰："卓吾意指，盖欲人反身灵识尔我之真常妙合者耳。人苟识真，则庭草盆鱼皆是自家生意，况君臣之义，原无可逃；父子之情，自不可解者哉？故曰：反身而诚者，万物皆备于我。不则即自己形骸发肤，本是假合。邵子云：'即肝脾为胡约矣。'卓吾之言何异也？"①

在这里，天台用以涵摄卓吾"悖谬"之言的思想工具是儒家的知行合一、万物一体以及"识真机"的思想。首先，天台将卓吾所说的"知"解释为"知行本体"之"知"，这样就将后者的思想纳入阳明"知行合一"的框架中。阳明认为，知行原本就是一体的：知指导行，行落实知，即所谓"知是行的主意，行是知的工夫；知是行之始，行是知之成"②。冈田武彦先生认为："若从阳明知行合一论的精神来看，归根到底可以说是以行为中心的。就是说，是从若不行就不能致知的角度来讲'知行合一'的。"③因此，阳明指出"知而不行，只是未知"④。既然真知必然伴随着行，那么的确是"求知足矣"，不必再强调"稽行"。其次，天台认为，所谓人与诸如天地风云等物"总是一个人"的说法，乃是与儒家"万物一体"之论相吻合。人与万事万物在道的层面具有同一性，以道观之万物则没有分别。借助程子的观点，可以说万物皆能体现仁体之生意；而以卓吾的观点看，万物皆有佛性。二者的共同点在于均承认"道通为一"的本体论原则。最后，在天台眼中，卓吾之所以说"君臣父子，皆是假合"，意在促使学者反躬自省，寻找自己的心性本体，因为这是包括

---

① 耿定向：《与周柳塘》之21，《耿天台先生文集》卷3，《四库全书存目丛书》集部第131册，齐鲁书社1997年影印本，第90—91页。
② 《传习录（上）》，《王阳明全集》卷1，上海古籍出版社1992年标点本，第4页。
③ ［日］冈田武彦：《王阳明与明末儒学》，吴光、钱明、屠承先译，上海古籍出版社2000年版，第45页。
④ 《传习录（上）》，《王阳明全集》卷1，上海古籍出版社1992年标点本，第4页。

君臣父子在内的一切伦理规范的内在根据。可见，卓吾此语肯定了以内为主，内重于外的心学原则。应当承认，天台对于卓吾言论的解读带有自己的主观性，但亦不能否认卓吾的主张的确与儒家的不少观点有着相通之处，这为天台提供了解读的空间。这意味着，虽然从表面上看卓吾似乎在不遗余力地批判孔子和道学，但实际上他自己却深受后者的影响。换言之，他的批判所针对的是儒学的流弊。

值得注意的是，在如何理解孔子之学这一问题上，耿定向对于李贽的批判是以"真机不容已"为基础的。李贽也发现了这一现象，并意识到反驳天台的关键在于提出自己对于"不容已"的理解。因此，二人辩论的重点就转移到了"不容已"的真正含义。

二　"不容已"之争

李耿之争的第二个重要环节是关于"不容已"的内涵的辩论。耿定向的不容已乃是具有冲创性、不可遏制的道德情感，它会表现于道德实践之中。李贽对此并不接受。他认为，自己对于不容已的理解不仅不同于天台，而且明显高于对方。在《答耿司寇》中，卓吾特别对两人的"不容已"之论做了全面的比较：

> 公之所不容已者，乃人生十五岁以前《弟子职》诸篇入孝出悌等事，我之不容已者，乃十五岁成人以后为大人明《大学》，欲去明明德于天下等事。公之所不容已者博，而惟在于痛痒之末，我之所不容已者专，而惟收吾开眼之功。公之所不容已者，多雨露之滋润，故不请而自至，如村学训蒙师然，以故取效寡而用力艰；我之所不容已者，多霜雪之凛冽，是故必待价而后沽，又如大将用兵，直先擒王，以故用力少而奏功大。虽各手段不同，然其为不容已之本心一也。心苟一矣，则公之不容已之论，固可以相忘于无言矣。若谓公之不容已者为是，我之不容已者为非；公之不容已者是圣学，我之不容已者是异学：则吾不能知之矣。公在不容已者是知其不可以已而必欲其不已者，为真不容已；我之不容已者是不知其不容已而自然不容已者，非孔圣人之不容已：则吾又不能知之矣。恐公于此，尚有执己自是之病在。恐未可遽以人皆悦之，而遂自以为是，而遽非人之不是也。恐未

可遽以在邦必闻，而遂居之不疑，而遂以人尽异学，通非孔孟之正脉笑之也。我谓公之不容已处若果是，则世人之不容已处总皆是；若世人之不容已处诚未是，则公之不容已处亦未必是也。此又我真不容已处耳。未知是否，幸一教焉。①

在这段文字中，李贽的观点大致可以分为两部分：一者是用"小学"与"大学"概括了两人"不容已"之区别，另一者则是认为他与耿定向的"不容已"之争理应"相忘于江湖"，并责备天台执着于自身观点而抨击他人的做法。一方面，卓吾借用了朱子在《大学章句序》中对于"小学"和"大学"的界定：前者所学是"洒扫、应对、进退之节，礼乐、射御、书数之文"，后者则是学习"穷理、正心、修己、治人之道"。② 在李贽眼中，耿定向的"不容已"属于"小学"，因为它强调的是"礼"的具体仪节，如入孝出悌、洒扫应对，这些细枝末节之事在卓吾看来并非成道之路；而他自己的"不容已"则是"大学"，是欲"明明德于天下"之学。既然如此，两者自然有高下之分：以"成德"为最终目的的"大人之学"显然优于仅仅局限在"洒扫应对"之事的"小学"。虽然卓吾并未明言，但诸如"惟在于痛痒之末"与"惟收吾开眼之功"，"村学训蒙师然，以故取效寡而用力艰"与"大将用兵，直先擒王，以故用力少而奏功大"之类的表述已经印证了我们的判断，即他认为自己的"不容已"之论是优于天台的。

另一方面，卓吾又认为双方不应纠缠于谁的"不容已"说更为正确的问题，因为在他看来，两人的区别只是手段上的差异，而其最终目的都是为了揭示"不容已之本心"。换言之，所谓"小学"与"大学"的区别是有限的，是"迹"而非"心"的区别。因此，他非常反感天台以"圣学"与"异学"，"真不容已"与"非孔圣人之不容已"等范畴来描述两人的不容已之说，认为这正体现了后者的"执己之弊"。照卓吾的看法，天台的观点不能说有错，但归根到底这只是他的个人看法，只包含一种判断是非的标准，因此他不应试图以此来框定自己的思想。更何况在卓吾眼中，天台的标准实际上就是孔孟的标准，对他来说如果认同了前者的

---

① 李贽：《答耿司寇》，《焚书》卷1，中华书局2009年标点本，第29—30页。

② 朱熹：《四书章句集注》，中华书局1983年标点本，第1页。

评价体系就等于违背了自己一贯坚持的"不以孔子之是非为是非"的原则,这是他无论如何都不能接受的。在《答耿中丞》中,卓吾写道:

> 公既深信而笃行之,则虽谓公自己亦可也,但不必人人皆如公耳。故凡公之所为自善,所用自广,所学自富,仆自敬公,不必仆之似公也。公自当爱仆,不必公之贤于仆也。则公此行,人人有弹冠之庆矣;否则同者少而异者多,贤者少而愚不肖者多,天下果何时而太平哉![①]

卓吾认为,正是由于天台囿于自己的主张,喋喋不休地规劝自己,才使得两人关系逐步恶化,争论不休。若双方都能肯定对方思想存在的合理性与价值,则两人完全可以和谐共处。应当讲,这一要求具有一定的合理性。

需要指出的是,李贽此论有一个明显的漏洞,即他没有说明其"明明德"之学的具体内容,而耿定向的批判恰好是针对这一点:

> 公谓余之不容已者,乃《弟子职》诸篇入孝出悌等事;公所不容已者,乃大人明明德于天下事,此则非余所知也。除去孝悌等,更明何德哉?窃意公所云明德者,从寂灭灭已处觑得无生妙理,便谓明了;余所谓不容已者,即子臣弟友根心处,识取有生常道耳。如公所见,廿年前亦曾摸索过,窃谓闯过此关,从平常实地修正,方知夫子所云未能,方信舜之善与人同也。公言大人别有明德,大人无过孔舜矣。公前称引孔舜云云,又何自背戾哉![②]

耿定向的反驳十分巧妙。首先,他立足于自己的"即事即心"说,为李贽的"明明德"注入了内涵。他通过"除去孝悌等,更明何德"一语,打破了"小学"与"大学"之间的藩篱,强调在修养论上两者是一个统一的整体,不存在离开洒扫应对之事的纯粹"大学"。其次,天台根

---

① 李贽:《答耿中丞》,《焚书》卷1,中华书局 2009 年标点本,第 18 页。
② 耿定向:《与李卓吾》之4,《耿天台先生文集》卷4,《四库全书存目丛书》集部第 131 册,齐鲁书社 1997 年影印本,第 113 页。

据自己的理解，对他的"不容已"和卓吾的"明德"作了解释。所谓
"寂灭灭己处觑得无生妙理"，即是通过开悟的方法把握虚无。与此相反，
天台认为自己的不容已则是从"子臣弟友根心处"着手，以入孝出悌之
事为进路，寻找其内在的心理根源。也就是说，道德实践的心理依据是良
知、真机，而不良行为则根于情识（这里专指恶之根源）。由于外在的道
德规范与内在的心之本体具有统一性，因而可以由外而内地搜寻心体。这
实际上是其"慎术"说的理论延伸。最后，天台告诉卓吾，他所推崇的
开悟本心之法自己同样尝试过，然并非究竟之道。换言之，仅仅依靠开悟
本心不能实现对心性本体的彻底把握，必须诉诸道德实践。因而，两人的
"不容已"说并不是简单的手段差异，而是层次上的不同，有着根本的
区别。

应当说，耿定向的反驳是较为准确的，然而"大人无过孔舜矣"一
语则暴露出其思想原则中的儒学本位主义。以此来批判李贽这样一个拒绝
儒学具有绝对价值的人，显然难以让后者信服，这在客观上削弱了批判的
力度。

值得注意的是，在耿定向写给周思久的信中，另有一段有关李耿
"不容已"之争的重要文字：

　　忆昔年卓吾寓兄湖上时，兄谓余重名教，卓吾识真机。亡弟诮兄
曰："拆篱放犬。"意盖讶兄与余营道同术者，而作是分别，未究余
学所主。语若右。卓吾云尔，兄时不解，曾以语余。余哂而不答，盖
冀兄之自解也。乃近书来复曰余以继往开来为重，而卓吾以任真自得
为趣。则亡弟此诮，兄到今未会矣。亡弟非讶兄轻余而轩卓吾也，盖
慨兄之不识真也。夫孔孟之学，学求真耳；其教，教求真耳。舍此一
真，何以继往，何以开来哉？近日学术淆乱正原，以妄乱真，坏教毒
世，无以绍前启后，不容已于呶呶者，亦其真机自不容已也。如不识
真，而徒为圣贤护名教，妄希继往开来之美名，亦可羞已，不已与兄
大隔藩篱耶？若卓吾果识真机，任真自得，余家兄弟自当终身北面
之。亡弟安忍如此引喻，置之篱外哉？①

<hr>

①　耿定向：《与周柳塘》之18，《耿天台先生文集》卷3，《四库全书存目丛书》集部第
131册，齐鲁书社1997年影印本，第87—88页。

"天台重名教，卓吾识真机"作为周思久对李耿之争的经典概括广为人知，然而这一论断过于强调思想上的对立与分歧，招致了耿定理的不满。所谓"拆篱放犬"即暗示应对卓吾之学加以必要的限制，否则它会像失去篱笆约束的狗一样，扰乱人们的思想以及社会秩序。耿定向则指出，柳塘以"重名教"来概括自己的思想正是其"不识真"的表现。"真"或者"真机"乃是孔孟之学的唯一旨归，也是一切名教的最终根据。天台认为，一方面，自己的学说是以求真为目的，"重名教"则是求真的手段，脱离了求真的目的而徒然地为圣贤护名教是可耻的行为；另一方面，求真离不开"重名教"。接着，他笔锋一转，批判卓吾之学有遗弃之弊，脱离名教的羁络，并不能达到求真的效果，自己亦不必对其北面而师事之。可见，天台对周柳塘表达的观点与其直接面对卓吾时的主张一般无二，都是强调"名教"与"真机"不可二分，对于"不容已之真机"的体认需要在名教中完成，同样，"重名教"亦是以"识真机"为旨归。

故此，耿定向曾直接质问李贽，"余惟反之本心不容已者，虽欲坚忍无为，若有所使而不能；反之本心不自安者，虽欲任放敢为，若有所制而不敢。是则浅肤之纲领，惟求不失本心而已矣。岂是束于其教，不达公上乘之宗耶？"[1] 此处，天台再次强调自己的言行举止都是以不容已之本心为根底，故强烈抗议卓吾所谓"束于其教，不达上乘之宗"的批判。

李耿二人关于"不容已"的争论反映了一个重要的哲学问题，即如何看待"体用一源"这一儒家本体论的基本原则。这也是两人争论的理论实质：耿定向关于不容已的论述都建基于"体用一源"，而李贽用"小学"与"大学"之分来区别自己与天台的"不容已"，事实上是否定了"体用一源"。

"体用一源"是中国哲学的独特思想，其价值在于揭示了人把握本体的合理方式。本体作为本然之体段，超越而无待，正如龙溪所说："性无不善，故知无不良，善与恶对，相待之义，无善无恶是谓至善，至善者，心之本体也。"[2] 然而一方面，人很难直接体认本体；另一方面，本体作

---

[1] 耿定向：《与李卓吾》之3，《耿天台先生文集》卷4，《四库全书存目丛书》集部第131册，齐鲁书社1997年影印本，第112—113页。

[2] 王畿：《书同心册后语》，《龙溪会语》卷6，《王畿集》附录2，凤凰出版社2007年标点本，第783页。

为具体事物的存在根据又存在于具体事物之中，表现为具体的"理"。因此，人可以通过求理来把握虚无的本体，通过有来观照无。中国哲学认为，有与无、寂与感、未发与已发，这些相互对立的概念不可截然二分，"寂感无二时，体用无二界，如称名异字"①，这便是"体用一源"的意义。

"体用一源"与耿定向的"即事即心"有着密切的联系，而其"不容已"说亦体现了这一思想原则。在《与李卓吾》之1中，耿定向认为"道理"与"模样"既有区别又有联系，这个联系就是"千古不容改易的模样"是从"根心不容自已的道理"中做出的。而在《与李卓吾》之4中，天台从相反的方向说明了以这些"千古不容改易的模样"为进路，我们可以发现"根心不容自已的道理"，进而可以发现"心之本体"。这说明"道理"是"模样"的内在依据，"模样"是"道理"的外在表现，两者是统一整体。相反，李贽对于耿定向"不容已"的批判则否定了"体用一源"，代之以"体用二分"。当他以"小学"和"大学"来区分自己与天台的不容已之说时，就意味着他承认两者是不相联属的。

这使得两人的"不容已"之争演化为对何为成德之有效途径的争论，而这一问题又表现为两人对于狂狷之士和乡愿的不同看法。按照李贽的逻辑，既然他反对建基在体用一源基础上的成道之路，那么他就必须去寻找一条不与道德实践发生任何关系，纯粹内在的路径。对此，李贽虽然没有明说，但可以想见，他所指的就是开悟的方法，以此"觑得向上一机"，也就是耿定向所说的"从寂灭灭已处觑得无上妙理"。这一方法确实是单纯地向内用功，用力少而收效快，即所谓"大将用兵，直先擒王"。在卓吾看来，能掌握这一方法的乃是他特别推崇的"狂狷之士"，正所谓："狂者不蹈故袭，不践往迹，见识高矣，所谓如凤凰翔于千仞之上，谁能当之，而不信凡鸟之平常，与己均同于物类。……狷者行一不义，杀一不辜而得天下不为，如夷、齐之伦，其守定矣，所谓虎豹在山，百兽震恐，谁敢犯之，而不信凡走之皆兽。"② 在他眼中，狂狷之士言行迥异于常人，只有前者才有可能成道。类似的表述在《焚书》里还有很多，如"豪杰

---

① 黄宗羲：《明儒学案》卷16《江右王门学案之一·文庄邹东廓先生守益》，中华书局2008年标点本，第338页。
② 李贽：《与耿司寇告别》，《焚书》卷1，中华书局2009年标点本，第27页。

之士决非乡人之所好，而乡人之中亦决不生豪杰"①，认为豪杰之士与乡人是性质完全不同的两类人，两者间不可能转换。在《复耿中丞》中，卓吾更是认为："惟念此问学一事，非小小根器者所能造诣耳。夫古人明以此学为大学，此人为大人矣。夫大人者，岂寻常人之所能识耶？"②

相反，常人汨没于日用常行之中，正是乡愿之徒。卓吾则毫不掩饰对他们的厌恶之情，"若夫贼德之乡愿，则虽过门而不欲其入室，盖拒绝之深矣，而肯遽以人类视之哉！而今事不得已，亦且与乡愿为侣，方且尽忠告之诚，欲以纳之于道，其为所雠疾，无足怪也，失言故耳"③。他甚至认为，耿定向督学南京多年，却未能简拔出有识之士，正是由于"求而得者皆非狂狷之士，纵有狂者，终以不实见弃；而清如伯夷，反以行之似廉洁者当之也？"④

在耿定向看来，李贽这番言论看似在讨论乡愿与狂狷的区别，然则其推崇狂狷，贬斥乡愿的背后却是对孔孟之学的拒斥。因此，他特意修书一封，向卓吾阐明自己的观点：

> 来札中所谓乡愿之拟，循省实非其伦。尝惟乡愿模样，大类中行，孔孟薄诮之者，只为自以为是，不可入尧舜之道耳。今仰思尧舜之道，何道哉？只是这些子不容已的仁脉流传，至于孔孟，其模样历千万岁可睹也。今世禅活子，不修不证，撑眉张吻，自以为是，微妙处余虽不知，其模样可概睹已。意即彼释迦之道，且亦难入，而强与言尧舜孔孟之道，岂不由耳食哉？昔宰我欲短丧，岂是残忍，谅亦有出世见趣也。而夫子谓之曰："汝安则为之"，是自不容已处省之。夷之思以其道易天下，其见亦卓，其志亦弘矣。及闻孟子泚颡语而怃然者，盖从本心不容自已处一省也。似此古人模样，虽有圣人复起，不能易者。今说及此，便是道理常谈，便是情缘，岂不充塞仁义，诬世惑民哉？⑤

---

① 李贽：《与焦弱侯》，《焚书》卷1，中华书局2009年标点本，第4页。
② 李贽：《复耿中丞》，《焚书》增补1，中华书局2009年标点本，第258页。
③ 李贽：《与耿司寇告别》，《焚书》卷1，中华书局2009年标点本，第28页。
④ 同上。
⑤ 耿定向：《与李卓吾》之2，《耿天台先生文集》卷4，《四库全书存目丛书》集部第131册，齐鲁书社1997年影印本，第112页。

孔子曾云，"不得中行而与之，必也狂狷乎"①，这说明在儒家传统的价值序列中，"中行"是高于"狂狷"的。而在耿定向看来，夫子最为不齿的"乡愿"与"中行"只有细微的区别，相反与狂狷之士的行为却颇为不同。究其原因，乃是因为尧舜之道本是仁脉之流传，而仁爱之心本自平实，并无任何奇特高妙之处。中行之士并不将其视作"道理常谈"，相反，他们正是于这些平常之事中体会仁爱之心，而这才是尧舜之道的真精神。因此天台认为，卓吾过于推崇有"遗弃"之嫌疑的狂狷之士，并非成道之正途。

对于李耿二人的"不容已"之争，沟口雄三先生总结道："既然'不容已的真机'是出自万人本来具足的明德，那么，从这里迈出一步而坠落于恣意放任的境地，就当然是在'明德具在'中自行废弃了人之所以为人。耿氏是这样看的。但李卓吾认为，人之所以为人，是出自断绝一切预定的明德具足的当体，'不容已的真机'当然从这里发出，如对它嵌上预定的框架，反而是在'明德具在'中强迫地废除人之所以为人。他们两人都站在'是人'这一点的悬崖上进行对决，彼此不能够退让半步。"②这一评价诚然是很有见地的。天台对于人之本质的理解一遵于儒家传统，强调天赋的道德本性，故他只能将"不容已"理解为具有冲创作用的道德情感，它需要现实化为具体的孝慈之行。因此，他也一定会由下学而上达，通过亲民来实现对明德本体的理解。相反，卓吾认为童心乃是人的本真状态，因而他自然要追求"完全舍弃了人我是非之分别的境界"③，钦慕"狂狷之士"。可见，两人关于"不容已"的争论所体现的正是二人关于人性理解的根本分歧，因此，有关人性的争论便构成了李耿之争的第三个重要环节。

三　人性之争

"性"在中国哲学中有两层含义，一是指人的自然属性，即告子所谓

---

①　《论语·子路篇第十三》，刘宝楠《论语正义》卷16，中华书局1990年标点本，第541页。

②　［日］沟口雄三：《中国前近代思想的屈折与展开》，龚颖译，生活·读书·新知三联书店2011年标点本，第155页。

③　同上书，第154页。

"食色性也";二是指人的道德本性,即天赋的道德意识。后者被儒家视作人的根本属性。耿定向作为儒学的信徒,亦认同这一观点。李贽则认为,只有自然之性才符合童心"绝假纯真"的特点,是人的根本属性,即"自然之性,乃自然真道学也"①。

基于"童心说"李贽认为,儒家的根本问题是"假",即不敢承认童心,不敢面对童心中的私欲及自然之性。针对这一点,李贽明确指出:

> 夫私者人之心也,人必有私而后其心乃见,若无私则无心矣,如服田者,私有秋之获而后治田必力;居家者,私积仓之获而治家必力;为学者,私进取之获而后举业之治也必力。故官人而不私以禄,则虽召之必不来矣;苟无高爵,则虽劝之必不至矣。虽有孔子之圣,苟无司寇之任,相事之摄,必不能一日安其身于鲁也决矣。此自然之理,必至之符,非可以架空而臆说也。然则无私之说者,皆画饼之谈,观场之见,但令隔壁好听,不管脚跟虚实,无益于事,只乱聪耳,不足采也。②

李贽强调私心的意义,认为私心顺应人的自然之性,是行为的真正动机。任何人的任何行为莫不是因为有利可图,无论是斗筲之民还是士大夫概莫能外。卓吾认为,儒家表面上重义而轻利,实际上将名利看得很重,这点在孔夫子身上就体现得十分明显。夫子若不能得官,连在鲁国生存下去都很困难,遑论他教书育人、治国安邦的种种谋划。因此卓吾将有关"无私"的各种言论均视作无稽之谈,认为根本不值得认真对待。

对于私的强调被李贽带入与耿定向的辩论之中,成为他讽刺天台的"根据"。在他看来,天台的种种行为同样本于自然之性,亦是为了满足自身的欲望,其中殊无道德本性的痕迹:

> 试观公之行事,殊无甚异于人者。人尽如此,我亦如此,公亦如

---

① 李贽:《初潭集》卷8,转引自容肇祖《李贽年谱》,生活·读书·新知三联书店1957年版,第67页。

② 李贽:《德业儒臣后论》,《藏书》卷32,中华书局1974年影印本,第544页。

此。自朝至暮，自有知识以至今日，均之耕田而求食，买地而求种，架屋而求安，读书而求科第，居官而求尊显，博求风水以求福荫子孙。种种日用，皆为自己身家计虑，无一厘为人谋者。①

在李贽眼中，道学先生耿定向的行为与常人并无二致，考虑的同样是自己的利益，都渴望良田美宅、金榜题名，他所追求与普通的市井小民并无不同，这一切本身无可厚非。真正的问题在于耿定向言行不一，行为虽出自自然之性，讲学时却将自己标榜为道德之人，既要得利又好美名，所要甚多，故只能言不顾行，虚伪做作。卓吾将此视作道学先生的通病。《答耿司寇》载：

> 及乎开口论学，便说尔为自己，我为他人；尔为自私，我欲利他；我怜东家之饥矣，又思西家之寒难可忍也；某等肯上门教人矣，是孔、孟之志也，某等不肯会人，是自私自利之徒也；某行虽不谨，而肯与人为善，某等行虽端谨，而好以佛法害人。以此观之，所讲者未必公之所行，所行者又公之所不讲，其与言顾行、行顾言何异乎？以是谓为孔圣之训可乎？翻思此等，反不如市井小夫，身履是事，口便说是事，作生意但说生意，力田作者但说力田。凿凿有味，真有德之言，令人听之忘厌倦矣。②

> 每思公之所以执迷不返者，其病在多欲。古人无他巧妙，直以寡欲为养心之功，诚有味也。公今既宗孔子矣，又欲兼通诸圣之长：又欲清，又欲任，又欲和。既于圣人之所以继往开来者，无日夜而不发挥，又于世人之所以光前裕后者，无时刻而不系念。又以世人之念为俗念，又欲时时盖覆，只单显出继往开来不容已本心以示于人。分明贪高位厚禄之足以尊显也，三品二品之足以褒宠父祖二亲也，此公之真不容已也，是正念也，却回护说："我为尧舜君民而出也，吾以先知先觉自任而出也。"是又欲盖覆此欲也，非公不容已之真本心也。③

---

① 李贽：《答耿司寇》，《焚书》卷1，中华书局2009年标点本，第30页。
② 同上。
③ 同上书，第36页。

　　李贽认为，道学先生在人格上是分裂的，是一群口是心非的伪君子，耿定向亦不例外。作为道学先生的耿定向，其行事与讲学所执行的是双重标准：行为是以利己为目的，而讲学时却标榜自己的道德修为，并以私欲来指摘他人。在卓吾看来，天台同样是既欲青史留名，又欲光耀门楣；既欲治国安邦，又欲高爵厚禄：总之同样希望名利双收。卓吾则认定“名”与“利”是相矛盾，而天台却欲鱼与熊掌兼得之：本质上要追求实利，希慕高官厚禄，却又不能放下道学先生的架子。因而卓吾认为，道学先生耿天台反而不如市井小夫可爱，因为后者言行一致，真诚无伪。

　　李贽所针对的是义利对峙、重义轻利的义利观及道德本性与自然之性截然对立的人性论，自汉代以来这一思想逐渐成为儒家的主流看法。先秦儒学对利并未完全否定，也未断定义与利是相反的，而是肯定合乎道义的利，符合道德本性的自然之性是合理的，如《论语》中载：“富与贵是人之所欲也，不以其道得之，不处也；贫与贱是人之所恶也，不以其道得之，不去也。”① 这一思想兼顾了人性的两面，既凸显了人异于禽兽之处，又承认了追求富贵同样是人的本性，具有高度的合理性。到了汉代，董仲舒提出了“正其谊不谋其利，明其道不计其功”的论断，将义利视为绝对对立的两面，造成了二者极为紧张的关系。而宋儒中除了事功学派的陈亮、叶适之外，大多数学者都肯定义利的对峙及义的绝对合理性，并以“天地之性”与“气质之性”，“理”与“欲”的人性论加深了这种对立，最终发展为“存天理，灭人欲”的极端状态。

　　在李贽看来，这种对于道德性的过分强调违背了人性，因为自然之性才是人之根本。在实践层面上，儒者也从未真正践行他们的道德主张，大多数儒者都是言不顾行的小人。这一分析确实在一定程度上揭示了历史的真实面向。为了反对儒家的义利观，李贽旗帜鲜明地肯定、高扬私心。不可否认，作为对之前不合理的义利观和人性论的反动，这一思想也具有一定的合理性。

　　但是，李贽实不应该将此引入与耿定向的争论之中，并抨击天台是口是心非、言行不一的假道学，这种人格侮辱让天台无法容忍。卓吾此举使得辩论的性质发生了变化，从单纯的学术之争发展为人格攻击，并进而演化为耿定向的门生故旧对于卓吾的围攻。可以说，李贽的不当言行恶化了

① 《论语·里仁篇第四》，刘宝楠《论语正义》卷5，中华书局1990年标点本，第142页。

自身的生存环境。客观地说，耿定向为官多有政绩，又治学严谨，善于简拔人才，即便有些许的问题，也不应被简单地归为伪君子。相反，从上文中我们也可以看出，李贽言论多是出自一时之意气，缺乏真凭实据，因此他的批判并不客观。

秉承着一贯的严谨学风，耿定向在《求儆书》中并未与李贽争一时之意气，而是力图澄清自己与卓吾在人性论上的根本差别：

予于伊夙无此三者，言论虽有牴，只为天下人争所以异于禽兽者几希界限耳。彼曰"甘食，性也"，予亦曰"性也"，顾谓惩沉湎之羞而正燕享之礼，圣人所以尽性也。若陈遵豪饮于左君，不敢曰此亦率性无碍也。彼曰"悦色，性也"，予亦曰"性也"。顾谓贱逾墙之丑而谨男女之方，圣人所以尽性也。若相如挑琴于卓氏，不敢曰此亦率性无碍也。"暴怒，性也"，予亦曰"性也"，顾谓怒以天下，如遏密徂诛正卯，圣人所以尽性也。若王雱悆诟魏公，胡纮蓄意诬元晦，不敢曰此尽性无碍也。此甚微妙，关涉甚大，是不容不辨别也。①

耿定向认为，道德性并非与自然之性完全对立，更不是要取消自然之性，而是要加以适当的限制，这一限制正体现了人之本质。人具有动物所拥有的一切属性，这是维持个体及群体生存所必需的，既不能取消也无法取消。但是，动物同样具有自然之性，以此无法将人与动物区分开来，而道德本性是人所独有的，是人的本质属性。它表现为对于自然之性从时间、场合、对象、方式上加以限制，正是这种限制将人与动物区分开来。这与我们在第四章中所引述的孟子关于"绍臂逾墙"的分析是一致的，即他所否定的不是食色之性，而是以绍臂逾墙等不正当的方式来满足食色之性。在孟子看来，这是将人降格为动物的行为，天台对此深以为然。

相反，天台指出，卓吾取消道德本性，将人性单纯规定为自然之性的做法只会将人降格为动物，因此他将自己与卓吾的人性之争概括为"为天下人争所以异于禽兽者几希界限耳"。天台指出，对于食色暴怒之事，他亦承认此乃人之本性，此处他与卓吾并无不同。卓吾的问题在于不对具

①　耿定向：《求儆书》，《耿天台先生文集》卷6，《四库全书存目丛书》集部第131册，齐鲁书社1997年影印本，第173页。

体情况进行具体分析，而将合礼的举动和肆意之行等而视之，模糊了两者的区别。圣人对食色暴怒之性并不加以禁绝，而是引导其在特定的场合，面对特定的对象，以适当即"合礼"的方式展现出来。它所体现的是人高于动物之处，显然不同于袒胸豪饮、逾墙私会的行为。可见，天台此论本自他的"慎术"说，凸显了他对于礼法制度的重视。

耿定向对于人性问题的思考还反映在他对于"率性"一词的重新解读之中。《与周柳塘》载：

> 卓吾云："佛以情欲为性命。"此非杜撰语，孟子原说："口之于味，目之于色，等性也。"但曰："有命焉，君子不谓性也。"不知卓吾亦然否？愚尝谓《中庸》不言性之为道，而曰："率性之谓道。"学人误以为任情为率性，而不知率性之率盖犹将领统率之率也。目之于色，口之于味等，若一任其性，而无以统率之，如溃兵乱卒，四出掳掠，其害可胜言哉？①

天台认为，人们对于"率性之谓道"的理解恰恰背离了本义。他将"性"理解为"食色之性"，而将"率"解释为"统率"而非"随意"，因此"率性"并非任情纵欲、肆意妄为之义，而是指统率、引导人的自然之性。在天台看来，食色之性本身并不是恶，但如果疏于引导和管理，它将会像丧失了将领约束的溃兵一样肆意妄为，最终会导致种种恶行。因此，对于自然之性的控制是必需的。在此，天台所强调的仍是控制而非取消，并不是要"灭人欲"，而是要限制"人欲"。

耿定向对于人性的理解并未走向二元对立，而是回到了先秦儒学的语境中，寻找到合适的理论结构同时包含了人性的两面。道德性与自然性在天台这里并不是非此即彼的关系，而是表现为主从关系。道德本性是主导，由它来引导、控制自然之性，使人区别于禽兽。这一思考既坚持了儒家的伦理本位，又有限度地包含了李贽对于自然之性与功利心的高扬。可以说，在有关人性的辩论中，耿定向是占上风的。

---

① 耿定向：《与周柳塘》之21，《耿天台先生文集》卷3，《四库全书存目丛书》集部第131册，齐鲁书社1997年影印本，第91页。

第七章　李耿之争(下):史观之争

李耿之争的另一重要环节是史观之争。众所周知，史论是李贽思想的重要组成部分，他著有《藏书》和《续藏书》两部史学著作，而《焚书》《续焚书》中亦存有多篇史论。耿定向虽不是史论大家，然他亦有《硕辅宝鉴要览》及《先进遗风》两部史书传世。更重要的是，李耿二人均对五代十国时期名臣冯道做过分析，两人的结论又存在着不小的差异，这可视为两人史观的直接交锋点。

第一节　论赞须具旷古只眼:李贽史论的核心要求

通过上一章的分析我们已知，李贽最为重要的学术观点即肯定童心及自然之性的价值，反对"以孔子之是非为是非"、将儒家的价值原则视为"万世不易之法"的儒家本位主义。以这一思想为指导，在历史领域，卓吾亦强调史家在评判历史人物时须依照带有自身特点的、与众不同的评价标准。因此，他十分拒斥基于儒家正统思想写成的官方史书，认为自己有必要重写历史，这构成了《藏书》及《续藏书》的写作动机。

在写给焦竑的信中，李贽认为自己的《藏书》乃是"系千百年是非"，故需要秘藏，不可轻易示人。在卓吾眼中，"魏晋诸人标致殊甚，一经秽笔，反不标致"[①]，故需要自己的《藏书》"以其是非为前人出气"。为了说明此举的合法性，在《藏书·世纪列传总目前论》中，卓吾

---

① 李贽：《答焦漪园》，《焚书》卷1，中华书局2009年标点本，第7页。

指出：

> 人之是非，初无定质；人之是非人也，亦无定论。无定质，则此是彼非并育而不相害；无定论，则是此非彼亦并行而不相悖矣。然则今日之是非，谓予李卓吾一人之是非可也，谓为千万世大贤大人之公是非亦可也，谓予颠倒千万世之是非，而复非是予之所非是焉，亦可也。则予之是非，信乎其可矣。①

李贽在此特别强调对于同一历史人物或历史事件可以也应当有诸多不同的评判：这是卓吾史观的基本前提。在李贽眼中，任何标准、原则都不是绝对的，可以适合任何情况的。真正的史家必须具有属于自己的评价体系，这些体系相互之间则是平等的，并没有对错之分。

李贽对于史家的要求集中地反映在他对司马迁和班固的不同态度上。对于前者，他是大加赞扬。《藏书》载：

> 李生曰：此班氏父子讥司马迁之言也。班氏以此为真足以讥迁也，当也？不知适足以彰迁之不朽而已。使迁而不残陋，不疏略，不轻信，不是非谬于圣人，何足以为迁乎？则兹史固不待作也。迁、固之悬绝，正在于此。夫所谓作者，谓其兴于有感而志不容已，或情有所激而词不可缓之谓也。若必其是非尽合于圣人，则圣人既已有是非矣，尚何待于吾也。夫按圣人以为是非，则其所言者，乃圣人之言也，非吾心之言也。言不出于吾心，词非由于不可遏，则无味矣。有言者不必有德，又何贵于言也。此迁之所以为继麟经而作。后有作者，终不可追也。②

依照李贽的观点，《史记》之所以能被后世誉为"史家之绝唱，无韵之离骚"，乃是因为司马迁对于历史有着深刻的感悟和精到的判断，而这与他的经历密切相关，是司马迁独有的。人生中的种种坎坷不仅磨炼了太

---

① 李贽：《世纪列传总目前论》，《藏书》，中华书局1974年影印本，第1页。
② 李贽：《儒臣传·史学儒臣·司马谈、司马迁》，《藏书》卷40，中华书局1974年影印本，第692页。

史公的意志，而且使其获得了独特的人生体验，从而赋予其超越古圣、成一家之言的可能。进一步，太史公将这些人生体验融入他对于历史的理解中，从而撰写了带有自己对历史的判断，与往圣之是非不一致的《史记》。在卓吾看来，《史记》的成功实际上是太史公本人历史观的成功，而这一成功又基于其史观的独特性。

相反，李贽认为"迁、固之悬绝"正在于班固撰写的史书缺乏独立的评价标准，这使其不免人云亦云。《焚书》载：

> 班氏文儒耳，只宜依司马氏例成一代之史，不宜自立论也。立论则不免掺杂别项经史闻见，反成秽物矣。班氏文才甚美，其于孝武以前人物，尽依司马之旧，又甚有见，但不宜更添论赞于后也。何也？论赞须具旷古只眼，非区区有文才者所能措也。[1]

"论赞须具旷古只眼"是李贽对于史家的要求，而在他看来，班固是不合乎这一标准的。与司马迁相比，班固的优长在于文辞，而其对于历史人物及历史事件的洞察力则不及前者。因此，班固著史便只能依照司马迁的成论，没有自己的新见解，这样的史书在卓吾看来并没有多少意义。

需要注意的是，李贽并非全盘否定儒家思想对于评价历史的作用，更不是对儒家本身即抱有很深的成见而刻意忽视它的合理性。他认为，史家应当兼容并蓄，在吸收各家各派对于历史的不同看法的基础上，通过自己的综合创新，形成新的历史观。因而，他一方面肯定儒家历史观中的可取之处，另一方面又指出其思想在历史政治领域中存在着根本问题。

前者体现在两个方面：其一，李贽对于不少儒者多有褒扬。例如，他称赞程颢关于熙宁变法的言论是"千古至言"[2]；对于程门高弟杨时，卓吾认为他是"大才卓识，有用之道学也"[3]。至于孟子，卓吾更是大加赞扬："李生曰：孟氏之学，识其大者，真若登孔子之堂而受衣钵也，其足

---

① 李贽：《贾谊》，《焚书》卷5，中华书局2009年标点本，第201页。
② 李贽：《儒臣传·德业儒臣·程颢》，《藏书》卷32，中华书局1974年影印本，第533页。
③ 李贽：《儒臣传·德业儒臣·杨时》，《藏书》卷32，中华书局1974年影印本，第536页。

以继孔圣之传无疑。"① 虽然在与耿定向就"孟子愿学孔子"一事的争论中,李贽曾抨击过孟子,但他同样也承认,瑕不掩瑜,孟学的确是孔氏之学的嫡传。

其二,李贽认为,自己的"执一便是害道"的思想可以在先秦儒家中找到根据:

> 若执一定说,持刊定死本,而欲印行以通天下后世,是执一也。执一便是害道,孟氏已自言之矣。惟夫子之善言性也,曰:"性相近也,习相远也";"上智与下愚不移"。不执一说便可通行,不定死法便足活世,故曰:"孔子其太极乎,万世之师也",宜也。②

"执一便是害道"本是李贽本人的观点,而他却认为孔孟亦有类似的说法,特别是孔子的"性相近""上智与下愚不移"的主张均被卓吾视作自己观点的来源。在他看来,"性相近"意味着夫子只肯定人性具有类似性,并未承认每个人的人性都是完全一致的;"上智与下愚不移"亦是强调人性并非千篇一律,而是至少在大类上有高下之分:这些都被卓吾理解为是先秦儒学反对"执一"的表述,因而"以孔子之是非为是非"本身即违背了儒学的真精神。

另外,李贽对儒家在历史政治领域中的弊端也从不讳言。在卓吾看来,儒家的问题主要集中在义利关系上:由于受"名教"之累,儒家难以妥善地处理名与实、义与利的关系,这又影响到了其对历史的判断。显然,这是卓吾人性论观点的延伸。

李贽认为,其他各家的思想,都有"一定之学术",即专注于某一方面,排除其他的干扰,故而都能获得实际的效果,即"各周所用,总足办事"③。只有儒家是"泛滥而靡所适从"④,究其原因,则是因为儒家"所欲者众耳"。他进一步指出:

---

① 李贽:《儒臣传·德业儒臣·孟轲》,《藏书》卷32,中华书局 1974 年影印本,第 519 页。

② 同上书,第 520 页。

③ 李贽:《读史·孔明为后主写申韩管子六韬》,《焚书》卷5,中华书局 2009 年标点本,第 225 页。

④ 同上书,第 224 页。

愚尝论之，成大功者必不顾后患，故功无不成，商君之于秦，吴起之于楚是矣。而儒者皆欲之，不知天下之大功，果可以顾后患之心成之乎？否也，吾不得而知也。顾后患者必不肯成天下之大功，庄周之徒是已。是以宁为曳尾之龟，而不肯受千金之币；宁为濠上之乐，而不肯任楚国之忧。而儒者皆欲之，于是乎又有居朝廷则忧其民，处江湖则忧其君之论。不知天下果有两头马乎？否也，吾又不得而知也。……彼区区者欲选择其名实俱利者而兼之，得乎？此无他，名教累之也。以故瞻前虑后，左顾右盼。自己既无一定之学术，他日又安有必成之事功耶？①

义与利的统一一直是儒家的理想，但在李贽眼中，这是很不现实的。他认为名教常常是事功的阻碍，两者不可兼得；多数时候，欲达成事功，就需要破除名教的干扰。而在儒家的价值序列中，"大义名分"总是第一位的，儒者总是试图在不违背名教的基础上追求实际利益。在卓吾看来，儒家在这一点上还不如道家：庄子追求自由，对治国平天下之事不感兴趣，唯恐这些"俗务"打扰了自己内心的安静，因而他毅然决然地拒绝了这一切。此举表明庄子同样明白"有舍才有得"的道理，懂得取舍。相反，儒者既爱惜羽毛，又渴望建功立业，欲"鱼与熊掌兼得之"。这样做的结果反而是使其陷入了"选择的陷阱"，往往在相互矛盾的事情中左右摇摆，患得患失，最终一事无成，"其实不可以治天下国家"②。因此李贽指出："而《论六家要指》者，又以'博而寡要，劳而少功'八字盖之，可谓至当不易之定论矣。"③

进一步，对于"义"的推崇使得儒家的义利观逐步由"义利并重"走向"重义轻利"，即"董仲舒有'正义明道'之训焉，张敬夫有'圣学无所为而为'之论焉"④。而在李贽眼中，这些言论不仅不可行，而且会给儒者留下义利对立的印象，扭曲儒者的义利观，从而使其更加不通实

① 李贽：《读史·孔明为后主写申韩管子六韬》，《焚书》卷5，中华书局2009年标点本，第224—225页。
② 李贽：《世纪列传总目后论》，《藏书》，中华书局1974年影印本，第62页。
③ 李贽：《读史·孔明为后主写申韩管子六韬》，《焚书》卷5，中华书局2009年标点本，第224页。
④ 李贽：《德业儒臣后论》，《藏书》卷32，中华书局1974年影印本，第544页。

务。儒者以这样的义利观去评价历史，因而往往陷入"泛道德主义"，以"大义名分"为借口，对于追逐实利的行为大加挞伐，这正是李贽十分反感的。很明显，这是卓吾本人的义利观及人性论思想在历史观领域的延伸。

由此，李贽对于荀子与孟子这两位先秦大儒重新做了评价。对于荀子，卓吾着墨不多，但却评价甚高，"荀与孟同时，其才俱美，其文更雄杰，其用更通达而不迂，不晓当时何以独抑荀而扬孟轲也"①。在卓吾看来，荀子才学更胜过孟子，特别是其"通达而不迂"，重视实务的特点是孟子所不及的。

相反，李贽对孟子则多有指摘。他虽然承认孟子乃是孔子的嫡传，然而认为在历史领域，孟子之学却未能继承孔学的真精神，这集中体现在孟子的"王霸之辨"之中。《藏书》载：

> 乃王霸之辨，则舛谬不通甚矣。夫称天下之所归往曰王，前此而王者有三，故曰"三王"。王者不足为天下之归往，则方伯连帅修其职业，佐王者以定诸侯，宁一天下，于是始称方伯之任，故谓之伯。言其能任伯兄之事，率诸兄弟以宗周，无敢相攻伐也。此其借之之力，固所以修方伯之职，非分外举也，何以得罪于三王乎？吾以为正有功于三王者矣。故为三王易，为五伯难。夫子曰："微管仲，吾其披发左衽矣"，"一匡天下，民到今受其赐"。二百余年之周，借是以延长不灭，谁之功耶，而以谓无道桓文，可欤？盖孟氏徒知夫子小管仲之器，而不知夫子实心服管仲之功也。②

"五霸"又称为"五伯"，李贽则将"伯"解释为"能任伯兄之事"，认为"五伯"是在天子的权威和号召力丧失之时，代行了天子的部分职责。对内，他们制止了诸侯间的相互攻伐，使得百姓免受兵灾之苦；对外，他们有效地抵御了蛮夷的入侵，使得华夏文明免于毁灭。无论从哪个方面看，五伯与三王一样，在历史上都起到了正面的、积极的作用。前者不但不是后者的罪人，而且还是后者精神的真正继承者。

---

① 李贽：《儒臣传·德业儒臣·荀卿》，《藏书》卷32，中华书局1974年影印本，第519页。
② 同上书，第520页。

卓吾特别强调，他的理解符合孔子的本意，这一点可谓洞见。《论语·宪问》中有两段文字都记载夫子对于管仲以及"五霸"的赞许之意：

> 子路曰："桓公杀公子纠，召忽死之，管仲不死。"曰："未仁乎？"子曰："桓公九合诸侯，不以兵车，管仲之力也。如其仁，如其仁。"①

> 子贡曰："管仲非仁者欤？桓公杀公子纠，不能死，又相之。"子曰："管仲相桓公，霸诸侯，一匡天下，民到于今受其赐。微管仲，吾其披发左衽矣。岂若匹夫匹妇之为谅也，自经于沟渎而莫之知也。"②

子路与子贡囿于谋臣为主公死节的传统观念，无法接受管仲辅佐桓公的行为。孔子则更为重视管仲辅佐桓公的现实结果，即在中枢权威沦丧之际能够匡正天下，并能团结诸侯以抵御外侮。在夫子看来，这些行为都合乎百姓的根本利益，促进了历史的发展，是值得赞许的。邢昺在解释"桓公九合诸侯，不以兵车，管仲之力也"时认为："存亡继绝，诸夏义安，皆管仲之力，足得为仁，余更有谁如其管仲之仁。"③ 可以说，此乃夫子之本意。进一步，孔子认为，管仲与桓公都是成大事之人，不当以匹夫匹妇之标准来要求他们，即"管仲志在立功创业，岂肯若庶人之为小信，自经死于沟渎之中，而使人莫知其名也"④。可见，孔子着眼于管仲与桓公对于历史的实际贡献而非狭隘的"大义名分"，因此肯定了两人的行为，这确与李贽的主张不谋而合。因此，卓吾便以此为依据，批判孟子"五霸者，三王之罪人"的观点。在他看来，孟子的主张存在着重名而不重实的问题，不能客观地反映两人的贡献，也背离了孔子对这一问题的基本看法，因而是不准确的。

总之，李贽的历史观表现出以我为主、兼容并蓄的特点，即在承认"是非无定质"的基础上，吸收他人的思想，并通过以我为主的综合整

---

① 《论语·宪问篇第十四》，刘宝楠《论语正义》卷17，中华书局1990年标点本，第572—573页。

② 同上书，第577—580页。

③ 何晏注，邢昺疏：《论语注疏》卷十四，北京大学出版社1999年点校本，第192页。

④ 同上书，第193页。

理，形成自己的一家之言。这种历史观使得卓吾具备了论赞历史的"旷古只眼"，每每可以得出异于他人的新奇之论，从而奠定了卓吾史论的地位。岛田虔次先生曾认为："没有受到过对卓吾或者说是对明学的诽谤之毒害，也基本上不挟'基于六经'的胁迫观念以自重的人，是应该明确地承认卓吾在中国史论史上应该占有的地位的！"① 应当说，这是对李贽史论的恰当评价。

第二节　卫道意识的延伸：耿定向论史的主要特点

出于卫道的需要，耿定向亦对于不少历史人物做了评判，这些评判亦体现了他论史的基本原则。天台评判历史的尺度源自自己的"卫道"思想，因而与卓吾有着不小的距离。

耿定向的历史著作主要是《先进遗风》与《硕辅宝鉴要览》：前者记录了明朝自开国之日起至万历年间的贤士大夫的言行举止，后者则记录了从唐虞之世到宋代总计七十九位贤良宰辅的事迹，并做了相应的评述。在《先进遗风序》中，天台阐明了该书的写作目的：

> 虽然，所谓追古者，非矜异行以矫世也，要惟明古人之道而已。所云明古道者，又非崇异说以哗世也，要惟不失赤子之心而已。夫赤子之心，不学不虑而爱敬之，知能具焉。今犹古也，惟我高皇帝之诞谕，揆古放勋之敷教，咸举斯心以锡极耳。彝训弗迪，而邪哆之崇，是又风会之益，而蛊之极也。余滋惧已。爱辑此编而首申之于此，以告我同心云。②

天台认为，该书所收录的人物都具有"古大臣之风"，而收集、整理

---

① ［日］岛田虔次：《中国近代思维的挫折》，甘万萍译，江苏人民出版社 2010 年版，第119 页。

② 耿定向：《先进遗风序》，《耿天台先生文集》卷 11，《四库全书存目丛书》集部第 131册，齐鲁书社 1997 年影印本，第 278 页。

先贤的言行是为了给当时的士人提供行事立身的范例，以纠正日益恶化的社会风气，也就是试图用儒家的传统观念来框定人们的行为。可见，此论暗含了两点理论预设：一是古圣先贤应当效仿；二是晚明社会世风日下，人心不古。这两点反映了天台所接受的是倒退史观，即认为从古至今社会是一个不断倒退的过程：三代时人心淳朴，世风良好；后世则人们的私欲不断膨胀，使得社会风气逐步败坏，社会秩序日趋混乱。身处在商品经济快速发展，思想高度活跃的晚明社会，耿定向对此可能有着更为深刻的体会，这使他产生了追慕古人的要求，以期"明古人之道"。而古人之道即孝悌忠信之道，本于赤子之心。

倒退史观将道德性视作评判历史的首要标准，甚至是唯一标准。某个时期的社会与之前的时代相比，只要私欲膨胀，道德水准下降，就被视作倒退，而不考虑衡量社会发展水平的其他因素是否有所提高。天台对此深以为然，他不仅将持守圣人之道视作维持社会正常秩序的唯一途径，而且认为圣人之道是唯一的，邪说歧出正是害道的表现。这两个唯一奠定了名教在天台思想中的地位，也决定了他论史的基本态度。

同样，耿定向的《硕辅宝鉴要览》亦是希望"与二三子遭此昌辰，亟求其志，稽古尚往，以俟所需而已矣"①。这其中，"稽古尚往"可以说一语道破了天台编纂此书的根本目的，即希望以古时贤相的言行为典范来影响后人，使其行事立身皆有章可循，从而引导其趋向正道。

对天台著史的目的，他的挚友胡直可谓了然于胸。胡庐山在受邀而写的《硕辅宝鉴序》中写道：

> 故尹之道所以能佐时保衡，格于皇天，卒售其志，盖其大有本也。是故尹者古今之相准也。山甫以后，斯义无闻。孔氏之徒，阐发《大学》，归于"知本"，可谓至矣，而未尝一试。②
>
> 耿子之意，以为事近于道者，当时君民尚食其福。向使此诸君子皆志于大学而反其本，其福斯世讵止是哉！乃若时际道明之朝，身事圣修之主，赞平章而翊协和，咸揆自瘰躬，敷锡皇极。俾天下士有不

---

①　耿定向：《硕辅宝鉴序》，《耿天台先生文集》卷11，《四库全书存目丛书》集部第131册，齐鲁书社1997年影印本，第277页。

②　胡直：《硕辅宝鉴序》，《衡庐精舍藏稿》卷8，《胡直集》，上海古籍出版社2015年标点本，第172页。

知返本而甘为叶言，则樵夫耻之馨，伊尹之衷蹀，皋、益之辄偿，孔
子孟轲之所未酬。斯则万世一时也，宇宙一机也，宁不重延颈于
今日。①

在胡直看来，伊尹之所以是宰相之标准，在于其学有"本"，即"乐
尧舜之道，一夫不获若己推而沟之"。这些反映的正是儒家的价值标准，
也正是耿定向反复强调的。他的目的是要求当时的士大夫以古代的贤良宰
辅为楷模，尽忠职守，以实际行动证成儒家的政治理想。不难看出，"向
古人学习"是耿定向撰写《硕辅宝鉴要览》的主要目的。

在《硕辅宝鉴要览》中，耿定向不但介绍了历代贤相的事迹，而且
对每一个人都做了点评。综观天台的评价，不外乎志向高远、直言敢谏、
清正廉洁、处事果决、尊师重教等方面。例如，对于诸葛亮，天台的观点
与卓吾有着不小的距离：

耿生曰：裴中立云："秉事君之节，有开国之材，得立身之道，
优治人之术，唯武侯能兼之。"信言哉！吾观《诫子书》，侯故究心
问学，所得非浅浅者。其他论建，世多能言之，故不述，述其轶事。
盖所谓"开诚心，布公道"者，是相国者之要执也。朱子谓"其志
虑之所以日益精明，威望之所以日益隆重"者，寡欲养心之助为多
焉。则其娶丑女，奉身调度，为人所不堪者，岂为细廉曲谨哉！②

李贽认为，诸葛武侯"六出祁山，连年动众，驱无辜赤子转斗千里
之外，既欲爱民，又欲报主，自谓了敌之审，又不免幸胜之贪，卒之胜不
可幸，而将星于此乎终陨矣"③。在卓吾看来，诸葛亮之所以六出祁山而
师劳功微，正是由于他深受名节的束缚，既渴望兴复汉室，又不愿百姓遭
受兵灾之苦，最终一事无成。故此，卓吾对孔明的评价是很低的。耿定向

① 胡直：《硕辅宝鉴序》，《衡庐精舍藏稿》卷8，《胡直集》，上海古籍出版社2015年标点
本，第173页。
② 耿定向：《硕辅宝鉴要览》卷2，《四库全书存目丛书》集部第95册，齐鲁书社1997年
影印本，第270页。
③ 李贽：《读史·孔明为后主写申韩管子六韬》，《焚书》卷5，中华书局2009年标点本，
第224页。

则不然，在他眼中，诸葛亮的德行、功业与学问均一时无二，能以一己之
力来独撑蜀汉的危局，乃是真正的贤良宰辅。天台还特别强调了孔明
"开诚布公"的处世态度以及养心寡欲的个人修养，认为这些皆带有古大
臣的遗风，值得当时的官员认真学习。

又如，对于唐朝的名臣魏徵，天台评价道：

> 史称："玄城貌不逾中人，而素有志胆。每犯言进谏，虽逢上怒
> 甚，神色不徙。"唐仲友氏称其"气最胜"，吾则取其志云。叔玠
> （引者按：指王珪）谓其"耻君不及尧舜，以谏诤为己任"，即未能
> 如所评若此，想其志亦锐矣。或驳其分别忠良之论，余谓此又从言说
> 分别者，是世儒之见解也，余独辩其心。世以谏诤为己任，逼真不
> 顾，有忠臣之名，而后可与于诤臣之林矣。①

魏徵作为唐太宗所倚仗的股肱之臣，以直言敢谏著称。耿定向对此极
为欣赏，认为其志向高远，常人不及。至于魏徵的志向，天台则认可王珪
的说法，即"耻君不及尧舜"，事实上是将他与伊尹等而视之，将其看作
继承儒家为臣之道的典范。

对于道德性的推崇伴随着对于功利的拒斥。与李贽不同，耿定向十分
重视"大义名分"，坚持"重义轻利"的传统观念。这一点同样反映在天
台对于孟子的态度上：不同于卓吾对于孟子的有褒有贬，天台对亚圣可谓
推崇备至：

> （孟子）本其志愿，惟以鸣道拯世承天命，以子弟从之孝悌忠信
> 为勋庸，以距诐放淫为天吏之征讨，以守道待后为创垂之统业。是故
> 不羡王伯之业而枉尺，不觊卿相之位而动心。卑鄙管、晏，魁罪桓、
> 文，民贼李、商，垄断子、疑，妾妇仪、衍。……其是非取舍，一皆
> 孔氏之权衡。孟子之善学孔子也，盖如此。②

---

① 耿定向：《硕辅宝鉴要览》卷3，《四库全书存目丛书》集部第95册，齐鲁书社1997年
影印本，第273页。

② 耿定向：《学彖》，《耿天台先生文集》卷9，《四库全书存目丛书》集部第131册，齐鲁
书社1997年影印本，第232—233页。

可以说，"以孔子之是非为是非"就是天台评价历史人物的首要原则。它具体表现为推崇以孝悌忠信为代表的道德规范，批判一切与儒家思想相背离的"异端邪说"。因此，以孝悌忠信为原则，以距诐放淫为己任的孟子自然被天台视作这一原则的最佳代表而大加称赞。值得注意的是，天台称赞孟子"魁罪桓、文"，这就意味着他肯定"五霸者，三王之罪人"的论断。显然，这里天台的主张与卓吾有着根本的不同。

总而言之，天台的历史观可以视作其卫道意识在历史领域的延伸，表现为对道德性的推崇和重义轻利的态度。可以想见，李耿二人截然不同的历史观难免会发生碰撞，而碰撞的焦点便集中于对冯道的不同态度。

第三节　冯道：李耿史论之争的焦点

冯道（882—954），字可道，瀛洲景城人，自号长乐老子。他历朝四十余年，曾历仕后唐、后晋、后汉、后周四朝十主，耶律德光入汴时也曾召见冯道。冯道为官清廉，知人善任，善于进谏，并开启了中国书籍印刷的历史，在历史上起到了一定的积极作用。但因其历仕四朝的行为与儒家不为贰臣的传统要求相差甚远，因而自宋朝起他便成为一个颇具争议的人物，对其功过是非，不同的学者观点迥异。李贽和耿定向都曾论及冯道，而两人的观点正相反。因此，冯道之论便成为李耿二人史论的交锋之处，值得我们深入探究。

一　宋代学者对冯道的不同看法

值得注意的是，宋人对冯道多有论述，这构成了李耿二人争论的理论背景，因此有必要加以简单的梳理。宋代学者对于冯道的看法大致分为三种：持平之论、抨击冯道以及为冯道鸣不平。持平之论的代表是薛居正，他在《旧五代史》中认为：

> 道之履行，郁有古人之风；道之宇量，深得大臣之体。然而事四朝，相六帝，可得为忠乎！夫一女二夫，人之不幸，况于再三者哉！

所以饰终之典，不得谥为文贞、文忠者，盖谓此也。①

薛居正此论对于冯道的功过都有所论及：他既肯定了冯道为官的具体功绩，也基于儒家的传统观念对其历仕四朝的行为进行了批判，认为此举违背了儒家为臣当尽忠的理念。但是，薛居正的言辞并不激烈，只表达了对于冯道的惋惜。另外，薛居正评价冯道时并没有将"气节"当作唯一的标准，我们在后文中将会看到，这与欧阳修形成了鲜明的对比。

除了薛居正之外，程颐亦对冯道有褒有贬。《遗书》载：

> 冯道更相数主，皆其仇也，安定以为当五代之季，生民不至于肝脑涂地者，道有力焉，虽事仇无伤也。荀彧佐曹操诛伐，而卒死于操，君实以为东汉之衰，或与攸视天下无足与安刘氏者，惟操为可依，故俯首从之，方是时，未知操有他志也。君子曰："在道为不忠，在彧为不智。如以为事固有轻重之权，吾方以天下为心，未暇恤人议己也，则枉己者未有能直人者也。"②

小程子的观点与其师胡瑗不尽相同：胡安定着眼于冯道在五代之乱世而有保民之功，在一定程度上默许了他的变节行为。伊川则一方面承认乃师之说存在着一定的合理性；另一方面又立足于儒家"为臣者当尽忠"的观念，认为冯道的行为确实有不忠之处。进一步，伊川指出，从权之议并不适用于冯道。历仕四朝的行为使冯道大节有亏，其身不正，故不可以己正人。

欧阳修是抨击冯道的代表。在《新五代史》的《冯道传》中，他立足于"大义"对冯道进行了严苛的批判：

> 传曰："礼义廉耻，国之四维；四维不张，国乃灭亡。"善乎，管生之能言！礼仪，治人之大法；廉耻，立人之大节。盖不廉，则无所不取；不耻，则无所不为。人而如此，则祸乱败亡，亦无所不至，况为大臣而无所不取不为，则天下其有不乱，国家其有不亡者乎！予

---

① 《周书十七》，《旧五代史》卷126，中华书局1974年标点本，第1666页。
② 《河南程氏遗书》卷4，《二程集》，中华书局2004年标点本，第73页。

读冯道《长乐老叙》，见其自述以为荣，其可谓无廉耻者矣，则天下国家可知也。①

欧阳修将礼义廉耻视作国家赖以存在的基础，认为四者一旦丧失，则国家的根本秩序将会彻底动摇，这必然导致国将不国的局面。在欧阳永叔看来，儒家的道德原则维持着社会及个人的行为底线，是士大夫行事立身的首要标准。士人一旦突破了这些底线，就将沦为"无忌惮"的小人，这意味着其道德人格的破产，最终必然会使其身败名裂，并陷国家于危难之中。因此，道德原则在欧阳修的思想中具有至上性和绝对性，是其论史的第一原则，只要违背这一原则就是小人，不需要考虑其他因素。冯道历仕四朝的经历，使其在欧阳修眼中成为典型的无廉耻之人而遭到抨击。在后文中欧阳修还讲述了五代时期一孀妇因他人拉扯自己的手臂而自己将其手臂砍断的故事，并感叹"士不自爱其身而忍耻偷生者，闻李氏之风宜少知愧哉！"② 其好恶之情可见一斑。欧阳修立足于"大义名分"批判冯道的做法为耿定向所继承，后者的《冯道论》可以看作对欧阳永叔之观点的深化与发展。

苏辙则在《历代论》中表达了与欧阳修不同的意见，"冯道以宰相事四姓九君，议者讥其反君事仇，无士君子之操。大义既亏，虽有善，不录也。吾览其行事而窃悲之，求之古人，犹有可得言者"③。苏子由并不同意一味地批判冯道无节操，认为冯道此举与管仲、晏子类似，意在保民。他特别指出，评价冯道必须考虑其所处的社会环境：

> 盖道事唐明宗，始为宰相，其后历事八君，方其废兴之际，或在内，或在外，虽为宰相，而权不在己，祸变之发，皆非其过也。明宗虽出于夷狄，而性本宽厚。道每以恭俭劝之，在位十年，民以少安。契丹灭晋，耶律德光见道，问曰："天下百姓如何救得？"道顾夷狄不晓以庄语，乃曰："今时虽使佛出，亦救不得，惟皇帝救得。"德光喜，乃罢杀戮，中国之人赖焉。周太祖以兵犯京师。隐帝已没，太

---

① 《杂传第四十二》，《新五代史》卷54，中华书局1976年标点本，第611页。
② 同上书，第612页。
③ 苏辙：《历代论·冯道》，《栾城集（后集）》卷11，上海古籍出版社2009年标点本，第1650页。

祖谓汉大臣必相推戴。及见道，道待之如平日。太祖常拜道，是日亦拜，道受之不辞。太祖意沮，知汉未可代，乃立湘阴公为汉嗣，而使道逆之于徐。道曰："是事信否？吾平生不妄语，公毋使我为妄语人。"太祖为誓甚苦。道行未返，而周代汉。篡夺之际，虽贲、育无所致其勇，而道以拜跪谈笑却之，非盛德何以致此？而议者黜之曾不少借，甚矣。士生于五代，立于暴君骄将之间，日与虎兕为伍，弃之而去，食薇蕨，友麋鹿，易耳，而与自经于沟渎何异。不幸而仕于朝，如冯道犹无以自免，议者诚少恕哉。①

冯道辅佐后唐明宗李嗣源十余年，使得百姓得以休养生息；规劝耶律德光勿要肆意杀戮，使得华夏文明免遭浩劫，这些功绩都是不容抹杀的。而听闻郭威建立了后周政权之后，身为后汉要员的冯道却写下了"终闻海岳归明主，未省乾坤陷吉人"的诗句，亦表达了对于海内重归和平安宁的欣喜，这也是区区一个"大义"不能涵盖的。苏辙认为，后世的论者之所以对冯道多有指摘，乃是因为没有设身处地地考虑当时的时代背景。五代是典型的乱世，士大夫身处这样的环境中，要想明哲保身，除非归隐山林。但是，此举至多能成就个人的名节，于家国天下毫无益处。相反，士人如果选择在朝为官，特别是想要在这样的乱世成就一定的功业，则免不了"权变"。换言之，在这样的乱世，欲成大事只能不拘小节。因此，后人对于冯道的评论应该多一些宽容。苏辙注意到了冯道所处的特殊的时代背景，反对无条件地苛责冯道，这一思路为李贽所继承。

二　李贽对冯道的称赞

李贽与耿定向继承了宋代学者的分析，并结合自己的历史观得出了各自的冯道论。大体而言，李贽的观点承继自苏辙，耿定向则发展了欧阳修的看法。

对于冯道历仕四朝的行为，卓吾的基本看法有两点：一、冯道此举意在保民，应当肯定；二、这种肯定是有前提的，即只有当最高统治者昏庸

---

① 苏辙：《历代论·冯道》，《栾城集（后集）》卷11，上海古籍出版社2009年标点本，第1650页。

无道，政局混乱不堪，名节与事功相冲突时，才能像冯道一样，为了保民而抛弃名节。《藏书》载：

> 卓吾曰：冯道自谓"长乐老子"，盖真长乐老子也。孟子曰："社稷为重，君为轻。"信斯言也，道知之矣。夫社者，所以安民也；稷者，所以养民也。民得安养，而后君臣之责始塞。君不能安养斯民，而后臣独为之安养斯民，而后冯道之责始尽。今观五季相禅，潜移嘿夺，纵有兵戈，不闻争城。五十年间，虽经历四姓，事一十二君并耶律契丹等，而百姓卒免锋镝之苦者，道务安养之之力也。谯周之见，亦犹是也。呜呼！观于谯周仇国之论，而知后世人士，皆不知以安社稷为悦者矣。然亦必有刘禅之昏庸，五季之沦陷，东汉诸帝之幼冲，党锢诸贤之互为标帜乃可。不然，未可以是而藉口也。①

李贽以孟子的"社稷为重，君为轻"思想作为依据，肯定了冯道的言行。他认为，孟子此论规定了君主在价值序列中并不处于至上的地位，至少国家的地位是高于君主的，而国家存在的目的则是为了长养百姓。因此，对大臣而言，尊君不是无条件的。当君主不能保境安民时，大臣如果仍旧一味地尊君，则是对国家不负责任。既然国家是为百姓服务的，那么对国家负责就是要满足百姓渴望安定幸福生活的愿望。以此为标准，卓吾认为冯道显然是有功于国家。在五代十国这个王朝更替极为频繁的乱世，冯道选择效忠于国家，而非一家一姓的君王，是颇有远见的；他致力于使中原百姓免受兵灾之苦，在历史上也起到了积极的作用。但另一方面，卓吾同样强调，冯道的经验不能无限加以推广，其前提是适逢乱世，君主昏庸不堪。如果大臣在时局并未糜烂至此之时就效仿冯道的行为，那便是越俎代庖，便是僭越，应当被谴责和制止。

如前所论，卓吾的冯道论充分体现了他"以我为主，兼容并蓄"的史论风格。这里有三方面值得注意：首先，他对于冯道的评论源于自己的思考，绝非人云亦云，因而他反对宋代以来人们对于"名节"的过分推崇，这正体现了其"不以孔子之是非为是非"的基本立场。其次，他并

---

① 李贽：《外臣传·吏隐·冯道》，《藏书》卷68，中华书局1974年标点本，第1141—1142页。

没有完全否定"名节"，而是强调必须结合特定的社会历史环境，具体情况具体分析，不能执着于一定之规。最后，卓吾是用孟子的"社稷为重，君为轻"的思想来批判儒家的"名节"观。后两点反映了卓吾评价历史的标准中包含着不少的儒家观念，说明他与儒家思想的关系并不是非此即彼的。毋宁说，卓吾是吸收儒家思想中的合理成分来批判儒家某些极端的、不合时宜的主张。这再次说明卓吾论史是在"兼容并蓄"地吸收一切合理思想的基础上，通过"以我为主"的综合创造得出自己的结论。因而，卓吾对待孟子的态度是相当灵活的：一方面，他反对孟子所谓"五霸者，三王之罪人"的说法，明确肯定桓公与管仲的种种举动在春秋初期所带来的积极而正面的历史意义；另一方面，孟子"民贵君轻"的思想又被卓吾所吸纳，成为他肯定冯道的思想依据。两者的抵牾之处则被他选择性地忽视了。

岛田虔次先生在论及李贽的冯道论时认为"卓吾痛斥不衡量时势和现实而无益地大肆宣扬观念儒术主义之人的论旨，一直延伸到这里"[1]，可谓一语中的。卓吾的史论，正是摆脱了后世这种"观念儒术主义"，返回到原始儒家的真精神之中，因而能够发现冯道的价值。

三　耿定向对冯道的批判

基于卫道思想，耿定向对冯道十分反感。而当发现"今世称冯道为有道者"时，天台便感到时人对于历史缺乏正确的认知，由此发出了"何乱道亦至此耶"[2] 的感叹。因此，天台认为自己有必要对这位"长乐老子"加以严厉的批判，以正视听。这构成了《冯道论》的写作动机。

耿定向立论的起点与欧阳修相同，即"若冯道更事四姓十主，亦称为有道。嗟夫！以冯道为有道，是可指嬬妇而谓之曰人尽夫也，何以节为云耳？"[3] 天台同样认为，冯道历仕四朝是失节的表现，因此他对于欧阳

---

① ［日］岛田虔次：《中国近代思维的挫折》，甘万萍译，江苏人民出版社 2010 年版，第126 页。

② 耿定向：《与焦弱侯》之 2，《耿天台先生文集》卷 3，《四库全书存目丛书》集部第 131 册，齐鲁书社 1997 年影印本，第 72 页。

③ 耿定向：《冯道论》，《耿天台先生文集》卷 7，《四库全书存目丛书》集部第 131 册，齐鲁书社 1997 年影印本，第 182 页。

修在《新五代史》中对冯道的评判十分赞赏，"昔欧阳永叔著《五代史》，特述赞王凝妻李断臂事，而丑冯道为无廉耻之极，词严义正，读之令人勃勃然齿相击而发上指也"①。

耿定向超越欧阳修之处在于他进一步挖掘出节义的存在依据，从而说明人为何应当以节义为标准行事。《冯道论》载：

> 盖尝绎之，道非终沦于无，而窅昳为幻也。蟠际于天地，昭著于庶物，统会于心性，粲然示人显矣。圣人明物察伦，因性牖民，于是敷绥为经常，秩叙为伦纪。以一德教臣忠，以一本教子孝，以从一教妇贞，非故狃于名义以强世也。实本于天命之自然，而根底于人心之不容自已者。②

忠孝节义本自天道本体，是圣人根据至善之人性绅绎而成的具体准则，具有绝对性与至上性。天台还将忠孝节义与不容已之本心相连，以说明这些具体原则与我们每个人真实的内心活动不仅不冲突，而且是相吻合的。因此，服从忠孝节义的原则实际上是服从我们自身的本心，是我们自愿的。这些构成了遵守道德原则的正面意义。

另外，天台还揭示了违反道德原则可能带来的恶果：

> 由此推之，故亦可曰人尽君也，惟荣利之要，朝委质而夕劝进焉，弗恤矣。将亦曰人尽父也，惟势位之急，朝伏膝而夕操戈焉，弗恤矣。子焉而弗父其父，臣焉而弗君其君，妇焉而弗夫其夫，则是天柱蹶而地维裂也。梦乱离溃，竟成何世哉？③

中国传统社会是宗法制的社会，伦理原则是维持社会秩序的纽带。在这样的社会中，每个人都有着特定的社会身份，相对应地有着一整套制度、原则来规范其行为，这是整个社会得以存在的基础。如果社会成员无视伦理原则而肆意妄为，则必然会动摇社会的根基，最终将导致共同体的

---

① 耿定向：《冯道论》，《耿天台先生文集》卷7，《四库全书存目丛书》集部第131册，齐鲁书社1997年影印本，第182页。

② 同上。

③ 同上。

解体：这可以视作违背伦理原则所造成的严重后果。

正因为遵守伦理原则有着如此重要的意义，所以天台才对屡次背主的冯道极为不满，大加挞伐。然而对后者的劝进行为，天台并未一概而论，而是重点分析了他背叛后唐明宗李嗣源，献媚于李从珂之事。《冯道论》载：

> 唐明宗虽出异族，纯质宽仁，即其志切生民，祈天生圣一念，盖五代时间出令主也。道相之十余年，眷遇甚隆，言听计从，君臣之欢，鱼水不啻矣，何忍负之？顾命以嗣君从厚相托。明宗托之从厚，视晋献之托奚齐、卓子于荀息何如？晋献嬖孽耳，荀息以身殉之，特不食言也，孔子亦取焉。明宗之托从厚，以仁孝也。若从珂，一拾粪马仆耳，明宗养之为子者。初怀不轨也，道不能防于未发之先。及其反于凤翔也，兵至阙，道即率百官趋迎，具表劝进，唯恐或后，此何心耶？吁！十年恩遇，视若漂萍；六尺贤孤，弃等坠甄。道已无人心矣，安可以古之子房、渊明及荀息诸人责望耶？①

李嗣源是五代时期难得的贤良君主，薛居正称赞他是"及应运以君临，能力行于王化，政皆中道，时亦小康，近代以来，亦可宗也"②；欧阳修亦认为："其即位时，春秋已高，不迩声色，不乐游猎，在位七年，于五代之君，最为长世，兵革粗息，年屡丰登，生民实赖以休息。"③天台不仅认可二人的判断，还强调他对冯道有知遇之恩，言听计从，信任有加。他亦指出明宗之所以属意愍帝李从厚，是因为其"为人形质丰厚，寡言好礼"④，远比暴虐无常的李从珂更适合继承帝位。作为宰辅的冯道理应体察圣心，尽力辅佐李从厚，一方面报答明宗的知遇之恩，另一方面延续后唐的国祚，并使得天下百姓安享太平。总之，冯道于公于私都不应背叛李嗣源。但对于李从珂的叛乱，冯道既不能防患于未然，又不能持守臣节，而选择奉表劝进。天台认为，冯道此举说明其内心没有"忠"的信念，行为没有任何底线，根本不能与古时的贤臣如张良等相提并论。既

---

① 耿定向：《冯道论》，《耿天台先生文集》卷7，《四库全书存目丛书》集部第131册，齐鲁书社1997年影印本，第183页。

② 《唐书二十》，《旧五代史》卷44，中华书局1974年标点本，第611页。

③ 《唐本纪第六》，《新五代史》卷6，中华书局1976年标点本，第66页。

④ 同上书，第69页。

然他连最应当尽忠的君主都能够背叛，那么其后的屡次变节也就不难理解了。因此，那些视冯道为有道之士的看法纯属指鹿为马、颠倒黑白。

客观地说，耿定向此论具有一定的合理性。按照岛田虔次先生的观点，卓吾、天台所处的时代，是中国社会由古代向近代转变的时期，但这一转变并未完成，"在这种土壤上开放的近世之花，当用欧洲近世作为尺度来衡量时，应该说它最终还没有盛开，就凋谢了"①。之所以这样说，一个重要原因是中国的近代并没有真正的市民阶级，更没有诞生与之相适应的具有建设性的新思想，这导致"它（物力的热量）作为新创造的热量最终不能集中结晶，它的发展必然地会迷失方向"②。这种力量在迷失方向后便表现为对于社会秩序的破坏以及对主流思想的消解，而这将会导致极大的混乱。天台正是看到了这一点，但是他未能找到其他的解决之道，只能求助于传统的伦理原则，高举卫道的大旗：这是他唯一的选择。他对于冯道的批判亦是其卫道意识的具体表现，旨在清除这种对于传统社会的信仰有着巨大破坏作用的思想，进而扭转不良的社会风气。

然而，天台将冯道行为的根源归结为虚无思想的影响，却令人难以信服：

> 其所以蔽锢若斯者，从来久远矣。此盖江左自典午来，祖尚虚无，视恻隐羞恶为尘根，彝教为粗迹矣。下逮齐、梁，相沿崇佛。佛氏之教，有曰罪性本空，作如是观，视刃君父等屠羊豕，不为怖云。想当时，道亦溺此之教，恃性空之见以自解脱，稔其贪生恋荣之念耳。是则道之所谓道，非吾所谓道也。而世之称道者，盖亦此说蔽之也，曷亦反之本心而深省耶？③

天台将冯道的问题归罪于佛家的性空之说，这并不奇怪，因为批佛，或者更准确地说批判虚无之论是天台思想的重点之一。但问题在于冯道"视恻隐羞恶为尘根"的行为是不是由于其接受了佛家的思想。笔者认

---

① ［日］岛田虔次：《中国近代思维的挫折》，甘万萍译，江苏人民出版社2010年版，第168页。
② 同上书，第167页。
③ 耿定向：《冯道论》，《耿天台先生文集》卷7，《四库全书存目丛书》集部第131册，齐鲁书社1997年影印本，第183—184页。

为，至少在《旧五代史》与《新五代史》中均没有相关的记载，天台也未能拿出更有说服力的证据。因此，天台此论臆断的成分居多，并不客观。

从表面上看，耿定向对于冯道的态度与欧阳修并无不同，但是他能够将自己的卫道之学和心性论贯穿于对冯道的分析与批判之中，因而其结论也较欧阳修更为深刻。当然，天台的观点同样是一偏之见，它忽视了冯道在五代之乱世中使黎民百姓免受兵灾之苦的贡献。

第四节　对李耿之争的小结

以上我们分析了李耿之争的具体过程，那么，我们究竟应当如何看待两人的思想争论呢，其中是否有高下之分呢？笔者认为，在哲学思想之争上，耿定向的观点更为合理；而在历史观之争上，李贽的看法更为全面。

我们在前文中曾经提到，周思久曾将李耿之争概括为"天台重名教，卓吾识真机"。笔者认为，柳塘为我们提供了一条理解李耿之争的进路，但这一概括本身却存在着问题：如果说卓吾是"名教不可羁络"之人，那么天台绝非只注重名教而忽视真机，相反他一直试图达成名教与真机、内与外的统一。这里的关键在于两人对于"真机"的不同理解：李贽的真机来自绝假纯真的"童心"，其中并不包含先验的道德意识，与名教并不关联；相反，耿定向的真机来自具有"天命之性"的心体，表现为知善知恶的良知，道德性是其根本属性，这样的真机最终需要通过名教来表现。那么，在哲学之争上，问题便转化为道德性是否应当被视作人的本质属性而得到承认。笔者认为，答案应当是肯定的，从某种意义上说，李贽与耿定向最终的和解便标志着他认可了后者对于真机的理解。

在史观之争中，情况又有所不同：耿定向对于道德性的执着使得他在论史时仅具有唯一的向度，相反，李贽评判历史的标准则显得更为灵活，更具多样性。客观地说，耿定向的史论是其哲学思想在历史领域的证明或补充，缺乏独立的价值，因此天台自然会将他对于名教的推崇贯穿于其中，并使之成为他评价历史的唯一标准。这一标准更多地继承自前人，天台只是依据其哲学思想加以深化。虽然依据这一标准，天台论史也不乏洞见，然而，标准的单一还是限制了天台观察历史的视野。在面对与这一标准相抵牾的冯道时，天台所表现出的只有苛责，难以看到冯道的价值，更不可能对"长乐老子"做出公允的评价。

李贽写《藏书》与《续藏书》则是为了建立一套与官修史书不同的历史，这就要求他必须要有属于自己的评价标准，即论赞历史所需的"旷古只眼"。对于李贽，沟口雄三先生曾指出："他不只没有任何阵地，连定点也没有。"① 这意味着以"童心"为思想旨归的卓吾之学实际上并没有先在的原则，它使得卓吾的史论少了很多约束，不仅能够更好地贯彻"以我为主，兼容并蓄"的精神，而且会注意到具体的历史环境对历史人物的影响。因此，卓吾在面对不同的对象时，都能够给予"同情的理解"，采取灵活的标准加以评判。相对于耿定向，李贽既能肯定冯道对历史的贡献，又能发现其行为的有效边界。他的分析中正而平和，更能让人信服。

正如李贽所说，"守定一端"是李耿之争的根本原因，理论起点的巨大分歧使得两人在面对具体问题时很难达成一致，经常会往复辩论。但这些辩论并非没有意义，它使得我们对于孔子之学的价值、不容已的内涵、人性的本质以及看待历史的标准都有了更为深刻的理解。

---

① ［日］沟口雄三：《中国前近代思想的屈折与展开》，龚颖译，生活·读书·新知三联书店2011年版，第266页。

结　语

在前文中，我们以"卫道"为线索，全面地考察了耿定向思想的主要环节以及李耿之争的基本内容。以此为基础，我们便能够重新审视天台思想的意义与缺失，并重新评价黄宗羲在《明儒学案》中对天台的看法。

一　耿定向思想的意义与缺失

笔者认为，要准确评价耿定向思想的意义与不足，我们还需要回到本书的篇首，重温梁启超先生对于"时代思潮"的论述。梁先生将"时代思潮"的发展过程分为四个阶段，即"启蒙期""全盛期""蜕分期"和"衰落期"，可谓卓有见地。而以"卫道"为思想旨归，着重纠偏的耿定向思想则可视作阳明学的自我救赎。换言之，是阳明心学为了避免走向衰落的一次努力。

从嘉靖末年到万历初年，随着阳明主要弟子的离世，阳明心学的发展已步入尾声，这主要体现在两个方面：其一，从形式上看，正德、嘉靖年间阳明学的大行于世离不开学者间的往复辩论和聚众讲学，它使阳明的"致良知"学说能够为广大士人所熟知，从而实实在在地扩大了阳明学乃至整个心学的影响。然而，到了嘉靖、隆庆年间，阳明的弟子逐渐辞世，他们之间的辩论也随之结束。同样，由于一部分讲学者的不当言辞触怒了当朝首辅张居正，使得后者于万历七年奏请尽毁天下书院，这使得讲学之风遭到了严重打击。两者相结合，使阳明学的传播途径被阻碍了。其二，从内容上看，正如梁启超先生所说，无论是以王畿、王艮为代表的王学左派，还是以邹守益、欧阳德为代表的正统派，抑或是以聂豹、罗洪先为代表的归寂派，他们都是对于阳明思想的某个部分、环节加以深入的研究，也就是阳明学分化、细化的过程。可以想见，与阳明本人相比，心学留给其弟子及再传弟子的发挥空间是有限的。这意味着经过两代学者的发展，到隆庆、万历年间，阳明学已经达到了其思想规模的极限，其中的主要问题已被研究殆尽，之后的学者很难再做出根本的理论创新。这两方面都昭示着阳明学乃至整个心学将走向自己的逻辑终点。

与之相对应的是，阳明学自身亦暴露出越来越多的问题，即我们在前文中反复提到的耽虚泥无、离事言心以及认情识为良知的问题。笔者认为，这些问题同样是由两方面的原因所造成的：一者是儒者对于佛老态度的转变，另一者则是晚明时期商品经济发展所造成的冲击。

一方面，虽然阳明学自诞生之时便与佛老有着密切的关系，但阳明及其一传弟子均坚持儒家本位主义，将佛老视作异端。然而，随着晚明三教合流的发展，到了嘉、万年间，这一主张开始发生动摇。例如，焦竑就声称"佛虽晚出，其旨与尧、舜、周、孔无以异者，其大都儒书具之矣"①，直接要求不要将佛学视作异端。佛老地位的提高使得其中的不少概念如虚无、空寂等对当时学者产生了越来越大的影响，而对"不善观"者而言，这些影响很可能是负面的。

另一方面，明代中晚期以来商品经济有了长足的发展，它不可避免地影响到了人们的价值选择。更具体地说："由于中晚明商品经济的高度发展，奔竞、功利之风席卷天下，这无疑给当时的儒家知识分子带来了极大的冲击。儒家传统的价值观念如义利之辨、公私之辨等，都遭受了相当程度的挑战而逐渐开始发生变化。"② 这其中，最具代表性的人物就是李贽，他公然提出类似于"人性本私"的命题，高扬自然之性而排斥儒家的道德本性。这些主张既迎合了人们的欲求，又带有鲜明的时代特点，因而很快风行于海内。《明儒学案》载：

> 李卓吾倡为异说，破除名行，楚人从者甚众，风习为之一变。刘元卿问于先生（引者按，指邹善）曰："何近日从卓吾者之多也？"曰："人心谁不欲为圣贤，顾无奈圣贤碍手耳。今渠谓酒色财气，一

---

① 焦竑：《又答耿师》，《澹园集》卷12，中华书局1999年标点本，第81页。
② 彭国翔：《良知学的展开——王龙溪与中晚明的阳明学》，生活·读书·新知三联书店2005年版，第491页。

切不碍菩提路。有此便宜事，谁不从之?"[1]

固然，卓吾的本意并不是要肯定"酒色财气，一切不碍菩提路"，然而他对于自然之性和欲望的推崇确实很容易将人们引入认情欲为良知、蔑弃礼教而肆意妄为的歧途。

通过以上的分析我们可以发现，隆庆、万历年间的阳明心学确实已经来到了一个十字路口，它迫切地需要有人能够在持守"致良知"说的立场上，对于阳明殁后所发生的诸多问题给出一个系统性的回答。因而我们可以说，耿定向的思想是应运而生的。他的"卫道"之学，旨在捍卫阳明心学的正统地位，并试图挽救心学走向终结的历史命运。对于耿定向的努力，笔者有一个基本评判：他的卫道之学在理论建构上是成功的，然而在现实中却没有达到其预期的目的。

所谓在理论建构上是成功的，是指他的确完成了在立足于阳明学基本立场的基础上，建构一套能够回答时代问题的心学理论的任务。具体说来，这亦有两层含义。其一，天台的"卫道之学"自身的理论结构较为完整：它重新梳理了儒家的道统思想，并以此为旨归，在心学最为关注的心性论和工夫论上均有所创新。并且，天台的论述有的放矢，他始终围绕着"纠偏"的根本目的，这使得他对于当时思想界的种种流弊有着清醒的认识，并能对症下药。在他看来，既然问题症结在于士人普遍受到左派王学的影响，或者追慕虚无，或者蔑弃礼教，那么解决的方法就应是坚持儒家体用一源、彻上彻下的思维模式，将对于本体的体认落到实处，同时高扬儒家的礼教。显然，他的"不容已"说和"学有三关"说就是围绕着这一思路展开的。而这一思想在当时亦产生了巨大的影响，王世贞将其视作"迴澜之柱"确实不是虚言。

其二，耿定向同样注意挖掘这些问题产生的根源，即佛教的流行与商品经济的冲击所造成的义利观的变化，并给出了自己的解决之道。这部分内容集中在他对于佛教的论述和与李贽的争论之中。对于前者，他坚持儒家本位主义，严判儒佛之别，并注重对佛教思想加以创造性转化。这使得他既能利用佛教中不少的有价值的理论，又能排除诸如出世等与儒家观念

---

① 黄宗羲：《明儒学案》卷 16《江右王门学案之一·文庄邹东廓先生守益》，中华书局 2008 年标点本，第 345 页。

相抵牾的主张，维护儒学的正统地位。对于后者，他并未否认人们追求物质生活的合理性，亦未批判食色之性，而是强调对于物质生活的追求需要注意对象、方式和场合，并认为这便是儒家"义"的内涵。换言之，他并未走义利对立的老路，而是强调义利并举、义重于利，这样的看法无疑是合理的。可见，面对新的时代课题，天台能够找到合适的理论框架，使他在坚持儒家立场的前提下最大限度地涵摄新的现象。这再次证明了其理论建构是成功的。

而所谓在现实中没有达到预期的目的，是指耿定向的努力并未能阻止阳明心学走向衰落，更未能挽救日益衰跎的世风和大明王朝不断衰落的国运，甚至连他自己的学说在其去世之后也很快湮没无闻。在笔者看来，这并非是耿定向本人的问题，而是心学整体的式微已不可逆转。事实上，耿定向真正的问题在于作为阳明后学，他只能在心学的框架下进行纠偏。这使得他的问题意识和解决方式都受到很大的限制，只能对原有的思想体系进行修补。总而言之，耿定向很好地完成了自己的任务，即在阳明心学内部进行了纠偏，其问题在于这种纠偏本身不足以挽救阳明心学。

另外，笔者还认为，嘉靖、万历时期，王学的弊端虽已显现，但它所造成的负面影响似乎还不十分严重。换言之，王学的流弊恐怕要等到阉党上台乃至明清鼎革之际才会充分暴露出来，并引起学界普遍的反思与批判。毕竟，耿定向所处的时代，王学是由蜕分期向衰落期转变，还没有真正地衰落。因此，天台之学似乎出现得有些过早。

二　对《明儒学案》中对耿定向评价的再思考

最后，我们再来考察一下黄宗羲对于耿定向的评价。《明儒学案》载：

> 先生之学，不尚玄远，谓"道之不可与愚夫愚妇知能，不可以对造化、通民物者，不可以为道，故费之即隐也，常之即妙也，粗浅之即精微也"。其说未尝不是，而不见本体，不免打入世情队中。"共行只是人间路，得失谁知天壤分？"此古人所以贵刀锯鼎镬学问也。是故以中行为学，稍一不彻骨髓，其下场不及狂狷多矣。先生因李卓吾鼓倡狂禅，学者靡然从风，故每每以实地为主，苦口匡救。然

又拖泥带水，于佛学半信半不信，终无以压服卓吾。乃卓吾所以恨先
生者，何心隐之狱，唯先生与江陵厚善，且主杀心隐之李义河，又先
生之讲学友也，斯时救之不难，先生不敢沾手，恐以此犯江陵不悦学
之忌。先生以不容已为宗，斯其可已者耶？先生谓学有三关：一即心
即道，一即事即心，一慎术。慎术者，以良知现现成成，无人不具，
但用之于此则此，用之于彼则彼，故用在欲明明德于天下，则不必别
为制心之功，未有不仁者矣。夫良知即未发之中，有善而无恶，如水
之必下，针之必南，欲明明德于天下，而后谓之良知，无待于用。故
凡可以之彼之此者，皆情识之知，不可为良。先生之认良知，尚未清
楚，虽然，亦缘《传习录后录》记阳明之言者失真。如云："仪、秦
亦是窥见得良知妙用处，但用之于不善耳。"先生为其所误也。①

在此，黄宗羲探讨了三个方面的问题：一是对耿定向学术宗旨的评
判，二是对天台在何心隐被捕下狱一事中的所作所为的看法，三是对于
"慎术"的理解。在笔者看来，梨洲对这三方面的论述都很难说是准
确的。

首先，黄宗羲以"道之不可与愚夫愚妇知能，不可以对造化、通民
物者，不可以为道"为宗旨来概括耿定向的思想，这反映了他的一个基
本主张，即天台属于泰州学派。我们在前文中已经说明，耿定向与泰州学
派的学者之间并没有师承关系，严格地说不应被视作泰州学派的一员。然
而，以此来概括天台的思想，毕竟不能算错。真正的问题在于梨洲认为天
台之学"不见本体"，这则是对天台的误解。天台所强调的是"即体即
用"，是将对本体的思考融入对造化、通民物之事中。这不是对本体的遗
忘，恰恰是体用一源的最佳体现，其中反映的正是阳明"致良知"说的
真精神。而梨洲所谓的"刀锯鼎镬学问"，反而容易被人误解为"离事
言心"。

其次，黄宗羲认为，李贽对于耿定向的不满是由于耿定向不救何心
隐，这也与事实不符。何心隐之死是否与耿定向有关，是研究耿、何二

① 黄宗羲：《明儒学案》卷35《泰州学案四·恭简耿天台先生定向》，中华书局2008年标点本，第814—815页。

人关系时所必须面对的核心问题。对此，吴震教授已有详细的考证①，他的结论是耿定向与何心隐之死并无直接关系。值得注意的是，吴震先生引用李贽的观点来说明何心隐之死与天台无关，这一思路是令人信服的，因为一方面，李贽与"何心隐之死"一事中的各个主要人物如何心隐、耿定向、张居正都有着较为密切的关系，这有助于他了解整个事件的真相；另一方面，李贽生性耿直，不惧怕权势，说话不留情面，这也增进了他的观点的可信度。众所周知，李耿之争是十分激烈的，然而通过检视卓吾写给天台的书信我们可以发现，其中几乎没有言及何心隐，更不要说将心隐之死归咎于天台。可以想见，以李贽疾恶如仇的性格，若知道耿定向果真与何心隐之死有关，甚至正是因为天台的袖手旁观才导致心隐死于非命，那么他断不可能忽略此事，必定借此对天台大加挞伐。

这一点集中反映在《焚书》中的两篇与何心隐之死密切相关的文献即《答邓明府》与《何心隐论》当中。在这两篇文章中，李贽从未提及耿定向，他更多的是在说明何心隐之死与其说是张居正授意为之，不如说是下级官员以此来迎合江陵。虽然其中有"其坐视公之死，反从而下石者，则尽其聚徒讲学之人"一语，容肇祖先生据此认为卓吾在此问题上对"耿定向不无微词"。然而众所周知，嘉、万年间讲学之风风靡全国，讲学者甚众，而李贽在此也未点名，若以此便认为卓吾此语就是针对天台则未免太过牵强。据此我们可以认为，梨洲所谓"耿定向因为不救何心隐而与李贽结怨"的说法多半是道听途说，没有真凭实据。

最后，黄宗羲并没有理解天台提出"慎术"的目的以及"慎术"的理论内涵。天台深知良知现成，无人不具，他所关注的是具体方法对于实现心性本体的影响，而他所担忧的则是良知与情识相混淆的问题，这才是天台"慎术"说的理论生长点。换言之，黄宗羲对良知的种种说明，如"良知即未发之中，有善而无恶，如水之必下，针之必南"，诚然是正确的。然而，它所描述的并非每个人精神世界的真实样态。正如阳明所云，若将人们的内心比作镜子的话，那么常人之心有如昏暗斑驳之镜，须痛加一番磨刷才能使之光洁如初。耿定向的慎术说正是沿着这一思路，并进一步考虑到人心在昏蔽状态下会混淆情欲与良知，因此

① 吴震：《泰州学派研究》，中国人民大学出版社 2009 年版，第 26—29 页。

需要以合适的"术"即方法辅助良知的展开。如果说黄宗羲思考的起点是良知的应然状态，那么耿定向更为看重的是良知在每个人的精神世界中的实然结构，因此两者所关注的重点并不一致。在此情况下，梨洲的批判也有失公允。

参考文献

一 古籍

1. 耿定向著作

[1]（明）耿定向:《耿天台先生全书》,正信印务馆1925年版。

[2]（明）耿定向:《耿天台先生文集》,《儒藏（精华编）》第262册,北京大学出版社2010年版。

[3]（明）耿定向:《耿天台先生文集》,《四库全书存目丛书》影印明万历二十六年刘元卿刻本。

[4]（明）耿定向:《硕辅宝鉴》,《四库全书存目丛书》影印明嘉靖刻本。

[5]（明）耿定向:《先进遗风》,宝严堂秘籍本。

[6]（明）耿定向:《观生纪》,《宋明理学家年谱续编》,北京图书馆出版社2006年版。

[7]（明）耿定向:《黄安初乘》,明万历十二年刻本。

2. 其他古籍

[8]（清）王先谦:《诗三家义集注》,中华书局1987年版。

[9]（魏）何晏著,（宋）邢昺疏:《论语注疏》,北京大学出版社1999年版。

[10]（清）刘宝楠:《论语正义》,中华书局1990年版。

[11]（清）孙希旦:《礼记集解》,中华书局1989年版。

[12]（汉）赵岐注,（宋）孙奭疏:《孟子注疏》,北京大学出版社1999年版。

[13]（清）焦循:《孟子正义》,中华书局1987年版。

[14]（汉）司马迁:《史记》,中华书局1982年版。

［15］（宋）薛居正：《旧五代史》，中华书局1974年版。

［16］（宋）欧阳修：《新五代史》，中华书局1976年版。

［17］（清）张廷玉：《明史》，中华书局1974年版。

［18］（魏）王弼著，楼宇烈校释：《王弼集校释》，中华书局1980年版。

［19］（唐）韩愈：《韩昌黎文集校注》，上海古籍出版社2014年版。

［20］（宋）苏轼：《苏轼文集》，中华书局1986年版。

［21］（宋）苏辙：《栾城集》，上海古籍出版社2009年版。

［22］（宋）周敦颐：《周敦颐集》，中华书局1990年版。

［23］（宋）张载：《张载集》，中华书局1978年版。

［24］（宋）程颢、程颐：《二程集》，中华书局2004年版。

［25］（宋）陆九渊：《陆九渊集》，中华书局1980年版。

［26］（宋）朱熹：《朱子全书》，上海古籍出版社2002年版。

［27］（宋）朱熹著，黎靖德编：《朱子语类》，中华书局1986年版。

［28］（宋）朱熹：《四书章句集注》，中华书局1982年版。

［29］（宋）朱熹：《周易本义》，中华书局2009年版。

［30］（明）陈献章：《陈献章集》，中华书局1987年版。

［31］（明）王守仁：《王阳明全集》，上海古籍出版社1992年版。

［32］（明）徐爱、钱德洪、董澐：《徐爱、钱德洪、董澐集》，凤凰出版社2007年版。

［33］（明）徐阶：《世经堂记》，《四库全书存目丛书》影印明万历徐氏刻本。

［34］（明）张居正：《张太岳文集》，上海古籍出版社1984年版。

［35］（明）王畿：《王畿集》，凤凰出版社2007年版。

［36］（明）邹守益：《邹守益集》，凤凰出版社2007年版。

［37］（明）聂豹：《聂豹集》，凤凰出版社2007年版。

［38］（明）欧阳德：《欧阳德集》，凤凰出版社2007年版。

［39］（明）王艮：《王心斋全集》，江苏教育出版社2001年版。

［40］（明）罗洪先：《罗洪先集》，凤凰出版社2007年版。

［41］（明）罗汝芳：《罗汝芳集》，凤凰出版社2007年版。

［42］（明）胡直：《胡直集》，上海古籍出版社2015年版。

［43］（明）李贽著，张建业编：《李贽全书注》，社会科学文献出版

社 2010 年版。

［44］（明）李贽：《焚书 续焚书》，中华书局 2009 年版。

［45］（明）李贽：《藏书》，中华书局 1974 年版。

［46］（明）李贽：《续藏书》，中华书局 1959 年版。

［47］（明）李贽：《初潭集》，中华书局 2008 年版。

［48］（明）颜钧：《颜钧集》，中国社会科学出版社 1996 年版。

［49］（明）何心隐：《何心隐集》，中华书局 1960 年版。

［50］（明）张元汴：《张元汴集》，上海古籍出版社 2015 年版。

［51］（明）邓以讚：《邓定宇先生文集》，《四库全书存目丛书》影印明周文光刻本。

［52］（明）焦竑：《澹园集》，中华书局 1999 年版。

［53］（明）刘元卿：《刘元卿集》，上海古籍出版社 2015 年版。

［54］（明）管志道：《问辨牍 续问辨牍》，《四库全书存目丛书》影印明万历刻本。

［55］（明）管志道：《惕若斋集》，明万历二十四年江苏太仓刻本。

［56］（明）管志道：《从先维俗议》，《四库全书存目丛书》影印明万历三十年徐文学刻本。

［57］（明）顾宪成：《小辨斋偶存》，《文渊阁四库全书》集部 232 册。

［58］（清）黄宗羲：《明儒学案》，中华书局 2008 年版。

［59］（清）黄宗羲、黄百家、全祖望：《宋元学案》，中华书局 1986 年版。

［60］（清）戴震：《孟子字义疏证》，中华书局 1982 年版。

［61］（清）程嗣章：《明儒讲学考》，《四库全书存目丛书》影印清道光刻本。

［62］（汉）许慎著，（清）段玉裁注：《说文解字注》，上海古籍出版社 1988 年版。

［63］（宋）陈彭年编：《宋本广韵》，江苏教育出版社 2005 年版。

二 西方哲学原著

［1］［法］笛卡尔：《谈谈方法》，王太庆译，商务印书馆 2000 年版。

［2］［德］康德：《未来形而上学导论》，庞景仁译，商务印书馆
1978 年版。

［3］［德］康德：《实践理性批判》，邓晓芒译，人民出版社 2003 年
版。

［4］［德］黑格尔：《哲学史讲演录》，贺麟、王太庆译，商务印书
馆 1978 年版。

［5］［德］胡塞尔：《现象学的观念》，倪梁康译，上海译文出版社
1986 年版。

［6］［德］伽达默尔：《诠释学 I·真理与方法》，洪汉鼎译，商务
印书馆 2010 年版。

三　研究著作

［1］梁启超：《清代学术概论》，朱维铮导读，上海古籍出版社 1998
年版。

［2］梁启超：《中国近三百年学术史》，岳麓书社 2010 年版。

［3］谢无量：《中国哲学史》，台湾中华书局 1980 年版。

［4］钱穆：《中国近三百年学术史》，商务印书馆 1997 年版。

［5］钱穆：《中国学术思想史论丛（七）》，生活·读书·新知三联
书店 2009 年版。

［6］钱穆：《宋明理学概述》，九州出版社 2010 年版。

［7］钱穆：《阳明学述要》，九州出版社 2010 年版。

［8］冯友兰：《中国哲学史新编》，人民出版社 2007 年版。

［9］冯友兰：《中国哲学简史》，天津社会科学院出版社 2007 年版。

［10］冯友兰：《新原人》，《三松堂全集》第四册，河南人民出版社
2001 年版。

［11］贺麟：《近代唯心论简释》，上海人民出版社 2009 年版。

［12］嵇文甫：《晚明思想史论》，东方出版社 1996 年版。

［13］吕思勉：《理学纲要》，《民国丛书》第二编第六册，上海书店
出版社，影印自商务印书馆 1934 年版。

［14］牟宗三：《心体与性体》，《牟宗三先生全集（⑤—⑦）》，台北
联经出版事业有限公司 2003 年版。

［15］牟宗三：《中西哲学之会通十四讲》，《牟宗三先生全集㉚》，台北联经出版事业有限公司2003年版。

［16］牟宗三：《宋明儒学综述》，《牟宗三先生全集㉚》，台北联经出版事业有限公司2003年版。

［17］牟宗三：《宋明理学讲演录》，《牟宗三先生全集㉚》，台北联经出版事业有限公司2003年版。

［18］牟宗三：《陆王一系之心性之学》，《牟宗三先生全集㉚》，台北联经出版事业有限公司2003年版。

［19］牟宗三：《从陆象山到刘蕺山》，上海古籍出版社2001年版。

［20］唐君毅：《中国哲学原论——导论篇》，中国社会科学出版社2005年版。

［21］唐君毅：《中国哲学原论——原性篇》，中国社会科学出版社2005年版。

［22］唐君毅：《中国哲学原论——原教篇》，中国社会科学出版社2006年版。

［23］张君劢：《王阳明——中国十六世纪的唯心主义哲学家》，江日新译，台北东大图书公司1992年版。

［24］容肇祖：《李贽年谱》，生活·读书·新知三联书店1957年版。

［25］容肇祖：《明代思想史》，《民国丛书》第二编第七册，上海书店出版社，影印自开明书店1941年版。

［26］张岱年：《中国哲学大纲》，中国社会科学出版社1982年版。

［27］侯外庐主编：《中国思想通史》，人民出版社2011年版。

［28］侯外庐、邱汉生、张岂之主编：《宋明理学史》，人民出版社1997年版。

［29］劳思光：《新编中国哲学史》，广西师范大学出版社2005年版。

［30］韦政通：《中国思想史》，吉林出版集团有限公司2009年版。

［31］任继愈主编：《中国哲学发展史》，人民出版社1983年版。

［32］任继愈主编：《佛教大辞典》，江苏古籍出版社2002年版。

［33］朱伯崑：《朱伯崑论述》，沈阳出版社1998年版。

［34］黄仁宇：《万历十五年》，中华书局2007年版。

［35］黄仁宇：《放宽历史的视界》，生活·读书·新知三联书店2007年版。

［36］余英时：《中国文化史通释》，生活·读书·新知三联书店2012年版。

［37］余英时：《论戴震与章学诚》，生活·读书·新知三联书店2012年版。

［38］刘述先：《论儒家哲学的三个大时代》，贵州人民出版社2009年版。

［39］蔡仁厚：《王学流衍——江右王门研究》，人民出版社2006年版。

［40］李泽厚：《新编中国古代思想史论》，天津社会科学院出版社2008年版。

［41］蒙培元：《理学范畴系统》，人民出版社1989年版。

［42］蒙培元：《中国哲学主体思维》，人民出版社1993年版。

［43］蒙培元：《心灵超越与境界》，人民出版社1998年版。

［44］张立文：《宋明理学研究》，人民出版社2002年版。

［45］罗宗强：《中国文学思想通史——明代文学史》，中华书局2013年版。

［46］方立天：《中国佛教哲学要义》，中国人民大学出版社2002年版。

［47］蓝吉富主编：《中华佛教百科全书》，台南中华佛教百科文献基金会1994年版。

［48］陈来：《朱子哲学研究》，华东师范大学出版社2000年版。

［49］陈来：《宋明理学》，华东师范大学出版社2004年版。

［50］陈来：《有无之境——王阳明哲学的精神》，北京大学出版社2006年版。

［51］李存山：《中国传统哲学纲要》，中国社会科学出版社2008年版。

［52］杨国荣：《心学之思——王阳明哲学的阐释》，中国人民大学出版社2009年版。

［53］杨国荣：《王学通论——从王阳明到熊十力》，华东师范大学出版社2009年版。

［54］杨国荣：《孟子的哲学思想》，华东师范大学出版社2009年版。

［55］王汎森：《晚明清初思想十论》，复旦大学出版社2008年版。

[56] 吴震：《阳明后学研究》，上海人民出版社 2003 年版。

[57] 吴震：《泰州学派研究》，中国人民大学出版社 2009 年版。

[58] 吴震、吾妻重二主编：《思想与文献：日本学者宋明儒学研究》，华东师范大学出版社 2010 年版。

[59] 钱明：《浙中王学研究》，中国人民大学出版社 2009 年版。

[60] 钱明：《阳明学的形成与发展》，江苏古籍出版社 2002 年版。

[61] 张学智：《明代哲学史》，北京大学出版社 2000 年版。

[62] 乔清举：《湛若水哲学思想研究》，台北文津出版社 1994 年版。

[63] 许苏民：《李贽评传》，南京大学出版社 2006 年版。

[64] 龚杰：《王艮评传》，南京大学出版社 2001 年版。

[65] 蔡方鹿：《宋明理学心性论》，巴蜀书社 2009 年版。

[66] 左东岭：《李贽与晚明文学思想》，人民文学出版社 2010 年版。

[67] 左东岭：《王学与中晚明士人心态》，人民文学出版社 2000 年版。

[68] 彭国翔：《良知学的展开——王龙溪与中晚明的阳明学》，生活·读书·新知三联书店 2005 年版。

[69] 陈永革：《阳明学派与晚明佛教》，中国人民大学出版社 2009 年版。

[70] 许建平：《李贽思想演变史》，人民出版社 2005 年版。

[71] 徐儒宗：《江右王学通论》，中国人民大学出版社 2009 年版。

[72] 徐洪兴：《思想的转型：理学发生过程研究》，上海人民出版社 1996 年版。

[73] 杨天石：《泰州学派》，中华书局 1980 年版。

[74] 《中华大典》编纂委员会：《中华大典文学典·明清文学分典》，江苏古籍出版社 2005 年版。

[75] 曾春海：《陆象山》，台北东大图书公司 1988 年版。

[76] 秦家懿：《王阳明》，台北东大图书公司 1992 年版。

[77] 李剑雄：《焦竑评传》，南京大学出版社 1998 年版。

[78] 刘宗贤：《陆王心学研究》，山东人民出版社 1997 年版。

[79] 赵园：《制度·言论·心态——明清之际士大夫研究续编》，北京大学出版社 2006 年版。

[80] 崔大华：《儒学引论》，人民出版社 2001 年版。

[81] 张文杰编：《历史的话语——现代西方历史哲学论文集》，中国人民大学出版社2012年版。

[82] 吕妙芬：《阳明学士人社群——历史、思想与实践》，新星出版社2006年版。

[83] 李书增等：《中国明代哲学》，河南人民出版社2002年版。

[84] 郭晓东：《识仁与定性——工夫论视域下的程明道哲学研究》，复旦大学出版社2006年版。

[85] 陈时龙：《明代中晚期讲学运动（1522—1626）》，复旦大学出版社2007年版。

[86] 傅小凡：《宋明道学新论》，社会科学文献出版社2005年版。

[87] 付长珍：《宋儒境界论》，上海三联书店2008年版。

[88] 黎业明：《湛若水年谱》，上海古籍出版社2009年版。

[89] ［日］冈田武彦：《王阳明与明末儒学》，吴光、钱明、屠承先译，上海古籍出版社2000年版。

[90] ［日］冈田武彦：《王阳明大传——知行合一的心学智慧》，杨田、冯莹莹、袁斌、孙逢明译，重庆出版社2015年版。

[91] ［日］岛田虔次：《朱子学与阳明学》，蒋国保译，陕西师范大学出版社1986年版。

[92] ［日］岛田虔次：《中国思想史研究》，邓红译，上海古籍出版社2009年版。

[93] ［日］岛田虔次：《中国近代思维的挫折》，甘万萍译，江苏人民出版社2010年版。

[94] ［日］荒木见悟：《明末清初的思想与佛教》，廖肇亨译，上海古籍出版社2010年版。

[95] ［日］沟口雄三：《中国前近代思想的屈折与展开》，龚颖译，生活·读书·新知三联书店2011年版。

[96] ［日］沟口雄三：《作为方法的中国》，孙军悦译，生活·读书·新知三联书店2011年版。

[97] ［日］土田健次郎：《道学之形成》，朱刚译，上海古籍出版社2010年版。

[98] ［美］田浩：《朱熹的思维世界》，刘东编，凤凰出版社2011年版。

[99] L. Carrington Goodrich, Chaoying Feng ed. , *Dictionary of Ming biography*, Columbia University Press, 1976.

四　期刊论文及学位论文

[1] 沈洪善、钱明：《从王阳明到黄宗羲》，《浙江学刊》1987 年第 1 期。

[2] 何建明：《论耿定向对阳明心学的"拯救"》，《中州学刊》1992 年第 1 期。

[3] 王伟民：《论江右王门对阳明心学的修正》，《江西社会科学》1992 年第 5 期。

[4] 乔清举：《甘泉哲学体系及其后传研究》，《哲学研究》1994 年第 2 期。

[5] 乔清举：《天人关系：中国古代人学的本体基础》，《文史哲》1999 年第 4 期。

[6] 杨国荣：《存在与意义世界——王阳明与心物之辨》，《学术月刊》1996 年第 11 期。

[7] 杨国荣：《晚明心学中的本体工夫之辨》，《江淮论坛》1997 年第 1 期。

[8] 杨国荣：《心学的理论走向与内在紧张》，《文史哲》1997 年第 4 期。

[9] 左东岭：《耿、李之争与李贽晚年的人格心态巨变》，《北方论丛》1994 年第 5 期。

[10] 彭永捷：《论儒家道统及宋代理学的道统之争》，《文史哲》2001 年第 3 期。

[11] 吴学国：《佛教唯识思想与儒家心学本体论》，《北京社会科学》2002 年第 2 期。

[12] 罗福惠：《两舍则两从，两守则两病——耿定向与李贽"论道相左"新解》，《江汉论坛》2002 年第 10 期。

[13] 钱明：《王阳明之教法与王学之裂变》，《孔子研究》2003 年第 3 期。

[14] 吴震：《泰州学案刍议》，《浙江社会科学》2004 年第 2 期。

［15］蔡仁厚：《宋明理学分系问题论衡》，《哲学与文化》2004 年第
8 期。

［16］潘玉爱：《颜山农的心性问题》，《哲学与文化》2004 年第8 期。

［17］陈福滨：《高攀龙的心性论及其成德要道》，《哲学与文化》
2004 年第 8 期。

［18］吴学国：《内外之辨：略论中国哲学的自我概念——兼与蒙培
元先生商榷》，《哲学研究》2004 年第 9 期。

［19］董平：《王畿哲学的本体论与方法论》，《学术月刊》2004 年第
9 期。

［20］彭国翔：《阳明后学工夫论的演变与形态》，《浙江学刊》2005
年第 1 期。

［21］陈立胜：《王阳明思想中"恶"之问题研究》，《中山大学学
报》2005 年第 1 期。

［22］章启辉、李美香：《李贽人性哲学的原儒情结》，《中国哲学
史》2005 年第 2 期。

［23］李承贵：《二程佛教观及其思想史意义》，《南京大学学报》
2005 年第 3 期。

［24］许建平：《狂怪和与世无争——论李贽的双重文化性格》，《文
学评论》2005 年第 6 期。

［25］许苏民：《论李贽思想的历史地位和历史命运》，《福建论坛》
2006 年第 4 期。

［26］吴学国：《关于中国哲学的生命性》，《哲学研究》2007 年第 1
期。

［27］吴学国、秦琰：《从印度吠檀多到中国阳明心学》，《学术月
刊》2007 年第 2 期。

［28］陈时龙：《耿定向思想研究》，《明史研究论丛》2007 年第 4
期。

［29］乔清举：《关于当代中国哲学史学史的若干思考》，《哲学动
态》2008 年第 7 期。

［30］林丹：《称手的"知道"——王阳明"知行合一"思想的现象
学分析》，《中国哲学史》2009 年第 1 期。

［31］杨国荣：《理学的伦理向度——从张载到王阳明》，《伦理学研

究》2009 年第 1 期。

[32] 赖玉芹：《耿定向讲学的影响》，《光明日报》2009 年 5 月 26 日。

[33] 曾凡朝：《王阳明经典诠释的心学超越》，《中州学刊》2009 年第 4 期。

[34] 孔许友：《论王阳明之"物"的三个层次》，《唐山学院学报》2009 年第 5 期。

[35] 许苏民、许广民：《李贽、耿氏兄弟和公安三袁》，《江汉论坛》2009 年第 7 期。

[36] 庄勇：《论王阳明的善恶观》，《江西社会科学》2009 年第 12 期。

[37] 孙宝山：《论王阳明与陆象山的学术继承关系》，《中国哲学史》2010 年第 1 期。

[38] 张卫红：《王门后学王龙溪与罗念庵工夫论比较》，《杭州师范大学学报》2010 年第 1 期。

[39] 孙齐鲁：《陆象山与杨慈湖师弟关系辩证》，《现代哲学》2010 年第 2 期。

[40] 邬国平：《〈复焦弱侯〉异文与李贽、焦竑、耿定向关系》，《中华文史论丛》2010 年第 4 期。

[41] 肖剑平：《王阳明"知行合一"本体论解读》，《求索》2010 年第 4 期。

[42] 王汎森：《"心即理"说的动摇与明末清初学风之转变》，《中研院历史语言研究所集刊论文类编——思想文化类（二）》，中华书局 2009 年版。

[43] 吴凡明：《从道德哲学的视角看陆九渊"心即理"的伦理意蕴》，《孔子研究》2011 年第 1 期。

[44] 黄熹：《试论晚明儒学转向说的理论缺陷——以焦竑思想为中心》，《孔子研究》2011 年第 2 期。

[45] 乔清举：《朱子心性论的结构及其内在张力》，《哲学研究》2011 年第 2 期。

[46] 向世陵：《"性之本体是如何"——朱熹性论的考究》，《孔子研究》2011 年第 3 期。

［47］韩中谊：《道德实践的神圣化——王阳明"事上致良知"的比较哲学解读》，《孔子研究》2011年第3期。

［48］刘学智：《善心、本心、善性的本体同一与直觉体悟》，《哲学研究》2011年第5期。

［49］宋志明：《本心即天理——陆九渊哲学话题刍议》，《孔子研究》2011年第5期。

［50］蒋国保：《"心即理"与"性即理"本意辨析》，《江南大学学报》2011年第5期。

［51］孙占卿：《王阳明论未发已发》，《孔子研究》2011年第6期。

［52］李银安：《和而不同：李贽、耿定向思想交锋与生活交往方式及其历史启示》，《湖北行政学院学报》2012年第3期。

［53］周素丽：《李贽与耿定向学术人格的对比——耿李论战的原因分析》，《中国哲学史》2012年第3期。

［54］乔清举：《论朱子的理气动静问题》，《哲学动态》2012年第7期。

［55］乔清举：《朱子的境界论思想简论》，《湖南大学学报》2012年第11期。

［56］彭耀光：《二程辟佛与理学建构》，《哲学动态》2012年第11期。

［57］朱晓鹏：《论王阳明的身心之学》，《哲学研究》2013年第1期。

［58］刘增光：《从良知学到孝经学——阳明心学发展的一个侧面》，《中国哲学史》2013年第1期。

［59］沈顺福：《"性"与中国哲学基本问题》，《哲学研究》2013年第7期。

［60］［日］冈田武彦：《中国哲学的课题及其意义》，李今山、孔慧颖译，《日本学者论中国哲学史》，中华书局1985年版。

［61］［日］荒木见悟：《阳明学评价的问题》，徐远和译，《日本学者论中国哲学史》，中华书局1985年版。

［62］［日］岛田虔次：《王阳明与王龙溪——主观唯心论的高潮》，葛荣晋译，《日本学者论中国哲学史》，中华书局1985年版。

［63］朱晓鹏：《王阳明哲学与道家道教关系研究》，博士学位论文，

华东师范大学，2009 年。

　　[64] 王建宏：《王阳明思想再评价》，博士学位论文，西北大学，2009 年。

　　[65] 王中原：《王阳明政治伦理思想研究》，博士学位论文，中南大学，2010 年。

　　[66] 王振华：《见心与践心——罗汝芳哲学思想研究》，博士学位论文，陕西师范大学，2011 年。

　　[67] 池胜昌：《耿定向与泰州学派》，博士学位论文，台湾师范大学，1990 年。

　　[68] 杨景冈：《邹守益哲学思想研究》，硕士学位论文，湘潭大学，2009 年。

　　[69] 杨丽华：《耿定向的思想变化及其原因探析》，硕士学位论文，华中师范大学，2011 年。

　　[70] 洪根香：《胡直心学思想研究》，硕士学位论文，湖南师范大学，2012 年。

后　记

　　本书是由我的博士论文修改而来，也是我近十年在吉林大学和南开大学两所名校求学生涯的总结。回首这十年，我越发觉得，哲学，特别是儒家哲学，带给我很大的改变：它教会我以辩证的眼光看待世界，以批判的态度审视自身，以反思的维度对待历史与文化，以"修齐治平"的理想和"横渠四句"的精神认真生活；它使我懂得，时刻戒慎恐惧，切莫人云亦云，更使我理解了"未经反思的人生是不值得过的"的深刻内涵。哲学带给我的，不仅是智慧的启迪，更是精神的升华。特别是当我选择儒家哲学作为自己进一步研习的方向之后，我更感受到了历代大儒崇高的人格境界和价值追求：无论是"朝闻道，夕死可矣"的求道炽诚，"如欲平治天下，当今之世，舍我其谁"的命世担当，还是"万物静观皆自得，四时佳兴与人同"的天人和合，"铿然舍瑟春风里，点也虽狂得我情"的洒落态度，抑或是"六经责我开生面，七尺从天乞活埋"的历史使命感与家国天下情怀，它们带给我的，是触及灵魂深处的震撼，是"高山仰止，景行行止"的向往，更是"有为者亦若是"的行道信念。可以说，通过学习儒家哲学，古圣先贤的言行举止正内化为我的价值选择和精神追求，它们时时提醒我听从良知的召唤，秉直道而行。我想，这是十年哲学学习生涯给予我的最大馈赠，这份礼物足够我享用终生。

　　韩文公有言，"师者，所以传道授业解惑也"，而我觉得十分幸运的是，我的哲学生涯一直有良师的陪伴：无论是我在吉林大学的中国哲学启蒙老师张连良教授，还是我在南开求学时的硕士导师李翔海教授和博士导师乔清举教授，抑或是我来到西安电子科技大学人文学院工作后的领导和师长漆思教授与张蓬研究员，都给予了我最大的帮助。特别是我的博士导师乔清举教授，他始终以宽严相济的标准来要求我，使我在保持自身学术兴趣的同时，接受到传承自北大朱伯崑先生的纯正的中国哲学学术训练，也使得我真正懂得何为学术，何为哲学。而漆思教授和张蓬教授作为吉林大学的"老学长"，对我的学术研究和日常的工作生活都多有帮助。在此，请允许我对所有老师真诚地道一声谢谢！我想，感谢他们的最好方法，莫过于站好自己的三尺讲台，通过全身心的付出，教好自己的学生，从而将学术的真谛代代传承下去。

学术道路是寂寞的，要走好这条路，离不开亲人的支持与陪伴。因而在这里，我要深深地感谢我的父母与外婆，感谢你们三十年的养育之恩，感谢你们能够支持我的选择并为我付出一切，从而能使我心无旁骛地求学。我也要感谢我的妻子段东园，感谢你对我的理解、认同与包容。最后，希望将这本书作为最好的礼物，送给我即将出生的小宝贝，愿他一生幸福快乐。